语用逻辑文库

法律人工智能

Artificial Intelligence and Law

（第1卷）

熊明辉　廖彦霖◎主编

中山大学出版社
·广州·

版权所有　翻印必究

图书在版编目（CIP）数据

法律人工智能. 第 1 卷/熊明辉，廖彦霖主编. —广州：中山大学出版社，2023.4
（语用逻辑文库）
ISBN 978-7-306-07729-5

Ⅰ. ①法… Ⅱ. ①熊… ②廖… Ⅲ. ①人工智能—应用—法律—工作—文集 Ⅳ. ①D9-39

中国国家版本馆 CIP 数据核字（2023）第 024760 号

FALÜ RENGONG ZHINENG（DI 1 JUAN）

| 出 版 人：王天琪
| 策划编辑：嵇春霞
| 责任编辑：周　玢
| 封面设计：曾　斌
| 责任校对：王　璞
| 责任技编：靳晓虹
| 出版发行：中山大学出版社
| 电　　话：编辑部 020-84110283，84113349，84111997，84110779，84110776
| 　　　　　发行部 020-84111998，84111981，84111160
| 地　　址：广州市新港西路 135 号
| 邮　　编：510275　　　　传　真：020-84036565
| 网　　址：http://www.zsup.com.cn　　E-mail：zdcbs@mail.sysu.edu.cn
| 印 刷 者：佛山家联印刷有限公司
| 规　　格：787mm×1092mm　1/16　19.25 印张　457 千字
| 版次印次：2023 年 4 月第 1 版　2023 年 4 月第 1 次印刷
| 定　　价：78.00 元

如发现本书因印装质量影响阅读，请与出版社发行部联系调换

本文集系国家社会科学基金重大项目"语用逻辑的深度拓展与应用研究"(项目编号:19ZDA042)的阶段性成果。

序

伦敦大学学院法学系荣誉教授、牛津大学互联网研究院咨询委员会主席理查德·萨斯坎德（Richard Susskind）在其2013年出版的著作《法律人的明天会怎样？——法律职业的未来》（*Tomorrow's Lawyers：An Introduction to Your Future*, Oxford University Press，2013）中曾做出预测，未来20年间，法律行业将发生"史无前例的变革"，而以人工智能为主的颠覆性新技术将成为这一大变革的重要动能之一，不能适应的从业者将被无情淘汰。10年后的今天，书中的诸多技术预言已成现实，如法律文书自动生成与审阅、在线法律服务、数字法院建设甚至案件判决结果预测等。当前，我国的法律与人工智能的交叉研究（尤其是法律人工智能方面）方兴未艾。智慧法院与数字法治体系的建设正在逐步重塑法律服务的样态，持续为法治中国的现代化赋能。

在此背景下，我们应该对法律与人工智能有一个更清晰、更深入的认识。从学科意义来看，法律与人工智能包含两层颇为相似且极易混淆的含义：一是"法律人工智能"，指的是人工智能技术在法律中的应用，属于人工智能的子领域和计算机科学的分支，也是法律信息学的研究对象；二是"人工智能法律"，指的是人工智能技术应用所引出的法律问题，如算法歧视、算法偏见、算法操控甚至法律主体资格等，属于法学的分支，是人工智能法学的研究对象。

尽管法律人工智能的思想萌芽可上溯至两个"莱布尼兹之梦"，即数学史上的"自动推理之梦"和法律思想史上的"法律公理化体系之梦"，但作为一个专门的研究领域，该概念最早出现于1987年在美国东北大学召开的第一届法律人工智能国际学术大会（ICAIL）。在随后几年中，国际人工智能与法协会（IAAIL）宣告成立，《法律人工智能》（*Artificial Intelligence and Law*）杂志也正式创刊。自此，专门以法律人工智能为研究主题的学术共同体日渐发展壮大。法律推理的逻辑建模是这一领域的核心问题，有关其的研究大致可归结为四条进路：一是规则推理进路，即基于现有法律法规来建模法律推理；二是案例推理进路，即基于过去判例来建模法律推理；三是对话推理进路，即从论辩对话的角度来建模法律推理；四是数据推理进路，即利用互联网与大数据技术来建模法律推理。在此意义上，以法律推理与论证为研究对象的法律逻辑在法律人工智能领域扮演重要角色，这也是作为逻辑学者的我们高度关注这一领域的理由。

本文集由浙江大学光华法学院和中山大学逻辑与认知研究所教授熊明辉和中山大学逻辑与认知研究所助理研究员廖彦霖担任主编，所收录的论文大多集中于法律人工智能领域，涉及自动决策、贝叶斯网络与案件分析、价值导向型论证的形式建模、法律中的论证型式、法律查询的相关性概念分析等议题；同时，也有部分论文与人工智能法律有关，涉及智能体的法律人格、自治主体责任等议题。所选译的英文论文均出自《法律人工智能》杂志，是领域内近年来较具代表性的前沿成果①。英文论文的翻译工作由熊明辉带领的法律人工智能研讨班师生合力完成，文集的整体统校工作由廖彦霖主持。受团队水平所限，译文中的错误与不足在所难免，恳请读者朋友们不吝赐教。

我们认为，尽管把握一个学术领域前沿动态的最理想方式是直接阅读相关国际期刊上的论文原文，但论文翻译同样极具价值。对于广大中国学者而言，阅读论文的中译本或许可以更轻松快速地把握文章大意与脉络，为进一步精读原文并深入研究奠定基础。为国内法律人工智能的研究者们在学习文献时提供一点方便，这就是我们这项工作的初衷与动力。若本译文集能向你打开法律人工智能领域的一扇窗，我们的努力也就没有白费。

熊明辉　廖彦霖

2023 年 3 月

---

① 所选译的英文论文均属"知识共享许可协议 4.0"（the Creative Commons Attribution 4.0）下的开放获取内容。该协议下的文本被允许在任何媒体上不受限制地使用、分发和复制，但应当注明原作者和来源，提供知识共享许可的链接，并说明是否做了修改。该协议允许本团队对这些论文进行翻译并结集出版。详情参见：http://creativecommons.org/licenses/by/4.0/。

目 录

作为法律的人工智能：第十七届法律人工智能国际学术大会的主席致辞
.... 巴特·维赫雅 1

自治主体责任的理论基础 .... 亚普·哈赫 28

如何使自动驾驶汽车遵守交通法 .... 亨利·帕肯 42

在公共行政中使用自动决策时的行政正当程序
——以芬兰为例 .... 马克·苏克西 60

用情节解释法律证据贝叶斯网络的方法 .... 卡尔洛特·威尔克 等 78

民有、民享、民治：合成人的法律空缺 .... 乔安娜·J. 布赖森 等 112

论证支持工具的新用例：支持复杂刑事案件贝叶斯分析的讨论
.... 亨利·帕肯 128

论法律信息检索中的相关性概念 .... 马克·范·奥皮伊宁 等 148

纪念道格拉斯·沃尔顿：沃尔顿对法律人工智能的影响
.... 凯蒂·阿特金森 等 167

海波系统的遗产：虚拟专题导论 .... 特雷弗·本奇-卡鹏 209

规范和价值推理：为合规与违规辩护 .... 特雷弗·本奇-卡鹏 等 253

法律人格的边界：自发智能如何解决人类、人工智能、公司和动物
之间的差异问题 .... 陈家宏 等 284

作为法律的人工智能：第十七届法律人工智能国际学术大会的主席致辞

巴特·维赫雅 文 欧阳文琪 李奕丹 译

摘　要：信息技术无处不在，人工智能的进展如此振奋人心，以至于法律专业人士也从中受益匪浅并对此寄予厚望。与此同时，人工智能的力量正在迅速增强，以至于人工智能的应用（无论是在法律领域还是其他地方）都有益于社会这一点已不再明显，实际上有时他们甚至会危害社会。因此，许多人认为，要使人工智能成为值得信赖的、社会性的、负责任的、人道的以及合乎伦理的事物，保障措施是必需的。简而言之，人工智能应当有益于我们。但是，我们如何才能为人工智能建立适当的保障呢？一个强有力的答案是：考虑法律人工智能领域中的问题和解决方案。数十年来，法律人工智能致力于设计一种与人类价值相一致的人工智能，而且它是社会性的、可解释的、负责任的。法律人工智能解决了整个人工智能领域中最棘手的问题（在推理、知识、学习和语言方面），并激发人们找到了新的解决方案（论证、型式和规范、规则和案例、解释）。有人认为，对人工智能中法律问题的研究能够对有益于我们的人工智能的发展提供支撑，这也使得法律人工智能的研究比以往任何时候都显得更为重要。

关键词：人工智能　法律　知识表示和推理　机器学习　自然语言处理　论证

1　引论

今天很高兴能与大家谈谈关于法律人工智能的一些看法，这是我一直以来很喜欢的一个话题——我想你们很多人也是——而且今天这一主题也已经成了人们关注的焦点。

法律中的技术创新已经引起了许多关注，这并不是什么新鲜事。例如，可以想一下法国18世纪的一项"创新"：断头台。当1812年在荷兰首次使用该装置时，许多人聚集在阿姆斯特丹的新市场（见图1，左）。断头台在当时被认为是一种人道技术装置，

---

* 本文原文为 Bart Verheij, 2020, "Artificial Intelligence as Law: Presidential Address to the Seventeenth International Conference on Artificial Intelligence and Law", *Artificial Intelligence and Law*, 28: 181-206。该文属"知识共享许可协议4.0"（the Creative Commons Attribution 4.0）下的开放获取内容，相关链接请参见：http://creativecommons.org/licenses/by/4.0。

作者：巴特·维赫雅（Bart Verheij），荷兰格罗宁根大学人工智能系主任、伯努利数学、计算机科学和人工智能研究所科学与工程系人工智能部主任，国际人工智能与法协会主席（2018—2019）。

译者：欧阳文琪，中山大学哲学系逻辑学专业2022级博士研究生；李奕丹，中山大学哲学系逻辑学专业2021级博士研究生。

因为这一装置确保了快速的、无痛的死亡。

接着是引起广泛关注的当代技术创新：自动驾驶汽车可以自己遵循基本的交通规则，因此在这一意义上这是规范性软件的一个示例，是一种嵌入了规范的人工系统。最近的一篇新闻报道①中提到了我的家乡——位于荷兰德伦特省的梅珀尔，一位醉酒的司机正驾驶着他的自动驾驶汽车，然而警察发现他在驾驶汽车尾随一辆卡车时竟然在方向盘上睡着了，此时他的汽车正处于自动驾驶模式，他的驾驶执照随即被吊销了。

人工智能领域中技术的创新确实非同凡响，当我们仅考虑自动翻译的标题"在高速公路上睡着的梅珀尔醉汉"时可能并不够完美，但足以令我们理解其含义。人工智能的创新发展如此之快，以至许多人对可能发生的事情充满了热情。例如，最近的新闻报道说，爱沙尼亚正计划使用人工智能进行法律上的自动决策。②这带来了过去人们对于文艺作品中假想的机器人法官的恐惧。（见图1，右）

我们从这里可以看出法律数据是如何进入法国的法律体系的，近段时间以来，法国已不再允许使用数据来评估或预测法官个人的行为。"2019年3月23日关于2018—2022年规划和司法改革的第2019–222号法律（1）"的第33条：不能以评估、分析、比较或预测其实际或所谓专业实践的目的或效果重复使用治安法官和注册管理机构成员的身份数据。

图1　过去（左）和假想未来（右）法律中的科技创新

［左图：阿姆斯特丹新市场的断头台，1812（荷兰国立博物馆 RP-P-OB-87033，匿名）。右图：喜剧动画片《飞出个未来》，723号法官（http://futurama.fandom.com/wiki/Judge_723）］

这种担忧是真实的，因为假新闻和隐私问题正在大规模爆发。即使是大型高科技公司，也正在考虑重大转变，如数据节食③。但是没有人知道这是由于担心民众的隐私还

---

① "Beschonken Meppeler rijdt slapend over de snelweg"（《在高速公路上睡着的梅珀尔醉汉》），见特伦特省媒体RTV报道，2019年5月17日。

② 参见埃里克·米勒《人工智能可以成为一位在法庭上公正的法官吗？爱沙尼亚认为是可以的》，载《连线》2019年3月25日。

③ "Het nieuwe datadieet van Google en Facebook"（《来自谷歌和脸书的新数据节食》），见 https://www.nrc.nl，2019年5月11日。

是出于担心更多法规会损害他们的市场主导地位。无论如何，在中国，对于隐私的看法是比较不同的。图2展示了一辆被自动识别的汽车，该汽车被自动判定为违反交通法规——参见框住车的方框。可以看到，无论是汽车还是斑马线上的行人，确实都存在问题。2019年，荷兰一份报纸报道了中国公众如何看待他们的社会评分系统。从中可以看出中国人倾向强调评分制度的优势，认为它是打击犯罪和不当行为的工具。

图2　一辆被自动识别为违反交通法规的汽车

在当代人工智能带来的益处与风险的背景之下，荷兰的人工智能共同体发表了一份宣言，强调到底什么样的人工智能才是被需要的：答案是与人类价值观和社会相一致的人工智能。在图3中，每一行列出了人工智能的主要研究领域，每一列则分别对应三个主要挑战：①人工智能应该是社会性的，并且应该允许其与人类进行合理的交流互动；②人工智能应该是可解释的，如通过提供合理的解释，可以使得对数据进行训练的黑匣子算法变得透明；③人工智能应该承担责任，尤其应该以社会的规则、规范和法律作为其指导。

在其他地方，人们对于好的、人道化的人工智能的需求意识也越来越高涨。例如，欧洲人工智能研究实验室联合会（CLAIRE）所使用的口号是：

  专注于所有人工智能领域的卓越研究
  为造福于整个欧洲而努力
  坚持以人类为中心

换句话说，这个新兴的研究网络宣扬了一种强大的欧洲人工智能，它以社会性、可解释性以及负责任作为其核心。

现在来到了今天讨论的关键之处，即法律人工智能一直在这样做。至少从其主要制度性工作开创以来——包括两年一届的法律人工智能国际学术大会（ICAIL）[由国际人工智能与法协会（IAAIL）创办，1987年开办]，以及每年举办的法律知识与信息系

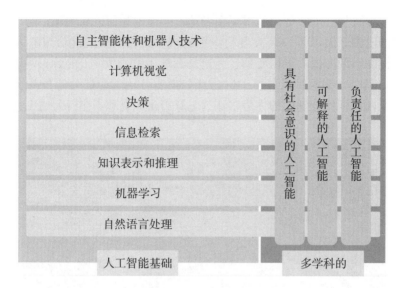

图3 人工智能网格：基础领域和多学科的挑战

（来源：《荷兰人工智能宣言》，见 https://bnvki.org/wp-content/uploads/2018/09/Dutch-AI-Manifesto.pdf。）

统国际大会（JURIX）（1988年开办）和刊物《法律人工智能》（1992年创刊），我们一直在为发展好的人工智能而努力。换句话说，法律人工智能已经致力于设计具有社会意识、可解释的和负责任的人工智能数十年了。可以说，当今人工智能所需要的就是像我们处理法律那样来处理人工智能。

2 当今的法律技术

但是在解释如何去做之前，让我们先来看一下法律技术当前的状态，因为它与法律人工智能领域刚兴起时相比，情况已经截然不同。

如今很多政府部门都使用法律技术以便使公众可以获取信息，并尽可能地为他们直接地、轻松地提供服务。例如，荷兰的一个政府网站为公众提供了关于荷兰有效的法律、法规和条约的访问路径。荷兰的公诉机关则提供了一个在线的知识库系统，通过该系统可以获知各种违法行为中的罚款和处罚信息。例如，当一个人由于吸食5~30克的大麻而被警察抓捕时，他可以在该系统中获知接下来会发生什么。在荷兰，对于以上情况他必须支付75欧元，并且需要注意的是：毒品也将从他手中被夺走。实际上，荷兰所有的政府部门都可以让公众在线访问，比如有一个网站可以访问荷兰司法系统的相关信息，包括获知许多决策。

政府的所得税服务为成功的法律技术提供了一个非常好的例子。在荷兰，填写年度税表已经变得非常简单。用于该项服务的软件非常有效并易于使用，而且最重要的是：在当今的互联大数据背景下，大部分你需要填写的内容都已经准备好了。你的薪水、银行账户、储蓄、已支付的抵押贷款利息、房屋价值，这些信息在你登录时系统就已经全部填写完毕。然而在某些情况下，该工具却为轻微的逃税（或者你愿意的话可以理解为税收优化）留出了空间，因为通过一些设置，可以使已婚夫妇的其中一人所需支付的费用低于实际应收取的最低费用，这样可以节省约 40 欧元。

可能有的人会认为这种法律技术系统在现在看来很常见，但这远非事实。许多国家都在努力开发适合政府部门使用的法律技术。其中一个问题是复杂系统的设计本身已经非常困难，如果没有非常先进的人工智能，这将更具有挑战性。

荷兰也经历了惊人的失败。一个可怕的例子是荷兰的一个项目，该项目旨在简化为人口登记提供支持的信息技术。有人会说这个可行的项目只是包含姓名、出生日期、婚姻状况、地址等信息在内的数据库。该项目最终彻底失败。[1] 在花费 9000 万欧元之后，负责项目的部长不得不终止该项目。顺便一提，在其职业生涯的早期，他曾是一位广受认可的科学家。如今，所有的地方政府仍在各自使用自己的系统。

法律技术仍然在蓬勃发展着，并专注于许多不同的工作风格。斯坦福大学法律信息学中心 CodeX 根据其所主张的技术指标将法律技术分为九类（市场竞争、文档自动化、实物管理、法律检索、法律教育、在线纠纷解决、电子取证档案查询、分析与合规）。基于此，目前有 1000 多家以法律技术为导向的公司被列出。

在互联网上，我发现了一个充满希望的图表，它是关于法律技术的市场未来将如何发展的图表。现在，这一市场已价值数亿美元，但是根据这一特定的预测，几年后这一数字将升至 12 亿美元。这一预测的真正含义我将留给你们去评定，但是在跟进市场实际如何发展的情况时，我们定会感到好奇和期待。

因此，法律技术显然是存在的，而且实际上是广泛存在的。但是，人工智能就只是我们在学术会议上所讨论的人工智能吗？大多并不是这样的。同时也有一些例子表明，我们所看到的大部分在法律技术上取得成功的人工智能并不是真正的人工智能。

我不是很了解你们的想法，但是我认为刚才讨论的所得税系统就是一个合适的人工智能系统。它具有税法方面的专业知识，并且可以根据你的特定情况应用这些法律专业知识。确实，这基本上是 20 世纪 70 年代就已被科学地理解为过时的人工智能，但是通过访问相关的互联大数据的数据库，它无疑又具有了现代感。我们甚至可以说该系统是以现实世界的数据为基础的，因此，这是一个现场人工智能（Situated AI）的例子，这也是 20 世纪 90 年代（甚至更早）时所使用的术语。但这显然也不符合当今人们对于人工智能的期望，即那种适应性的机器学习型人工智能系统。

3　法律人工智能是困难的

许多成功的法律技术并非真正的人工智能，其中的原因其实很简单。因为法律人工智能是复杂且困难的，是难以解释的。在某种程度上，这也说明了为什么今天我们这么多人都坐在这里。因为我们很勇敢，我们热衷于解决困难的问题，而这些问题在法律人工智能中无法被避免。

---

[1] "ICT-project basisregistratie totaal mislukt"（《IT 项目的基本注册完全失败》），见 https://www.nrc.nl，2017 年 7 月 17 日。

让我们来看一个真实的例子。我们可以追溯到我出生的那一年，当时的和平主义仍然是一种有价值的政治态度。在那年，荷兰最高法院裁定，刻在塔上的题为"荷兰解除武装"的字样（见图4）并不是一个违法行为。即，虽然法院承认该标语确实可以被认为是违反了北荷兰省景观管理条例，但是其同时裁定，由于与言论自由相冲突，所以该法规缺乏约束力，这一点在荷兰《宪法》第7条中已做出规定。

图4 "Nederland ontwapent"（"荷兰解除武装"）标语
资料来源：荷兰国家档案，2.24.01.03，918-0574（Joost Evers, Anefo）

以上便是疑难案件的一个例子。这一结果及其推理都无法被真正预测，这也是该案例仍在法学院被教授的原因之一。

这个例子可以用来说明法律人工智能在发展中所遇到的一些艰难的障碍，正如它们从一开始就被人们意识到的那样。这里将给出里斯兰（Rissland, 1988）在回顾安妮·加德纳（Anne Gardner）的开创性著作《法律推理中的人工智能方法》（Gardner, 1987）时所列出的清单，这一著作是加德纳1984年斯坦福大学论文的修订版。① 我很高兴今天可以看到他们两人都坐在这个房间里。

（1）法律推理是规则指导的，而不是规则统治的。在该例子中，省级法规和宪法实际上都只是指导性的，而不是统治性的。他们之间的冲突必须被解决，因此需要一个明智的法官。

（2）法律术语存在开放性结构。在该例子中，从言论自由的角度来讲，将塔上的标语解释为一种言论是做了相当大的延伸，但这就是法院的做法。这是在法律上对事实进行限定的旧难题，这根本不是一件容易的事，对人类而言也是如此。那是我在20世

---

① 关于法律人工智能复杂性问题的更多信息，请参见Rissland（1983）、Sergot et al.（1986）、Bench-Capon et al.（1987，2012）、Rissland and Ashley（1987）、Oskamp et al.（1989）、Ashley（1990，2017）、Van Den Herik（1991）、Berman and Hafner（1995）、Loui and Norman（1995）、Bench-Capon and Sartor（2003）、Sartor（2005）、Zurek and Araszkiewicz（2013）、Lauritsen（2015）的研究。

纪90年代担任马斯特里赫特大学法律信息学专业助理教授的第一年,我参加了法学院的考试,凭借我的数学背景,我发现法律资格认证是一个尚未得到充分说明的问题,这实在令人惊讶且不愉快。如今,计算机仍然很难处理这种开放性结构。

(3)法律问题可以有一个以上的答案,但是必须给出一个合理且适当的答案。我并未去核实最高法院做出这一裁决有多么迅速,也许并不是非常迅速,但是案件已经解决了,冲突也就解决了。一个曾经并不存在的解决方案已经被创建并构造出来,这一决策改变了世界的一小部分。

(4)法律问题的答案会随着时间而改变。在该例子中,我不确定在这一方面当今的法律是怎么样的,实际上我猜想言论自由仍然像在该例子中一样被宽泛地理解,因此,如今当它被更为笼统地解释时,我不会感到惊讶。但是自20世纪60年代后期以来,社会已经发生了根本的变化,而如果今天在公共场所中还会看到这样的标语的话,我一定会感到惊讶。

看待这些障碍的一种方法是指出推论模型(the subsumption model)是错误的。根据法律的推论模型,有一套被认为是规则的法律,以及有一些事实使得你可以通过将规则应用于这些事实来得出法律答案和法律结果(见图5)。将案件事实置于法律规则之下,为案件提供了法律上的解决方案。这通常与孟德斯鸠关于法官的名言"法律之口"(bouche de la loi)联系在一起,据他所言,法官只是宣告及说出法律的嘴巴。

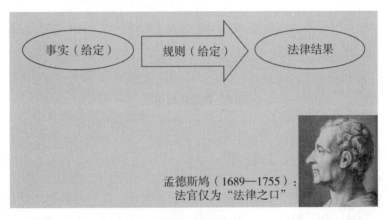

图5 推论模型

刚才提到的所有障碍都表明,这种观点是不正确的。法律规则只是指导性的,法律文本具有开放性结构,法律问题可以有许多的答案,并且随着时间发展,这些答案是可以改变的。

因此,另一种观点则是关于案件裁决后会发生的情况。法律决策是构建和检验一种理论及一系列假设的过程,这些假设在批判性讨论中逐渐得到发展和检验(见图6)。图6给出了事实、相关规则、法律结论三者的初始版本以及初始假设逐渐被证实的过程。考虑一下在法庭诉讼中以及在法官之间的内部讨论中会发生的情形,后者在荷兰被称作raadkamer,这一场景是指在经过认真且具有建设性的批判性讨论之后——如果法官有时间进行讨论的话——最终得出一个对于该案来说久经考验的观点。这表明了最终法律结论将最终事实归入了最终规则。这是我在2003年的人工智能期刊《法律人工智能》特刊中使用的图片，该期刊由埃德温娜·里斯兰（Edwina Rissland）、凯文·阿什利（Kevin Ashley）和罗纳德·路易（Ronald Loui）主编，其中的两位现在也坐在这个房间里。弗洛里斯·贝克斯（Floris Bex）在其后续版本中强调，证据的观点及其如何支持事实的观点也正在逐步被构建出来（Bex and Verheij, 2012）。在我们这一领域中，例如，麦卡锡（McCarty, 1997），哈夫纳和伯曼（Hafner and Berman, 2002），戈登（Gordon, 1995），本奇-卡鹏和萨托尔（Bench-Capon and Sartor, 2003）以及哈赫等人（Hage et al., 1993）都强调了法律中理论构建的思想。

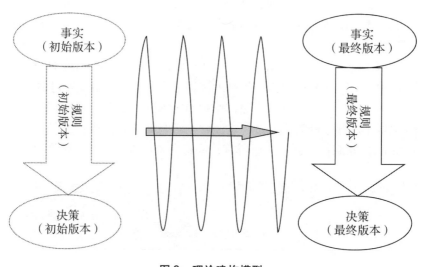

图6　理论建构模型

4　作为法律的人工智能

如今的观点是，好的人工智能需要另一种运行方式，这也是我们一直以来在法律人工智能领域所做的工作，即以一种符合法律要求的方式来实施人工智能，这实际上就是模拟法律中处理事物的方式。让我们进一步来讨论这个观点。

关于人工智能是什么以及应该如何做，有许多的隐喻，具体如下所示：
（1）作为数学的人工智能，侧重于形式系统。
（2）作为技术的人工智能，侧重于系统设计的艺术。
（3）作为心理学的人工智能，侧重于智能的心智。
（4）作为社会学的人工智能，侧重于由主体们构成的社会。
接下来是作为法律的人工智能，我们将马上回到这一讨论上。（见表1）

表 1 人工智能的隐喻

领域一	类 别	领域二
逻辑	*作为数学的人工智能*	概率论
专家系统	*作为技术的人工智能*	机器学习
认知建模	*作为心理学的人工智能*	认知计算
多智能体系统	*作为社会学的人工智能*	自动化机器人
作为法律的人工智能 混合型批判性讨论系统		

在作为数学的人工智能中,人们会想到人工智能的逻辑和概率基础,实际上这由始至终都是核心的部分。据说,人工智能领域的命名者约翰·麦卡锡(John McCarty)认为,人工智能的基础是逻辑的实例以及逻辑自身。相比之下,今天有人认为人工智能是统计学的一种2.0或3.0版本。

在作为技术的人工智能中,人们会想到精心打造的基于规则的专家系统,或者是对经过仔细标记的大型数据集进行评估的机器学习算法。人工智能作为技术时,其应用和研究最直接地相遇了。

在作为心理学的人工智能中,人们可以将人脑建模想象为认知建模,或者想象为仿人类的智能算法,有时也被称为认知计算。

在作为社会学的人工智能中,人们会想到模拟出一个社会的多智能体系统和那些成群在天上飞的自动化机器人。

也许你已经意识到,前文的隐喻列表实际上是图尔敏(Toulmin,1958)在讨论他所认为存在于人们推理的形式分析中的危机时所使用的。他认为,当时流行的传统形式逻辑与推理的实质毫无关系,并提出了一种将逻辑视为法律的观点。[①] 他的意思是必须考虑这样一种相反的观点,即给论证的步骤提供保证的规则是实质性的——而不仅是形式上的——且被事实所支撑,该情况下得出的结论通常是合格的、不确定的、推定的;同时,该观点认为推理和论证应被视为个人及群体之间辩论的结果(另请参见 Hitchcock and Verheij,2006;Verheij,2009)。所有图尔敏所强调的这些思想如今已经得到了广泛的研究,其中法律人工智能领域在其发展中起着重要作用[②]。

这些隐喻也可应用于法律,从而揭示法律领域中的一些重要思想。

如果我们将法律视为数学,那么重点将放在遵循程序规则和遵循先例这一形式上,在这些规则和先例中,事物的定义明确,基本没有自由改变的空间。

[①] 图尔敏研究不同领域中逻辑的作用,从而引向一种隐喻:将逻辑类比为法律(法学),从理想化逻辑转向实践逻辑。

[②] 例如,参见 Prakken(1997)、Sartor(2005)、Gordon(1995)、Bench-Capon(2003)、Atkinson and Bench-Capon(2006)的研究。法律人工智能中的论证研究与形式论证和计算论证中的更广泛研究相关联,例如,参见 Simari and Loui(1992)、Pollock(1995)、Vreeswijk(1997)、Chesñevar et al.(2000)的研究。另请参见 Baroni et al.(2018)、Van Eemeren et al.(2014)的研究。

在作为技术的法律中，人们可以联想到在某一司法管辖区内从事法律工作的技巧，要么像在大陆法系中那样注重规则，要么像在英美法系中那样注重判例。

在作为心理学的法律中，人们可以通过一位法官来想象他的司法推理，以及在某种程度上被允许甚至想要获得的司法裁量权。

在作为社会学的法律中，我们的脑海中便会浮现出批判性讨论的作用，以及为了给出秩序和防止混乱的社会规制的作用。

最后是有些冗余的隐喻：将法律视为法律，但现在这与其他隐喻形成了鲜明的对比。我想到了法律中两个具体又本质的思想，即政府受到法律规则的约束，以及法律的目标是要实现正义，从而为公民提供一个良好的社会和美好的生活。

请注意该讨论是如何表明不同方面下通常合法的混合型平衡的：规则与判例、法规与决策、理性与解释、个体与社会、界限与正义。众所周知，这种平衡总是在极具建设性的批判性讨论中出现。

这带我们来到了人工智能隐喻列表的最底行（见表1）。

（5）作为法律的人工智能，侧重于混合型的批判性讨论。

在作为法律的人工智能中，人工智能系统应被当作混合型批判性讨论系统，在该系统中，不同的假设观点不断地被构建与评估，直到我们找到一个好的答案为止。

在这方面，对于人工智能中所需要的东西，我最近给出了解释（见图7），即针对这些混合型系统，我们不得不采取非常必要的措施，使得我们能够将知识的表达和推理的技术与机器学习的力量联系起来。在该图中，我使用了"论证系统"一词。但是，由于论证在该领域中具有非常明确的指向，并且这一观点也许在某种程度上感觉过于具体与局限，因此，我今天是基于混合型批判性讨论系统的发展意义将人工智能称为法律的。

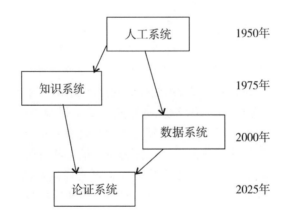

图7　弥合人工智能中知识系统和数据系统之间的鸿沟（Verheij，2018）

5 人工智能中的主题

让我们继续站在将人工智能视为法律的角度上来讨论人工智能中的核心主题。我关注的内容是推理、知识、学习以及语言四个方面。

5.1 推理

首先是关于推理。接下来我确实想到了同时包含正反论据在内的论证的情况（Van Eemeren et al.，2014；Atkinson et al.，2017；Baroni et al.，2018）。这与可废止性的想法相关联。可废止性指的是当一个论证被一个更强的论证攻击时会被击败。论证一直都被用来解决不一致性、不完全信息和不确定性所带来的深刻又古老的疑难问题。

这里给出一个有关荷兰人玛丽自行车被盗窃的例子（见图8）。自行车是被盗后由约翰购买的，因此两人都声称拥有所有权——玛丽是初始所有者，约翰是买方。但是在约翰以20欧元的低价购买这辆自行车的情况下，该矛盾就可以得到解决。因为这一情况表明他并不是一个真正的买主。他本就知道以这样的价格购买这辆自行车就相当于盗窃，因此他无权要求该自行车的所有权，玛丽才是所有者。

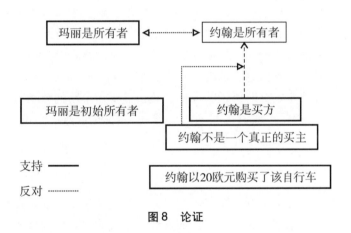

图8 论证

迄今为止对于论证逻辑的充分理解是法律人工智能领域的一项成就，这一充分理解使得它可以在应用论证逻辑的论证图表软件中得以实现，例如，很久以前的博士后时期我在马斯特里赫特大学法学院所应用的ArguMed软件（Verheij，2003a，2005）①。它所实现的稳定类型的论证语义在某种意义上等同于董潘明在大约25年前所提出的抽象论辩（Dung，1995），这被看作当今理解论证理论的转折点和基石，并且取得了许多成就。但是抽象论辩也带来了新的难题，例如，由于缺乏标准化导致了对于各种详细的比较形式的研究，从根本上说就是多重形式的语义难题。稳定语义、优先语义、基底语义

---

① 关于一些其他的示例，请参见Gordon et al.（2007）、Loui et al.（1997）、Kirschner et al.（2003）、Reed and Rowe（2004）、Scheuer et al.（2010）、Lodder and Zelznikow（2005）的研究。

和完全语义是由董潘明（Dung，1995）提出的四种语义，随后在基于标识的阶段语义和半稳定语义被提出后迅速扩展到了六种语义（Verheij，1996）。但这仅仅是个开始，因为那时计算论证的领域才刚刚兴起。

对我而言，我发现在将攻击和支持关系组合后，出现11种不同的语义情况在形式上可能的，但实际上几乎全都不相关，这个时候很明显需要一种不同的方法（Verheij，2003b）。但是不会有律师去考虑可适用的论证语义是半稳定语义还是阶段语义。

接下来是该领域的一个疑难问题，其中包括与特雷弗·本奇-卡鹏（Trevor Bench-Capon）和亨利·帕肯（Henry Prakken）在从阿姆斯特丹飞往蒙特利尔途中进行讨论之后的内容。最开始抽象论辩论文中提到的一个关键思想是，仅需关注攻击关系就可以从中抽象出像论证一样的东西。我知道这个想法对于许多人来说，既有助于他们的工作又帮助了他们对论证的理解。但是对我来说，这从一开始就更像是在分散注意力而不是一个优势，因为它引入了一个分离的、看起来虚假的层面。用我的博士生导师亚普·哈赫（Jaap Hage）的话来说就是："你们那些沉闷的形式结构"——这里哈赫指的是董潘明（Dung）所说的抽象图表——与律师的思维方式毫无关联。在考虑攻击关系之前，并没有从中单独抽象出对论证提供支持关系的东西。然而在法律中支持和反对结论的理由必须都被加以权衡。那段时间哈赫正致力于研究理由逻辑（1997），而我也在帮助他（Verheij et al.，1998）。从某种意义上说，基于 DefLog 形式主义的 ArguMed 软件是我对于移除冗余的中间部分（仍然存在于其前身 Argue! 系统中）的回答，同时坚持了董潘明所提出的对于重要的数学分析思想的恢复（Verheij，2003a，2005）。有关支持关系和攻击关系的相关难题的背景信息，请参阅相关文献（Van Eemeren et al.，2014）。

但是正如我在千禧年之交时所说的那样，我们需要一个新的数学基础，而我花费了几年的时间才获得一些真正加深了我对于论证的理解的东西：案例模型的形式主义（Verheij，2017a，2017b），但这并不是对于现在而言的。

5.2 知识

接下来要讨论的第二个主题是知识，这在人工智能和法律中都非常重要。这令我想到了实质的、半形式的论证型式，例如，证人证言型式或实际推理型式，这些都来自沃尔顿等人的经典著作（Walton，2008）。

我还想到了规范，这一概念在我们这个领域通常和以权利与义务作为研究背景的霍菲尔德思想或道义逻辑的观点放在一起研究（Sartor，2005；Gabbay et al.，2013；Governatori and Rotolo，2010）。另外，我们通过系统化方法可以获得大量知识的本体论研究。①

我在从事法律领域的工作后学到的一课——以及再一次提醒各位，我的研究是从数学领域开始的，那里的事物被认为是干净利落的——告诉我在法律的世界中事物总是比

---

① 参见 McCarty（1989）、Valente（1995）、Van Kralingen（1995）、Visser（1995）、Visser and Bench-Capon（1998）、Hage and Verheij（1999）、Boer et al.（2002，2003）、Breuker et al.（2004）、Hoekstra et al.（2007）、Wyner（2008）、Casanovas et al.（2016）的研究。

你想象的更为复杂。当然有人会说精确地找出事物复杂性的程度正是法律要做的事，而且这通常只比人们最初的想法复杂一点。以及就算事物目前为止还不复杂，明天也会变得复杂。我们可以想一下前文中所看到的理论建构模型的动态学（见图6）。

图9（a）显示了不同类别的法律事实在法律中是如何区分的。这里的法律事实是指与法律相关的具有法律后果的事实。它们有两种：具有法律后果的行为和自然法律事实，后者是诸如出生之类的无意事件，但其仍然具有法律后果。同时具有法律后果的行为又可以分为两种：一方面是针对法律后果的法律行为（例如制订合约）；另一方面是事实行为，尽管没有法律意图，但仍然存在法律后果。这里的典型案例是侵权法中讨论的非法行为。可以在马斯特里赫特大学法学院学到这一关于法律事实的分类至今仍然令我感到高兴，因为它极大地扩展了我对于事物在世界中的运作方式以及是如何在人工智能中被完成的理解。这绝对不是纯粹地从逻辑学或统计学意义上去理解，确切来说是更多地去关注某一具体情况的细节。

图9（b）显示了由哈赫所做的另一种分类，该分类表明了我们接下来如何处理事物的核心类别，或者说是当我们在分析法律时应加以区分的"主体"：事态，事件的规则，其他主体以及子类别下事件的发生，规则的有效性和其他事态。尽管这种分类方式确实暗示了豪尔赫·路易斯·博尔赫斯（Jorge Luis Borges）在对动物进行分类时（包括那些属于帝王的动物、鲛人和不可胜数的动物）① 所体现的巴洛克风格，但抽象的核心本体还是帮助我们分析了事件、规则与在签订合同时发挥作用的事态之间的关系（见图10）。乍一看，图10确实是一个复杂的图，但现在看来，它满足这样一种情况：最上面一行是物理行为：签名（即当笔在纸上滑过以进行签名），并且这种物理行为被视为参与了一个合约关系（如第二行），这意味着签字人要承担一项义务（如第三行），而这会接着导致他有责任去完成另一些行为（如第四行）。这并不是一个简单的图，但是如前所述，在法律上事情往往比预期的更复杂，并且通常拥有充分又实用的理由。

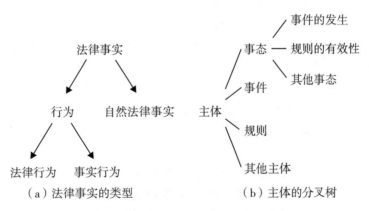

图9 法律事实的类型与主体的分叉树

---

① 译者注：博尔赫斯在《约翰·威尔金斯的分析语言》（"El idioma analítico de John Wilkins"）一文中虚构了一本书并"引述"了其中关于动物分类的一段内容。

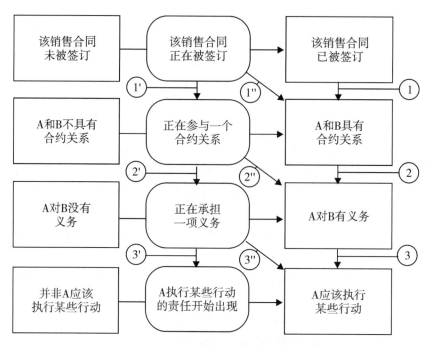

图10 签订一份销售合同

我想提及的关于我们这一领域和人工智能领域的核心难题,其实是常识性知识的问题。在当今的大数据以及认知计算的时代背景下,这仍然是一个必不可少的难题。机器根本没有足够充分的常识性知识。在期刊《ACM 通讯》中,一份有见地的报告说明了这一进展的缓慢(Davis and Marcus,2015)。这可以追溯到2015年,但是当有人提出如今的情况已非常不同时,请不要相信他所说的。常识性问题确实直至今日仍然是一个相关的且重要的研究挑战,我希望将来能看到更多法律人工智能所真正需要的重要知识。只有像现在坐在这个房间里一样勇敢的人才有机会在这方面取得真正的进步。

我想到的例子是一个至今仍被低估的常识性知识的基石,即全局性融贯的知识结构的作用——例如我们在法律中遇到的情境和案例。在谋杀案和犯罪调查的背景下,我们的现任项目主席弗洛里斯·贝克斯(Floris Bex)采取了相关措施来调查情境型式以及他们的层次关系(Bex,2011)①。我们的领域将受益于更多类似的工作,这些工作可以追溯到罗杰·尚克(Roger Schank)和马文·明斯基(Marvin Minsky)等人研究的框架和脚本。

我当前最喜欢的一种知识表示的方法是使用前面提到的案例模型。例如,它被用来表示上诉法院是如何基于证据逐步地构建其关于谋杀案件的假设,并逐步检验和选择那些已经发生的情境是否可信(Verheij,2019),以及根据过去决策所提高和贬低的价值为依据,案例模型也被用于表示过去决策的相关性在时间上的发展(Verheij,2016)。

---

① 关于法律人工智能在证据方面的更多工作,请参见 Keppens and Schafer(2006)、Bex et al.(2010)、Keppens(2012)、Fenton et al.(2013)、Vlek et al.(2014)、Di Bello and Verheij(2018)的研究。

5.3 学习

接下来我们进入学习这一主题。统计学分析的领域表明，某些法官更倾向于支持民主党立场，而正如我们所看到的那样，法国已不再允许这样做。开放性数据的领域允许公众访问合法来源，在这方面我们这一共同体一直非常活跃（Biagioli et al., 2005；Francesconi and Passerini, 2007；Francesconi et al., 2010a, 2010b；Sartor et al., 2011；Athan et al., 2013）。在过去被称为"感知器"（perceptrons）的神经网络领域，现在被称为"深度学习"。

这里要讨论的核心主题是学习和结果的合理性是如何结合在一起的，用一个现代化的术语来说就是：如何获得一个可解释的人工智能，也就是可解释的机器学习。我们听说已经有年轻的博士生们和一位图灵奖获得者在各个事物层面上对此进行了讨论。

这个问题可以通过荷兰刑事法院的模拟预测机器来说明。想象一个你可以按下的按钮，一旦你按下它，总会得出犯罪嫌疑人被指控有罪的结果。而考虑到系统是需要被评估的这一点（Conrad and Zeleznikow, 2015），该系统也的确已被荷兰中央统计局验证过，数据表明，该预测机器的实际结果在 100 个案例中有 91 个是正确的（见图 11）。这一验证数据表明，虚构的预测机器的准确性近年来有所降低，这大概是因为社会中的一些变化，可能部分是由于荷兰对所谓可疑案件或司法不公的关注所致，因为这可能会致使法官更加不愿给出有罪的判决。但是仍然要说：91% 对于这个非常简单的机器来说已是相当不错的了。并且如你所知，对于如何判定是否有罪，这一切几乎没有怎么提到。

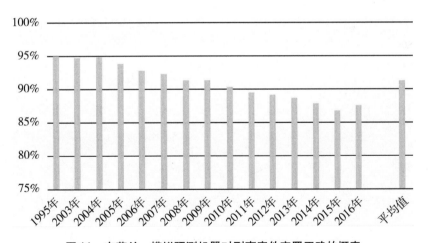

图 11　在荷兰，模拟预测机器对刑事案件定罪正确的概率

［资料来源：据荷兰中央统计局（www.cbs.nl），2017 年 9 月 11 日的数据收集］

最近的一些例子显示了当使用正经的机器学习技术时司法预测的真正难度。由卡兹（Katz）等人（2017）提供给美国最高法院的预测机器可以达到 70% 的准确率。相较于历史上大多数结果的基准线（通过不断确认之前的判决）60% 有了轻度的改善，甚至超过了近 10 年来大多数结果的基准线 67%。由于该系统的预测基于诸如法官的身份、月份、原审法院和议题本身等特征，因此这样适中的结果不足为奇。

在另一项研究中，阿莱特拉和他的同事们（Aletras，2016）研究了欧洲人权法院的案件。他们使用 n-grams 模型和各种主题作为训练的起点，并使用准备好的数据集通过任意猜测得出了一个较简洁的准确率基准线 50%。通过使用全部的文本，他们达到了 79% 的准确率，并且指出仅仅使用描述了实际情况的部分就可以达到 73% 的准确率。

根据 70∶60 和 79∶50 的比例，人们会发现改善了 1.2 倍和 1.6 倍的因素后得出的研究结果是相关联的，但实际上是适度的。更重要的是，这些系统仅关注结果，而没有说任何关于如何得出结果，或者是出于何种原因使得结果被保证与否的任何事情。

如前所述，学习确实是困难的，尤其是在法律领域。[①] 我依旧非常喜欢本奇-卡鹏发表的一篇关于神经网络和开放性文本的旧论文（Bench-Capon，1993）。在一个人为构造的关于福利的例子中，他涵盖了各种不同的约束：布尔的、绝对值的、数值的。例如，允许女性在 60 岁之后获得福利，而男性在 65 岁之后获得。他发现，经过训练的神经网络可以实现较高的总体性能，但是具有一些令人惊讶的基本原理。在图 12 的上部，可以看到这一福利条件分别早在 60 岁和 65 岁之前就已经开始具有相关性，并且性别上的差异大约是 15 年而不是 5 年。在图 12 的下部是一个更具针对性的训练集，它仅具有单个失败条件的案例，在此相关性开始得稍晚了一些，但还是为时过早，而这里的性别差异确实为 5 年。

---

① 另请参见 Medvedeva et al.（2019）的研究。

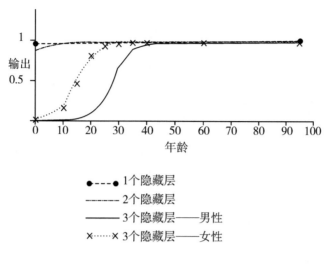

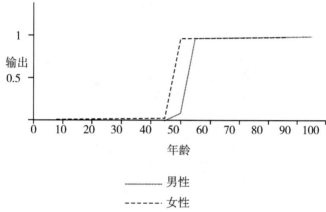

图 12　神经网络和开放性文本（Bench-Capon，1993）

我认为，在法律人工智能中对我们来说很常见的是混合型案例和规则系统。① 我现在根据一种案例模型来代表荷兰侵权法，这一案例模型用于验证规则论证（Verheij，2017b）。（见图 13）

---

① 参见 Branting（1991）、Skalak and Rissland（1992）、Branting（1993）、Prakkent and Sartor（1996，1998）、Stranieri et al.（1999）、Roth（2003）、Brüninghaus and Ashley（2003）、Atkinson and Bench-Capon（2006）、Čyras et al.（2016）的研究。

1	2	3	4	5	6	7	8	9	10	11	12	13	14	15	16
¬dut	¬dut	¬dut	dut	dut	dut	dut	dut	dut	dut	dut	dut	dut	¬dut	¬dut	¬dut
¬dmg	dmg	dmg	dmg	dmg	dmg	dmg	dmg	dmg	dmg	dmg	dmg	dmg	dmg	dmg	dmg
	¬unl	unl	unl	unl	unl	unl	unl	unl	unl	unl	unl	unl	¬unl	¬unl	unl
		¬imp	imp	imp	imp	imp	imp	imp	imp	imp	imp	imp			imp
			¬cau	cau	cau	cau	cau	cau	cau	cau	cau	cau			cau
¬vrt				vrt	vrt	vrt	¬vrt	¬vrt	¬vrt	vrt	vrt	vrt	¬vrt	vrt	vrt
¬vst				¬vst	vst	¬vst	vst	vst	¬vst	vst	¬vst	vst	¬vst	vst	vst
¬vun				¬vun	vun	vun	vun	¬vun	vun	vun	vun	vun	vun		
			¬ift	ift	¬ift	¬ift	ift	¬ift	¬ift	ift	¬ift	ift	¬ift	ift	
			¬ila	¬ila	ila	¬ila	¬ila	ila	¬ila	¬ila	ila	¬ila	¬ila	ila	
			¬ico	¬ico	¬ico	ico	¬ico	¬ico	ico	¬ico	¬ico	ico	¬ico	¬ico	ico
			¬jus	¬jus	jus	jus	jus	jus	jus	jus	jus	jus	jus	jus	
			prp	prp	prp										¬prp

1 > 2 > 3 > 4 > 5 ～ 6 ～ 7 ～ 8 ～ 9 ～ 10 ～ 11 ～ 12 ～ 13 > 14 ～ 15 ～ 16

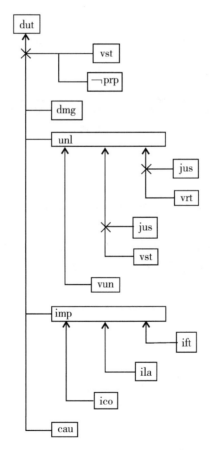

图 13　荷兰侵权法中的论证、规则和案例

注：关于图 13 中相关信息的解释，参见维赫雅的说明（Verheij, 2017b）。

5.4 语言

接下来是语言，这是我想与大家讨论的关于人工智能的第四个也是最后一个主题。如今，语言这一主题与机器学习紧密相关。我想到了为便于进行训练而对自然语言数据进行标记；还有预测，例如，通过搜索引擎或智能手机上的聊天应用程序进行的预测。我还想到了论点挖掘，这是一个与法律人工智能领域密切相关并深深扎根于此的主题。

国际商业机器公司（International Business Machines Corporation，IBM）的沃森（Watson）系统在猜谜节目《危险边缘》中赢得了胜利，这表明对于人工智能中自然语言（以及实际上是人工智能本身）的研究取得了显著的进步。例如，沃森系统正确地理解了这样一个描述：一个由两个词组成的短语，"它"意味着将私有财产用于公共用途的权力。该描述涉及典型的法律概念：国家征用权，即政府出于公共原因（如修建高速公路或风车公园）而征用财产的情况。沃森系统的输出表明，其在法律概念上的得分为98%，而在概念"电力公司"和"资本主义经济"上的得分分别为9%和5%。显然，沃森认为国家征用权、电力公司和资本主义经济三个概念之间存在某种重叠，因为98% + 9% + 5%超过100%。

IBM 公司继续进行着这一研究，如沃森系统还曾被用来当作其辩论技术的基础。在2014年的一次演示中，① 该系统曾考虑过是否向未成年人出售暴力电子游戏。录像显示，该系统找到了支持和反对禁止向未成年人出售此类游戏的理由，例如，大多数玩暴力游戏的孩子没有问题，但是暴力电子游戏会增加儿童的攻击性。这一录像仍然令人印象深刻，且对于如今我已是其中一员的计算论证领域来说，该系统背后的研究人员后来却成了领域之外的人，这多少是有些令人不适的。

这些自然语言系统的成功使人们开始思考为什么它们可以做它们所做的这些事。它们真的能理解一个描述了国家征用权这样的法律概念的复杂句子吗？它们真的可以理解消化报纸上的文章和其他与暴力电子游戏相关的在线资源吗？

这些问题特别重要，因为在我们法律人工智能领域，从一开始我们就有机会跟随有关论证挖掘的研究。早期相关的研究是拉克尔·莫查莱斯·帕劳（Raquel Mochales Palau）和西恩·莫恩斯（Sien Moens）所做的，他们在2009年法律人工智能国际会议（ICAIL，2009，2011）的一篇论文中研究了论证挖掘。而且，正如该论文已表明的那样，论证挖掘的实施不应该被认为是一项容易的任务。确实，该领域已经取得了相关且有意义的进展，在本次会议进行的研究中也表明了这一点，但是没有人认为对自然语言的理解是解释法律概念时或在线辩论时所需要的。②

那么，这一显著成功的基础是什么呢？仅仅是因为一家大型科技公司有能力投资一项研究，而这在学术界只是一个人的梦想吗？当然，这是正在发生的事情的一部分。但

---

① 米尔肯研究所2014年的全球性会议，主题为"为什么明天不会看起来像今天这样：那些将会震撼你头脑的事物"。

② 参见 Schweighofer et al. (2001)、Wyner et al. (2009, 2010)、Grabmair and Ashley (2011)、Ashley and Walker (2013)、Grabmair et al. (2015)、Tran et al. (2020) 的研究。

是，除了我做过的一个小实验所赞同的东西之外，其实还有更多的东西，实际上这次所赞同的是一个已实现的线上系统。我讽刺地称它为"穷人的沃森"（Poor Man's Watson），它的编程没有太多深奥的自然语言技术，只是通过在线访问谷歌搜索引擎和维基百科得到一些简单常规的表达式脚本。实际上，事实证明这种简单的脚本也可以识别"国家征用权"的概念，当有人输入"将私有财产用于公共用途的权力"时，答案就是"国家征用权"。对于这个不寻常的结果的解释是，关于某些描述，正确的维基百科页面最终出现在谷歌搜索页面列表中的顶端，而发生这种情况的原因是，人们一直在维基百科中输入对这些概念的合理的描述，而谷歌确实可以找到这些页面。有时候系统给出的这些结果令人惊叹，但也很脆弱，因为看起来很渺小，任何无关紧要的改变都会快速地破坏这个简单的系统。

对于辩论技术，类似的观点也成立，因为已经有网站收集了关于社会性辩论的正反方观点。例如，网站 ProCon 上有一个页面介绍了关于暴力电子游戏的支持方与反对方的观点。它收集到的论证包括"正方1：玩暴力电子游戏会增加儿童的侵略性，造成欺凌和斗殴事件"和"反方1：暴力电子游戏的销售显著增加，然而暴力少年犯罪率却大大降低"。网站 Kialo 也具有类似的共同创建的列表。关于"暴力电子游戏应该被禁止以遏制校园枪击事件"的问题，网站列举了正方观点"电子游戏可以使暴力常态化，尤其是在孩子们眼中，并且会影响他们对世界的看法以及与世界交流的方式"，以及反方观点"校园枪击事件主要是由其他因素引起的，这些因素反而应该尽快予以解决"。

当然，这一被人类以结构化方式输入的列表的存在，是说明辩论技术可以做什么和不能做什么的中心基础。仔细聆听报告会发现，在营销中使用的示例关注了精心策划的主题列表，这并非巧合。同时，这并没有夺走 IBM 公司的勇气，它通过成功的演示在很大程度上激发了人工智能领域的力量。这对于 IBM 公司来说有时也是很困难的，正如 2019 年 2 月的一份报告显示的那样，当 IBM 公司使用其技术与人类辩论者进行辩论时，这一次它却失败了。但是，谁又知道未来会带来些什么呢？

我相信在复杂的知识表示和自然语言解释之间建立起更紧密的联系是有必要的，例如这在夏洛特·弗莱克（Charlotte Vlek）解释贝叶斯网络的工作中就有所涉及（Vlek et al.，2016），这一工作与杰伦·凯彭斯（Jeroen Keppens）昨天的报告也有着紧密的联系（Keppens，2019）。

6 结语

正如我所说，我认为要发展该领域的方法是发展出一种类似于法律的人工智能，这种人工智能中的系统是混合型批判性讨论的系统。

对于将人工智能视为数学、技术、心理学和社会学的后续阶段来说（所有这些阶段仍然是重要和相关的），将人工智能作为法律的观点为设计良好的人工智能提供了新思路（见表1）。为了构建我认为所需的混合型批判性讨论的系统，还有大量推理、知识、学习和语言中的工作等着我们来完成，如下所示。

对于推理而言（第5.1节），对形式和计算性论证的研究仍然是相关的且前途有望的，然而为了形成一种不只是一小部分专家才能使用的形式语义学，还有大量的工作需要进行。

对于知识而言（第5.2节），我们需要在大小型知识库中以及具有嵌入式规范的系统中继续进行研究。但是我希望我们中的一些人也有足够的勇气可以找出新的方法来获得适用于机器的可接受常识。因为在法律上，我们离不开充满智慧的常识。

对于学习而言（第5.3节），我们可以通过法律规则和案例之间相互联系与相互影响的方式，来达到知识和数据的融合。只有这样，才能恰当地满足可解释性和责任性的要求。

对于语言而言（第5.4节），对文本内容进行解释是必需的。这就需要了解当前情形下各种复杂且详细的模型，就像在任何法院中会发生的情况一样：每一个词都有可能带来与众不同的效果。

我们还有许多工作要做，还有许多困难要克服。

今天在这里讨论的将人工智能作为法律的观点可以看作在试图拓展我的另一个演讲——"为了好的人工智能的论证"中所说的内容，该演讲的重点主要是计算论证（Verheij，2018）。其中我解释道，我们需要一个好的人工智能，该人工智能可以很好地回答我们的问题，给出合理的理由并做出正确的选择。我预计到2025年，将实现一种将知识和数据联系起来的新型人工智能系统，可被称为论证系统（见图7）。显然，正如我今天试图解释的那样，仍然有大量工作需要我们去做。我希望我们的工作将会在规则、案例和论证之间的联系上发挥关键的作用，就像在一系列将侵权法形式化的案例中一样（见图13，上），它们都形式地验证了法律上相关的基于规则的论证（见图13，下）。

通过发展将人工智能作为法律这条道路，我们可以防范对我们不利的技术，而这与我在本文开头提到的"断头台"这类技术不同，这是一种真正的人道技术，它将直接惠及社会及其公民。

总而言之，在当今人们对于人工智能和算法既期待又恐惧的背景之下，我们所热爱的法律人工智能领域比以往任何时候都更加重要。我们为法律人工智能数十年来一直致力于设计具有社会意识、可解释的和负责任的人工智能而感到自豪。

而且由于法律人工智能领域正被用来解决整个人工智能领域中最复杂的、我们实际上无法避免的问题（推理、知识、学习、语言），因此，我们可以受到启发得到新的解决方案。对此，我特别讨论了计算论证、论证型式与情境型式、编码规范、混合型规则案例系统和计算性解释。

我们需要看看在法律中发生了什么。在法律中，我们看到了一种人工系统，它可以为我们的生活增添很多价值；让我们从法律中汲取灵感，并致力于构建并非令人恐慌的，而是真正有助于在一个公正社会中提高人们生活质量的人工智能。最后，能够成为这个勇敢且富有智慧的共同体中的一员，我感到高兴和自豪。感谢各位的聆听。

参考文献

ALETRAS N, TSARAPATSANIS D, PREOTIUC-PIETRO D, et al., 2016. Predicting judicial decisions of the European Court of Human Rights: a natural language processing perspective [J]. PeerJ computer science, 2: 1-19.

ASHLEY K D, 1990. Modeling legal arguments: reasoning with cases and hypotheticals [M]. Cambridge: The MIT Press.

ASHLEY K D, 2017. Artificial intelligence and legal analytics: new tools for law practice in the digital age [M]. Cambridge: Cambridge University Press.

ASHLEY K D, WALKER V R, 2013. Toward constructing evidence-based legal arguments using legal decision documents and machine learning [C] //Proceedings of the fourteenth international conference on artificial intelligence and law. New York: ACM Press: 176-180.

ATHAN T, BOLEY H, GOVERNATORI G, et al., 2013. OASIS LegalRuleML [C] //Proceedings of the fourteenth international conference on artificial intelligence and law (ICAIL 2013). New York: ACM Press: 3-12.

ATKINSON K, BENCH-CAPON T J M, 2006. Legal case-based reasoning as practical reasoning [J]. Artificial intelligence and law, 13: 93-131.

ATKINSON K, BARONI P, GIACOMIN M, et al., 2017. Toward artificial argumentation [J]. AI magazine, 38 (3): 25-36.

BARONI P, GABBAY D, GIACOMIN M, et al., 2018. Handbook of formal argumentation [M]. London: College Publications.

BENCH-CAPON T J M, 1993. Neural networks and open texture [C] //Proceedings of the fourth international conference on artificial intelligence and law. New York: ACM Press: 292-297.

BENCH-CAPON T J M, 2003. Persuasion in practical argument using value-based argumentation frameworks [J]. Journal of logic and computation, 13 (3): 429-448.

BENCH-CAPON T J M, SARTOR G, 2003. A model of legal reasoning with cases incorporating theories and values [J]. Artificial intelligence, 150 (1): 97-143.

BENCH-CAPON T J M, ROBINSON G O, ROUTEN T W, et al., 1987. Logic programming for large scale applications in law: a formalisation of supplementary benefit legislation [C] //Proceedings of the 1st international conference on artificial intelligence and law (ICAIL 1987). New York: ACM Press: 190-198.

BENCH-CAPON T, ARASZKIEWICZ M, ASHLEY K D, et al., 2012. A history of AI and Law in 50 papers: 25 years of the international conference on AI and law [J]. Artificial intelligence and law, 20 (3): 215-319.

BERMAN D H, HAFNER C L, 1995. Understanding precedents in a temporal context of evolving legal doctrine [C] //Proceedings of the fifth international conference on artificial intelligence and law. New York: ACM Press: 42-51.

BEX F J, 2011. Arguments, stories and criminal evidence: a formal hybrid theory [M]. Berlin: Springer.

BEX F J, VERHEIJ B, 2012. Solving a murder case by asking critical questions: an approach to fact-finding in terms of argumentation and story schemes [J]. Argumentation, 26: 325-353.

BEX F J, VAN KOPPEN P J, PRAKKEN H, et al., 2010. A hybrid formal theory of arguments, stories and criminal evidence [J]. Artificial intelligence and law, 18: 1-30.

BIAGIOLI C, FRANCESCONI E, PASSERINI A, et al., 2005. Automatic semantics extraction in law documents [C] //Proceedings of the 10th international conference on artificial intelligence and law (ICAIL 2005). New York: ACM Press: 133-140.

BOER A, HOEKSTRA R, WINKELS R, 2002. METAlex: legislation in XML [C] //BENCH-CAPON T J M, DASKALOPULU A, WINKELS R. Legal knowledge and information systems. JURIX 2002: the Fifteenth Annual Conference. Amsterdam: IOS Press: 1-10.

BOER A, VAN ENGERS T, WINKELS R, 2003. Using ontologies for comparing and harmonizing legislation [C] //Proceedings of the 9th international conference on artificial intelligence and law. New York: ACM Press: 60-69.

BRANTING L K, 1991. Building explanations from rules and structured cases [J]. International journal of man-machine studies, 34 (6): 797-837.

BRANTING L K, 1993. A computational model of ratio decidendi [J]. Artificial intelligence and law, 2 (1): 1-31.

BREUKER J, VALENTE A, WINKELS R, 2004. Legal ontologies in knowledge engineering and information management [J]. Artificial intelligence and law, 12 (4): 241-277.

BRÜNINGHAUS S, ASHLEY K D, 2003. Predicting outcomes of case based legal arguments [C] //Proceedings of the 9th international conference on artificial intelligence and law (ICAIL 2003). New York: ACM Press: 233-242.

CASANOVAS P, PALMIRANI M, PERONI S, et al., 2016. Semantic web for the legal domain: the next step [J]. Semantic web, 7 (3): 213-227.

CHESÑEVAR C I, MAGUITMAN A G, LOUI R P, 2000. Logical models of argument [J]. ACM computing surveys, 32 (4): 337-383.

CONRAD J G, ZELEZNIKOW J, 2015. The role of evaluation in AI and Law: an examination of its different forms in the ai and law journal [C] //Proceedings of the 15th international conference on artificial intelligence and law (ICAIL 2015). New York: ACM Press: 181-186.

ČYRAS K, SATOH K, TONI F, 2016. Abstract argumentation for case-based reasoning [C] //Proceedings of the fifteenth international conference on principles of knowledge representation and reasoning (KR 2016). Palo Alto: AAAI Press: 549-552.

DAVIS E, MARCUS G, 2015. Commonsense reasoning and commonsense knowledge in artificial intelligence [J]. Communications of the ACM, 58 (9): 92-103.

DI BELLO M, VERHEIJ B, 2018. Evidential reasoning [M] //BONGIOVANNI G, POSTEMA G, ROTOLO A, et al. Handbook of legal reasoning and argumentation. Dordrecht: Springer: 447-493.

DUNG P M, 1995. On the acceptability of arguments and its fundamental role in nonmonotonic reasoning, logic programming and n-person games [J]. Artificial intelligence, 77: 321-357.

FENTON N E, NEIL M D, LAGNADO D A, 2013. A general structure for legal arguments about evidence using Bayesian Networks [J]. Cognitive science, 37: 61-102.

FRANCESCONI E, PASSERINI A, 2007. Automatic classifcation of provisions in legislative texts [J]. Artificial intelligence and law, 15 (1): 1-17.

FRANCESCONI E, MONTEMAGNI S, PETERS W, et al., 2010a. Integrating a bottom-up and top-down methodology for building semantic resources for the multilingual legal domain [M] //Semantic processing of legal texts. Berlin: Springer: 95-121.

FRANCESCONI E, MONTEMAGNI S, PETERS W, et al., 2010b. Semantic processing of legal texts: where the language of law meets the law of language [M]. Berlin: Springer.

GABBAY D, HORTY J, PARENT X, et al., 2013. Handbook of deontic logic and normative systems [M]. London: College Publication.

GARDNER A, 1987. An artificial intelligence approach to legal reasoning [M]. Cambridge: The MIT Press.

GORDON T F, 1995. The pleadings game: an artificial intelligence model of procedural justice [M]. Dordrecht: Kluwer.

GORDON T F, PRAKKEN H, WALTON D N, 2007. The Carneades model of argument and burden of proof [J]. Artificial intelligence, 171 (10-15): 875-896.

GOVERNATORI G, ROTOLO A, 2010. Changing legal systems: legal abrogations and annulments in defeasible logic [J]. Logic journal of the IGPL, 18 (1): 157-194.

GRABMAIR M, ASHLEY K D, 2011. Facilitating case comparison using value judgments and intermediate legal concepts [C] //Proceedings of the 13th international conference on artificial intelligence and law. New York: ACM Press: 161-170.

GRABMAIR M, ASHLEY K D, CHEN R, et al., 2015. Introducing LUIMA: an experiment in legal conceptual retrieval of vaccine injury decisions using a uima type system and tools [C] //Proceedings of the 15th international conference on artificial intelligence and law. New York: ACM Press: 69-78.

HAFNER C L, BERMAN D H, 2002. The role of context in case-based legal reasoning: teleological, temporal, and procedural [J]. Artificial intelligence and law, 10 (1-3): 19-64.

HAGE J C, 1997. Reasoning with rules. An essay on legal reasoning and its underlying logic [M]. Dordrecht: Kluwer Academic Publishers.

HAGE J C, VERHEIJ B, 1999. The law as a dynamic interconnected system of states of affairs: a legal top ontology [J]. International journal of human-computer studies, 51 (6): 1043-1077.

HAGE J C, LEENES R, LODDER A R, 1993. Hard cases: a procedural approach [J]. Artificial intelligence and law, 2 (2): 113-167.

HITCHCOCK D L, VERHEIJ B, 2006. Arguing on the toulmin model. New essays in argument analysis and evaluation (argumentation library, volume 10) [M]. Dordrecht: Springer.

HOEKSTRA R, BREUKER J, DI BELLO M, et al., 2007. The lkif core ontology of basic legal concepts [C] //CASANOVAS P, BIASIOTTI M A, FRANCESCONI E, et al. Proceedings of LOAIT 2007. Second workshop on legal ontologies and artificial intelligence techniques. California: Stanford University: 43-63.

KATZ D M, BOMMARITO II M J, BLACKMAN J, 2017. A general approach for predicting the behavior of the Supreme Court of the United States [J]. PLOS ONE, 12 (4): 1-18.

KEPPENS J, 2012. Argument diagram extraction from evidential Bayesian networks [J]. Artificial intelligence and law, 20: 109-143.

KEPPENS J, 2019. Explainable Bayesian network query results via natural language generation systems [C] //Proceedings of the 17th international conference on artifcial intelligence and law (ICAIL 2019). New York: ACM Press: 42-51.

KEPPENS J, SCHAFER B, 2006. Knowledge based crime scenario modelling [J]. Expert systems with applications, 30 (2): 203-222.

KIRSCHNER P A, SHUM S J B, CARR C S, 2003. Visualizing argumentation: software tools for collaborative and educational sense-making [M]. Berlin: Springer.

LAURITSEN M, 2015. On balance [J]. Artificial intelligence and law, 23 (1): 23-42.

LODDER A R, ZELZNIKOW J, 2005. Developing an online dispute resolution environment: dialogue tools and negotiation support systems in a three-step model [J]. Harvard negotiation law review, 10: 287-337.

LOUI R P, NORMAN J, 1995. Rationales and argument moves [J]. Artificial intelligence and law, 3: 159-189.

LOUI R P, NORMAN J, ALTEPETER J, et al., 1997. Progress on room 5: a testbed for public interactive semi-formal legal argumentation [C] //Proceedings of the 6th international conference on artificial intelligence and law. New York: ACM Press: 207-214.

MCCARTY L T, 1989. A language for legal discourse. i. basic features [C] //Proceedings of the 2nd international conference on artificial intelligence and law (ICAIL 1989). New York: ACM Press: 180-189.

MCCARTY L T, 1997. Some arguments about legal arguments [C] //Proceedings of the 6th international conference on artificial intelligence and law (ICAIL 1997). New York: ACM Press: 215-224.

MEDVEDEVA M, VOLS M, WIELING M, 2019. Using machine learning to predict decisions of the European court of human rights [J]. Artificial intelligence and law, 28: 237-266.

MOCHALES PALAU R, MOENS M F, 2009. Argumentation mining: the detection, classification and structure of arguments in text [C] //Proceedings of the 12th international conference on artificial intelligence and law (ICAIL 2009). New York: ACM Press: 98-107.

MOCHALES PALAU R, MOENS M F, 2011. Argumentation mining [J]. Artificial intelligence and law, 19 (1): 1-22.

OSKAMP A, WALKER R F, SCHRICKX J A, et al., 1989. PROLEXS divide and rule: a legal application [C] //Proceedings of the second international conference on artificial intelligence and law. New York: ACM Press: 54-62.

POLLOCK J L, 1995. Cognitive carpentry: a blueprint for how to build a person [M]. Cambridge: The MIT Press.

PRAKKEN H, 1997. Logical tools for modelling legal argument: a study of defeasible reasoning in law [M]. Dordrecht: Kluwer Academic Publishers.

PRAKKEN H, SARTOR G, 1996. A dialectical model of assessing conflicting arguments in legal reasoning [J]. Artificial intelligence and law, 4: 331-368.

PRAKKEN H, SARTOR G, 1998. Modelling reasoning with precedents in a formal dialogue game [J]. Artificial intelligence and law, 6: 231-287.

REED C, ROWE G, 2004. Araucaria: software for argument analysis, diagramming and representation [J]. International journal on artificial intelligence tools, 14 (3-4): 961-980.

RISSLAND E L, 1983. Examples in legal reasoning: Legal hypotheticals [C] //Proceedings of the 8th international joint conference on artificial intelligence (IJCAI 1983). Karlsruhe: William Kaufmann Inc.: 90-93.

RISSLAND E L, 1988. Book review. An artificial intelligence approach to legal reasoning [J]. Harvard journal of law & technology, 1 (Spring): 223-231.

RISSLAND E L, ASHLEY K D, 1987. A case-based system for trade secrets law [C] //Proceedings of the first international conference on artificial intelligence and law. New York: ACM Press: 60-66.

ROTH B, 2003. Case-based reasoning in the law. A formal theory of reasoning by case comparison [D]. Maastricht: Dissertation Universiteit Maastricht.

SARTOR G, 2005. Legal reasoning: a cognitive approach to the law. Vol 5 of Treatise on legal philosophy and general jurisprudence [M]. Berlin: Springer.

SARTOR G, PALMIRANI M, FRANCESCONI E, et al., 2011. Legislative XML for the semantic web: principles, models, standards for document management [M]. Berlin: Springer.

SCHEUER O, LOLL F, PINKWART N, et al., 2010. Computer-supported argumentation: a review of the state of the art [J]. International journal of computer-supported collaborative learning, 5 (1): 43 - 102.

SCHWEIGHOFER E, RAUBER A, DITTENBACH M, 2001. Automatic text representation, classifcation and labeling in European law [C] //Proceedings of the 8th international conference on artificial intelligence and law. New York: ACM Press: 78 - 87.

SERGOT M J, SADRI F, KOWALSKI R A, et al., 1986. The British nationality act as a logic program [J]. Communications of the ACM, 29 (5): 370 - 386.

SIMARI G R, LOUI R P, 1992. A mathematical treatment of defeasible reasoning and its applications [J]. Artificial intelligence, 53: 125 - 157.

SKALAK D B, RISSLAND E L, 1992. Arguments and cases: an inevitable intertwining [J]. Artificial intelligence and law, 1 (1): 3 - 44.

STRANIERI A, ZELEZNIKOW J, GAWLER M, et al., 1999. A hybrid rule-neural approach for the automation of legal reasoning in the discretionary domain of family law in Australia [J]. Artificial intelligence and law, 7 (2 - 3): 153 - 183.

TOULMIN S E, 1958. The uses of argument [M]. Cambridge: Cambridge University Press.

TRAN V, LE NGUYEN M, TOJO S, et al., 2020. Encoded summarization: summarizing documents into continuous vector space for legal case retrieval [J]. Artificial intelligence and law, 28: 441 - 467.

VALENTE A, 1995. Legal knowledge engineering: a modelling approach [M]. Amsterdam: IOS Press.

VAN DEN HERIK H J, 1991. Kunnen computers rechtspreken? [M]. Arnhem: Gouda Quint.

VAN EEMEREN F H, GARSSEN B, KRABBE E C W, et al., 2014. Handbook of argumentation theory [M]. Berlin: Springer.

VAN KRALINGEN R W, 1995. Frame-based conceptual models of statute law [M]. The Hague: Kluwer Law International.

VERHEIJ B, 1996b. Two approaches to dialectical argumentation: Admissible sets and argumentation stages [M] //MEYER J J, VAN DER GAAG L C. Proceedings of NAIC '96. Utrecht: Universiteit Utrecht: 357 - 368.

VERHEIJ B, 2003a. Artificial argument assistants for defeasible argumentation [J]. Artificial intelligence, 150 (1 - 2): 291 - 324.

VERHEIJ B, 2003b. DefLog: on the logical interpretation of prima facie justifed assumptions [J]. Journal of logic and computation, 13 (3): 319 - 346.

VERHEIJ B, 2005. Virtual arguments. On the design of argument assistants for lawyers and other arguers [M]. The Hague: T. M. C. Asser Press.

VERHEIJ B, 2009. The Toulmin argument model in artificial intelligence. Or: how semi-formal, defeasible argumentation schemes creep into logic [C] //RAHWAN I, SIMARI G R. Argumentation in artificial intelligence. Berlin: Springer: 219 - 238.

VERHEIJ B, 2016. Formalizing value-guided argumentation for ethical systems design [J]. Artificial intelligence and law, 24 (4): 387 - 407.

VERHEIJ B, 2017a. Proof with and without probabilities. Correct evidential reasoning with presumptive arguments, coherent hypotheses and degrees of uncertainty [J]. Artificial intelligence and law, 25 (1): 127 – 154.

VERHEIJ B, 2017b. Formalizing arguments, rules and cases [C] //Proceedings of the 16th international conference on artificial intelligence and law (ICAIL 2017). New York: ACM Press: 199 – 208.

VERHEIJ B, 2018. Arguments for good artificial intelligence [M]. Groningen: University of Groningen.

VERHEIJ B, 2019. Analyzing the Simonshaven case with and without probabilities [J]. Topics in cognitive science, 12 (2020): 1175 – 1199.

VERHEIJ B, HAGE J C, VAN DEN HERIK H J, 1998. An integrated view on rules and principles [J]. Artificial intelligence and law, 6 (1): 3 – 26.

VISSER P R S, 1995. Knowledge specifcation for multiple legal tasks—a case study of the interaction problem in the legal domain [M]. The Hague: Kluwer Law International.

VISSER P R S, BENCH-CAPON T J M, 1998. A comparison of four ontologies for the design of legal knowledge systems [J]. Artificial intelligence and law, 6 (1): 27 – 57.

VLEK C S, PRAKKEN H, RENOOIJ S, et al., 2014. Building Bayesian Networks for legal evidence with narratives: a case study evaluation [J]. Artificial intelligence and law, 22 (4): 375 – 421.

VLEK C S, PRAKKEN H, RENOOIJ S, et al., 2016. A method for explaining Bayesian Networks for legal evidence with scenarios [J]. Artificial intelligence and law, 24 (3): 285 – 324.

VREESWIJK G A W, 1997. Abstract argumentation systems [J]. Artificial intelligence, 90: 225 – 279.

WALTON D N, REED C, MACAGNO F, 2008. Argumentation schemes [M]. Cambridge: Cambridge University Press.

WYNER A, 2008. An ontology in OWL for legal case-based reasoning [J]. Artificial intelligence and law, 16 (4): 361.

WYNER A, ANGELOV K, BARZDINS G, et al., 2009. On controlled natural languages: properties and prospects [C] //International workshop on controlled natural language. Marettimo Island: Springer: 281 – 289.

WYNER A, MOCHALES-PALAU R, MOENS M F, et al., 2010. Approaches to text mining arguments from legal cases [C] //Semantic processing of legal texts. Berlin: Springer: 60 – 79.

ZUREK T, ARASZKIEWICZ M, 2013. Modeling teleological interpretation [C] //Proceedings of the fourteenth international conference on artificial intelligence and law. New York: ACM Press: 160 – 168.

自治主体责任的理论基础*

亚普·哈赫 文　王一然　姬煜彤 译

摘　要：本文认为，有可能让自治主体本身，而不仅仅是它们的制造者、使用者或者所有者，对它们的行为负责。在此，自治系统是与外部世界进行互动而不受人为干扰的计算机程序。这种系统包括智能武器和自动驾驶汽车。本文观点基于人类和自治主体之间的类比，主要观点是如果人类能够承担责任，一般而言，自治主体也是可以承担责任的，因为人类比通常认为的更像自治主体（而反过来不行）。

关键词：归因　自治主体　能力　法律责任（liability）　责任（responsibility）

1　引言

这篇文章有两个目的。第一个目的是要论证，让自治主体，而不仅仅是其开发者、所有者或使用者对它们的行为承担"法律责任"是可能的，而且或许是更为明智的。第二个目的更加重要，概述作为责任承担者的自治主体的内容。在这里，"自治系统"指的是广义上的与外部世界进行互动而不受人为干扰的计算机程序。它涵盖了从追踪股票市场的交易程序，到"智能"温度计，再到自动驾驶汽车的范围。

后续各节论证展开的大纲如下：第 2 节简单区分了两种不同的责任。第 3 节认为主体性（agency）、法律责任（liability）和责任（responsibility）不是在独立于思维的现实中发现的，而是归因于社会实践的要素，称为"主体性实践"。这种实践可能是基于人类体验自己和同胞的方式，但不一定在真实的、思想独立的世界中有牢固的基础。这种实践或许和它的实际情况不同，可能会把主体性（agency）、法律责任（liability）和责任（responsibility）归因于自治系统，就像把这些性质归因于人类一样简单。有学者认为，在这方面区别对待人类和自治系统的一个主要原因是，人类有意识地根据自由意志行事，这在现代科学中已经失去了很大的可信度。

假如对人类和自治系统的不同处理并不明显，那么问题可能在于这种区别是否可

---

* 本文原文为 Jaap Hage, 2017, "Theoretical Foundations for the Responsibility of Autonomous Agents", *Artificial Intelligence and Law*, 25: 255–271. 该文属"知识共享许可协议 4.0"（the Creative Commons Attribution 4.0）下的开放获取内容，相关链接请参见：http://creativecommons.org/licenses/by/4.0.

作者：亚普·哈赫（Jaap Hage），荷兰马斯特里赫特大学法理学院主席，研究的方向为法律认识论、法律的概念、法律的性质、法律与逻辑、伦理理论和实践推理、法律与认知科学等。

译者：王一然，中山大学哲学系逻辑学专业 2020 级博士研究生；姬煜彤，中山大学哲学系逻辑学 2021 级博士研究生。

取。这个问题在第 4 节和第 5 节中得到了解决。将人类和自治系统进行区别对待的一个原因是,应由人类而不是自治系统来承担法律责任。第 4 节是论证的核心部分,并且致力于驳斥人类和机器应该被区别对待的观点。特别是,这一节包括以最流行的表现形式——能力办法——反驳相容主义,这是关于责任归因问题的惩罚性理论的主要辩护理由。如果出于人类应该承担法律责任的原因,认为人类不应该与自治系统被区别对待,那么问题会变成人们应该出于什么原因承担法律责任,并且这个原因是否也应该被应用于自治系统。第 5 节主要论述了如果人类被认为承担法律责任会有好的结果,那么人类应该承担法律责任,自治系统也是如此。因此,我们是否应该把行为归因于自治系统,并让这些系统对其行为承担法律责任,取决于这样做的结果是否可取,就像它对人类所做的一样。该节提示了一些可能与此相关的必须考虑的因素。第 6 节是本文的结论部分。

2 "责任"的含义

"责任"(responsibility)这个概念本身的模糊性,给人类的责任以及自治主体的责任的讨论带来了困扰。任何关于谁应该负责任、为什么负责任的论证,都必须明确"责任"的含义。

哈特(Hart,2008)对责任进行了一系列著名的区分。哈特区分了角色责任(role-responsibility)、因果关系责任(cause-responsibility)、法律责任(liability-responsibility)和能力责任(capacity-responsibility)。顾名思义,角色责任与某些社会角色相关。例如,院长要对一个学院的福祉负角色责任。严格地说,角色责任不是一种特殊的责任,而是责任存在的一种常见根据,在一种尚未明确的意义上:人们之所以要负责,是因为他们承担着一个特别的社会角色。

因果关系责任存在于当一个结果归因于一个事件或一个主体时,也就是说属于结果的原因。例如,地震对由此引起的火灾具有因果关系责任,克劳德(Claude)对由他的疏忽而造成的车祸具有因果关系责任。这里的"承担责任"只意味着"是什么的原因"。[①] 因果责任关系的一个特殊情况是一个行为归因于一个主体,这个主体要为这个行为的履行负有因果责任。这个因果责任的变体特别存在于根据其所造成的结果来定义的行为中。这种行为的例子有:如关门这一行为是根据门被关上这一结果来定义的,杀人这一行为是根据人的死亡这一结果来定义的。只有当这个结果是由主体造成的时,才可以将这个行为归因于"主体的行为"。在这篇文章的后面,我们会直接使用术语"责任"来解释这种因果责任的变体,其中原因来自主体,而原因的结果定义了行为。

法律责任的意思是一个人要承担后果。在私法中,这些后果通常被看作损害赔偿责任。在刑法中,它通常是指应受惩罚的责任。"法律责任"一词通常用于此责任变体。一个人是否有责任可以从不同的角度进行判断,其中法律和道德的角度是最重要的。一个主体从法律上或/和道德上对其所造成的损害负责任。然而从某个特定的角度来看,

---

① "原因"的概念自身具有歧义,这或许能够清楚地表明它们自身就是"因果责任"的歧义。

法律责任并不是一种不同的法律责任。这种观点仅仅对责任存在的标准，以及法律责任人必须承担的后果的性质产生影响。

能力责任是关于主体拥有某种行为能力的描述，没有这种能力，主体就不能够对其行为负法律责任。例如，一个有智力障碍的人，可能没有能力把正在燃烧的蜡烛放在可能引起火灾的地方。就像角色责任一样，能力责任可能并不是一种单独的责任，而是一种（缺乏）法律责任的基础。缺乏相关能力的人可能对其自身的行为不负法律责任，而缺乏法律责任归因于缺乏能力责任。

就我们当前的目的而言，讨论是否确实存在多种不同责任并不重要。然而，从因果关系起源的层面区分关于一个行为的"法律责任"和"责任"是很重要的。我们将用"法律责任"（liability）一词表示第一种责任，用"责任"（responsibility）一词表示第二种责任。

3 主体性和责任的归因

3.1 精神和物理方面的行为

人类对自己的行为负责这种说法几乎是一个永真式，因为如果当人们不承担责任时，那么出现的行为将不被看作"他们的"行为。然而，如果人类是承担责任的，那么自治主体的责任仍有待商榷。在人类和自治主体之间，在第一印象中一定有更多的不同，其中一个不同地方是人类行为是有目的性、基于自由意志之上的，而自治主体既没有目的性也没有意志，更不用说自由意志了。为了方便讨论，我们假设自治主体缺乏目的和意志。尽管如此，它们与人类一样，"行为举止"也属于物理方面，并且这个物理方面是构成物质现实的过程的一部分。即使人类的行为是有目的性的并且基于自由意志，其实际发生的情况也符合自治主体的"行为"所符合的事件链条，但问题在于目的性和自由意志是否起到了关键作用，并且它们是否在构成行为的物理层面的链条上发挥着重要作用。如果目的性和自由意志不扮演这样的角色，那么在这层意义上的讨论便显得多余了。因此，在这种冗余现象的基础上对责任的归属提出质疑似乎也是可疑的。

有很多理由认为在构成行为的物理方面的事实和事件的链条中，目的性和自由意志没有发挥作用。物理研究范式认为，物理事件只有以类似规则的方式与另一个物理事件连接，才会运作起来，不给像目的和意志这样的智力现象的介入留任何空间。[①] 目前人们完全不清楚物理事件是怎样被像这样的智力事件本身影响的，并且没有证据证明存在这样的影响。[②] 在这方面需要强调的是，前一句中的"本身"二字至关重要。这种可能性不应该被事先排除，事实上很有可能——目的和意志在大脑中有对应的区域。这些大脑区域在身体活动的过程中发挥作用。然而，这并不意味着目的性和意志作为精神现象

[①] 针对自由意志论证的类别说明由纳米亚斯（Nahmias, 2014）拟定，这项研究计划被安排在"自然主义"名称之下。

[②] 关于这样的问题的文献数量庞大。凯恩（Kane, 2002, 2005）的综述有帮助作用。

[如"可感受的特性",泰伊(Tye,2016)]影响着身体活动的世界。

因此,即使人类的行为建立在目的性和自由意志基础之上(不管这意味着什么),而自治主体不是这样,这也不会对物理上所发生的事情产生影响。由于这个原因,人类和自治主体之间的所谓差异并不明显,这意味着只有人类主体对其行为负责而自治主体不需要。是否应该考虑这种差异,取决于为什么我们认为人类应该承担责任,即使人类行为的精神方面不影响物理方面。

3.2 主体性的经验

典型的人类主体性是有目的性的:行为者根据自己的行为意志,体验到自己有目的的行动,并体验到自己所带来的行为。一个人的行为经验是由他的行为目的引起的,不应该与独立存在的事实的感知相混淆。看见一个人的行为,或由意志导致的行为,① 如"亚普(Jaap)看见了埃丝特(Esther)殴打薇儿拉(Veerle)"这句话只有在亚普、埃丝特和薇儿拉存在,埃丝特真的殴打了薇儿拉,而且亚普确实看到了这一切时,才是真的。相反,如果埃丝特、薇儿拉和殴打事件都是亚普想象出来的,那么"亚普有过埃丝特殴打薇儿拉的经验"这句话也可以成立。因此,我们只能谨慎地从亚普的经验中得出结论,这件事确实发生了,甚至埃丝特和薇儿拉是真正存在的人。

然而,经验是经验性知识的基础,虽然不是绝对可靠的基础,但仍然是理论构建的起点。这也适用于行为的经验、自由决定要做什么的经验,以及引起事情发生的经验。主体性的经验和经验的丰富性可以被解释为什么人类把行为、主体、原因和影响、目的和(自由)意志概念化,以及为什么法律论辩在很大规模上(包括在犯罪归因和公民权利的重要问题上)使用这些相同的概念。

这个概念化是否有效的问题是,在经验在现实中也存在的意义上,不能仅仅根据我们自己的经验行为来回答。我们还必须考察科学,以了解那些独立于我们的经验而存在的事物,并使我们的经验与科学的结果相对照。在目前的发展阶段,科学似乎没有给目的和意志的表现留下任何余地,而目的和意志的表现本身就是引起行为的原因。因此,问题就变成了如何将这些科学发现与人类自我体验的方式结合起来。

3.3 主体性的现实主义和归因主义观点

把人类主体性经验和科学发现相结合的一个很好的出发点是区分关于主体的两种观点。根据现实主义的观点,行为的目的性和导致行为的意志被视为"真实的"事物,它们独立存在于人类的经验。从这种观点来看,我们对行为的经验非常像是知觉,是独立于经验而存在的某物的一种意识。例如,当我们看见一座房子的时候,我们就会有这样的体验。这座房子独立存在于我们的感知。"约翰(John)看见了这座房子"这个陈述表达了约翰和房子的(看见)关系,而约翰和房子是两个独立的实体。类似地,如果"目的性"和"自由意志"被解释为真实的目的性和真实的自由意志,那么目的性和意志会是我们的经验中独立存在的事物。我们不能确定是否绝大多数人都是明确追随

---

① 这个观点已经被提出过,是被塞尔以一种不同的句式提出的(Searle,1983)。

主体性的现实主义观点的,这并不奇怪,因为现代科学没有给我们提供理由去认为目的和意志是一种精神状态①,它们只是影响肌肉运动而呈现出我们行为的物理方面。

根据归因主义的观点,目的性和意志归结或者归因于人类主体。一个把目的性和自由意志归因于他自身的人,可以把这种归因建立在他如何经历自己行为的基础上。然后目的性和意志对他人的归因,可以基于一个人自身经验的类比。我们不但经历着自己行为的目的性,还能意识到他人行为的目的性,这一事实支持了这种归因主义的观点。②这种认知与某些独立存在的实体无关,但从本质上讲,它是一种行为的目的性归因,基于我们能够以"真正"看到,或以一些其他方式感知的事实。如果某人做了可以被理解的事情,而且似乎是被一种外在的力量所迫使的,我们就理所当然地认为这个行为人是有意为之的。此外,如果没有理由假设这个行为是出于一个不应该引发它的原因,并且这个行为没有可感知的"非法"原因,那我们就可以假设这个行为是自由意志的结果。既然我们认为什么是非法的原因取决于我们自己,那么我们也要决定哪种行为是基于自由意志的,或者是自愿的。自由意志在归因主义的观点中是归因的问题,和目的性非常相近。

3.4 归因主义观点的拓展

从归因主义的观点来看,不是在所有的事件中有人体的存在才有行为的存在,有些事件(甚至没有事件)即使没有人体存在也能被看作有行为存在。例如,当疏忽被视为行为时,情况就是这样。如果父亲故意不给孩子喂奶,那么他就被认为是有(不作为)行为的。所以,在归因主义看来,行为也是归因的结果,并且既然主体性以行为为前提,那么主体性(的归因)也是如此。

此外,这也适用于因果关系。任何研究过因果关系法的律师都知道这一点,当某个行为或者其他事件被发现是特定破坏产生的原因,这便不是发现一个独立存在的事实,而是将原因的地位归因于该行为或事件的问题(Hart and Honore,1985)。这在社会科学和物理科学中似乎没有不同。将原因的地位归因于某事物的理由,在不同的领域可能会有所不同,但是因果关系总是归因的问题,而不是发现的问题。③

这将引发我们对引致某种结果的行为负责。如果主体性和因果关系是归因问题,那么责任也必须是归因问题。如果责任是一个存在于"外部世界"的思想独立的实体,那么这种责任就不存在。类似地,责任不会像我们在森林里发现一个池塘那样,也不会像我们在皮肤上发现一个胎记那样,在"外部世界"被发现。尽管我们能够发现事实证据来证明归因于某人的责任,但我们不能够发现某人对于某行为承担责任。责任最好用归因主义的观点来解释,然后是归因的结果,而不是"真实的"现象。

---

① 另外,这对于目的性和意志属于智力范围,由大脑部分意识到目的性和意志,导致肌肉运动,保留了可能的开放性。如果是这样,目的和意志将会属于智力范围,肌肉运动的原因则是不必要的。

② 其他支持观点可以在这篇文章(Wegner,2002)中找到。

③ 注意,根据一个事实或者事件需要依赖于其他事实或者事件的观点,这个物理科学中关于因果关系的断言仅限于因果关系的概念。因果关系在必需的层面上是归属问题的观点,不拓展到物理事实和事件之间的规范性问题。与原因相反,这些法律或许存在于一个思想独立的事实之中(Psillos,2009)。

3.5 自治主体的归因

根据定义,什么是"真实的"并不取决于归因,而是独立于思维。相反,归因的结果是什么,取决于人的思维。这种思维上的依赖性可能是直接的,正如某人认为另一个人"所做的"就是一个行为。思维的依赖性也可能是间接的,例如,一个部落的成员把降雨失败归因于上帝的愤怒,尽管其实很多成员并不认为上帝的愤怒是造成降雨失败的原因。当法律把房屋的所有权归属于已故的房屋过去所有者的女儿时,这也是间接的(女儿被认为继承了房屋)。

因为归因是依赖思维的,所以从理论上讲,主体性和责任可以被归因于任何事物,并且基于任何理由。我们可以把事件看作动物或者神的行为,或者是组织的行为,并且我们可以认为动物、神和组织对于这些"行为"有责任和法律责任。然而这只是从历史的角度,通过类比的方式来解释主体性和人类的归因问题。从本体论的角度来讲,把主体性归因于人类和归因于其他主体没有不同。

如果我们能把主体性归因到组织中,并且认为它们对它们的行为承担责任和法律责任,我们便可以对自治主体做同样的事情。从可以做到的角度出发,将主体性、责任和法律责任归因于主体性是没有困难的。问题不在于这种归因是否能够实现,而在于这样做是否可取。我们把主体性和责任归因于人类,这样做的理由可能会启发我们对主体性和责任归因于自治主体的思考。

3.6 归因的可取性

把主体性和行为责任归因于人类,并不是出于特定的目的。这更可能是我们如何经历自己参与主体性的结果,它是一种投射到他人身上的经历。我们是否把主体和责任归因于自治主体,首先取决于我们将这些系统视为类似于人类主体的倾向。在这一点上,不应该被忽略的是,我们在最初的情景中,常常把主体性归属于非人类的角色,比如我们说"狗要求被遛""电脑使我们的文本错误地格式化了"。所列举的这些归因的例子仅仅是隐喻性的,忽略了我们在人类和非人类"行为"上的直觉类比。然而,我们确实在思考将主体性归因于动物或组织是否可取,并且在极端情况下,例如,甚至将严重的精神疾病归因于人类是否可取。此外,如果这种想法的结果是否定的,那么,把主体性归因便不是一个好主意,结果通常是我们停止把主体性归因。最初看起来是智能体的狗"要求"被遛,或者电脑"要求"我们输入密码,但经过进一步的分析后,这只是和主体相似而已。

何时将主体性归因于某个系统?无论是人类、动物还是其他系统?这需要回答一个密切相关的问题:何时需要将信念和欲望等目的性状态归因于一个系统?丹尼特(Dennett,1981,1987)引入了"目的性立场"的概念,当我们把信念和欲望归因于系统时,系统的行为就得到了最好的解释或者预测,因而就应该采取这种目的性立场。这个理论适用于人类:我们可以根据学生出现在礼堂里听讲座,推测学生是出于对学习的渴望(关于考试),以及他们对讲座的期望是讲座中能够揭示考试中会出现的问题。这个理论也适用于高等动物:我们可以把猩猩的寻找行为解释为它相信在某处藏着食物,以及它想吃食物（De Waal, 2016）。这个理论还适用于非动物的系统：在电脑系统的围棋游戏中，我们可以根据成为最终胜者的"欲望"以及"信念"，预测击败对手的某个步骤。

从围棋游戏程序，到巡航导弹和自动驾驶汽车等"智能"物理系统的发展只是很小的一步。"智能"物理系统的行为最能够被颇有成效地解释的是，假设这些系统达到了某种确定的目标（摧毁目标，或者到达一个特定的目的地），并且利用其相关知识（关于它们的地理位置，关于防御导弹的位置，或者关于路段的可用率）来实现其目标。巡航导弹使用航向避免防御导弹，或者在强风时进行修正；自动驾驶汽车会刹车以避免碰撞，或者在收到前方路段因施工阻塞的信息时绕道而行。关于适应过程和制动的最佳解释和预测，我们假设这些系统是根据它们的策略和知识系统来行动的。在这种程度上，将主体性和责任归因于某些类型的自治主体系统实际上是可取的。

4　法律责任的惩罚性归因

主体性的归因可以从解释力和推测力的角度来进行思考，也可以从目的性的角度来进行思考。为什么我们应该称某事件为行为，并且把这个行为归因于一个主体？后一个问题的答案通常是我们经常会把结果依附于主体性。如果一个主体对某事负责，则有理由将该事件称为"行为"，并且要求主体对其行为负法律责任。此外，责任和法律责任之间的关系在两个方向上都起作用：我们归因主体性因为我们想让某人承担法律责任，并且我们认为某人承担法律责任是因为他实施了问题中的行为，而在某些情况下，是因为他造成了损害。

这引出了为什么我们会想让主体承担法律责任的问题。一种回答是，某人应该对给他人造成的损害负法律责任，因为他理应承担法律责任。这是法律责任的惩罚观，我们在本节中将对此进行更详细的考虑。另一种回答是，法律责任是为目的服务的，例如防止未来的损害，实现分配公平，或者提高受大众欢迎的程度。这是结果主义的观点，我们将在第 5 节中进行讨论。

4.1　实践中的正当性和实践的正当性

损害他人的利益并不总是被允许的，如果某人仍然这样做了，这通常被看作造成损害的侵权行为人必须赔偿损失的原因。这是侵权法实践的一部分。这样的实践还包括归因目的和罪责于行为主体，以及承认行为和后果之间的因果关系。根据这种做法，可以将特定的损害归因于特定的行为和特定的主体，也可以将损害责任归因于主体。这种做法的前提是假定主体应负法律责任，这一点可以从现在比过去更不常见的要求中看出，即主体可以为其行为负责。鉴于这一做法，如果符合该做法规定的赔偿责任条件，就可以判断某人对另一人的损害负有责任。这就是侵权法的运行机制，以及侵权法怎样证明责任的正当性。

然而，只有在侵权法实践本身有意义的情况下，基于侵权法责任的正当性才有意义。① 人们可以通过"从内部"理解这种实践来证明它是正当的。然后这种正当性由实践的要素的识别，以及在实践的根本原理基础上的判断组成。这种责任归因的方法可以在德沃金的著作（Dworkin，2011）中找到。他主张必须从内部理解法律实践。理解属于心理学范畴，除了理解的感觉之外，没有其他标准。如果这种尝试导致了理解的感觉，那么从内部理解法律的实践是没有错的。然而，考虑到理解的心理学性质，它不能证明对实践的理解是正当的，否则，这就是一个谬误。我们可以把这种常见的谬误称为解释学谬误：如果我们能理解一个社会实践的原因和内容，那么它就是正当的。这种解释学谬误是谬误的一个特例，它想要从实际做某事的方式推导出应该如何做某事（"自然主义"谬误）。仅就某些社会实践（如侵权法）的存在这一事实，并不能自然地得出这种实践应该继续存在的结论。

以上论证仅仅反驳了为什么法律责任是建立在应得赏罚基础上的一种论证：从理解实践的实际情况出发的论证，它并没有攻击实践本身。现在有必要提出这个一般性结论：人们是否应该因其应负责任而对所造成的损害承担法律责任？这取决于我们为什么认为人们有时应该承担法律责任。哪些理由是确实被意识到的有待证实研究，但是这里我们将会研究其中的一个理由，而且或许是最重要的一个理由。一个人应该承担法律责任，因为他的行为给他人造成了损害；而由于他的行为会给他人造成损害，所以他不应该那样做。假设人们可以因为认识到自己的不法行为而避免不法行为，这就说得通了。人们可能会认为，应得赏罚依赖于理由响应性（reason-responsiveness），即根据理由而行动的能力（Morse，2007；Mckenna and Coates，2015）。人们就响应理由的意义而言，是否需要有应得赏罚的假设，值得探讨。

4.2 能力和可能性

关于一个人能做什么或者不能做什么的问题，从某种重要意义上来说，取决于我们归因于这个人的能力的重要层面。能力，当然还有理由响应性，与行为、主体性、因果关系、罪责、责任和法律责任一样，都是一个归因问题。对这一观点的论证将会在第4.4节进行。但是，如果我们假设这一点是正确的，那么观察到某人是理由响应性的，对我们进一步寻找责任的基础没有多大帮助。侵权法的社会实践不能够以这个实践的某个要素为依据。为了避免这种困惑，我们将会把一个人是否本应该避免他造成损害（有能力避免）的问题，替换为他是否本来可能避免这种行为的问题。这两个问题看起来似乎是相同的，但是严格来说，前者是基于侵权法或主体性的实践来回答的问题，包括能力的归因；但后者没有直接联系到主体性，因而不依赖于实践的问题。

因此，为了便于论证，让我们假设一个主体可能做某事，那么这个主体有能力做某事。但是这意味着什么呢？可能性在没有被意识到的案例中是最有趣的，因为如果某事存在于案件中，很显然它的发生一定是可能的。然而，众所周知，人们很难在案件中了解到没有意识到的可能性的存在。为了解决这个问题，一个思维策略被构建了起来：可

---

① 罗尔斯在他的刑事案件中区分了实行之内的辩护和实行的辩护（Rawls，1955）。

能世界理论。① 可能世界理论的基本理念是：当某事是必然的，那么无论其他事物是什么情况，这件事都会发生。即在所有的可能世界中都是这样的。某事是可能的，那么它至少在一个可能世界里发生。现实世界由所有偶然发生的事实组成，而不同的可能世界包含了在不同情况下可能会发生的所有事实的集合。在现实世界中，约翰有棕色的头发，但是在不同的情况下——在其他可能性世界里——约翰有红色的头发。因为在其他可能世界中约翰有红头发，所以约翰有红头发是可能的。

这种观点也可以被应用于行为和主体。在现实世界中，简没有去看望她的母亲，但是在某个可能世界里，她去了。因此，即使简没有去看望她的母亲，也存在她去看望了她的母亲的可能性。从这个意义上说，简具有去看她母亲的能力。这也很好地捕捉了能力的概念。这意味着如果存在主体在一些可能世界里做某事，那么这个主体便有能力做这件事（包括疏忽）。要注意的是，这个概念避免了使用归因，至少在最初看起来似乎是这样。

4.3 可能世界和约束性

我们现在有了一个人具有某种能力的定义。这个定义或许已经用"可能世界的性质"这个问题，代替了"能力的性质"这个问题。什么使一个事实的集合构成可能性世界？在这里，约束的概念发挥了重要的作用（Hage，2015a）。不是所有的事实都可以同时发生。举一个明显的例子：（这里和现在）正在下雨这一事实不能和没有下雨这一事实同时发生。不相容的事实不可能是同一个可能世界的一部分，也不能存在于同一个可能世界。这是对可能世界的约束。在逻辑的问题上这是逻辑约束，即所有的事实不能同时发生。除了逻辑约束之外，还有物理约束。物理定律可以被解释为对现实世界的约束。例如，一根金属棍发热发红在物理上是可能的，但是一根金属棍发热发红却不具有延展性在物理上是不可能的。不存在满足所有的物理约束的可能世界，物理性可能世界里不存在满足一根金属棍发热发红但不具有延展性的情况。并且，具有比真空中光速还快的速度的物理可能世界也不存在。

我们现在到达了一个要更准确定义可能世界的阶段。可能世界是一个满足一系列约束性条件的世界。逻辑可能世界满足逻辑规则，物理可能世界满足物理规则。只有相对于这些集合，探讨某事是否是可能的或者是必然的才有意义。简而言之，可能性或必然性只有是相对的才有意义。

在逻辑上和物理上，约翰的头发是红色的这种情况都是可能的，但是如果我们考虑到约翰刚刚已把头发染成棕色的，那仍然是可能的吗？显然情况并非如此，并且值得进一步思考为什么不是这样。逻辑和物理必然性（和可能性）都是由规则组成的约束的结果，分别是逻辑规则和物理规则。规则表达了多种事实之间的普遍联系的必然性，例如，某物是一根发热发红的金属棍的事实类型，这个金属棍是具有延展性的事实类型。

---

① 可能世界理论的想法可以追溯到德国哲学家莱布尼兹（Leibniz，1646—1716）的观点，他在他的《神义论》中将必然性定义为所有可能世界都可通达的情况。可能世界的理论解释，逻辑学家通常称其为现代理论语义或者现代理论，在切拉斯的作品（Chellas，1980）的一些章节中可以找到。

当我们谈到可能世界，这些规则是需要考虑的最明显的约束。然而，仅仅考虑到约束规则不是必要的。人们也没有根本原因认为为什么某个特殊事实不应该被看作约束。一个事实可能是，约翰刚刚把头发染成棕色的。根据这个事实，约翰的头发是棕色的是必然的，他的头发是红色的则是不可能的。① 尤其是联系到能力问题，在可能世界中不仅要考虑到重要的约束规则，也要考虑到事实。如果断言简没有去看望她的母亲，这个断言或许不仅仅基于自然法则（只是物理必然性），还有关于简的个人历史的事实。

4.4 能力的相对性

如果在一个可能世界中，一个主体在这个可能世界里做了某事，那么他就有做这件事的能力。现在我们知道我们需要详细说明能力存在于哪些相对的约束中。关键问题是，在决定一个特定的主体是否有能力执行某种行为或不执行某种行为时，应该考虑哪一个约束集合。在这里我们不打算抽象地回答这个问题，但是会集中于个体主体的特征来回答。

逻辑规则和物理规则对于每一个人来说都是相同的，每一个主体都具有相同的能力。这将会是一个不足为奇的发现，为了避免这种情况，我们必须把决定主体所具有的能力的个体特征考虑进去。② 但是，哪些个体特征应该被考虑在内呢？如果一个主体不会开车，我们很可能应该把开车这种能力考虑在内。所以如果简不会开车，她确实没有去看她望母亲（我们假设的）的能力，并且极有可能她不应该为没去看望她母亲承担责任。

从这个诡辩中退出来看，一般的问题是：如果所有与主体有关的事实都要被考虑到，包括所有的物理规则以及其他可能相关的规则，那就有两种可能性。在确定世界的观点里，如果考虑到所有之前的事实和规则，那么世界只有一个可能的进程是可能的。在非确定世界的观点里，即使考虑到所有之前的事实和规则，世界的进程也将会是任意的。然而，在这两种观点中，将责任归因于主体的行为似乎并不合理。对于确定性的情况，因为主体除了做他真正能做的事情，其他的事情都不能做；对于不确定性的情况，因为主体做了的事情是任意的，因而不依赖于行为主体自身。没有中间方法可以让主体决定他要做什么，因为与主体的所有可能和决定要做什么有关的东西都是包含在所有约束条件集合中的假设。在这些限制条件下，主体要么没有真正地选择他可以做什么，要么他的行为是任意的。在这两种情况中，主体的行为都不取决于他自身，自然也就没有理由将责任归因于主体。

主体的行为和他有能力这样做之间的区别，只有在并非所有的事实都被看作可能的约束条件时才有意义。例如，在判定克劳德（Claude）是否有避免车祸的能力时，我们通常会考虑到克劳德有开车的能力，但是我们没有考虑到这一次他因为和后座的孩子们吵架而分神的情况。因此，我们得出结论，克劳德本来能够避免车祸的发生，但是由于他没能避免，所以我们认为他对所造成的车祸负有法律责任。当我们采取这种方法时，

---

① 在道义论里，这个观点被拓展为道义逻辑（Von Wright, 1971）。
② 一个主体能做什么，或者不能做什么的相关解释（Honore, 1999）。

问题出现了——哪些事实应该被考虑到，哪些事实不应该被考虑到。能力成了一个规范性问题，一个由于哪些事实不应该被计入考虑而决定主体接下来要做什么的问题。或许这看起来是一个可接受的方法，毕竟，这是当律师被询问是否被告人本来能够不这样做时的真正行为。然而，我们应该意识到，如果我们把能力作为一种规范性概念，这就变成了一种归因问题（正如前面第4.2节已经提到的），并且我们再也不能把主体的能力看作追究他的责任的理由。我们真正要做的是给出一个关于能力和主体的规范/归因的判断。要么我们判断主体因具有相关的行为能力而要承担责任，要么判断他因缺乏相关的行为能力而不需要承担责任。这种判断不能基于主体的能力，因为这些能力本身就是判断的一部分。

总结以上论证，我们有两个选择：一个选择是在确定一个主体有能力做什么时考虑到所有的约束。如果我们采取这种方法，主体的行为要么是确定的，要么是任意的，这取决于一个人是否接受决定论。在这两种情况下，主体都不需要对所造成的损害承担责任和法律责任。另一个选择是，在确定主体的能力时，包括一些限制因素，而不考虑其他因素。这就是律师的实际工作。然而，把约束包括其中或者不包括其中的社会实践决定了能力的问题：能力也成了归因的问题。这种做法不能作为主体实践的正当理由，因为它是这种做法的一部分。

5 法律责任的目的性归因

应得的赏罚不是主体性和责任的归因的唯一可能基础。另一种选择是，有些主体性和责任的归因是出于某些目的的。基于应得赏罚的归因是看向过去的，而且假定过去和现在的实际情况已经有所不同。如果决定论是正确的，过去和现在就不会有任何不同，因此将主体性和责任归因于主体是没有意义的，因为主体应该承担责任。如果决定论是不正确的，过去就是随机的事情，这使得将主体性和责任归因于主体更加没有意义，因为主体应该承担责任。如果归因是出于一些目的而发生的，那么这个困境就可以避免，因为这种执行是向前看的。如果主体性和责任的归因影响的是未来，那么这是有意义的。

如果责任和法律责任的归因带来了令人满意的结果，那么这种归因的做法可能是合理的。这就引出了两个问题，一个是评估性问题，另一个是经验性问题。评估性问题是关于哪些结果可取的问题。本文会通过假定三个被认为是可取的目的来避免评估性问题：[①]

> *影响有责任和义务的主体的将来行为。*
> *影响其他主体的将来行为。*
> *满足那些认为行为者应该为其行为承担后果的人的愿望。*

[①] 作者附上了一些功利主义的表格（Hage, 2015b），并且认为这三个目标有助于快乐的提升。

对于归因责任于人类主体是否有助于实现这些目的的问题的回答，只能通过经验研究才能找到答案。接下来的回答是推测性的。如果主体被追究责任，并且如果他们知道正是如此，这可能会影响他们的行为。其他主体也可能会被行为者通常要对他们的行为承担责任和法律责任的信念影响。如果人们对自己的行为负责，那么目前可能会有很多人感到满意，因为他们（错误地）认为主体应该对其行为负责。或许这个信念在（遥远的）将来会消失，但只要它仍然盛行，就会强调追究人们责任的做法。

我们花费了相当长的时间思考了关于人们应该被追究责任是因为他们应该承担责任的论证。我们的结论是，这个论证不能支持其结论，并且我们需要其他归因责任于人类的依据。就自治主体而言，很可能没必要花时间论证它们不需要被追究责任，因为连人们都有不应该承担责任的理由，就更不用说自治主体了：它们的"行为"要么是被决定的，要么是任意的，在这两种情况下都不能认为自治主体应该为它们的行为负责。

很明显，自治主体不应该被追究法律责任，所以让它们承担责任的第三个目的性原因可能也不适用于它们。因为大多数人不相信自治主体是"真正的"主体，所以它们不应该承担法律责任，从而也就没有理由把法律责任归因于它们。①

人类主体目前并不认同用自治主体来定义自己，而自治主体应该承担责任是因为这影响到其他主体的将来行为，这一论证在自治主体的情况下比在人类主体的情况下更弱。这个论证仍然有一定道理，一个理由是人类或许相信即使自治主体为它们的"所作所为"负责，那么肯定人类主体将会被认为是应承担责任的，并且这个信念会影响人类主体的将来行为。第二个理由是自治主体或许"推理"如果其他的自治主体是承担责任的，那么它们也将会承担责任，并且这个"信念"会影响这些自治主体的将来行为。然而，第二个理由预设了承担责任能完全影响自治主体的将来行为。这是一个至关重要的假设，我们现在就来讨论它。

如果有这样一个事实，那就是自治主体应该为它们的所作所为负责，那么它们的将来行为会被这个事实影响吗？这个问题的提出足够说明人们不能给出一个普遍性的回答，这取决于自治主体的性质。我们首先"仅仅"考虑自治主体是计算机程序，例如，涉及电子交易和做出（简单）管理决定的程序。这种程序或多或少会有些复杂，并且它们对于责任的回应取决于它们的复杂性。如果一个程序相对简单，它确实把责任考虑在内，并且把责任归因于它不会影响程序的运行，那么归因责任的执行没有意义，至少对于这些具体的程序而言没有意义。一个程序也可以更复杂，因为它的操作者已经考虑到运行这个程序的自治主体会承担相应责任。例如，一个程序的完成会格外小心，从而不伤害到其他主体，包括人类或者非人类。如果允许的话，这对人的尊严是不尊重的。这或许会和优生学意义相似，人类的基因被操控，使得人类更加服务于规则。也许我们不会或者不应该用这种方式对待人类，但是对于非人类的主体来说，这或许是一个可取的发展。如果归因责任于自治主体将会引致这种发展，这就是采取这种做法的一个原因。

---

① 乔安娜·J. 布赖森（Joanna J. Bryson）已经指出（有些）人们相信自发性行为承担者赚钱，例如，跟踪股票，应该被收税。普及的赔偿将会通过之后的使得这些系统对税收产生的法律责任来提升。

程序员要考虑到其产品将承担责任的变体，使得责任的效果取决于不同系统的反应——很可能是人类对自治主体的责任。如果自治主体自身对被追究责任做出反应，那么人类责任的平行性就会更多。一个智能程序可能拥有关于其潜在责任的相关知识，并在决定它将做什么的时候将这些知识考虑进去。这种知识可能是普遍可用的，但也可能是特定情况下被追究责任的结果。行为对潜在的或实际责任的适应，假设了主体不仅仅集中于一个任务，例如，虽然只是进行某种管理决定或者进行电子交易，但是它执行任务的状况就像是在多种任务的环境下，为社会福祉做出贡献，或者实现最大化整体利益。据笔者所知，目前没有任何实践中的运行系统可以达到这种水平，但是对于理论问题而言，这一点与其相关性不是很大。如果这种系统确实可能存在，而且很可能已经被创造出来了，那么无论是在抽象情况下还是在具体情况下，让它们为自己的行为负责都是有意义的。

对于那些物理自治系统，例如，自动驾驶汽车、巡航导弹，以及一些机器人来说，情况与仅仅是计算机程序的自治主体没有本质区别。计算机程序在外部设备输入和输出的机器上运行，使得物理自治主体唯一不同于计算机程序的是外围设备的属性。这些不同的外围设备能够使得物理自治主体的性质和影响与单纯的计算机程序所做的截然不同。然而，就追究它们责任是否合理这一根本问题而言，似乎没有任何区别。

6 结论

似乎没有根本的理由可以解释为什么自治系统不应该为它们的行为负法律责任。然而，这并不表明现在就应该让自治系统承担法律责任。从有目的性的角度来讲，让程序员和使用者对系统的行为负法律责任可能更有效。事实是否如此，是一个经验性问题。答案可能根据系统的不同而不同，也会随着时间的推移而改变。然而，本文的论点应该已经明确，尽管实际可取性仍然是一个悬而未决的问题，但人类和自治系统之间的差异，并不证明在责任和法律责任方面的区别对待。

参考文献

CHELLAS B F, 1980. Modal logic: an introduction [M]. Cambridge: Cambridge University Press.
DE WAAL F B M, 2016. Are we smart enough to know how smart animals are? [M] New York: Norton & Company.
DENNETT D, 1981. Intentional systems [M] //Brainstorms. Brighton: The Harvester Press: 3 - 22.
DENNETT D, 1987. True believers: The international strategy and why it works [M] //The intentional stance. Cambridge: The MIT Press: 13 - 35.
DWORKIN R, 2011. Justice for hedgehogs [M]. Cambridge: Harvard University Press.
HAGE J, 2015a. The (onto) logical structure of law: a conceptual toolkit for legislators [M] //Logic in the theory and practice of law making. Berlin: Springer: 3 - 48.
HART H L A, 2008. Punishment and responsibility: essays in the plilosophy of Law [M]. Oxford: Oxford University Press.
HART H L A, HONORÉ T, 1985. Causation in the law [M]. Oxford: Oxford University Press.

KANE R, 2002. The Oxford handbook of free will [M]. New York: Oxford University Press.

KANE R, 2005. A contemporary introduction to free will [M]. Oxford: Oxford University Press.

MORSE S J, 2007. Criminal responsibility and the disappearing person [J]. Cardozo law review, 28: 2545-2575.

NAHMIAS E, 2014. Is free will an illusion [M] //Moral psychology volume 4: free will and moral responsibility. Cambridge: The MIT Press: 1-15.

PSILLOS S, 2009. Regularity theories [M] //The Oxford handbook of causation. Oxford: Oxford University Press: 131-157.

RAWLS J, 1955. Two concepts of rules [J]. The philosophical review, 64: 3-32.

SEARLE J R, 1983. Intentionality: an essay in the philosophy of mind [M]. Cambridge: Cambridge University Press.

VON WRIGHT G H, 1971. A new system of deontic logic [M] //Deontic logic: introductory and systematic readings. Dordrecht: Springer: 105-120.

WEGNER D M, 2002. The Illusion of Conscious Will [M]. Cambridge: The MIT Press.

如何使自动驾驶汽车遵守交通法*

亨利·帕肯 文 卢斯佳 译

摘 要：自动驾驶汽车是人工智能当前最引人注目的发展之一。在它们完全自主地参与交通运行之前，还有一个问题需要解决，那就是让它们遵守交通法。本文以荷兰交通法为例，探讨了这一问题。文章首先讨论了荷兰交通法的特征方面对法律人工智能模型的构建所形成的挑战，如例外、规则冲突、开放结构和模糊性、规则变化和常识知识的需要。然后，本文针对荷兰交通法所提出的挑战，提出自动驾驶汽车依法行事的三种方法，并根据这三种方法对法律人工智能的非单调推理、论证推理、案例推理的法律模型的有效性进行评估。

关键词：自动驾驶汽车 交通法 法律推理

1 引言

自动驾驶汽车是人工智能当前最引人注目的发展之一。虽然目前允许使用的技术仅限于自适应巡航控制、自动转向的停车辅助和车道保持辅助等，但全自动驾驶汽车已经可以实现在没有人工干预的情况下自主行驶，当然，少数环境（如恶劣天气）背景下除外。自动驾驶汽车很可能在未来几十年内参与到普通交通运行中（Anderson et al., 2016）。目前，亟待解决的问题就是使自动驾驶汽车能够遵照交通法行事。这个问题的解决方案也许可以通过法律推理建模来实现，但到目前为止，法律人工智能领域尚未有相关的成果。本文旨在通过对荷兰交通法及其对全自动驾驶汽车设计的影响的实例研究，来推进该主题纳入法律人工智能研究议程。特别是，我们将讨论荷兰交通法给自动驾驶汽车带来的挑战，以及现有的法律人工智能技术应如何应对这些挑战。虽然荷兰交通法仅适用于荷兰，但其主要特征与其他西方司法管辖区，特别是欧洲司法管辖区的交通法相似，因此在一定程度上具有普适性。里内斯和卢西维诺是为数不多的自动驾驶汽车依法行事问题的研究者，他们主要从法律角度出发，展示了根据法律人工智能推理模型实施自动驾驶汽车程式化的可能性（Leenes and Lucivero, 2014）。本文的目的之一就

---

* 本文原文为 Henry Prakken, 2017, "On the Problem of Making Autonomous Vehicles Conform to Traffic Law", *Artificial Intelligence and Law*, 25: 341–363。该文属"知识共享许可协议4.0"（the Creative Commons Attribution 4.0）下的开放获取内容，相关链接请参见：http://creativecommons.org/licenses/by/4.0。

作者：亨利·帕肯（Henry Prakken），荷兰乌得勒支大学信息与计算机科学系和格罗宁根大学法学院双聘教授，国际人工智能与法协会主席（2008—2009）。

译者：卢斯佳，中山大学法学院法学理论专业2020级博士研究生。

是进一步研究这种可能性。在有关自动驾驶汽车设计的文献中，据笔者所知，目前还没有关于通过设计使自动驾驶汽车遵守交通法的系统研究。例如，特龙在他讨论美国国防部高级研究计划局（DARPA）举办的城市挑战赛时甚至没有提到这个问题，而在该挑战赛中，自动驾驶汽车必须遵守加州交通法（Thrun，2010）。相反，大多数研究关注的问题是：事故的责任、自动驾驶汽车设计和生产的监管、自动驾驶汽车（实验或常规）使用的监管、数据保护和隐私问题，以及是否应该修改法律以适应自动驾驶汽车（Anderson，2016；Leenes and Lucivero，2014；Palmerini et al.，2014；Vellinga，2017）。因此，目前的研究尽管还处于概念化阶段，但在理论方面是一项重要的补充。

自动驾驶汽车依法行事是自动智能系统遵守法律规定的一个特例。因此，目前对自动驾驶汽车问题的研究也具有普适性。计算机系统在实践中越来越多地得到应用，并具有一定程度的自主性，它们的行为并非完全由程序员指定，而是一定程度上具备常识性和自发性的执行结果。这些人工智能系统能够完成一些事情，而当这些事情由人类完成时将受到法律的规制。例如，护理机器人在帮助病人或老年人时，其行为有时会损害财产或人的健康（如把咖啡洒在 iPad 上，或是出于种种原因未能按时提醒用药）；智能冰箱则可以点食物或饮料，在供给耗尽时可以自主补给，因此就要使其行为符合合同法；同时金融交易程序必须符合金融监管相关规定。

当这些自动智能系统被使用时，法律规则便不能再被视为只是规范人类行为的规则，因为它们不是人类，而是机器。这就提出了一个问题：如何才能设计出遵守法律规定的自动智能系统。请注意，这个问题先无须考虑机器是否能被赋予法律责任，只要人类仍然对机器的行为负有法律责任，那么人类也面临着确保机器依法行事的责任。目前，这类研究主要在"机器伦理"（Anderson and Anderson，2011）的标题下进行，属于自动智能系统行为合乎伦理责任的研究领域，而让它们遵守法律的问题则属于法律人工智能领域。

因此，我们可以从总体上比较设计遵守法律的自动智能系统这个新任务与迄今为止在法律人工智能研究中建模的法律任务，并讨论此类系统设计的差异性；接着，通过案例研究的方式，聚焦于如何使自动驾驶汽车遵守荷兰交通法的问题。笔者将先概述荷兰交通法的特征方面对法律人工智能模型的构建形成的挑战，如例外、规则冲突、开放结构和模糊性、规则变化和常识知识的需要；然后，针对荷兰交通法所提出的挑战，评估使自动驾驶汽车依法行事的三种方法，同时对人工智能以及非单调推理、论证推理和案例推理的法律模型的有效性进行评估。

对于本文来说，值得注意的是，本文的目的并不是介绍具体的技术进步，而是厘清有关使自动驾驶汽车遵守交通法的若干问题。论文的几个部分，如法律知识表示的问题和方法，对法律人工智能专家来说可能是显而易见的。笔者认为重要的是，应当使自动驾驶汽车的设计专家也能了解相关问题，他们通常很少接触法律人工智能领域，厘清这些问题将同样有助于法律人工智能研究人员研究自动驾驶汽车以及一般自动驾驶系统对相关法规的遵守。

2 经典法律人工智能问题与新挑战

使自动智能系统遵守法律的任务和法律人工智能研究传统的建模任务有一些相似和不同之处。例如，法律决定或论证支持，任务是将规范应用于事实，以便对行为进行法律分类。因此，使自动智能系统遵守法律的任务与任何必须依法对行为进行分类的任务有相同之处，特别是规则冲突的可能性、法律规则制定中的模糊性、开放结构和许多法律概念的模糊性以及基于目的或原则的例外情形不可预见性。

然而，它们也有不同之处。尽管人工智能与法传统上关注的是为人类执行法律任务提供支持性工具，但对于自动智能系统来说则不是这样的：在法律任务进程中，它们并不支持人类执行法律任务（尽管它们可能会帮助人类完成其他任务），同时它们必须决定自己的行动的法律地位。而在许多情况下，人类不可能检查或推翻系统的决定。

传统法律人工智能工具所支持的任务往往涉及对过去案件的法律适用，为了确定过去某些行为或某些事件的现有状态的法律地位，自动智能系统还需要确定其未来行为的法律地位。除此之外，这意味着与过去相比，自动智能系统无须面临法律意义上的举证问题。即使传统的法律人工智能也涉及未来的法律任务，比如决定社会福利或许可申请、起草法规或合同以及设计税收计划，它们与自动智能系统也是不同的，传统上支持的面向未来的任务关注的是未来发生的法律行为（如合同起草或规则设计），自动智能系统则关注当下"运行时"的行为。

传统的法律人工智能工具支持的任务需要解释和证明决策的合理性，但在自动智能系统中，这种需要较少，因为主要任务是产生合法的可接受行为。因此，与传统的法律任务不同，数据挖掘或机器学习技术的黑箱性质，对于使自动智能系统符合法律的任务来说，可能不是什么问题。当然，当一个自动智能系统在法律上犯了错误时，它的行为可能必须在法庭上得到解释。然而，这并不要求系统本身能够做到这一点，有一个记录系统内部操作的日志文件就足够了。

责任能力是指主体拥有某种行为能力，没有这种能力，主体就不能够对其行为负责。例如，一个智力迟钝的人，可能没有能力把正在燃烧的可能引起火灾的蜡烛转移走。和角色责任相比，责任能力并不是一种单独的责任，而是（缺失）责任的基础。一个缺失责任能力的人是不能够对自己的行为负责的，也因此不负有义务责任。

法律人工智能研究法律的任务是在一个敌对的环境（主要是法律程序）中，让自动智能系统遵守法律而没有对手：最重要的是让系统依法行事。因此，在法律人工智能应用中，争议性比通常的要小。

人们可以预期自动智能系统遇到的大部分案件从法律角度来看将是标准的、普通的案件。例如，自动驾驶汽车将不必确定车祸的法律责任，但必须决定是否以符合交通法的方式从 A 点驾驶到 B 点。虽然处理公共行政立法通常也涉及标准案件，但在法庭上，情况就不同了。

传统的法律人工智能工具支持的任务通常都是严格合法的，而自动智能系统必须平衡法律考虑和其他考虑。它不是为了遵守法律而设计的，而是为了其他目的，例如从 A

点开车到 B 点。有时，达到这一目的的行为从法律角度来看是不合法的，但仍然是被社会所接受的：例如，在一些都比最高速度高出几英里①的汽车中稍微超速，或者超过一辆占据禁止变道车道且附近没有车辆的车。这意味着，自动智能系统的行为不应该被视为受规则控制的，而应该被视为受规则引导的。法律规则只是影响它行为的因素之一，其他因素包括社会习俗、个人或社会目标、简单的常识等。有时这些其他因素会凌驾于法律因素之上。话虽如此，即使是规则引导的自动智能系统模型也必须详细说明法律的要求，这是本文其余部分将讨论的问题。

3 荷兰交通法

本节将基于荷兰交通法对车辆的交通行为进行总结。以下先概述荷兰交通法，再讨论交通行为的民事责任规则。

3.1 交通法

荷兰交通法与所有其他地区交通法的共同特点是，它们适用于相对简单、封闭和可预测的环境，至少与其他法律领域相比是如此。这就是荷兰的交通法如此精确和具体的原因（但有一些例外情况将在下文中讨论）。另一个原因是人类需要在交通中安全有效地协调他们的行动，这需要明确和精确的规则。因此，"从第一原则推理"在交通中是不可取的（MacCormick，1998）。此外，与法律人工智能已经成功应用的领域（如社会保障和税法）相比，荷兰交通法的数量相当有限，不受频繁变化的影响。

荷兰主要适用的交通法是《1994 年道路交通法》（*Wegenverkeerswet* 1994，译者简称其为《道路交通法》）和《1990 年交通法和标志条例》（*Reglement Verkeersregels en Verkeerstekens* 1990，译者简称其为《条例》）。《道路交通法》在等级上高于《条例》。荷兰的交通法（大概像所有司法管辖区一样）旨在促进两个目标：安全和高效的交通。但这两个目标在具体情况下会发生冲突。例如，《道路交通法》第 5 条明确规定"禁止一切造成或可能造成道路危险和阻碍道路交通的行为"。《道路交通法》中另外 3 个条款也有相关的规定。

《道路交通法》第 12 条第 1 款规定，司机必须遵守交警的指令。而第 6 条是唯一涉及司机心理状态的规定。该条规定说的是，因自身过错导致交通事故并造成他人严重身体伤害或死亡是被禁止的。该条的主要目的不是为交通行为的定义提供一个单独的线索，而是在违反其他交通规则而导致严重身体伤害时允许更严厉的惩罚。第 185 条则是关于交通事故损害赔偿民事责任的特别规定，拓宽了荷兰侵权法的一般赔偿责任条件。这个问题将在第 3.2 节进一步讨论。

《道路交通法》的最后部分是一个定义列表，用具体的术语表达了现有的各种车辆、交通工具以及"道路"等，相当精确。

试图使自动驾驶汽车遵守交通法的一个难点是交通法的模糊性和开放结构术语。

---

① 译者注：1 英里 = 1.609344 千米。

《道路交通法》第5条、第6条和第185条都是开放结构的规范，如在道路上造成危险、妨碍交通、导致严重身体伤害和造成损害。如前所述，《道路交通法》第6条对于当前的讨论来说就无关紧要了。此外，第5条中造成危险的情形在《条例》中的表述是相对精确的，它可以被视为强制执行安全交通行为的一种尝试。因此，第5条有两种作用：一是在不涉及《条例》禁止的危险行为时作为补充，二是在其他许可的交通行为造成交通危险或阻碍时作为特定《条例》规则的例外情形。

在这方面，一个有趣的例子是，一辆自动驾驶的谷歌汽车因为开得太慢而被加州警察拦下。出于安全考虑，谷歌将汽车在35英里/小时速度限制区域内的最高速度设置为25英里/小时，其中一辆汽车在以24英里/小时的速度行驶时造成了交通拥堵。警方认为这种行为违反了加州交通法：

> 任何人不得在公路上以慢速驾驶，以致妨碍或阻碍交通的正常和合理移动，除非减速是为了安全运行所必需的，或者有交通管制的情况。

根据荷兰法律，这种行为将违反《道路交通法》第5条的规定，但并不是说第5条是限速规则的例外，因为限速规则是规定车辆行驶的最高速度。

出于促进交通安全高效的目的，《条例》的规则一般比较具体，因此，其开放结构和模糊性问题不像其他法律领域那样严重。此外，促进安全高效交通的目标构成了交通事故刑事责任与一般刑法的重要区别。与一般刑法中所包含的禁令不同，交通法主要规定了义务，也就是说，它规定了在特定情形下如何行为。（义务的例外则成了显式权限。例如，《条例》第3条第1款规定"司机应靠右行驶"，而《条例》第3条第2款则规定"骑自行车的人可以行驶双道"。）

然而，《条例》仍然包含一些模糊性或开放结构的表述。例如，在《条例》第3条第1款中，有关"司机"的表述，可能会引起法律争议。对于自动驾驶汽车而言，谁才是法律意义上的司机（Vellinga，2017）：坐在方向盘后面的人，指的是自动驾驶汽车本身，还是指自动驾驶汽车的制造商？当然，现有的重点是使自动驾驶汽车依法行事。即如何对自动驾驶汽车进行程式化规范，使其遵纪守法。

笔者现在就《条例》中存在的开放结构和模糊性条款进行归纳：

第3条中尽可能保留权利的表述是开放结构的。它不应该从物理角度被解读，而应该在交通背景下尽可能从合理正确的角度来解读。

第17条第1款a：司机转弯应尽量从最左或最右的道路行驶。

第28条：声、光信号只能用于避免危险威胁。

第43条第3款：在高速公路上，只有在紧急情况下才允许使用路肩。

第57条：非必要情况下禁止鸣笛。

另外，关于使用特定类型的光的各种规则中包含了"严重抑制可见性"这一表述。

有一些概念对人类而言是清晰的，但是对自动驾驶汽车而言，则需要一些认识和判断。比如对象的识别（如隧道、自行车道、口岸和环形路）、空间关系（仅仅在前方、短距离、封闭、畅通）、人类行为（指示转弯、艰难的移动）或可观测性（可以清楚地看到、严重抑制可见性）。下面是《条例》中的一些例子：

第 11 条第 2 款：表示要左转弯超车。

第 13 条是第 3 条第 1 款关于机动车道路交通堵塞的例外情形。

第 14 条：禁止司机阻塞十字路口。

第 15a 条第 1 款：允许进入铁路道口。

第 19 条：行驶需确保前方可视。

第 23 条：十字路口、铁路十字路口、自行车道、隧道等处禁止停车。

第 24 条第 1 款 f：禁止在装卸货物的地方停车。

第 32 条第 2 款 c：近距离会车时，禁止使用远光灯。

第 47 条：在环形交叉口前方或附近通行的许可。

第 49 条第 1 款：司机有义务给移动有困难的人让路。

第 68 条第 1 款 b：禁止抢黄灯行驶。

第 75 条：黄色闪烁表示警示。

第 83 条：红灯时禁止通行。

《道路交通法》和《条例》的一个共同特征是，它们允许规则冲突，并允许用一般的冲突解决原则来解决冲突。例如，《条例》第 63 条：交通信号优先于交通法。第 63a 条：临时交通标志优先于永久性的交通标志。第 63b 条第 2 款：如果有关限速的各种规定产生冲突，则以最低限速为准。第 64 条：交通信号灯优先于交通标志。第 84 条：交警的指令优先于交通标志和规则。如前所述，《道路交通法》第 5 条对《条例》中的所有义务和许可规定了一个隐含的例外，任何行为不得对交通造成危险或阻碍。由于《道路交通法》是一部法律，而《条例》则是等级较低的条例，因此，这一冲突依据上位法优于下位法的原则来解决。此外，《条例》是根据一项明确通过的将一般规则与例外分开的公约起草的。因此，这一冲突依据例外规则优于一般规则的原则来解决。曾被讨论的例子是：《条例》第 15 条第 1 款规定，"在道路交叉路口，司机必须给从右边接近的车辆让路"（Leenes and Lucivero, 2014）；第 15 条第 2 款规定，"a. 在小路上行驶的司机必须让路给在公路上行驶的司机；b. 所有司机必须让路给电车司机"。以下是一个不具备清晰例外结构的冲突规则例子：《条例》第 14 条"司机不得堵塞路口"和第 82 条"司机都必须遵循交警的指令或手势"（同见《道路交通法》第 12 条）。当警察命令一辆汽车在交叉路口停车时，这些规则就相冲突了。而第 84 条的规定"交警的指令优先于交通信号和规则"则解决了这个冲突。不能通过法定原则解决的规则冲突的一个例子是一般优先规则和《条例》第 54 条之间的冲突。《条例》第 54 条规定：机动车驾驶员进行特殊机动操作，如倒车、由入口驶入道路、转弯、变道、主道与并行线切换等，应当给其他车辆让路。在这里，荷兰最高法院决定《条例》第 54 条优先于其他所有交通法（HR17 September, 2002, NJ 2002, 549）。

另外，《条例》包含了关于道路标志的各种适用性规则。

3.2 民事责任规则

民事责任规则的主要功能是在行为发生后确定责任。目前，法律学者对自动驾驶汽车造成事故时的责任问题进行了大量的讨论（Anderson et al., 2016；Vellinga, 2017）。然而，目前交通责任规则采用另一种方式：在没有违反《条例》或《道路交通法》的特定规则的情况下，它们可以实际地为驾驶行为添加额外的线索，因为理性的司机会想要避免损害。下面，我们来具体探讨荷兰的交通责任规则。

《道路交通法》第185条是关于机动车所有人对非机动车辆或行人造成损害的民事责任的特别规定。它的基本原则是，机动车辆本质上是危险的，司机应承担使用风险，因此，非机动车辆或行人应该受到保护。由此，第185条规定：涉及事故的机动车辆的所有人对非机动车辆运输的人或货物的损害负民事责任，除非他能证明事故是由不可抗力所导致的。注意，本条规定的责任并不考虑过失或违反交通法因素。

实际上不可抗力的因素很少被法院接受（Rutten and Oskam, 2016）。例如，根据荷兰最高法院的规定，车辆的技术缺陷不能被算作不可抗力。通常情况下，天气异常也不被视为不可抗力。

非机动车辆或行人的错误行为只在一些非常特殊的情况下才被算作不可抗力（尽管这可以作为一个理由来分摊原告和被告的损失）。首先，司机的行为无任何过错；其次，在非机动车辆驾驶者或行人为14岁以上，做出司机意料之外的行为的情况下，该错误行为才可能被算作不可抗力。根据荷兰判例法，在这种意义上并非不可能发生的情况有：不让路、黑暗中骑自行车不亮灯、突然过马路等。而对于14岁以下的人，这一标准更为严格：只有当孩子行为鲁莽，近乎故意时，才能被算作不可抗力。荷兰的评论人士给出了一个可能的不可抗力例子：大一点的孩子故意在接近车辆前玩过马路的危险游戏（Rutten and Oskam, 2016）。相反，如果一个年纪更小的孩子因为粗心大意而突然过马路，这就不能被归类为不可抗力。因此，实际上荷兰法院几乎从不接受14岁以下道路使用者发生碰撞的不可抗力认定。

《道路交通法》第185条并未明确规定什么是不可抗力（Rutten and Oskam, 2016）。然而，第185条对司机有一项指引，即应在合理的代价下尽量避免碰撞，这种代价也只有在非常特殊的情况下才被认为是不合理的，而且司机应当预料到非机动车驾驶者或行人可能犯的错误。根据一项研究，司机可预见到的错误程度，取决于两个因素：其一，如果有特殊的交通标识，如障碍物、人行横道、自行车道或公交站，就需要比平时更加小心。其二，司机应当可见所有行人（Rutten and Oskam, 2016）。现有判例也告诉我们，以第185条为基础的民事责任一般不适用于肇事者的精神状态（过失、故意）的结论。重点是行为是否违反了交通法，是否应该受到追责。

如果事故发生在两辆机动车之间，则不存在特殊责任规则，适用侵权责任通则。对相关荷兰判例法的全面分析超出了本文的讨论范围（Van Wijk, 2014），但从中得出的一般标准是完全无过错原则。即使两辆机动车相撞，规范也很严格，只有完全无过错才能完全免除责任。基本原则是汽车本身就很危险，即使是很小的交通失误也会造成非常严重的后果，所以对驾驶者有严苛的行为标准。

3.3　关于荷兰交通法的综述

综上所述，荷兰交通法促进安全高效交通目的达成的主要方式是在《条例》中制定具体的交通法规，一般规定哪些行为是强制性的，哪些行为是特别许可的。这就是将自动驾驶汽车设计成符合交通法的汽车的重要原因。《道路交通法》第5条有两个原则性禁止条款：禁止一切造成危险或阻碍的交通行为，它为《条例》提供了补充和例外，以防止所禁止或所允许的行为造成的危险或阻碍。此外，虽然民事责任规则的主要目的是在出现问题后分配损害赔偿，但可以作为《道路交通法》第5条的补充合并使用。这些责任规则是为了更好地保护非机动车和行人的利益，机动车驾驶者往往需要承担对受害方造成的事故的责任。即使两辆机动车发生碰撞，责任规范也很严格，只有完全无过错才能免除责任。这里的基本原则是，汽车本身就是危险的物体，即使是很小的交通失误也可能造成非常严重的后果，所以对驾驶者有严苛的行为标准。

荷兰的交通犯罪法律责任（无论是刑事或民事）在很大程度上取决于两个因素：其一，是否违反了交通法律规则；其二，违反行为是否导致了不良后果。如果满足这两个条件，行为人承担法律责任的可能性就非常高。关于特殊情况下的索赔，如不可抗力，则很少被接受。这背后的一般假设是，危险行为是被禁止的，交通法已经定义了什么是危险行为。

4 自动驾驶汽车和荷兰交通法

本节将讨论荷兰交通法对自动驾驶汽车设计提出的一些挑战。文中先提供设计自动驾驶汽车依法行事的三种不同方法，即严格控制方法（设计系统，保证系统不会表现出不必要的行为）、推理方法（赋予系统推理自己的行为合法性的能力）和训练方法（通过训练使系统获得合法的、正确的行为能力）。然后，笔者将根据荷兰交通法提出的挑战对每一种方法进行评估。

4.1 实现规范遵循的三种方法

让自动驾驶汽车遵守交通法的一个解决方案是，在设计系统时要保证系统不会出现被禁止的行为。这是使用非自治机器、工具或系统时的传统解决方案，也被称为严格控制，是第一种方法。布洛森也为自主系统提出了类似的方法，他建议使用所谓的模型检查技术来验证系统离线的行为（Broersen，2014）。在这种情况下，系统行为的验证是脱机进行的，方法是将系统的实际情况与具有规范正确行为的外部模型进行比较，而系统本身并不依据该模型进行推理。请注意法律人工智能方面的良好实践（Bench-Capon and Coenen，1992；Van Engers et al.，2001）要求，出于验证和维护的目的，受管制的自动驾驶汽车设计必须与相关法律挂钩。在这方面，里内斯和卢西维诺观察到，目前的自动驾驶汽车设计中并没有明确的交通法模型，但通常测试自动驾驶汽车的方法是使用"驾驶手册"，其中包含自动驾驶汽车必须能够处理的场景。他们指出，在这些场景中隐含的交通法模型可能不完整或过于简化，而测试是否如此是困难的，因为交通模型仍然是隐含的（Leenes and Lucivero，2014）状态。

当相关的交通模型被设计出来时，一个必须思考的问题就是该模型是否应该像设计显式的法律推理器那样被机器处理，或者它是否可以简单地被包含在相关自然语言源的选择中。荷兰交通法的结构给出了一个令人信服的理由来解释为什么相关法规是规范的。鉴于《条例》的结构及其与《道路交通法》的法律等级关系，一般来说，将特定行为或设计与特定规则联系起来是不可能的，因为行为的道义状态的正确结论取决于不同规则之间的优先级关系。因此，即使是在设计阶段，也必须通过推理相关交通法来找到正确的行为（这是第二种方法），而要以可靠的方式做到这一点，就需要这些法规的规范性。需要这种形式规范的另一个原因是它可以用来测试交通规则，例如，查看是否所有的规则冲突都可以用相关的冲突解决原则来解决。因此，必须有相关的立法草案，自动驾驶汽车才可能真正参与交通运行。毕竟，自动驾驶汽车比人类需要更精确的行为指引。

严格控制方法的一个局限性是，当系统变得越来越自主，并且必须在越来越复杂的环境中运行时，它们的输入和行为便不能被完全预测，这样就不可能进行有效管理或提前脱机检查。那么，如何确保规范的遵从性呢？于是，问题就来了：是应该设计一个自主系统，通过让它推理什么是规范上正确的行为，来进一步推理如何合法地行事？还是可以通过应用于大量训练案例的机器学习技术来训练它这样做？在推理方法中，我们显然需要在系统中明确地表示法律信息，并给予系统明确的推理和决策能力。这在某种程度上与支持人类决策的传统法律人工智能系统相似，只是没有人类参与其中。那么，一个重要的问题是，自动智能系统所面临的案例的普通性质是否可以减少分类和解释问题的复杂性，从而使机器能够完全接管。另外，与传统的情况不同，推理可以不予公开，因为不太需要解释或证明为什么行为在法律上是正确的。

第三种方法是训练方法，是指合法正确行为的能力是可以通过训练获得的。目前设计自动驾驶汽车的常用方法似乎在很大程度上依赖于机器学习方法。例如，2016年3月版的谷歌自动驾驶汽车项目2月月度报告①指出："我们没有教汽车如何处理非常具体的东西，而是让它具备了检测非机动车和行人以及不熟悉物体的基本能力，然后在各种情况下让它进行大量的练习。"

训练方法类似于严格控制，其目的是让自动驾驶汽车具备符合法律的行为，而不需要给予明确的规范推理能力。然而，这种方法又不同于严格控制，因为它的目的不是完全保证正确的行为。因此，正确行为的验证是通过经验测试。对于非常先进的自主系统而言，比如在日常生活中操作的机器人，这种方法可能相当于解决人工智能常识问题，但对于更普通的系统，这种方法可能更有意义。一个有趣的问题是，人们应如何对自动驾驶汽车进行分类。下面我们将讨论荷兰交通法中的一些解释和分类问题，这些问题对人类来说相对容易，但对自动驾驶汽车来说似乎很难。训练不一定能避免法律规则和条例的明确说明。它们现在被表示为设计说明的一部分。自动驾驶汽车的设计应符合法律人工智能的良好实践，并与相关的精确法律规则挂钩。

---

① 参见 https://static.googleusercontent.com/media/www.google.com/lt/selfdrivingcar/files/reports/report-0316.pdf，检索日期：2017年1月5日。

4.2 自动驾驶汽车应具备的能力

接下来要讨论的是，在荷兰的复杂交通状况下，一辆可以完全自动驾驶的自动驾驶汽车应该具备哪些能力。虽然关于目前的自动驾驶技术在多大程度上提供了这些能力的调查超出了本文的研究范围，但仍然可以对此进行一些观察。

在解读传感器数据方面，目前的自动驾驶汽车设计似乎主要关注的是认知方面相对"低水平"的功能，如确定自己和其他道路用户的位置、速度和方向，区分可驾驶区域和不可驾驶区域，以及识别障碍。根据里内斯和卢西维诺的说法，目前的自动驾驶汽车技术还不允许进行高级对象识别，而这是荷兰交通法所要求具备的（Leenes and Lucivero, 2014）。他们讨论了《条例》第 16 条的内容，该条款规定"驾驶者不得穿越军事纵队和葬礼队伍"。这需要具有对车辆进行分类的能力。类似地，正如我们所知的，自动驾驶汽车需要识别其他类型的物体，如隧道或公交车站。对人类来说，这样的识别任务很简单，（法律或常识）对各种类型的车辆和其他物体的定义通常是准确的。与传统的法律人工智能相比，自动驾驶汽车需要根据传感器数据进行识别，这增加了复杂性。这是一个主要难点，因为根据安德森的研究的说法，传感器数据的意义可能是设计全自动自动驾驶汽车最困难的部分（Anderson et al., 2016）。

需要识别的重要物体有交通标志、交通灯和道路线。通常的方法是让自动驾驶汽车使用地图，而且在地图上标出这些东西。这有两个明显的限制：一些已改变的交通情况没有及时被纳入地图，或者根据《道路交通法》第 82 条交警临时改变了交通情况。戈麦斯说：谷歌的车辆可以检测到地图上没有的停车标志并做出反应，这一功能是用来处理建筑工地使用的临时停车标志的（Gomes, 2014）。

戈麦斯提到，谷歌表示，它的汽车几乎可以识别所有未标注的停止标志，如果它们错过了标志，也会保持安全，因为车辆总是在注意交通、行人和其他障碍。

但这有一个潜在的问题，即由此产生的行为不符合荷兰交通法的第二个目的——促进高效交通。过分谨慎的行为可能导致违反《道路交通法》第 5 条关于阻碍其他交通的禁令。参见上文 3.1 节中讨论的谷歌汽车驾驶太慢的案例，戈麦斯指出，在一个复杂的情况下，比如在一个没有地图的四向停车点，汽车可能会调整为缓慢、格外谨慎的驾驶模式，以避免犯错。

比交通标志、灯光和道路路线的目标分类和识别更难的是态势感知和解释。例如，自动驾驶汽车应该能够区分普通行人（仅仅是为了避免）和指示方向的警察。戈麦斯（2014）讨论了谷歌汽车目前如何处理这个问题：行人被识别为移动的、柱状的模糊像素，这意味着，汽车无法识别在路边疯狂挥手要求车辆停车的警察。

虽然谷歌汽车可能因此避免与警察相撞，但它可能无法遵守警察的指示。

《条例》第 19 条规定，"司机必须在任何时候都能在视线清晰的范围内将车辆停稳"，目前的自动驾驶技术似乎已经具备了这一能力。然而，可以从《道路交通法》第 185 条的责任规则和《一般侵权责任规则》中推导出的行为线索，要求自动驾驶汽车应当具有在其传感器数据基础上解读当前情况和环境的复杂手段。例如，自动驾驶汽车必须能够在不同情形下调整其速度，如环境条件（乡村小路、繁忙的购物街等），以及不寻常的天气条件、特殊用途的场所（公交车站、人行横道、公路减速带、自行车道等）。此外，地域性特点也要被考虑到。例如，在荷兰的一个案例中，法院指出，在像阿姆斯特丹这样的大城市，人们在没有灯光的黑暗中骑自行车是很正常的。像物体分类或识别人的类型这样的能力在很大程度上仍然超出了现有的自动驾驶汽车技术，但这些是自动驾驶汽车未来要从传感器数据中读懂的。

正如里内斯和卢西维诺所指出的，为了促进安全高效的交通，自动驾驶汽车还必须具备识别和遵从社会线索的能力（Leenes and Lucivero, 2014）。例如，它应该能够理解交通参与者的手势或眼神交流。对人类来说这通常很容易，但对自动驾驶汽车来说这似乎是个难题。更普遍地说，自动驾驶汽车应该具有预测人类交通参与者行为的能力，因为这种能力对于避免事故至关重要（Surden and Williams, 2016）。或许自动驾驶汽车可以采用一种普遍的情况，即预计人类交通参与者都能依规定行事。因为不同类别的道路使用者遵循不同的规则，这就需要自动驾驶汽车能够辨别道路使用者的类别，并根据他们的行为做出正确的预测。然而，这种期望也有例外。正如我们在第3.2节中所看到的，《道路交通法》第185条的司机应该预见到非机动车驾驶者可能犯的错误。

4.3 知识表示问题

我们从前文中可以看到，在所有这三种设计方法中，都需要对交通法进行形式规范。在推理方法中，这是显而易见的；而在控制和训练方法中，这种需要来自验证和维护的目的。因此，从法律人工智能研究中知识表示的角度来探讨交通法的形式规范就显得尤为重要。

4.3.1 条例/规则的表示

从法律人工智能的角度来看，相关法规的计算表示法似乎很简单。

首先，与其他领域不同，知识获取或维护的问题不是很复杂。例如，与社会保障法、税法或移民法（荷兰应用法律知识体系的三个领域）相比，相关的交通法在规模上是可管理的，而且在一段时间内相对稳定。

其次，由于交通法的安全和效率目的要求它是精确的，这些规则有一个明确的条件和义务结构，不容易有语法上的歧义。因此，任何语言都可以用布尔条件来表达"如果－那么"规则，并用一种方式来表达道义条件及其冲突关系（无论是通过相应模式还是通过一阶谓词）。定义和结构知识可以用一阶语言表示，或者用类似逻辑编程的规则来编码。似乎没有必要对时间进行系统的描述，但应该表现出某种形式的空间交通和常识知识。也许自动驾驶汽车设计领域中关于本体的当前的一些研究可以在这里被重复使用（Morignot and Nashashibi, 2013; Zhao et al., 2015）。我们还看到，相关法律一般不要求对驾驶员的精神状态进行表示和推理，因为交通法几乎从不涉及驾驶员的精神状态。

如上所述，荷兰交通法的一些规则可能会发生冲突，而这种冲突通常可以通过明确的优先规则来解决。虽然里内斯和卢西维诺指出，从可能出现的冲突类型来看，似乎可以通过《条例》和荷兰判例法中具体的冲突解决规则以及一般例外规则和上位法原则来很好地处理这些冲突（Leenes and Lucivero, 2014）。现在，用相互冲突的规则及其优先关系来表示和推理的问题，基本上已经被法律人工智能解决了。一般有两种方法：一种最忠实于荷兰交通法实际结构的方法是采用一种允许规则冲突和优先级的系统（Prakken and Sartor, 1997; Modgil and Prakken, 2013）或可废除逻辑的合适变体（Antoniou et al., 2000; Governatori et al., 2010）；另一种方法是规则优先级可以通过使用显式异常子句来编译（McCarty and Cohen, 1994; Kowalski and Toni, 1996）。这两种方法在法律人工智能和一般的非单调逻辑中都得到了很好的理解。

至于这两种方法之间的选择，有一个微妙之处。在上文中，笔者认为，鉴于《道路交通法》和《条例》的层次结构和关系，通常不可能将特定的行为或设计与特定的规则联系起来，因为正确的结论取决于各种规则之间的优先级关系。笔者的结论是，即使是在设计阶段，也必须通过推理相关交通法来找到正确的自动驾驶汽车行为，而要以可靠的方式做到这一点，就需要对这些法规进行形式说明。但是，如果正式规范使用隐式异常和优先级规则的方法，问题便仍然存在。这就为编译方法提供了支持，至少在严格控制方法和机器学习方法中是这样的。在这样的编译方法中，初始的正式表示将尽可能忠实于《道路交通法》和《条例》的结构，隐含例外和规则层次结构也是如此。然后，这个最初的正式规范被自动编译成另一个带有显式例外条款的正式规范，自动驾驶汽车设计可以对此进行应用。研究者已提出可行的编译方法（Delgrande and Schaub, 2000），他们系统地将有和没有可废除优先级的缺省逻辑（Brewka, 1994）转换为缺省逻辑的原始版本（Rei-ter, 1980）。

为了让大家明白这是如何运作的，本文解释如下：

《条例》第3条第1款规定司机应尽可能保持在最右边的车道行驶；但第13条规定在交通堵塞时走机动车道便无须走最右道，以及第82条规定司机必须遵从交警的指令。我们由此可以看出，使用隐式异常和优先级的直接形式化是：如果在公共道路上，则必须保持行驶在最右边的车道；如果在机动车道上，在交通堵塞时，则不必保持行驶在最右边的车道；如果交警指示 X，则必须遵从指示 X。

第82条根据特殊优先规则，对第3条和第13条均有优先权。此外，根据特殊法律原则，第13条的优先级高于第3条第1款。

这个可以被重述成以下带有明确例外条款的形式。

第3条第1款：如果在公共道路上行驶，第3条第1款也不例外，则必须保持行驶在最右侧车道。

例外条款1：如果在交通堵塞的情况下在机动车道上行驶，那么第3条第1款例外。

例外条款2：如果交警指示不用保持行驶在最右边的车道，那么第3条第1款例外。

第13条：如果行驶在机动车道上遇到交通堵塞，第13条也不例外，那么不必保持行驶在最右边的车道。

例外条款3：如果交警表示不用保持行驶在最右边的车道，那么第13条例外。

此外，对于上述三条规则，都可以使用谓词补全之类的技术列出该规则的所有例外。例如，对于第3条第1款，这将产生以下情形：当且仅当在交通堵塞的情况下驾驶于机动车道，或交警指示不用保持行驶在最右边车道，或……（其他第3条第1款的例外情况），那么第3条第1款例外。

对于第13条，它会产生以下情形：当且仅当交警指示不用保持行驶在最右边车道或……（其他第13条的例外情况），那么第13条例外。

现在假设自动驾驶汽车的设计师想要实施一项政策，在交通堵塞的高速公路上选择移动最快的车道。该策略可以连接到具有明确的例外条款的《条例》第13条版本与谓词补全的该例外条款的结合。

4.3.2 模型解释

虽然之前在法律人工智能中开发或应用的非单调推理技术是有用的，但它们也有局限性。这些技术无法提供认识到法律规则例外的必要性的方法，也无法认识到解决法规之间冲突的最佳方式，除非这种方式已经以具体条款的形式被编入系统。而且，如果规则中包含了造成危险或障碍等的一般性例外条款，那么分类和解释的难度就太大了。更普遍地说，基于规则的非单调技术不提供处理开放结构和模糊概念以及不可预见的例外的方法。在第3.2节中，我们看到荷兰关于交通事故责任的判例法非常多样，很少有一般规则，而且对案件的具体情况非常重视。在最好的情况下，某些相关因素是可以被识别的。因此，在法律人工智能术语中，这一判例体系是基于因素的。

法律人工智能在基于因素的领域提供了复杂的案例辩论模型（Ashley，1990；Aleven and Ashley，1995；Sartor，2003），但这些模型对目前的目的是否有用仍值得怀疑。基于案例推理的一些最具影响力的法律人工智能模型显然是用于对抗情境的。例如，阿什利在推进他的 HYPO（海波）系统时，描绘了对一个系统的想法——其能在短时间内让辩护律师为案件做好准备（Ashley，1990）。该系统将能够接受案件的事实，然后为案件双方提出论据和对它们的反驳，以及它们所依据的先例。HYPO 的继任者 CATO（卡托）（Aleven，2003）有同样的对抗焦点，现在存在于教学语境中。如前文所述，在让自动智能系统遵守法律的任务下，没有对手：重要的是让系统在法律的范围内做它必须做的事。因此，在人工智能与法领域内，（系统）不需要像往常一样被论证。此外，产生安全高效的交通行为的任务意味着基于案例的推理应该得出关于驾驶的可靠、有用的结论。这里的问题是，有关的荷兰判例法的数量和性质是这样的：它没有为运行时自动驾驶汽车推理提供有用的结论。事实上，出于这个原因，如某些研究者所使用的通过机器学习技术来对判例法进行统计分析的方法，也不再管用，因为他们的模型不够可靠（Van Opdorp，1991；Bench-Capon et al.，1993）。传统法律人工智能的应用存在不足（最出名的是无法对输出的结果进行解释），因而并不适用于当前的应用程序，相关的判例法并不能满足这三个让它们成功运转的需求：一组已知和稳定的相关因素、许多决定性案件、这些案件中的不一致。

话虽如此，这些关于人工智能和基于案例推理的法律模型有用性的负面结论，只适用于设计交通法推理的情况。在控制和训练方法中，将交通模型中的案例法进行表示并将它与交通法设计中的组成部分联系起来是有用的。例如，案例可以被用来生成测试场景。

《条例》中的开放结构条款（不像《道路交通法》第5条和第185条以及一般的荷

兰侵权法那样模糊）可以适用于不同的方法。人们可以指定一个行为或测试用例约束来操作这个概念。对于一般的退让条款和责任规则，我们也可以采用类似的方法（但难度更大）。如果是模糊的或开放结构的术语，则不需要说明完整的法律含义；所需要的只是一个使这一概念运作起来的合规政策。在此，行业和政府可以合作制定自动驾驶汽车的行为标准［安德森等人（Anderson et al.，2016）为美国讨论了这种可能性］。我们也许可以使用保险公司内部关于如何处理责任问题的指导方针为美国讨论另一种可能性（Anderson et al.，2016）。尽管如此，由于此类操作和标准仍应与相关法规联系起来，所以规范性问题仍然存在。

5 相关研究

可以说，与本研究相关的主要研究成果是里内斯和卢西维诺（Leenes and Lucivero，2014）的相应成果。这是本文的灵感来源，并在前文许多地方都有提及。其他相关工作方面，在法律人工智能研究的早期，登哈恩（Den Haan，1996）、登哈恩和布鲁克（Den Haan and Breuker，1991）便将知识表示和推理技术应用于荷兰交通法的一部分。部分是理论练习，部分是为了开发立法起草的辅助工具。尽管从后来的发展来看，使用规则层次进行推理的特定模型有些特殊和过时，但考虑到当时的技术水平，这是可以理解的。在对荷兰交通法领域的建模中，登哈恩将世界知识（描述性的，即术语和结构）和因果（内涵的，即行动加过程）从规范性知识中分离了出来。她把法定定义视为世界性的知识。在她的实际世界知识模型中，她只模拟了描述性知识，而没有模拟因果或常识（如空间）知识。在她的模式中，冲突是通过特殊法原则解决的，如前文所述，这是可行的，因为荷兰《条例》是根据这一原则起草的。登哈恩的模型支持基于开放结构术语的不同语义解释的不同观点的推理，但她没有对选择特定解释的争论进行建模。此外，她并没有对从事实到法律概念的步骤进行建模，所以她也把产生不同解释的问题留给了未来的研究。最终，她只模拟了《条例》的一小部分：处理道路上的位置（《条例》第3—10条）和让路（《条例》第15条）。

如引言所述，据笔者所知，目前还没有任何关于交通法与自动驾驶汽车设计相关的系统研究。人们在将本体论与规则语言相结合的方面已经做了一些工作，但示例规则仍然是临时的，没有人提出通用的建模方法。有研究者提出了对自动驾驶汽车行为建模的象征性方法。它们结合了网站 Protégé 中表示的交通本体和 SWRL（语义网规则语言）（Horrocks et al.，2004）中建模的交通行为规则（Morignot and Nashashibi，2013）。该研究希望允许一些违反交通法的行为，因此，行为规则包含一个条件，即虽然被考虑的行为是非法的，但并没有关于得出该结论的规则。另一些研究提出了两个简单的例子，他们称之为"SWRL 交通法"。这些规则似乎只是基于交通法的行为规则（Zhao et al.，2015）。

目前有很多人关注所谓的"道德算法"，即关于让自动驾驶汽车处理类似于道德困境的情况的算法。例如，博纳丰等人通过向人们展示几个简单的情境并询问自动驾驶汽车应该做什么来研究可能面临的道德决策问题（Bonnefon et al.，2016）。在这种情下，自动驾驶汽车必须在撞死一个行人或撞死自动驾驶汽车上的乘客之间做出选择。博纳丰等人得出结论，研究哪些道德算法应该被编入自动驾驶汽车的程序是很重要的。从我们的法律观点来看，这种重要性可能会受到挑战。正如我们在前文的例子中所看到的，《道路交通法》第185条所暗示的驾驶行为提示是，在任何合理的代价下都要避免与行人发生碰撞，在这种情况下，不容易确定代价是不合理的。荷兰判例法的重点不在于在博纳丰等人所讨论的困境中应该选择什么，而在于预期，也就是说，应该采取多少谨慎措施来避免这种情况。因此，与其专注于博纳丰等人所研究的那种情况下的道德算法，不如首先研究避免这种情况的"法律算法"，即谨慎的驾驶行为，但又不会使交通过于缓慢而导致效率低下。在荷兰的判例法中，博纳丰等人所讨论的那种情况几乎从未发生过。最近的一个例子是，一个司机在晚上突然转向左车道，因为一只狍子突然从森林里穿过马路，随后那辆车撞上了另一辆车。根据范维基克的说法，荷兰最高法院在本案中认为，不能指望司机出于真正的风险而选择严重伤害自己（Van Wijk, 2014）。

从更普遍的意义上来说，人们可能会问，使自动智能系统遵守法律和使它们遵守道德规则与原则的问题在多大程度上是不同的。对于许多应用来说，差异可能相当大，但对于自动驾驶汽车来说，法律和道德的要求可以说几乎完全一致，因为交通道德必须源自交通法旨在促进的相同价值观，即安全和高效的交通。

这里的一个问题涉及法律规则和道德规则之间的关系。初步来看，让自动驾驶汽车遵守法律可能会导致其忽视道德理由，从而产生自动驾驶汽车凌驾于法律的风险。然而，这种风险并不是很真实，因为法律适用还涉及社会环境和公平、正义、常识等问题。法律对此做出解释的一种方式是通过一般例外类别来处理，在许多情况下，推翻法律规则的道德理由将被归入一般法律例外类别。例如，如果稍微超速或安全驾驶情况下闯红灯是运输一个受伤的人尽快去医院所必需的行为，那么，在面对遇到红灯要停止的荷兰交通法的一般原则时，这种违反法律条款的行为便是被允许的，从而保护合法权益。即使没有法定例外类别可用，法律制度也允许规则被不成文的原则搁置，正如德沃金所讨论的著名案例，一个孙子杀死了他的祖父，然后根据美国继承法要求得到他的继承份额（Dworkin, 1977）。法院驳回了他的要求，理由是没有人应该从自己的过错中获利。

相关研究的最后一项与笔者在第4.2节中提出的建议有关，该建议参考了舍登和威廉斯的研究，即自动驾驶汽车应该具有预测人类交通参与者行为的能力，因为这种能力对于避免事故来说至关重要（Surden and Williams, 2016）。事实上，舍登和威廉斯讨论了反向问题，即人类必须以相同的潜在动机解释自动驾驶汽车的行为。舍登和威廉斯观察到，目前的自动驾驶汽车的行为对人类来说是不可预测的，因为自动驾驶汽车既可以自我控制，又有很大程度的选择自由，而目前它们的设计对普通人来说"技术上是不透明的"。然后，舍登和威廉斯提出了技术设计解决方案，使普通人类在交通中更容易预测自动驾驶汽车的行为，例如，自动驾驶汽车能够向被检测到的人传达信息，并向这些人传达自动驾驶汽车的意图。他们还讨论了政府政策和法律如何鼓励实现这种技术解决方案。

6 结论

本文以荷兰交通法为例,研究了使自动驾驶汽车符合交通法的问题。虽然荷兰交通法的几个特点是特定于荷兰管辖的,但它的主要特点与其他西方司法管辖区,特别是欧洲司法管辖区的交通法相似,因此,其主要结论可以被论证为在荷兰法律之外具有一定普适性。本文的主要贡献如下:对于法律人工智能来说,本文给关于它的研究带来了一个新的课题议程;对于自动驾驶汽车的设计师来说,本文希望能让他们更深刻地意识到交通法给自动驾驶汽车设计所带来的挑战。本文介绍了法律人工智能传统建模任务与公共道路自动驾驶新任务之间的异同。随后,我们确定需要将交通法的形式规范作为自动驾驶汽车设计的一个组成部分,即使自动驾驶汽车本身并不认同这些规范。关于人工智能与法领域之前发展的知识表示和推理技术的应用性,结论是基于逻辑规则的单调或非单调推理的技术主要适用于所代表的逻辑和层次结构规定,但不能处理解释问题所引起的开放结构、模糊以及需要处理的新的例外。另外,现有的基于论证的技术处理开放的结构、模糊以及需要处理的新的例外情况是不适用的,部分原因是敌对的设定假定自动驾驶汽车存在这些技术缺乏的问题,部分原因是现有判例法太少和不确定。一种更有希望的方法似乎是,在政府、工业界(可能还有保险公司)的共同努力下,制定执行守法行为的标准和指导方针。然而,这并不能避免对相关交通法进行正式表述的需要。本文为相关研究团体提供了一些理论,以减少其对道德算法的关注,使其更多地关注谨慎和预期驾驶行为(同时不牺牲交通效率)。

目前的研究集中于在全自动的自动驾驶汽车上实施自动化辅助驾驶的较低级阶段,根据自动驾驶的程度和自主性,有些负面结论可能不成立,或者可能在较小程度上成立,而其他结论可能仍然成立。

此外,交通法与自动驾驶汽车的匹配之路还任重道远。但无论如何,本文为系统研究自动驾驶汽车的法治化问题奠定了基础。

即使自动智能系统符合法律,本文的结论能在多大程度上适用于更普遍的问题,这一点仍值得进一步探讨。值得注意的是,遵循规则的想法以及如何更好地做到这一点,不仅是在人工智能领域(Brozek, 2012),而且在更广泛的层面上也确实是一个相当深刻和复杂的问题。因此,让自动智能系统遵从法则的一般性研究可以从遵循法则的一般性理论中获益。然而,对于当前的目的而言,不需要这样的一般理论,因为正如我们的案例研究所示,交通法规是相当精确和无争议的,几乎不涉及交通参与者的心理状态:鉴于促进安全和高效的交通运输的根本目的,交通法律中重要的是产生正确的行为。类似的特殊目的方法是否适用于其他类型的自动智能系统,或者是否需要规则所遵循的更一般的理论解释,仍有待观察。

参考文献

ALEVEN V, 2003. Using background knowledge in case-based legal reasoning: a computational model and an intelligent learning environment [J]. Artificial intelligence, 150: 183 – 237.

ALEVEN V, ASHLEY K, 1995. Doing things with factors [C] //Proceedings of the fifth international conference on artificial intelligence and law. New York: ACM Press: 31 – 41.

ANDERSON M, ANDERSON S, 2011. Machine ethics [M]. Cambridge: Cambridge University Press.

ANDERSON J M, KALRA N, STANLEY K, et al., 2016. Autonomous vehicle technology. A guide for policy makers [M]. Santa Monica: RAND Corporation.

ANTONIOU G, BILLINGTON D, GOVERNATORI G, et al., 2000. A flexible framework for defeasible logics [C] //Proceedings of the 17th national conference on artificial intelligence, (AAAI – 00). [S. l.: s. n.]: 405 – 410.

ASHLEY K, 1990. Modeling legal argument: reasoning with cases and hypotheticals [M]. Cambridge: MIT Press.

BENCH-CAPON T, 1993. Neural networks and open texture [C] //Proceedings of the fourth international conference on artificial intelligence and law. New York: ACM Press: 292 – 297.

BENCH-CAPON T, COENEN F, 1992. Isomorphism and legal knowledge based systems [J]. Artificial intelligence and law, 1: 65 – 86.

BENCH-CAPON T, SARTOR G, 2003. A model of legal reasoning with cases incorporating theories and values [J]. Artificial intelligence, 150: 97 – 143.

BONNEFON J F, SHARIFF A, RAHWAN I, 2016. The social dilemma of autonomous vehicles [J]. Science, 352: 1573 – 1576.

BREWKA G, 1994. Reasoning about priorities in default logic [C] //Proceedings of the 12th national conference on artificial intelligence, (AAAI – 94). [S. l.: s. n.]: 247 – 260.

BROZEK B, 2012. Rule-following. From imitation to the normative mind [M]. Krakow: Copernicus Center Press.

DELGRANDE J, SCHAUB T, 2000. Expressing preferences in default logic [J]. Artificial intelligence, 123: 41 – 87.

DEN HAAN N, 1996. Automated legal reasoning. Doctoral dissertation [D]. Amsterdam: University of Amsterdam.

DEN HAAN N, BREUKER J, 1991. A tractable juridical KBS for applying and teaching traffic regulations [M] // BREUKER J, MULDER R D, HAGE J. Legal knowledge-based systems. JURIX 91, model-based reasoning. Lelystad: Koninklijke Vermande: 5 – 16.

DWORKIN R, 1977. Is law a system of rules? [M] // DWORKIN R. The philosophy of law. Oxford: Oxford University Press: 38 – 65.

KOWALSKI R, TONI F, 1996. Abstract argumentation [J]. Artificial intelligence and law, 4: 275 – 296.

LEENES R, LUCIVERO F, 2014. Laws on robots, laws by robots, laws in robots: regulating robot behaviour by design [J]. Law, innovation and technology, 6: 193 – 220.

MACCORMICK N, 1998. Legal reasoning and interpretation [M] //Routledge encyclopedia of philosophy. [S. l.]: Taylor and Francis: 525 – 530.

MCCARTY L, COHEN W, 1994. The case for explicit exceptions [J]. Logical methods in computer science, 1: 19 – 50.

MODGIL S, PRAKKEN H, 2013. A general account of argumentation with preferences [J]. Artificial intelligence, 195: 361 – 397.

PRAKKEN H, SARTOR G, 1997. Argument-based extended logic programming with defeasible priorities [J]. Journal of applied non-classical logics, 7: 25 – 75.

REITER R, 1980. A logic for default reasoning [J]. Artificial intelligence, 13: 81 – 132.

SURDEN H, WILLIAMS M A, 2016. Technological opacity, predictability, and self-driving cars [J]. Cardozo law review, 38: 121 – 181

THRUN S, 2010. Toward robotic cars [J]. Communication of the ACM, 53: 99 – 106.

VAN ENGERS T, GERRITS R, BOEKENOOGEN M, et al., 2001. POWER: using UML/OCL for modeling legislation—an application report [C] //Proceedings of the eighth international conference on artificial intelligence and law. New York: ACM Press: 157 – 167.

VAN OPDORP G, WALKER R, SCHRICKX J, et al., 1991. Networks at work. A connectionist approach to non-deductive legal reasoning [C] //Proceedings of the third international conference on artificial intelligence and law. New York: ACM Press: 278 – 287.

ZHAO L, ICHISE R, MITA S, et al., 2015. Ontologies for advanced driver assistance systems [C] // Proceedings of the 35th semantic web & ontology workshop. [S. l.: s. n.]: 1 – 6.

在公共行政中使用自动决策时的行政正当程序

——以芬兰为例*

马克·苏克西 文 李维嘉 译

摘 要：在公共行政中，行政机关工作人员使用自动决策时，为公务员履职而设计的各项行政决策正当程序可能是多余的。政府追求良好的治理机制、与自动决策有关的权利义务问题，以及法治都需要立法者关注、修订法律规定以便适应新的决策模式。尽管欧盟通用数据保护条例对认可自动决策很重要，但绝大多数关于自动决策运行的法律保障应由立法者通过行政正当程序提供。据建议，各国均需审议行政正当程序的有关规定，以便与时俱进地适应自动决策的需要。无论该国立法框架如何，关键问题在于，算法开发与代码编写人员和行政机关内部软件运营与使用人员都意识到需要为自动决策建立预防性法律制度，而非仅为投诉程序才设置反应型法律制度；问题还在于，存在相应法律机制使得上述人员能为应用自动决策做出的行政决定承担法律责任。有提议指出，只有当自动决策以规则为基础时才能实现依法治理，普遍需要预防的是依算法治理的倾向。

关键词：行政正当程序 法律保障 公共行政 决策 宪法 软件设计

1 引论

银行、保险公司等越来越多的企业，开始使用自动决策（ADM）运营业务，连政府部门都加大了对该模式的启用力度，为行政管理多样化决策过程提供支持。从这方面看，自动决策与社会生产方式的范式转变相关联，从农耕文化的人治到工业化的法治贯穿至大数据时代的算法治理（Suksi, 2017）。在公共行政中使用自动决策，目的是根据实体法规定，履行国家管理职能对行政相对人个体或实体的权利、义务和利益做出相关

---

* 本文原文为 Markku Suksi, 2021, "Administrative Due Process When Using Automated Decision-making in Public Administration: Some Notes from a Finnish Perspective", *Artificial Intelligence and Law*, 29: 87 – 110。该文属"知识共享许可协议 4.0"（the Creative Commons Attribution 4.0）下的开放获取内容，相关链接请参见：http://creativecommons.org/licenses/by/4.0/。

作者：马克·苏克西（Markku Suksi），芬兰埃博学术大学公法教授，研究方向为政府治理、公民参与、比较分析、公共管理等。

译者：李维嘉，公共管理硕士，公务员。

决定。

特别的，在税收、社会保障等需要快速做出所谓"大规模决定"的公共行政决策领域，自动决策可执行诸多较简单的决策。以芬兰为例，立法的确突显了快速决策的需求：根据芬兰《宪法》（731/1999）第 21 条第 1 款，芬兰公民在法律面前一律平等，行政部门无故不得拖延处理案件。芬兰《行政法案》（434/2003）第 23 条第 1 款重申，规定的行政事务不得无故拖延；芬兰《公务员法案》（750/1994）第 14 条第 1 款，也规定政府公务员需及时履职。仅基于上述结构性原因，以及在公共行政中推广使用自动决策，考察芬兰及其他一些国家设定行政正当程序作为使用自动决策的先决条件一事是重要的。

然而，目前有关自动决策的规定仍然较少。在欧洲，《欧盟通用数据保护条例》（2016/679，GDPR）第 22 条规定，自 2018 年 5 月 25 日起，只要欧盟或该国法律没有硬性规定，个人有权选择不适用自动决策。此外，《欧盟通用数据保护条例》第 13 条第 2 款（f）、第 14 条第 2 款（g）、第 15 条第 1 款（h）规定，个人有权了解自动决策的运行逻辑。不过，该条例虽然重要，但相对局限于数据保护领域，因此仍需要各国在国家层面对自动决策的很多内容另行立法。然而，各国自动决策立法情况存在差异，从立法缺失到泛泛而论再到对某些自动决策进行有针对性的立法，不一而足（Malgieri，2019）。在瑞典，自 2018 年 7 月 1 日起生效的新《行政法案》（2017）第 28 条，对"行政决定"做出了较为宽泛的规定，既包括单个公务员的行政决策，也包括数位公务员的共同决策，以及由自动程序做出的行政决策（Suksi，2018a）。在芬兰，有赖于《行政机关公共监管电子通信法案》（13/2003），辅以电子签名，原有的法律规定似仍适用决策支持模式，尽管该法案对自动决策没有做出其他实质性规定（Suksi，2018b）。此处预设现存立法为技术中立，不过，至少芬兰《宪法》第 118 条与《地方政府法案》（410/2015）已将决策者拓展至非自然人。

本文探讨全自动决策过程，对公务员做出行政决定时如何运用自动决策辅助决策系统不做过多讨论。讨论视角主要基于芬兰，笔者对瑞典、丹麦和其他国家亦进行了部分有限的观察。不过，研究公共行政中使用自动决策具有普适意义。因此，希望各位读者参照本文、联系实际，思考本国的法律实践。

2 从芬兰法看本文问题的一般性意义

公共行政使用自动决策时，面临着一个核心问题：如何始终贯彻法治，是否存在新软件设计等技术手段以解决"以规则为基础的自动决策"与"以机器学习为基础的自动决策"的矛盾。二者发生矛盾时，自动决策过程如何具体落实行政正当程序的实体需要，难以获知。当然，《欧盟通用数据保护条例》允许人们通过了解自动决策运行"逻辑"来实现个人数据保护这一规定是重要的，尽管此处关于"逻辑"的定义并不清晰，"逻辑"是对自动决策运行过程的一般性描述，还是涵盖了算法和代码的所有公开信息尚不清楚。此处，引用"逻辑"是为了突显个人在接受自动决策模式做出的"行政决定"时有知情权，即《欧盟通用数据保护条例》序言第 7 小节述及，并经成员国各自程序立法保障的"个人获得解释的权利"。上述关于"知情权"的规定倾向于"以开放算法为代表"的"逻辑"定义，不过，目前尚不清楚算法开放能披露到何种程度。

另一个主要问题在于：国家立法为自然人做行政决策时的诸多程序设定沦为冗余规定。

行政管理机关未经议会法案同意，自行决定使用自动决策时，实际上已罔顾"良好的政府治理需由自然人实施"的立法预设。实质上，行政管理机关内部自行决定使用自动决策时，该行为已近乎具有立法性质。与此同时，现行法律框架下对自动决策如何助力实施良好治理的规定，则寥寥无几。为实现良好治理，自动决策如何才能在现行（芬兰）公共行政体系下，发挥最大的作用？我们总结上述两方面问题，探讨自动决策是否应当且能够遵守现行法律，或者是否应对现行法律做出相应修改以适应自动决策的使用。下文第 7 节将详细论述，笔者倾向于第一种解决方案。

例如，芬兰《宪法》第 21 条的要求以及由芬兰《行政法案》做出的有关规定，滞后于自动决策的应用，因此，削弱了行政诉讼的预防性保护功能。那么，应用自动决策，对行政正当程序的预防性保护功能，有何影响？此外，应用自动决策不仅对行政机关的预防性法律制度有影响，而且对行政相对人权利的预防性保护措施有影响，同时还对行政决策后的响应性措施及行政救济措施有负面影响。比如，根据芬兰《宪法》第 118 条关于公权责任的有关规定，行政机关推行自动决策时，公务员履职时应用自动决策若牵涉刑事责任和侵权责任将不适用"属人原则"。那么，应用自动决策将对公务员履职责任产生何种影响，值得进一步探讨。

随着自动决策的推行，这类法律漏洞日渐引起关注，为保障相应主体合法权益，应做出对应的法律规定。《欧盟通用数据保护条例》第 22 条第 2 款亦规定，需明确立法以保障数据主体的合法权益和自由。议会需要考虑在应用自动决策的体系中，如何修订现行法案或法案系列以新增预防性法律规定。总体来说，上述问题与社会生产方式的范式转变相关联，从法治到潜在意义上的算法治理指公共行政中的自动决策何时脱离法治进入纯算法领域，也就是说，公共行政管理机关在应用人工智能时何时应划清规则与技术的边界。本文所探讨的内容旨在弱化机器人流程自动化（RPA）操作方式（Ranerup and Zinner Henriksen, 2019），但认可下列意见：强化以机器学习为基础的人工智能将成为未来发展趋势，该趋势为现行法治需求带来了挑战。

3 自动决策规制的起源

3.1 欧洲和北欧视角

数十年来，欧洲各国对自动决策的一般性立法进程起步各异（Malgieri, 2019），不过国家层面针对自动决策的现行法律规定并不详尽，具体可参见莫茨菲和阿肯纳研究丹麦法规现状的论文（Motzfeldt and Taheri Abkenar, 2019）；有关丹麦实行自动决策开展税收、学习效益、公务员退休金管理的情况也可参见上述文献。然而，也有国家是例外，比如法国就对自动决策的应用较早做出了详尽的规定。早在 1978 年，法国就通过

"1978年17号行政令"与《公共管理关系法案》，要求自动决策的适用应符合信息科技、数据文件、公民自由的相关规定。在着手修订"1978年17号行政令"以适应《欧盟通用数据保护条例》规定时，法国宪法委员会（详见其2018年6月12日颁布的第2018–765号决议第72小节）就已经发现：当自动决策完全以算法为基础时，立法者早已对此模式下的行政相对人权利和自由保障做出相应规定。因此，这条受到争议的法律规定，其实是符合法国《宪法》精神，符合法国《人权宣言》第16条以及法国《宪法》第21条的规定的。

根据法国宪法委员会的规定，单项行政决策适用算法须符合以下三种条件：①单项行政决策须表明该决定由计算机运算得出，行政机关应依申请向行政相对人披露该算法运行的主要特点；②单项行政决策须服务于行政管理事务，在有争议时，应由法官复议，法官有权要求行政机关披露该算法运行的主要特点；③根据"1978年17号行政令"第8条第1款，若数据处理过程涉及相关敏感数据，该算法将不得被启用。与此同时，多国行政管理机关已启用自动决策，但多数欠缺配套的法律基础和保障行政正当程序的综合性法律规定。1995年生效的原欧盟数据保护指令（95/46/EC），现虽已失效，但对民众增加对自动决策的法律关注亦有所助益。

《欧盟通用数据保护条例》的实施提升了民众对自动决策的法律关注，《欧盟通用数据保护条例》第22条具体做出了相关数据保护规定：对仅由自动文件或自动程序做出的行政决定或类似对行政相对人产生重要影响的行政决定，行政相对自然人有权不予服从。该规定虽然提供了自动决策之外的人工干预选项，但在欧盟或成员国许可且行政主体已经为数据主体的合法权益和自由提供了相应保障时不适用。该数据保护规定原则上适用于公共行政与企业的自动决策，在公共行政正当程序法律建设大视域下则显得视野狭窄（但相对于企业应用自动决策，其保障性作用面涵盖较广），不过对该领域继续构建各项综合性法律规定来说仍不失为一个良好的起点。

人们通常将《欧盟通用数据保护条例》第22条理解为一般意义上对自动决策的限制性规定，如果行政机关认可这种理解，将给欧盟各成员国带来戏剧性的影响。这种见解似乎起源于对《自动化个人决策的指引》（以下简称《指引》）第四章的理解，该《指引》整合了单项自动决策及文件运行有关规定，制定了《个人数据处理权益保护条例》（2016/679），该条例由工党颁发，以保护个人权益（由欧洲数据保护委员会于2018年5月25日通过实施）。将《欧盟通用数据保护条例》第22条理解为对自动决策的限制性规定会引起争议，因为半数成员国并不认同这种看法。

《指引》第四章第22条（1）仅就"单凭自动处理程序做出的行政决策"做出了一般性限制。显然，将《欧盟通用数据保护条例》第22条认定为是对所有自动决策模式的限制性规定这一理解，值得商榷，因为《指引》通过对实施自动决策模式的背景做出反面性框定，其实只限制了其中一种自动决策实施方式："将第22条看作限制性规定而非权利，意味着个人在接受这种业务处理模式时，对各种潜在的后果自动获得保障。"因为《欧盟通用数据保护条例》的法律基础是《欧盟运行条约》，后者赋予了个人权利以保护个人数据；如果将第22条看作对成员国行政管理机关的限制性规定，那么根据《欧盟运行条约》第5条第2款关于管辖权的规定，将构成对成员国内部事务管辖权和机构自治的干预。关于法律秩序于公共实体与私营企业之间的划分，具体可参见玛尔吉研究法国与荷兰经验的论文（Malgieri, 2019）。

在《欧盟运行条约》第16条第2款的背景下，将第22条在公共行政中的影响理解为选择退出行政管理的个人权利的"最低"解释不适用于成员国行政机构正在开展的属于欧盟法律范围内的活动的情况。以海关为例，《欧盟通用数据保护条例》第22条适用于各国海关系统，因为欧盟实行统一关境管辖。因此，按照《欧盟海关法》第6条的规定，海关通关启用自动决策，个人报关必须适用自动决策程序。而在社保和税收等国内专辖事务领域，情况则有所不同；在此，《欧盟通用数据保护条例》第22条允许个人在该国国内立法无明文规定的情况下有权选择不适用自动决策。假设各国都希望启用自动决策，以便排除个人弃用该模式而另选作业方式的选择，国家层面对自动决策加强立法就显得尤为必要。该类国内立法至少可以采用两种方式，一种是"以案说法"，即以案例的方式说明自动决策的许可和使用方式；另一种是较为系统的综合性立法方式（Wiese Schartum, 2018）。我们可参见近期欧盟人工智能和大数据战略、计划，涉及1份白皮书、2篇报告、一份战略计划（European Commission, 2020a, 2020b, 2020c, 2020d）。

如果将《欧盟通用数据保护条例》第22条理解为一种对行政管理机关的限制性规定，那丹麦就属于这种情况，其实该规定对行政机关使用自动决策影响甚微，因为有各种关于自动决策的法律制度和措施来保障数据主体的合法权益和自由（Motzfeldt and Taheri Abkenar, 2019）。然而，《丹麦国家学业收益法案》第38a、38b、43a条似乎并未限定自动决策仅用于学业收益决策，尽管法律规定相对人需通过电子系统提交申请并获取结果，且教育部长有权就电子系统中申请人和行政主体进行电子签名的方式设定规则。因此，《丹麦国家学业收益法案》关于个案中是否适用自动决策的规定，尚不明确。显然，无论自动决策是否运行，公共行政信息处理电子化等同于数字政府的治理（Motzfeldt and Taheri Abkenar, 2019）。

3.2 自动决策立法在芬兰的发展情况

如上文所述，瑞典《行政法案》中对自动决策新增了一段一般化的法律规定，而其他北欧国家则多依赖现有行政程序的法律规定应对自动决策。大体而言，芬兰的情况也是如此，不过，芬兰于2018—2019年度着手新增了若干关于自动决策的通用法律规定。芬兰议会宪法委员会颁发了两份决议（68/2018、7/2019），要求政府组织开展对自动决策立法环境及法律采取何种方式以满足法治、政府治理能力与公务员履职等各方面要求的评议。结果，芬兰政府提交的两份对各行政管理机关使用自动决策进行规范立法的议案，绕了一圈，又成为芬兰政府自己的职责了。这说明，关于自动决策的一般化法律规定也是有必要的，规范各行政管理机关具体适用自动决策方式的需求也很可能是有需要的。该立法偏好会发展成为较系统的综合性立法方式，而非以个案为基础的案例式立法方式（Wiese Schartum, 2018）。适用自动决策的各行政决策流程都将通过国家立法的形式予以批准确认。

根据芬兰《宪法》第12条第2款，芬兰议会宪法委员会颁发的决议还提到了透明度问题，批准了文件的借阅权。相关政府议案建议如下：行政管理机关适用自动决策做出最终行政决定时，该自动决策算法应被公开。此外，行政相对自然人经注册后，对通过自动决策做出的涉及本人的行政决定个案，亦有权获取单独的该自动决策算法说明。宪法委员会认为，公开自动决策算法很重要，其重申该要求并强调，要通过算法公开、准确详尽地描述自动决策，使行政相对自然人理解自动决策。宪法委员会也主张，在进入正常立法程序草案之前，有关算法公开的立法建议应表述得更为准确、清晰。另外，明晰算法公开的有关规定，对个人更好地行使诉讼权利具有重要意义，因为法庭将更充分地了解事实、法官将更准确地复议案件。

除了宪法委员会以外，芬兰财政部在复核了内部自动决策流程后，由副巡视员于2019年11月颁布了三项决定（EOAK 3379/2018，EOAK 2898/2018，EOAK 2216/2018）。在这些决定中，副巡视员声称，财政部内部使用的自动决策，是由财政部内部拍板建立的，不符合芬兰《宪法》若干章节中关于政府透明度的规定。具体涉及与《宪法》规定不相符的章节，详见《宪法》第2条第3款关于法治、第21条关于良好政府治理、第80条关于个人权利和义务的要件、第81条第1款税收体系的法律保障和第118条关于公共责任等的有关规定。副巡视员还观察到一些重要问题，包括以下内容：应用自动决策时政府做出的税收决定理据不足，应用自动决策未完全符合政府行政法规有关精神（如合理期待原则），政府未完全履行提供建议的义务，有关自动决策的立法规定不足，等等。

例如，副巡视员发现，在使用自动决策做出征税决定时，当征税主体要求纳税人于电子报税后提供补充材料时，根据补充材料做出的后续考量如何体现在运用自动决策做出的最终税收决定中，过程并不清晰。因此，其在上文述及的三个决议中，要求修改征税决策中适用自动决策的实体法律规定及加大针对自动决策的程序性立法以做出改良。该精神也与上文提及的宪法委员会的意见相一致。另一位芬兰法律的监管人物，芬兰司法部部长亦要求社保机构关注自动决策流程，某种程度上来说，他的意见很可能将与副巡视员的意见相似。因芬兰政府广泛实行自动决策，根据宪法委员会的要求，芬兰未来有可能开展较有前瞻性的立法措施，加大对自动决策的综合性立法，以满足立法建议草案中提及的需加强对自动决策立法的各种需要的满足（自动程序立法草案2020）。议会颁发的类似法案将满足《欧盟通用数据保护条例》第22条规定的精神，规范自动决策的法律适用，并为保护数据主体的合法权益和自由提供恰当的法律保障。

4　保留诉讼权

行政法规的法律保障体现在以下两个主要方面：事前预防和事后保障。通过行政正当程序，预防性法律保障在行政决定下达以前就开始起作用，从而确保行政行为受到一系列原则和机制的约束，使行政机关在第一时间就做出正确的行政决定。反之，保障性法律措施于行政决定下达后才起作用，保障行政相对人的诉讼权。该事前预防和事后保障的区分方式或许适用于绝大多数国家，此处主要探讨芬兰的案例。下文探讨的案例因属于非正式的投诉处理过程，故其述及的自动修改行政决定实际上不属于事后保障措施。根据《欧盟通用数据保护条例》第 22 条第 2 款（b），须采取适当的法律措施保障数据主体的合法权益和自由。《欧盟通用数据保护条例》的序言表明此处的"适当的法律措施"主要是指预防性法律措施，与《欧盟通用数据保护条例》所述及的行政救济与行政赔偿措施不同。

根据芬兰《宪法》第 21 条，有一项宪法权利受到法律保护。该《宪法》第 21 条第 1 款列明了行政程序的预防性保障功能：芬兰公民在法律面前一律平等，行政机关无故不得拖延处理案件。因此，根据实体法规定，行政机关的行政决定就体现了行政相对人的权利和义务。然而，该宪法规定没有泛泛而论，没有仅停留在要求采取适当措施保障相对人权利的程度，而是在《宪法》第二章进一步要求以"法案"的方式，明确保障相对人的听证权、接收合理行政决定原则及其他行政公正原则，并且要满足良好政府治理需求。因而，议会通过了一系列立法措施，包括《行政法案》（434/2003）、《政务文件公开法案》（621/1999）、《语言法案》（423/2003），以及《公务员法案》（750/1994）、《市政公务员法案》（304/2003）。

上述所有法条都是为自然人执法设立的，要么涉及单独的公务员，要么涉及一群公务员。公务员自身的招录、级别、行为亦由一系列法规设定。在自动决策下，公务员本人不参与行政决定生成，这实际上构成了行政法规在此处的"不适用"。从而，当使用自动决策时，公务员本人便不再负责甚至不参与行政决定的生成；由于缺乏自然人执法，该行政管理职能逃避了上述系列法案的监管约束。然而，与此同时，尚缺乏有关行政程序的法律规定以约束自动决策。该情境对于实施行政决策而言并不特殊：例如，在仲裁领域就发现了类似的几起案例，根据《联合国国际贸易法委员会国际商事仲裁示范法》及若干国家的国内立法，仲裁员应由自然人而非机器人担任（Hope，2019）。

据说，计算机科学中有一个根本问题，即几乎所有的软件都存在问题和漏洞并会影响运算结果。问题可能存在于算法，也可能存在于代码。因此，无论是行政法还是宪法应用计算机运行都会面临同样的问题：如果使用自动决策做出行政决定，于算于法，出错都在所难免。如果是法律适用出错，那更加应该采取保障性措施以减少出错后的影响。

出错是不可避免的，此处以 R 先生在学业收益法案方面的遭遇为例（资料通过访谈获得，最后确认时间：2019 年 12 月 12 日，确认人：苏克西）。在 R 先生的案例中，社会保障机构（以下简称"社保局"）于 2015 年在其统计 R 先生学业总时长以做税收减免时，未将其大学学业暂停前往服法定兵役的时间计入减免税抵扣栏（详见社保局 2019 年 5 月 15 日税收决定情况说明）。因此，社保局电子系统做出征税决定后，将结果直接发送到税务局（而非纳税人本人，其本人无论如何也想不到社保局的税收决定是由电子系统的自动决策做出的），其后税务局应用自动征税流程，也没有认可 R 先生有资格享受的税收减免。数年后，R 先生注意到了该问题，要求有关方面做出解释，但社保局难以确定问题出在哪个环节。收到这样含糊的答复以后，R 先生提交了一份新计税申请，在具体进行计税操作时，工作人员才发现社保局的自动决策在一开始就出现了差错。

最终，社保局修正了其 2015 年对 R 先生的征税决定，并于 2019 年 5 月 15 日人工勘发了一份新征税决定。根据一系列有关学业收益的实体法案和税收法规（另及《行政法案》第 50 条有关自动修订的规定，该规定未列明于新征税决定中），该决定由一位公务员进行电子具名。但是，新征税决定并未述及应用自动决策导致出错的旧决定，也未就自动决策出错的可能原因做出解释。当与相关官员进行电话沟通时，R 先生听出来他的遭遇所体现出的系统问题非同小可，由此引发了大量有关学时减免税的问题需要重新审议、修改征税。

此案揭示了政府政务公开、行政相对人听证权以及行政相对人获得行政决定解释权的有关问题。此外，该案还揭示了两个自动决策系统嵌套时潜在的问题：税务局自动决策利用社保局的自动决策决定作为输入信息来做出征税决定。正如沙图姆所指出的，这种"基于已有行政决定的决策数据"未来可能更普遍，因此也更需要就机器能识别的"决策数据"之采集和再利用加强立法（Wiese Schartum, 2018），另外两个研究分支分别为"基于已有行政决定的决策数据的再利用"和"政府常用服务大数据利用"。

应用自动决策也许意味着诸多预防性立法规定不适用或显得多余。就若干预防性规定而言（例如，《行政法案》第 27 条公务员利益冲突、第 28 条公务员做出有效行政决定的资格匮乏），应用自动决策或许是件好事。但是，当行政机关应用自动决策时，其仍然需要的一大批保障性行政正当程序也会随之消失。同时，芬兰《宪法》第 21 条依然适用，其要求政府采用与良好治理体系相应的行政决策模式。当使用自动决策时，《行政法案》中显得冗余的法条与相关内容如下：第 8 条关于服务原则，第 10 条关于行政协助与行政合作，第 12 条关于咨询，第 14 条关于未成年人，第 15 条关于代理自然人的合法机构行为，第 16—19 条、第 21 条关于行政事务妥善交办，第 22 条关于文书办理（Suksi, 2018b）。

毋庸置疑，使用自动决策做出决定后，响应性措施启动如下事后保障功能：人人都享有依法向法庭或其他独立司法机关申请行政复议、追求公正以保障其应有权责的权利。这意味着，根据芬兰《宪法》，始终允许个人就自动决策所做出的决定向行政法院提起诉讼，并且在保有最终上诉权时允许上诉至最高法院行政庭。此处，根据芬兰《宪法》第 21 条第 2 款，应当设立行政法案规定诉讼程序、行政相对人的听证权以及公正审判所需的其他要素，如芬兰《行政诉讼法》（808/2019）所示。根据法国宪法法院决议，对于行政决策拓展为非自然人的有关规定，与芬兰一致：始终允许个人拥有对行政公正的追索权（详见其 2018 年 6 月 12 日颁布的第 2018-765 号决议第 70 小节，另参见上文第 3.1 节有关内容）。然而，提起诉讼的案例非常有限，另外一大部分的行政决策还是要依赖预防性法律措施的保障。不仅如此，如果在使用自动决策时将保障正当程序的程序法边缘化，而且也未做出适应自动决策的程序法新规，那么庭审时衡量行政决定正当性的尺度就缺失了。因为，当前法庭所推翻的大部分由公务员做出的行政决定，主要是基于程序违法、未遵守各项预防性保障措施而形成的。

虽然，在适用自动决策时，始终允许人们享有依法向法庭或其他独立司法机关申请行政公正的权利，但行政法规的预防性保障措施及行政正当程序立法，主要目的都是减轻庭审案件数量负担。该情形并非指人们遭遇自动决策做出的行政决定存在潜在法律问题时，没有标准去判断自动决策流程正确与否，而是指根据惯例，始终有权提起法庭诉讼以了解该行政决策是否是依据法律与事实正确做出的。对法院而言也是如此，法院也是使用正当程序标准来评估行政决定的，而非仅考察实体法。实际上，用于事前预防的程序法在处于自动决策设计阶段时就应开展对接：管辖自动决策的行政程序应嵌套于自动决策模式本身的结构设计中。

行政决定的合理运行完全依赖于法律一前一后的有力保障：即事前预防和事后保障措施；如果在使用自动决策时，前者有所缺失，行政决定的运行便会出问题。在芬兰，由于宪法专门就采取事前预防措施做出了法律规定，因此前述问题具有违宪性质；在其他国家的法律框架下，该类问题至少也具有相当严重的性质。

5 根据芬兰《宪法》第 118 条官方责任相关规定提出关于公共决策自然人主体消亡的补充说明

各国行政主体使用自动决策都面临着同样的责任问题，在此意义上，对该问题的重视程度尚未达到应有的高度（Wirtz, Weyerer, and Geyer, 2019）。在使用自动决策时，应该总是有可能界定各方的法律地位，判断谁应为自动决策所做出的行政决定负责。责任区分的重点应该为，在使用自动决策时，自然人总是应该为自动决策运行技术的结果负责，而且数据运行也应与相关立法规定相符。

自芬兰行政机关实行自动决策模式至今，推行方式包括由行政机关内部决议通过或由类似机关的内部决议通过。某行政机关若希望提升辖内行政事务的处理速度，尤其是提高大批量事务的处理速度以节省行政成本，则可通过其内部规定、决定来应用自动决策。根据芬兰《宪法》第 118 条关于公共责任的有关预防性和响应性的法律规定（尤其是预防性法律规定，因响应性法律规定使用得较少），以前述方式推行自动决策违反了该法条的相关原则和内容。同样，案例发生于芬兰特定的法律框架下，但案件性质具有一般性意义，对多国都具有法律启发性（英国和类似政府治理体系等情况除外，因其政府各部长负有公共责任）。

芬兰《宪法》第 118 条第 1 款强调，公务员为其履职情况的合法性负法律责任，单个公务员亦对其参与的合议负责。当使用自动决策时，为行政决定和相关措施负责的公务员主体便消失了。然而，行政机关则通过自动决策继续做出相关的行政决定。为使讨论更加简洁，此处预设各合议主体（如市政府的各种委员会、大学的工会等）并不容易切入应用自动决策状态，因此，假定宪法规定的合议主体的公共责任在很大程度上未受自动决策影响。

第 118 条第 2 款规定，与决策者需要为其行政决策负责一样，报告起草人若认同据其报告结果做出的行政决定，则需要为该行政决定负责任。行政机关内部的大批量行政决策甚少由某份报告单独做出，但在有关报告涉及的程序被设计嵌入自动决策以实施简易决策时，公务员对其行政决定负责的审查地位消失。

第 118 条第 3 款就个人权利做出了规定，对于因公务员或其他履行公职的人员实行非法行为致使个人权利受到侵犯或遭受持续损失的人，可以通过法案的形式，要求公务员及其他履行公职的人员受到刑事诉讼法律的约束，并且要求行政机关、涉事公务员及相关人员对损失负责。当使用自动决策时，公务员不再为行政决定负责任，因此，刑法和侵权法的有关规定在现实生活中不再适用，无法进行具体操作。根据常识，算法和代码是无法作为刑法或侵权法的责任主体的。那么，对于公共行政主体（国家、市政府或其他行政机关）而言，将如何就侵权行为负责呢。

在此基础上，结合第 118 条的有关规定，当行政机关（内部）决策决定使用自动决策时，试问行政机关将如何承担行政责任、刑法责任及侵权责任。表面上看，问题似乎在于公务员作为行政机关合议实体侵权责任主体的一部分，履职时应当承担公共责任；实际上，问题在于，大部分由宪法保障的权利在决策者由自然人转为自动决策时已经终止。

随着自动决策的应用和办公自动化系统的推广，人们较难估计涉及法律问题的公共责任变迁的案例规模，不过，在芬兰乃至其他一些国家，即使仅在宪法层面，该类自动模式的应用和具体行政决定也已明显产生了名义上的影响。显然，影响并不局限于宪法层面，对常规法律亦有影响，例如对芬兰《行政法案》而言，实际上该法大部分的法律规定都已变成了冗余规定。芬兰《市政法案》（410/2015）第 91 条第 1 款特别列明了行政决策主体为自然人，并且规定市议会可授权其行政机关、被选举官员或公务员群体代理其他行政机关，类似的代理规定详见瑞典《市政法案》（Suksi, 2018a）。若市政机构启用自动决策，这类法律规定很可能须根据实体法的明文修改做出修订。

在芬兰，议会、宪法委员会分别颁布了 2018/68 号与 2019/7 号决议，认为宪法关于法治、政府治理责任与公务员管理的有关规定，是通过针对公务员的行政原则实施的。因此，追求法律安全与良好的政府治理，要求行政机关根据行政立法精神处理事务、承担公共责任。因而，公务员仅承担间接责任是不足以满足上述要求的。

但是，在适用自动决策时，建议指定行政机关厅长/局长个人负责的政府草案（2019/18 号）也遭到了宪法委员会的批评。宪法委员会推论得出，在这种情形下，自动决策脱离了与决策主体有关的一系列责任，而仅承担着类似自然人决策者功能的形式决策作用。问题在于，厅长/局长作为机关的行政首长承担的仅仅是务虚意义上的领导责任。同时，宪法委员会表示，这一设置未贯彻芬兰《宪法》第 2 条第 3 款有关法治的相关规定。因此，宪法委员会认为，根据《宪法》第 118 条，必须仔细监管自动决策使其符合法律要求；必须尽可能地使实施行政决策的公务员承担运用自动决策的法律责任，以满足监管和法治的底线。从而，上述政府草案不可能获得常规法律程序修订。

副巡视员在其两份决定中亦提到以上有关归责的问题，追问征税机关何者应为自动决策结果的正确性负责。在 2019 年 11 月 20 日的决定（EOAK 3379/2018）中，她提出，目前征税机关使用自动决策时产生的刑事责任属于间接责任。在征税机关，由主事人根据一系列内部规章制度，决定全国范围内办公自动化、工作事项分配、计划、发展、项目管理、协调及后续跟进等各项事务的办理流程。副巡视员指出，这套内部规章制度过于宽泛，不可能用于在使用自动决策时确定刑事责任，或者用来定义有关刑事责任的内涵与外延。另外，她认为，将个体公务员的责任系于主事人（显然此处指征税机关的厅长/局长）的个人能力，与《宪法》第 8 条有关规定的联系趋于模糊，这样的体系是不完善的。很明显，与宪法委员会对自动决策的使用态度相似，副巡视员就同样的问题表达了强烈的关注。

上述情况表明,在决策环节中,随着人脑参与做出的决策越来越少,权责认定变得日益困难。因此,清晰设定权利与责任,应成为信息化体系建设的核心要求(Smith,Noorman,and Martin,2010),其重要性与研发软件与算法不相上下。

6 应用"以规则为基础的自动决策"与应用"以机器学习为基础的自动决策"时,行政机关的法治状况对比

前文总体上就公共行政与法治体系涉及自动决策所引起关注的问题做了探讨。目前,人们尚不清楚权责界定问题应该如何解决(或隐含的问题是,算法和代码应如何为行政决定负责),但是,已经有一些动议,尝试厘清算法是否能被认定为法律意义上的行为人、纳税义务人或责任主体(Dahiyat,2020),也可参见欧盟委员会相关文件(European Commission,2020a,2020b,2020c,2020d)。如前所述,通常在缺乏相关立法规定明文支持的情况下,由行政机关内部决定应用自动决策时,会造成有关法律条文的闲置,"以算法为基础"的原则也许会引致将代码奉为法律并取代议会立法的结果。从这个意义上说,加强监管、强化监督、做好政务公开、为自动决策应用立法等势在必行(详见下文)。此外,已提交讨论的相关草案提及,由自动决策直接反映程序法的相关规定,或许较为棘手(Bench-Capon and Coenen,1992)。这意味着,在使用自动决策时,为实施预防性法律保障措施而施行的若干行政正当程序受到了挑战。研究人员曾尝试,创造相关法律规定的单一知识来源谱系,详细列明有关困难(Van Doesburg and Van Engers,2019)。为追求法律框架的完善,需要搜集超过500部法律、规定,而且还要寻找合乎逻辑的整理方法,这两者的工作量巨大,难以完成,迫使冯·杜波(Van Doesburg)和冯·恩格尔思(Van Engers)选择了通过模态研究的方法进行后续工作,并且开展"以规则为基础"的研究项目(详见下文)。很有可能,在创建自动决策体系时,程序立法的相关法律规定将占总法律规定的一大部分。

应用自动决策时涌现出许多问题,例如,有关法律修订后,相关软件应随之修改;又如,法庭变更了有关实体法法条的解释后,相关软件也应随之修改。立法中常见的情况是,法律总在与时俱进。以社会福利法为例,如果现行实体法法律规定做出修订,那么自动决策软件也应适时修改,以便自新法实施之日起体现法条修改的内容。

因此,通过做出所谓的适应性修订,要求根据立法修订案,为向自动决策修改提供解决方案做好准备(Bench-Capon,1996)。同理,当法庭变更了有关解释并与现行规定不符,或者对自动决策引为依据的现行规定做出了修订,那么自动决策亦需要修改以便做出与现行法规相符的行政决定。此外,当法庭就应用自动决策做出的行政决定进行裁决并做出决议推翻该具体行政决定时,有关方面须为自动决策运行方式和软件持续付出改变的意愿和努力。

有评论援引若干法律专家体系的意见阐述道,重要的是将知识库中的有关规定与成文法或法律主要来源的总体精神相关联(Bratley et al.,1991;Bench-Capon and Gordon,2009)。因此,根据法规修订影响的深远性大小,一套传统的知识库能或多或少做

出迅速的修订（尽管从维护的角度看，理想时间是提前数周）。然而，机器学习体系的必要条件是，有足够多新的行政决定以消除旧有情境的记忆，而且因为机器学习体系依赖于过去的案例，有可能以机器学习为基础的自动决策将因仅遵循"先例原则"而成为僵化的系统（Branting et al.，2019）。我们不难认同本奇-卡鹏的观点，机器学习属于溯及既往的行为，而法律解释是动态的，能够适用于新情况并适应社会发展变化（Bench-Capon，2020）："但是无法从过去相当长的一段经验中预测法律的发展。法律专家或许能猜测探知若干发展趋势，但是这种本事大大超出了支撑机器学习的算法能力范围。"

最重要的问题是，人们应将自动决策设计为"以规则为基础的自动决策"（即按条件句"如果 x，那么 y"设计），还是将自动决策设计为"以机器学习为基础的自动决策"。因为自动决策可被视为人工智能的一种应用方式，参照《欧盟通用数据保护条例》第 4 条第 4 款的定义，人工智能可被用于收集个人信息等用途，所以探讨在公共行政中排除"以机器学习为基础的自动决策"是重要的。在将人工智能引入行政机关的实际应用时，即使目前人工智能只是辅助自然人决策，其应用仍有很大空间；当人脑不参与行政决定的实际生成时，这种讨论似乎较为重要（Wirtz, Weyerer, and Geyer, 2019）。其实，排除"以机器学习为基础的自动决策"也基于以下五方面原因，虽然这意味着人工智能在行政机关的应用会受到很大的限制（Wirtz, Weyerer, and Geyer, 2019）。

第一方面，如果自动决策造成了《欧盟通用数据保护条例》第 6 条述及的个人信息收集，那么个人就有权根据《欧盟通用数据保护条例》第 21 条反对这套流程，而这款自动决策流程将随着众人维权的举动被停止使用。然而，根据《欧盟通用数据保护条例》第 21 条，行使反对权的三项必要条件是，只有在收集的数据被直接用于商业用途时才能停止运行数据处理程序（详见第 3 款），或者当满足科学和历史研究的特定条件时，以及在校对统计信息时会停止运行数据处理程序（详见第 6 款）。这意味着，如果行政机关依法行政时，数据处理程序不会被暂停。同样，在欧盟与国家法律规定未做硬性规定的情况下，个人有权根据《欧盟通用数据保护条例》第 22 条不选择自动决策，如果有人使用该权利，则自动决策也会处于被弃用状态。这表明，国家层面就行政机关使用自动决策加强立法力度确实有必要。

第二方面，"以机器学习为基础的自动决策"或许不能独立观察和随着法律发展及庭审实践与时俱进，也无法像立法者一样系统颁发法律或像法庭一样采取法律强制措施，但是可以将法律变动情况与"机器学习"系统内存储的历史数据相匹配，就算系统性不强，也可借此与法律修订情况相关联（详见上文）。反之，假定有人及时维护"以规则为基础的自动决策"（Bench-Capon and Gordon，2009），则新增法律修订和庭审变化将作为新指令被系统编入软件。从整合、完善案例资料与增加机器学习透明度的角度来看［一个有趣的应用是 ANGELIC 方法论[①]（Al-Abdulkarim et al.，2019），另援引艾尔-阿卜杜勒卡里姆等人关于"加强管理、顺应案例法发展形势"的综合性评论（Al-

---

[①] 译者注：ANGELIC 方法论是为了获得和概括特定法律领域的知识而开发的。

Abdulkarim et al., 2016a)〕，应用以抽象言语框架为基础的若干模式化工具，看起来很有前途。然而，要在以要素为基础推理的法律领域，打造"有形"系统，这块复杂的领域尚需加强研究（Al-Abdulkarim, Atkinson, and Bench-Capon, 2016b; Al-Abdulkarim et al., 2019）。

第三方面，很难保证"以机器学习为基础的自动决策"的透明度，以便生成相关解释，以及向个人说明基于何种信息与如何做出相关结论（Branting et al., 2019），"纯粹'以机器学习为基础的系统'需要相对较少的运营维护工作，但也几乎没有或完全没有解释能力"。因此，其较难避免暗箱操作。尤其当算法在系统运行时实施机器学习，进行自我升级、自我修订，如果运行方案涉及多个层级节点的中性网络（Geslevich Packin and Lev-Aretz, 2018; Al-Abdulkarim et al., 2019），这就很成问题。而"以规则为基础的自动决策"，因能撤回日志信息，则没有上述问题。然而，需要指出，人工智能的使用不一定会导致自动决策被用来进行暗箱操作，因为，"构建人工智能系统以提供目前由自然人提供的解释水平，必要条件是技术上可行"（Doshi-Velez et al., 2017; Al-Abdulkarim et al., 2019），如以抽象言语框架为基础的 ANGELIC 方法论推行透明度、提供合理性①。尽管如此，在透明度与解释能力两个问题被解决以前，公共行政决策不应该采用"以机器学习为基础的自动决策"。

第四方面，也许是最重要的，自动决策中用于做出行政决定的机器学习工具无法被应用于法治环境，因为机器学习实质是一种预测，其实是基于由先前决定组成的数据池做出新决定（Geslevich Packin and Lev-Aretz, 2018）。"自动决策中的机器学习实质是一种预测"（Al-Abdulkarim et al., 2019; Alkhatib and Bernstein, 2019），这种说法认为扩建数据库也无法减少出错，而错误会导致决策失误，因为总是有新的例子显示其与培训数据抓取格式不相符。行政机关的行政决定不能建立于过往决策的预估上，而须基于实体法与程序法的相关规定，并且符合法治的有关要求。以芬兰为例，根据芬兰《宪法》第 2 条第 3 款，"以规则为基础的自动决策"似乎是设计运行行政机关自动决策时唯一的选择；同理，可参见布兰汀的论文，"由于须遵循有权威法律来源的参考信息以增加可信度，在典型的可解释人工智能应用中，各法律合理性与法律解释之间有差异"（Branting et al., 2019）。从而，如布兰汀等人所指，"全自动模式不适于使用预测形式"，因为，"无论结论多么正确，都排斥使用全自动模式带来的方便，并且重视行政正当程序；如果没有将法律规定与法律事务模式化，那么在这种图式中，任何情况下的预测正确性都是有限的"（Branting et al., 2019）。

如果采用"以机器学习为基础的自动决策"，很可能会使该体系与法律及法治的联

---

① 亦如布兰汀等人观察发现（Branting et al., 2019），"法律效力相同而分散在不同案例中的典型行政决定用语，其语义嵌入空间结构通常是相似的。因此，基于语料库案例用语的前后一致性、标签案例的特殊性与语义相似度的阈值，案例分组的标签可以拓展至整个语料库，以确保准确与完善"。目标是应用以下方法论：建立模型以运用当代计算机语言学工具，建立同类案例语料库、生成可解释的决策预判系统，尽可能降低手工标注案例标签的工作量，为各国日常行政机关处理事务提供无差别帮助。按其论文述及方法操作获得的正确率表明，"法律解释适用的半监管案例注解系统（SCALE）"对于预判、分类、决策支持的作用已足够。不过作者暗示，这还不适用于全自动模式。

结受到破坏，结果将导致"依法治理"沦为"依算法治理"。这样发展下去很成问题，不宜采纳。因此，《欧盟通用数据保护条例》规定个人有权了解"自动决策运行逻辑"，在涉及公共行政事务时，这里的术语"逻辑"应该永远是指"以规则为基础的自动决策的运行逻辑"，而非"以机器学习为基础的自动决策的运行逻辑"。

第五方面，因为监督实体法应用的程序法通常应包含于"以机器学习为基础的自动决策的运行逻辑"中，所以必须考虑行政正当程序嵌入该类自动决策系统的操作难度。卡普夫（Karpf）提出，"如果程序法纳入模型建构考量，那么法律模型将体现实体法与程序法的要求，而且整套系统须与程序法相符并按照程序法设定的步骤运行"属于必要条件（Bench-Capon and Coenen，1992）。上文的条件属于五个必要条件之一，本奇-卡鹏与柯南不认为所有宣称属于同质模型的建构都满足该必要条件，但是"清晰体现出程序法的这一要求仍然是个艰难的议题"（Bench-Capon and Coenen，1992）。此处的"同质模型"是指源文件内容相关且系统运行时体现了文件上的内容（Bench-Capon and Coenen，1992；Bench-Capon and Gordon，2009）。看起来上文提到的 ANGELIC 方法论完全构建于实体法的内容，尤其是基于案例法（Al-Abdulkarim et al.，2019）；而且，与行政正当程序相关的法律规定，能否及如何嵌入自动决策的模式化工具中作为控件，仍是一个开放式问题。

不过，至少在将来的场景中，对于机器学习，自动决策应用算法设计这一方法也许能得到更多的包容。因此，尽管争论的焦点在于应使用"以规则为基础的自动决策"，对机器学习的态度也许不至于如此泾渭分明（Bench-Capon，2018）。另外，建议人们在区分"以规则为基础的自动决策"与"以机器学习为基础的自动决策"时，也无须完全排斥应用后者的可能性，主要原因是自动决策系统可使用各种不同的工具构建（Koulu et al.，2019；Al-Abdulkarim，2019）。在不远的将来，"以机器学习为基础的自动决策"所存在的问题当然是有可能被恰当解决的，但是目前，倡导行政机关禁止在自动决策方面使用机器学习方式是最安全的。未来，如果"以机器学习为基础的自动决策"能保证实现法治目标，则上文的禁令可以被废除。在此前提下，人们也应采取预防性措施。

相关主体在应用"以规则为基础的自动决策"时也会涌现出许多问题，如果作为规则依据的有关法律修订了或法庭变更了有关实体法法条的解释后，相关软件也需要随之修改。在这种情况下，运行程序需要做出调整，不过在"以规则为基础"，特别是涉及程序法相关规定的背景下，相应调整的可操作性较好。因此，如果实体法与程序法的有关内容做出了修订，如有关社会福利法或行政正当程序的有关规定变更，那么"以规则为基础的自动决策"也应自修订条款生效之日起做出适当修改，以便体现法条修订的内容。同理，法庭变更了被现行自动决策引为依据的有关法庭解释，造成相关规则变化或在原规则基础上加以修订，那么自动决策软件也应适时修改，以便与新的法庭解释精神相符。因此，当法庭就自动决策行政决定的合法性相关争议做出裁决后，有关部门应随时做准备，及时修改自动决策系统的数据和运行软件（Wiese Schartum，2018；

Motzfeldt and Taheri Abkenar，2019）。系统必要的修改职责的履行，由自然人①根据相关的权责规定开展（参见上文第5节）。

7 关于自动决策立法的有关建议

基于行政正当程序、公务员履责及法治各方面内在要求等原因（包括如芬兰《宪法》第21条述及合法性所需的预防性法律措施），人们需要以"议会法案"的形式，明确行政机关应用自动决策的条件。该应用条件必须结合行政机关运用自动决策解决问题时产生的漏洞来加以制定。因此，除了各机关量身定制授权使用自动决策以外，我们还需要加强一般性立法，以满足良好的政府治理、透明度以及公共责任的要求。这类立法的内容与行政机关对自然人执法的有关规定，可能有所差别。

通常，自动决策所涉及的上诉程序，也许会造成法庭对自动决策"黑箱"有关情况的披露，但"黑箱"这类相对有限的案例也是法庭受理上诉程序的必要条件。因此，应用自动决策时，响应型法律措施的保障力度并不足够，仍需为各行政决策设立预防性法律措施以保障行政正当程序的运行。所产生的一个问题是，为确保依法行政而制定的大量现存预防性保障措施，在适用自动决策时沦为了冗余规定。按理说，在使用自动决策做出行政决策前，"黑箱"早该被放开，或至少部分被放开。

自动决策应用所带来的立法需要，不是仅有芬兰面临着的问题，而是具有广泛的需求。基于前文讨论的背景情况，一般性立法应根据如下列举的原则和法规，结合自动决策适用的大环境，就"良好政府"的有关情况做出定义：

・应始终委派公务员作为自动决策系统及系统应用的责任主体，相关公务员应遵守行政法律及关联刑法与侵权法。

・应由实体法就应用自动决策做出各类行政决策进行授权，即，由议会制订"行政法案"或基于此类法案对具体运行环境下的自动决策做出各类行政决策进行授权。

・应告知行政相对人，有关行政决定是出自自动决策。

・应通过有关决议，明确现存法律框架下适用自动决策的行政程序。

・应用自动决策时，有必要识别公共注册者（如有私人注册者亦需识别）的历史信息，有必要就外部注册信息的使用方式做出解释（该要点很重要，因为政府所掌握的数据涵盖了全社会所有个体，高度准确，它不仅是大数据，而且是超级

---

① 荷兰就《外国人法案》开展了一则"与规则相关"的项目，目前处于试验阶段，该法案包括1096条实体规定。通过应用FLINT语言清晰表述规范的来源，以及在算法内运用逻辑规则描述执行后果，该发展项目将上诉法案拆分成428个执行框架。该工作由单人于1个月内完成，如冯·杜波和冯·恩歌思研究所示（Van Doesburg and Van Engers，2019）。要使自动决策依据此法案用上述方法具备可操作性，其他若干法律包括《行政法案》，需要转化成许多额外的执行框架，以完善自动决策的运行。事实上，法律体系内所有与外国人事务相关的法律规定，都应通过执行框架嵌入运行系统，这也许意味着需要增加庞大的执行框架组。文章没有涉及权责问题的处理方式，但是，似乎该模式工具为法律与实践中涉及的常态化修改问题，提供了一条有趣的解决问题的方式。

大数据)。
- 应就自动决策做出行政决定后的非必要信息的清除设定原则。
- 应就自动决策系统的透明度、算法及代码和征用信息设立法律规定。
- 应就务必使用"以规则为基础的自动决策"、防止使用"以机器学习为基础的自动决策"设立法律规定(禁令至少应明确等待后者与前者及法治等的有关矛盾得到妥善解决时才取消)。
- 应就禁止使用自动决策系统的情况做出界定(例如,与调阅或更改自动决策决定有关的情形,或者根据《欧盟通用数据保护条例》序言第71小节最后一句话第1部分的规定而与儿童有关的情形,等等)。
- 应就软件代码编写设定原则,当软件涉及政府采购时尤其需要注意(应包含有关条款就私人主体参与创立自动决策软件做出规定)。

根据上述非枚举列表的建议而制定的新法律,应为个人评估与自身相关的自动决策行政决定是否履行了正确程序提供标准,类似目前《行政法案》对公务员依法行政的作用。更重要的是,新法也对行政机关在自动决策系统的设计、维护阶段,就如何缔造、运行自动决策软件提供了标准。因行政行为与难以满足行政正当程序必要条件的隐含缺陷,也许会对自动决策运行结果造成较大影响,所以,系统设计者与软件开发者的自行决定权,应受到法律规定的约束(Pääkköen et al., 2020; Smith, Noorman, and Martin, 2010)。从而,相较于公务员和其他自然人执行政务时需遵守的法律,起行政决策作用的自动决策系统所受到的法律约束是相同的。最后,此类立法也从程序法的角度为法庭提供了标准,以评估关于自动决策的上述案件是否履行了正确程序。

8 结论

当前社会是技术驱动型社会,人工智能的发展(有意无意)带来的结果,是算法不仅日益取代了私营企业的部分分工,也取代了行政机关的一些分工,潜在风险在于会将法治大系统变为依算法治理的体系。不仅在芬兰,或许在很多其他国家,自动决策的应用都存在法律漏洞。通用自动决策立法应详细说明行政机关允许人工智能应用的程度。该程度应得到妥善界定,以便防止偏离依法行政的范围,以及防止行政机关落入依算法治理的方式。

目前,大多数国家对于行政机关以自动决策形式开展的人工智能决策这方面,未来将如何深入发展尚心中无数。人们在使用各种人工智能技术进行决策制定的边界设定时,应不忘初心从法治出发,以防止行政机关的操作向"算法化"发展。基于伦理规范,人们还要努力秉持依法行政的原则,谨防算法替代法治。立法层面已提交的建议,要求自动决策所涉及的算法用途应排除机器学习,仅限于在"以规则为基础的自动决策"中用于参数设定,而且需要设立全新的各类预防性法律措施。

显然,立法解决自动决策有关问题是必要的,芬兰的一份初步评论显示,有关部门正在采取行动。下一步的相关问题有,新规定是否应被嵌入现行法案,应在何处对传统决策形式做出补充规定,或者是否应单独收集问题就自动决策制订全新的法律规范。有关自动决策的若干规定或许能被穿插编入现行法律,但是一大部分约束自动决策的特定法条应被收入专门的法案,就自动决策运行的一般性要求做出规范,以实现良好政府治理与公共责任。

应用自动决策的必要条件是,设立自动决策适用的各类新程序法,重要的是要开始甄别需要何种新规定。同时,因宪法要求等的差异,各国所需要的立法规定也有差别。尽管原则上多数现行法规技术中立,但现有规定也许已经不够用了,即使够用,不远的将来也难以满足监管要求。建议各国复核行政正当程序,以适应自动决策运行环境。无论立法框架如何,关键问题有两点:一是开发算法和编码的人员与行政机关运行和处理软件的人员,应明白与应用自动决策相关的预防性法律措施的合法性,而不仅是理解包含于投诉程序中的响应性法律措施;二是建立法律机制,使上述人员为自动决策做出的决定负有法律责任和义务。

参考文献

AL-ABDULKARIM L, ATKINSON K, BENCH-CAPON T, 2016a. Accommodating change [J]. Artificial intelligence and law, 24 (4): 409-427.

AL-ABDULKARIM L, ATKINSON K, BENCH-CAPON T, 2016b. A methodology for designing systems to reason with legal cases using abstract dialectical frameworks [J]. Artificial intelligence and law, 24 (1): 1-49.

AL-ABDULKARIM L, ATKINSON K, BENCH-CAPON T, et al., 2019. Noise induced hearing loss: Building an application using the ANGELIC methodology [J]. Argument & computation, 10 (1): 5-22.

ALKHATIB A, BERNSTEIN M, 2019. Street-level algorithms: a theory at the gaps between policy and decisions [C] //Proceedings of the 2019 CHI conference on human factors in computing systems. New York: ACM Press: 1-13.

BENCH-CAPON T J M, 1996. Maintenance of legal knowledge-based systems [C] //KENT A. Encyclopedia of library and information science, vol 57. New York: Marcel Dekker Inc.: 308-322.

BENCH-CAPON T, 2020. The need for good old fashioned ai and law [C] //HOTZENDORFER W, TSCHOHL C, KUMMER F. International trends in legal informatics: a festschrift for Erich Schweighofer. Bern: Weblaw: 23-36.

BENCH-CAPON T J M, COENEN F P, 1992. Isomorphism and legal knowledge based systems [J]. Artificial intelligence and law, 1 (1): 65-86.

BENCH-CAPON T, GORDON T F, 2009. Isomorphism and argumentation [C] //Proceedings of the 12th international conference on artificial intelligence and law. New York: ACM Press: 11-20.

BRANTING K, WEISS B, BROWN B, et al., 2019. Semi-supervised methods for explainable legal prediction [C] //Proceedings of the seventeenth international conference on artificial intelligence and law. New York: ACM Press: 22-31.

BRATLEY P, FRÉMONT J, MACKAAY E, et al., 1991. Coping with change [C] //Proceedings of the 3rd international conference on artificial intelligence and law. New York: ACM Press: 69-76.

DAHIYAT E A R, 2020. Law and software agents: Are they "Agents" by the way? [J]. Artificial intelligence and law, 29 (1): 59-86.

PACKIN N G, LEV-ARETZ Y, 2018. Learning algorithms and discrimination [M] //Research handbook on the law of artificial intelligence. Cheltenham: Edward Elgar Publishing: 88 – 113.

HOPE J, 2019. Can a robot be an arbitrator [C] //CALISSENDORFF A, SCHÖLDSTRÖM P, BERNTORP N, et al. Stockholm arbitration yearbook 2019. Alphen aan den Rijn: Kluwer Law: 104 – 111.

MALGIERI G, 2019. Automated decision-making in the EU Member States: the right to explanation and other "suitable safeguards" in the national legislations [J]. Computer law & security review, 35 (5): 105327.

PÄÄKKÖNEN J, NELIMARKKA M, HAAPOJA J, et al., 2020. Bureaucracy as a lens for analyzing and designing algorithmic systems [C] //Proceedings of the 2020 CHI conference on human factors in computing systems. New York: ACM Press: 1 – 14.

RANERUP A, HENRIKSEN H Z, 2019. Value positions viewed through the lens of automated decision-making: the case of social services [J]. Government information quarterly, 36 (4): 101 – 377.

SMITH M L, NOORMAN M E, MARTIN A K, 2010. Automating the public sector and organizing accountabilities [J]. Communications of the association for information systems, 26 (1): 1 – 16.

SUKSI M, AKADEMI Å, 2018a. Automatiserat beslutsfattande enligt den svenska förvaltningslagen [J]. Tidskrift, utgiven av Juridiska Föreningen i Finland, 154: 463 – 472.

SUKSI M, 2018b. Förvaltningsbeslut genom automatiserat beslutsfattande-statsförfattnings-och förvaltningsrättsliga frågor i en digitaliserad myndighetsmiljö [J]. Tidskrift, utgiven av Juridiska Föreningen i Finland, 154: 329 – 371.

WIESE SCHARTUM D, 2018. From facts to decision-data: about the factual basis of automated individual decisions [C] //WAHLGREN P. 50 years of law and IT. The Swedish Law and informatics research institute 1968 – 2018. Scandinavian studies in law, volume 65. Stockholm: Stockholm Institute for Scandinavian Law: 379 – 400.

WIRTZ B W, WEYERER J C, GEYER C, 2019. Artificial intelligence and the public sector—applications and challenges [J]. International journal of public administration, 42 (7): 596 – 615.

用情节解释法律证据贝叶斯网络的方法[*]

卡尔洛特·威尔克　亨利·帕肯　西利亚·瑞诺伊　巴特·维赫雅　文　金松华　译

摘　要：在刑事审判中，法官或者陪审团需要基于有效的证据解释发生了什么，这些证据常常包括统计证据。而概率方法适合于分析统计证据，法官或陪审团在考虑整个案件时，可能更倾向于使用叙事或论证方法。在本文中，我们提出了两种途径的一种结合，即贝叶斯网络与情节相结合。贝叶斯网络是分析案件某些部分的常用工具，但构建和理解整个案件的脉络并不直观（为整个案例构建和理解网络并不直观）。我们提出了一种基于情节理解贝叶斯网络的解释方法。该方法建立在提前构建好的剧本情节模式上，我们可以轻松地应用以达到解释的目的。由此产生的结构就是从情节、情节的质量、证据支持的角度解释。情节解释的质量大概率依赖于使用情节模式的概念。最后，通过案例研究对该方法进行了评价。

关键词：证据推理　贝叶斯网络　叙事　情节

1　引论

在刑事审判中，法官或陪审团是在证据的基础上得出事实的判断的。尤其是伴随着诸如 DNA（脱氧核糖核酸）数字图标等法医技术应用的增加，这些证据通常还包括统计学信息。法官和陪审团的任务是考虑整个案件事实，包括统计学和非统计学的证据。然而，用概率方法进行证据推理适合处理大量统计信息，以便可以考虑到全案，而法官或陪审团会更倾向于使用叙事型或论证型的视角。在本文中，我们建议结合概率和叙事技术，为了从整个案件的角度考虑，法官和陪审团在使用统计信息的运用叙事技巧。

贝叶斯网络已经成为普遍的用于处理法医证据的概率工具（Taroni et al., 2006）。贝叶斯网络由图示和概率表组成，一起代表联合概率分布。几乎任何你感兴趣的概率都可以从贝叶斯网络中计算得出。图形结构包含了关于变量之间的依赖性的信息，这使得

---

[*] 本文原文为 Charlotte S. Vlek et al., 2016, "A Method for Explaining Bayesian Networks for Legal Evidence with Scenarios", *Artificial Intelligence and Law*, 24: 285-324. 该文属"知识共享许可协议 4.0"（the Creative Commons Attribution 4.0）下的开放获取内容，相关链接请参见：http://creativecommons.org/licenses/by/4.0。

作者：卡尔洛特·威尔克（Charlotte Vlek），荷兰格罗宁根大学人工智能研究所博士；亨利·帕肯（Henry Prakken），荷兰乌得勒支大学信息与计算机科学系和格罗宁根大学法学院双聘教授，国际人工智能与法协会主席（2008—2009）；西利亚·瑞诺伊（Silja Renooij），荷兰乌得勒支大学信息与计算机科学系助理教授；巴特·维赫雅（Bart Verheij），荷兰格罗宁根大学人工智能学院教授，国际人工智能与法协会主席（2018—2019）。

译者：金松华，广东培正学院法学系法学讲师，广东红棉律师事务所兼职律师。

贝叶斯网络特别适合于在关系复杂的变量上建模。因此，贝叶斯网络是能够将案件作为整体展示的非常好的途径，因为它能很好地处理变量之间的相互影响。然而，在贝叶斯网络中对整个法律案例进行建模的工作并不多。虽然贝叶斯网络一旦被确定，就可以非常有效地运用于执行带有概率信息的计算，但网络的构建和理解并不直观。当将整个案件在概率框架中形式化时，法官或陪审团必须对建模的内容有所了解是至关重要的，以免他们对案件的判断完全依赖于建模者。

用法律证据进行叙事推理的方法会涉及各种情节的概念（Bennett and Feldman，1981；Wagenaar et al.，1993；Pennington and Hastie，1993；Bex，2011）。对于陪审团来说，通过证据来推导形成情节是比较直观的方法，正如彭宁顿和哈斯蒂的实验所显示的那样（Pennington and Hastie，1993）。在典型的叙事方法中，人们可以对备选情节在关键属性方面进行比较，如每个情节的质量，以及从有效证据支持或证据覆盖范围的角度分析每一项关系。然而从概率上讲，证据支持是非常容易解释的，而情节的质量一般不是很容易被清晰界定。

本文着眼于从情节的角度解释贝叶斯网络。特别是，我们的目的是通过报告哪些情节是在贝叶斯网络中建模的，以及通过其证据支持和情节的质量来解释网络的内容。这样，法官或陪审团就可以从叙事的角度看懂贝叶斯网络推理的结果。本文建立在前期用情节图表构建的贝叶斯网络的基础之上（Vlek et al.，2014），拓展了前面用情节模式和情节质量解释的技巧的初级设想（Vlek et al.，2015a，2015b）。本文结合并进一步规范了这些初级设想，并且通过使用它们提出了用于解释贝叶斯网络的报告格式的设想。最后，我们提出了用案例研究来检测我们所提出方法的想法。

本文提出的方法旨在从情节的角度解释贝叶斯网络的内容，解释情节质量和证据支持。

为此，我们将先前提出的建模方法用于情节模式，使得情节质量可以在贝叶斯网络中得以体现出来。为了评估我们的方法，案例研究要考虑到以下几个标准：

（1）在改造构建方法中使用情节模式有助于建模者构建贝叶斯网络吗？
（2）各种情节及其特质能充分在贝叶斯网络中展现出来吗？
（3）相关的解释包含关于情节、情节质量和证据支持的必要信息吗？

综上所述，本文的贡献如下：①提出了用情节模式来解释贝叶斯网络的方法；②提出对于情节质量的概率解释；③用案例研究对所提出的方法进行了评估。论文结构如下：第二部分阐述贝叶斯网络的背景信息，叙事的和先前的工作成果；第三部分论述适用情节模式和情节质量进行构建的方法；第四部分解释一个具体的网络；第五部分介绍一个案例；第六部分介绍相关工作；第七部分得出结论。

2 背景信息

第2.1节将介绍贝叶斯网络，第2.2节将介绍之前关于用叙事方法构建贝叶斯网络的工作，第2.3节将阐述基于情节推理的一些概念。

2.1 贝叶斯网络

贝叶斯网络代表联合概率分布（JPD）（Jensen and Nielsen，2007），它由有向无环图和图中每个节点的概率表组成。贝叶斯网络图的示例见图1。贝叶斯网络中的每个节点都表示一个变量，它可以具有多个值，如真/假（T/F），但也可以有两个以上的值。节点的概率表给出了该节点的父值所取每个值的条件概率。例如，指纹匹配的概率表（所比对的指纹和在犯罪现场发现的指纹，在实验室中混在一起）给出了对于3个节点的值的所有配置的概率。如果节点 V 没有父节点，则概率表指定了 V 的先验概率分布。

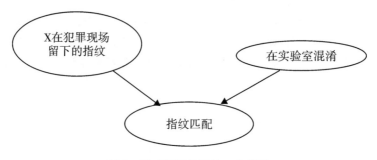

图1　贝叶斯网络图的一个例子

图中的箭头可以用于建模，表示因果关系，但在技术上它们只代表可能的相关性（Dawid，2009）。我们可以从图中读取有关变量之间依赖关系的信息。只有在没有影响的情况下，信息才能从网络中被读取；然后，这些变量被称为d分离。如果两个变量不是d分离，则它们被称为d连接，并且是可能产生影响（但并非必然）的。d连接和d分离的概念取决于所观察的已经在图中输入的信息。对于串行连接A→C→B或分流连接 A←C→B 并且没有对节点 C 的观察时，A 和 B 之间被认为是活性链，并且这两个节点是d连接。一旦考虑到C，连接就无效了。当 A 和 B 之间没有其他活性链时，它们就是d分离。汇聚的连接件 A→C←B 是一个例外：当没有观察到C时，A 和 B 之间的连接被隔断；当 A 和 B 之间没有其他活性链时，则 A 和 B 被称为d分离。如果能观察到 C 或由它派生的对象，则为活性链，A 和 B 被称为d连接。

从完全指定的贝叶斯网络中，我们可以计算出任何特定证据前后的概率。在图1的示例网络中，人们通常会输入对证据的观察（发现匹配，指纹匹配 = T），基于证据"X 在犯罪现场的指纹 = T｜指纹匹配 = T"，计算出怀疑嫌疑人 X 留下了指纹的假设的概率。

2.2 用习语构建贝叶斯网络

贝叶斯网络的构建并不简单：首先，需要建立该图的结构；其次，需要引出概率表中的数值。有关引出这些数值的方法，可参阅瑞诺（Renooij，2001）的示例。在本节中，我们回顾了构造图表的方法，特别是那些使用习语来帮助建模者找到贝叶斯网络结构的方法。

在法律领域中，每个案例都需要一个自定义的贝叶斯网络。尽管如此，正如赫普勒等人所指出的（Hepler et al., 2004），一些基本子结构在各种情况中重复出现。人们通过使用这些子结构作为基本的构建模块，简化了贝叶斯网络图的构建任务。芬顿等人将贝叶斯网络图的构建进一步扩展到法律习语列表（Fenton, 2013）。他们开发了法律习语的列表，其中包括关于建模证据的准确性和建模不在场证明的习语。除了这些法律习语之外，我们还提出了使用四种叙事习语在贝叶斯网络中表示情节的方式（Vlek et al., 2014）。这四种叙事习语是情节习语、子情节习语、变量习语和混合情节习语。

情节习语的主要目的，如图 2 所示，是确保在贝叶斯网络中捕获情节的连贯性：使情节的各个元素一起形成一个连贯的整体。情节的每个元素都用一个布尔值节点表示（图 2 中的 E_1、E_2、E_3）。为了表示情节的一致性，这些节点通过添加一个被称为情节节点的布尔值父节点，从情节节点向情节的每个元素添加箭头。箭头也在情节内部绘制（情节元素之间，图 2 中表示为虚线箭头），以此来表示内部连接。

情节节点从整体上展示整个情节，从情节节点到情节的每个元素的箭头表示特殊关联（图 2 中表示为双线箭头），即如果整个情节为真，那么每个元素在逻辑上也一定为真。因此，情节的每个元素的概率表中的数值被部分约束，以使如果情节节点为真，则该元素的概率为 1，如图 2 所示。情节与情节节点保持一致，这保证了情节的元素总是 d 连接，因为永远不会观察到情节节点本身。作为概率约束的结果，也是通过情节节点产生的影响（在没有其他影响时），当情节的某一个元素的可能性更大的时候，这个情节中其他元素的可能性也更大。这是情节的一致性的结果，被维尔克等人（Vlek et al., 2014）称为证据支持的转移。

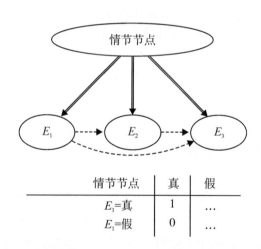

图 2　维尔克等人（Vlek et al., 2014）的情节习语
（双线箭头表示情节节点和元素节点之间的特殊关系，这导致了元素节点概率的部分约束，如图所示。虚线箭头显示可能的连接。）

维尔克等人（Vlek et al., 2014）子情节习语的结构类似于情节习语，但仅适用于情节内部。这样，这个习语就可以使子情节在更大的情节中保持一致性。变量习语用于在情节内部的变化较小的建模，减少了建模中对很多重叠的不同情节的需求。最后，混合情节习语用于把所有独立的情节结构用情节习语结合起来，以绘制出一个包括情节相互排斥的贝叶斯网络图（但不是很详尽）。在一个独立的贝叶斯网络中代表多个参数的情节，在叙事方法中可以与替代选项进行比较，以确保概率在不同的替代情节中是一致的。

除了维尔克等人（Vlek et al., 2014）提出的这四种叙事习语。我们还引入了展开情节的概念以逐步地构建贝叶斯网络。展开的方法基于这样的想法：情节可以具有不同层次的细节，并且当情节与具体情况相关时，可以添加更多的细节。然后，从初始情节开始，逐步构建贝叶斯网络。我们用子情节替换情节中的元素，其中由子情节节点替换原始情节中的元素节点，以此来增加更多的细节。

这四种习语和展开方法引导维尔克等人（Vlek et al., 2014）提出四个步骤的设计方法：

1. 收集：收集该案件的相关情节。
2. 展开：对于每个情节，都要使用情节习语进行初始建模。然后通过反复问以下三个问题来展开这个情节。
（1）是否有证据可以直接连接到元素节点？如果有，则不需要展开。
（2）是否有相关的证据证明这个元素的子情节的细节？如果有，则需要展开。
（3）是否有可能找到与此元素的子情节细节有关的证据？如果有，则需要展开。

当遇到变化时，就运用子情节习语来建模展开子情节和变量习语。当上述三个问题均表明不能再向结构中增加相关证据时，则展开过程完成。
3. 整合：使用合并的情节习语来整合在上一步中构建的情节结构。
4. 把证据列入其中：对于每一件可用的证据，都包括一个节点和把节点连接到支持它的方面的元素节点。此外，还包括可能在结构中对元素有影响的证据资料的节点。

2.3 以情节为基础的推理

在用法律证据进行推理的叙事性方法中（Bennett and Feldman，1981；Wagenaar et al., 1993；Pennington and Hastie, 1993；Bex, 2011），几种替代情节被公式化并进行对比。为了找出哪种情节是最好的，我们从两个主要方面对备选情节进行比较：与证据的关系以及情节的质量。证据覆盖范围或证据支持是非常明确的概念，然而情节的质量并不那么简单。

在他们的先行叙事理论中，瓦赫纳尔等人（Wagenaar et al., 1993）区分了用常识性规则锚定情节和评估情节优劣的必要性。为此，他们提到的是贝内特和费尔德曼，认为一个好的情节应该有明确可识别的核心行为和与这个核心行为能融为一体的合理的情节背景（Bennett and Feldman，1981）。根据瓦赫纳尔等人（Wagenaar et al., 1993）的说法。好的情节有如下特征：它应该没有矛盾，它应该有核心行为，情节的其他元素应该明确地解释这一核心行为是如何以及为什么发生的。

根据彭宁顿和哈斯蒂（Pennington and Hastie, 1993）的观点，情节的质量由三个主要因素决定：完整性、一致性和似真性。这三个因素共同构成了情节的连贯性，它们应该与证据的覆盖范围和情节的独特性一起被进行评估。要使情节保持连贯，它的内部就不应包含矛盾。似真性是指情节符合主体对世界了解的程度。当一个情节"拥有它所有的部分"时，就是完整的。后者涉及一个好的情节有一个基础模式，有时被称为脚本（Schank and Abelson, 1977）或情节模式、故事模式（Bex, 2011）。情节模式为情节提供了抽象结构，并指定情节应该包含哪些元素。对于彭宁顿和哈斯蒂（Pennington and Hastie, 1993）来说，抽象结构包含启动状态，以及事件、目标、行为和后果。有的还使用了特定的背景模式，如尚克和阿贝尔森（Schank and Abelson, 1977），其著名的例子是餐厅脚本，指定元素如坐着的状态、订购、付费等。

在最近的著作中，贝克斯（Bex, 2011）将彭宁顿和哈斯蒂在故事和论证的混合理论中的三个因素（完整性、一致性、似真性）以形式化的途径固定下来。在贝克斯的著作中，情节完成的标准是：其中每个元素都有一些情节模式，在情节中都有相应的元素（情节完成了该模式）；情节中的每个元素，在模式中也有相应的元素对应。在贝克斯的著作中，情节或许合逻辑或许不合逻辑，一旦在这个情节的内部存在矛盾，它就不合逻辑了。情节的似真性取决于该情节内部的元素和连接是否合理。这是从论证的角度形式化：通过常识进行论证，支持或否定情节内部的元素和连接。

在本文中，我们使用了彭宁顿和哈斯蒂、贝克斯的共享术语。因此，我们有以下三个因素来决定一个情节的质量：

1. 完整性。当 A 情节具有所有的部分时，这一情节就完成了（Pennington and Hastie, 1993）。这可以通过贝克斯（Bex, 2011）的情节模式形式化。当有一些情节模式达到了其中情节与完整的模式相吻合的程度时，这个情节就完成了。
2. 一致性。当情节不包含内部矛盾时，它是一致的。
3. 似真性。情节的似真性，表示它在多大程度上符合我们对世界的一般认知。贝克斯（Bex, 2011）谈到了情节内部元素和连接的似真性，是用论证来形式化的。元素或连接的似真性是指在基于常识的论证中获得支持或被攻击的程度。

3　构建具有情节模式和情节质量的贝叶斯网络

在本节中，我们把情节模式作为上下文习语的基础，称为"情节模式习语"。每个情节模式习语都提供了固定的结构，其中只需要填充情节元素，并且它们可以促使解释形成网络。情节模式习语的概念建立在维尔克等人（Vlek et al., 2014）所提出的情节习语之上，但现在已根据维尔克等人（Vlek et al., 2015a）的基础工作进行了改编。

使用情节模式习语的三个优点如下：①情节模式习语为建模过程提供了更多的结构。②这些情节模式习语的结构与情节本身有密切的对应关系。我们可以基于从网络的文本中提取的情节对网络进行解释，这将在第4.1节中进行讨论。③情节模式的使用使对情节质量的评价成为可能，即从情节的完整性、一致性和似真性方面分析，如彭宁顿和哈斯蒂（Pennington and Hastie, 1993）、贝克斯（Bex, 2011）等人所使用的方法。这将在第3.2节中阐述，它把维尔克等人（Vlek et al., 2015b）的初步工作成果用格式固定下来了。在第3.3节中，本文提出了一种更新后的设计方法，其中包括使用情节模式和情节质量来构建贝叶斯网络。

3.1 情节模式习语

情节模式提供了情节的抽象结构。例如，想象一个典型的谋杀情节模式，其中包括对受害者实施加害行为的动机、作案机会、杀害行为和被害人的死亡。我们通过情节模式可以布局结构，可以通过填写特定命题来形成情节。在谋杀情节模式的例子中，可以通过说明具体的动机是什么（如嫌疑人想要钱）、是如何制造机会的（如嫌疑人在受害者的家中）等等，来构建情节。在下文中，我们假设这样的情节模式存在于各种犯罪行为中。

在贝叶斯网络中，情节模式的概念可以被作为贝叶斯网络的基础构件。为此，我们使用情节模式习语来分析。

定义1：（情节模式习语）情节模式习语是特定贝叶斯网络的片段，其（V, ε）图表和概率的条件如下。

——V 由布尔情节节点 ScN（表示情节作为整体）和每个代表这个情节模式中的元素布尔节点 V_i 组成。

——ε 由从 ScN 到每个元素节点 V_i（绘制为双线箭头）的未标记的连接（ScN; V_i）组成；

——ε 可能包含用 x 标记元素节点在 V_i 和 V_j 之间的连接。标示 x ∈ {c; t} 表示连接是因果关系（c），或者是时间关系（t）。

——每个元素节点 V_i 的概率表都受到约束，以使对 V_i 的父节点 pa S (V_i) 在同一个情节中的任何安排都是 $Pr(V_i = T | ScN = T; paS(V_i)) = 1$。

例如，一个谋杀情节模式如图3所示，与维尔克等人提出的情节习语相似，情节模式习语指定了可以在贝叶斯网络中表示情节的图形结构，并且对可能性做了部分但不是全部限制。特别是，从情节节点（ScN）到每个元素节点的双线箭头表示情节整体与其元素之间的特殊连接。元素节点概率表受到约束，以确保给定的情节节点为真（ScN = T），概率为1则元素节点必须为真。这就使得概率以 ScN = F 为条件，表明当情节作为一个整体不真实（条件是节点可能拥有的任何其他父节点）时其一个元素为真的概率，其由建模程序引导出来。

然而，先前开发的情节习语提供了可以表示任何类型情节的普遍适用的结构群，情节模式习语给出了关于特定主题的情节的特定结构，如谋杀或入室盗窃。情节模式习语的元素被用作特定规则和一个情节中的事件的"就位者"（place holders）。

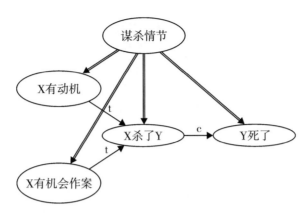

图 3　谋杀情节习语

（双线箭头表示潜在受限的可能性）

此外，虽然先前发展的情节习语在元素节点之间用虚线箭头来表示可能存在的连接，但是一旦用固定的情节结构表示情节，则情节模式习语就具有了固定的连接。这些连接用"c"和"t"做标注，这为后期解释网络提供了更多信息。当然，我们可以调整这些定义，这样情节就可以包括更多的标签，而不仅仅是这两个。

我们通过指定情节模式习语的元素（如嫌疑人需要钱的动机），可以在网络中进行情节建模。情节的命题用具有真值（T）、假值（F）的布尔值变量 V_i 表示，这样价值分配 $V_i = T$（如嫌疑人需要钱为真）便对应于情节中的相应位置（嫌疑人需要钱）。

当使用情节模式习语进行情节建模时，网络具有以下结构属性：

（1）布尔元素节点 V_i 与情节中的命题相关，使得命题对应于节点取值为真（$V_i = T$）。

（2）箭头用来注释连接是因果关系（c）还是时间关系（t）。

（3）箭头对应于情节内部的连接。

有了这些属性，我们就容易理解网络的结果了，因为构成情节的命题和它们之间的连接都能以直观的方式被表示出来。本文在第3.3节中提出了一种设计方法，利用情节模式习语构建贝叶斯网络。

3.2　情节质量的表示

第3.1节中情节模式习语的概念促进了贝叶斯网络中情节的表达。它还为我们提供了工具，从完整性、一致性和似真性方面（见第2.3节）来表示贝叶斯网络中情节的质量。

3.2.1　完整性

情节的完整性由贝克斯（Bex, 2011）用情节模式成文化了：当情节模式适合并且填写完毕（见第2.3节），则情节为完整的。受贝克斯定义的启发，我们使用情节模式习语来定义完整性的概念，具体如下：

定义 2：（适用情节模式习语）当情节中的每个方案 p 在情节模式习语中都有对应的节点 V 时，情节适合这个情节模式习语。

定义 3：（情节体系习语的完善）当情节模式习语中的每个节点 V 在情节中都有对应的命题 p 时，情节就完成了情节模式习语。

这引出了下面与情节模式习语相关的完整性定义：

定义 4：（完整性）当情节能适合并完成情节模式习语时，它就是完整的。

在实践中，已完成的贝叶斯网络应该只包含完整的情节。为此，当遇到不完整的情节时，建模程序可能会通过添加事件来"填补情节的空白"，以便情节模式习语具有适当的完整性。

作为在建模过程中可能遇到的不完整情节的实例，请考虑以下内容："简刺伤了马克，马克死亡。"此情节能够符合图 4（a）中的情节模式，但它缺乏关于一场搏斗和关于简有一把刀的元素。这个情节建模可以通过添加这些元素来完成这个情节，如图 4（b）所示。

请注意，当使用不同的情节模式习语时，相同的不完整情节可以以不同的方式来完善。

例如，不完整的情节也可以符合一个情节模式习语，其中简刺伤马克是自卫。我们可以通过添加元素来完成此情节。关于这个情节模式习语，建模程序可以将其建模为第二个情节。注意，建模程序可以对被认为与案例相关的已完成情节进行建模；把它们简单地建模为备选方案，然后用该模型找到哪种情节是最有可能的。

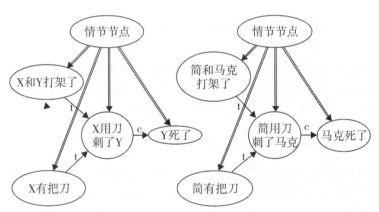

(a)打架引发刺伤的情节模式习语　(b)关于简刺伤马克的网络结构

图 4　情节模式习语和相应的网络结构

3.2.2　一致性

当情节不一致时，这是因为情节的两个或更多元素前后矛盾（另参见第 2.3 节）。

这可以通过在不一致的节点中添加约束节点来构造在网络中的表示（如 Fenton et al. 2011）。这样，概率设置为前后矛盾的元素（V_1, V_2…）同时概率为 0 的判断为真［Pr（V_1 = T，V_2 = T，…）= 0］。不一致性和一致性可被定义如下：

> 定义 5：（不一致性）当有一组节点 s $\{V_1...V_n\}$，且 $n \geq 2$ 时，一个情节就不一致了，情节中对应的命题 Pr（V_1 = T，…，V_n = T）= 0。
>
> 定义 6：（一致性）当一个情节前后不矛盾时，它是一致的。

我们设想一个情节不一致的例子：一个包含两个矛盾的元素——"简晚上 8 点在电影院"和"简晚上 8 点在马克家"——的情节。为了表示这种不一致，我们在网络中添加了一个约束节点，箭头由"简晚上 8 点在电影院"和"简晚上 8 点在马克家"延伸到达约束节点。约束节点的概率表是，每当"简晚上 8 点在电影院"和"简晚上 8 点在马克家"都为真时，约束节点都具有值 NA（不适用）。如果通过添加约束节点永远不能取值 NA 的证据，那么这两个不一致的元素都是真实的情况就永远不会发生。

当情节的不一致是用约束条件建模的时候，它就会导致该情节的情节节点的概率为 0。我们要了解这一点，就要设想一个具有两个不一致元素 V_1 和 V_2 的情节。如果情节节点的值为真，这些元素 V_1 和 V_2 的值为真的概率便为 1。由于约束力不能都为真，因此情节节点必须具有假值。

因此，一个包含不一致因素的情节并不被认为是一个可行的选择。

3.2.3 似真性

情节的似真性取决于该情节中的元素和连接的似真性。重要的是元素或联系能与我们对世界的一般认知吻合的程度（见第 2.3 节以了解更多细节）。在我们的贝叶斯网络环境中，常识在网络概率中可以说是可论证的：如果我们对元素的信任程度很高，那么这个元素就接近于我们对世界的一般认知。当我们对元素的信任程度较低时，我们会发现是基于我们的一般认知而导致它不那么可信。这就引出了以下对元素和连接的似真性的定义：

> 定义 7：（元素的似真性）与节点 V 对应的情节中元素 p 的似真性由 Pr（V = T）给出。
>
> 定义 8：（连接的似真性）情节中元素 p_1 和 p_2 之间的连接与相应的节点 V_1 和 V_2 的似真性由 Pr（V_2 = T $|$ V_1 = T）给出。

作为经验法则，情节的似真性应该总是小于其最不可能出现的元素的似真性。从下面的计算中，我们可以清楚地看出，为了能够正确地建模，贝叶斯网络中元素所需的似真性是必要的。由此可见，直观的是，元素不太合理的情节的似真性应该低于元素更合理的情节的似真性，但这不仅是技术要求。

为了表示贝叶斯网络中的元素或连接的似真性，建模者可以首先确定他找到了情节中特定元素的似真性，然后基于此来计算概率表所需的数字。举个例子，我们可以思考一下难以置信的"马克倒在一把刀上"的情形。Pr（马克倒在一把刀上＝T）的概率应该较低，该概率将从概率表中被计算出来，具体如下所述（我们将情节节点缩写为ScN，而且且没有其他父节点）：

$$Pr(马克倒在一把刀上 = T)$$
$$= Pr(马克倒在一把刀上 = T | ScN = T) \cdot Pr(ScN = T) +$$
$$Pr(马克倒在一把刀上 = T | ScN = F) \cdot Pr(ScN = F)$$

当情节节点概率表用 Pr（ScN＝T）被引出时，既然根据情节模式习语的定义 Pr（马克倒在一把刀上＝T|ScN＝T）＝1，Pr（马克倒在一把刀上＝T|ScN＝F）的概率可以基于 Pr（马克倒在一把刀上＝T）被计算出来，那么，从 Pr（马克倒在一把刀上＝T|ScN＝F）就可以得出如下结论：

$$Pr(马克倒在一把刀上 = T | ScN = F)$$
$$= \frac{Pr(马克倒在一把刀上 = T) - Pr(ScN = T)}{Pr(ScN = F)}$$

当一个节点有多个父节点时，与其说连接的似真性，还不如说是确定元素传导给父节点的似真性。同样，建模者可以建立其似真性，然后计算父节点的概率表的数值。例如，思考一下"马克倒在一把刀上"和"马克死亡"事件之间的联系，这是不可信的，因为刀不太可能由于人倒在其上而造成致命伤害。因为由元素"马克倒在一把刀上"推出元素"马克死亡"是不合理的，所以需要在概率表中为 Pr（马克死亡＝T|马克倒在一把刀上＝T，情节节点＝F）设置一个适当的概率来表示这种似真性。同样，假设马克倒在一把刀上的概率已知，便可以根据 Pr（马克死亡＝T|马克倒在一把刀上＝T）的期望值进行计算。计算过程如下：

$$Pr(马克死亡 = T | 马克倒在一把刀上 = T, ScN = F)$$
$$= \frac{Pr(马克死亡 = T | 马克倒在一把刀上 = T) \cdot Pr(马克倒在一把刀上 = T) - Pr(ScN = T)}{Pr(马克倒在一把刀上 = T | ScN = F) \cdot Pr(ScN = F)}$$

总而言之，建模者可以从根节点开始通过网络来填写能代表似真性的概率表。对于情节内部没有父节点的节点 V_1，一旦 ScN 的概率是确定的，Pr（V_1＝T）的似真性就可以被用来计算 Pr（V_1＝T|ScN＝F）。与此类似，在确定了 V_1 的概率表之后，我们可以使用给定的 V_1 的似真性来确定与 V_1 连接的节点 V_2。这样，似真性的概念就会被体现在网络中。

3.3 设计方法

利用前面各小节所讨论的适用的构建方法，我们可以构建贝叶斯网络，用来表示可用的情节及其质量。在维尔克等人（Vlek et al.，2014）的设计方法中，这个过程可被分为四个步骤，该设计方法现在可以强化情节模式的使用强度和提高情节质量。这里可以增加两个新的步骤：步骤2使用情节模式习语来表示网络中的情节，能兼顾到完整性和一致性；步骤6能兼顾到确定的似真性数值。

完整的设计方法的步骤如下：

步骤1：收集。收集与案件相关的细节。

步骤2：表示。对于每个情节来说，都要找出一个或多个情节模式习语来适用于该情节。如果情节的情节模式习语不完整、不充分，则扩展情节，使模式完整。使用情节模式习语对每个情节进行建模。如果情节不一致，则添加约束节点以对不一致点进行建模。

步骤3：展开。对于每个情节来说，如果需要，可通过反复询问以下3个问题来展开更详细的子情节。

a. 是否有证据可以直接连接到元素节点？如果是，则不需要展开。

b. 是否存在与此元素子情节的细节相关的证据？如果是，则需要展开。

c. 是否可以找到与此元素子情节细节相关的证据？如果是，则需要展开。

每当遇到变化时，我们就会使用子情节习语来建模展开的子情节和变化的习语。当3个问题表明不能再增加相关证据到结构中时，则展开过程完成。

步骤4：合并。使用合并的情节习语来合并上一步中构建的情节结构。

步骤5：列明证据。每个可用的证据都包括一个节点，并且该节点都会连接到它所支持的元素节点。

此外，证据还包括可能对结构中元素产生影响的证据资料的节点。

步骤6：明确数字。通过计算情节中元素的相应概率来表示似真性。使用引出技术确定其他概率。

4 用情节来解释贝叶斯网络

在建模整个案例时，法官或陪审团先了解一下这个网络是至关重要的，因为案例建模的方式决定了情节网络的结果。因此，特别重要的是，法官或陪审团必须理解一个模型中使用了哪些假设（Fenton and Neil，2011）。在我们的路径中，这意味着：当涉及叙事属性，如证据支持和情节质量时，要了解建模中已使用的情节以及这些情节被如何建模。尤其我们的目标是强调可以帮助法官或陪审团理解从网络中计算出的结果所展示的信息（如关于情节质量）。在本节中，我们将讨论这样的报告所需的要素：从贝叶斯网络中提取情节的方法［第4.1节，基于维尔克等人（Vlek et al.，2015）的想法］，如何计算从网络中获得证据支持［第4.2节，维尔克等人（Vlek et al.，2015）也讨论了这个问题］，以及如何报告情节的质量（第4.3节）。最后，我们利用这些想法在第4.4节中提出了一种新的报告格式。

4.1 情节提取

由于用情节模式习语建模，因此通过构建情节所代表的网络结果就可以很容易地识别其中所表示的情节。特别是，网络中的情节可满足以下属性：

（1）把每个情节都建模为连接到一个情节节点的节点集群。情节中的元素由网络中相应的情节节点的子节点（限制节点也是情节节点的子节点，但它除外）来表示。以此类推，子情节的元素是子情节节点的子元素等。

（2）情节（命题）的元素在网络中的建模值被分配为 $V_1 = T$。为了简单起见，我们可以将节点 V_1 的名称作为一个命题（省略了隐含的值）。

（3）情节元素之间的箭头表示情节中的连接，并被标记为"t"（时间）和"c"（因果），以标注附加的信息。

对于给定的网络，我们可以通过识别哪些节点代表该情节的元素来提取文本形式的情节（使用属性1），写下对应这些节点（使用属性2）的命题，添加连接（使用"那么"和"因此"连接，使用属性3，具体解释如下）。然而，这些命题需要根据情节内部的结构，以某种方式进行排序。在第4.1.1节，我们给出了一些可能遇到的结构的例子，并讨论了如何在文本中对它们进行排序。在第4.1.2节，我们提出了一种方法使任何结构的命题都可以有序地产生这种排序，同时我们展示了这种方法如何使第4.1.1节中的示例产生所期望的结果。

4.1.1 情节结构的示例

我们建议将贝叶斯网络结构转换为文本，以便关注到箭头的方向。这意味着对于节点 X 和节点 Y 来说，当带有 X→Y 的箭头（被标注"c"或者"t"）时，在文本中，X 对应的命题优先于 Y 对应的命题。请注意，由于贝叶斯网络是非循环的，因此这样的线性排序是合理的。

一些可能存在的典型结构的例子如图 5 所示：情节的结构可以是线性［见图 5（a）］，或者节点可以有多个父节点（或子节点）［见图 5（b）］。此外，父节点和子节点的路径可以是多种不同的长度［见图 5（c）、图 5（d）］，或者父节点之间可以存在连接（或子节点）［见图 5（e）］。

如图 5（a）中所示的线性结构，可以被转换为"A。然后 B。因此 C"。图 5（b）中的结构是具有节点具有两个父节点的示例。为了突出这两个箭头，父节点被分组在一起（用"和"或"或"连接，参见下文），产生例如"A 和 B。因此 C"。请注意，与此同时箭头有不同的标签，我们使用"因此"作为连接词，因为我们认为因果关系对于向读者传达信息来说是很重要的。我们建议，每当一个节点的父节点被分组，并且至少有一个节点被连接到标签为"c"的子节点时，该连接可被转换为"因此"。

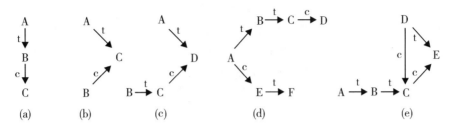

图 5　几个典型结构

多个父节点是否用"和"或"或"来分组取决于概率。我们建议默认使用"和";但有一种情况使用"或"更合适,就是当所谓的"解释"(explaining away)① 的效应发生时(Wellman and Henrion,1993)。这是当两个父节点 A 和 B(现在解释为子节点 C 的原因)形成 C 的替代解释时所产生的情况。我们本来考虑的是"A:简有一把刀"和"C:简刺中马克",但是现在,同时增加了可替代原因"B:附近放着一把刀"。既然你知道"A:简有一把刀",你就不需要通过假设"B:附近放着一把刀"来解释"C:简刺中马克"的结果。当我们已经知道 A 是真实的,就会知道 B 是真实的而且对 C 产生影响的概率更小,这种解释的效果就产生了,也就是说,可以形成以下分析(Wellman and Henrion,1993):

$$\frac{Pr(C = T \mid A = T, B = T)}{Pr(C = T \mid A = T, B = F)} \leq \frac{Pr(C = T \mid A = F, B = T)}{Pr(C = T \mid A = F, B = F)}$$

在这种情况下,备选方案 A 和 B 用"或"进行分组。

与存在多个父节点的情况类似,我们建议使用"和"对多个子节点进行分组。既然这样,"和"和"或"之间不需要任何区别,因为子节点互相没有影响,除非它们之间有直接的联系,情况才会有所不同(见下文)。

图 5(c)、图 5(d),存在多个父节点或者子节点,但有不同长度的路径。图 5(c)的替代性翻译为:

(1)"B 然后 C,和 A。因此 D。"

(2)"B。然后 C 和 A。因此 D。"

第一个翻译可能会含糊不清,并且可能导致较长路径的复杂组合(例如,"K 然后 L 因此 M 然后 N,和 O。因此 P")。因此,我们建议使用第二个翻译,它可以更好地处理图 5(d)中所示的结构。在那里,翻译是这样的"A。因此 B 和 E。然后 C 和 F。因此 D"。一般来说,这意味着我们将与共同本源的或其衍生的距离相同的节点分组在一起。请注意,这意味着不同的结构可能会产生相同的文本:如果 D 是 F 而不是 C 的子节点,图 5(d)的翻译也是一样的。

---

① 译者注:一个事件的发生可能受多种因素的影响,当其中一种因素得到确定时,其他因素引起该事件的概率就会降低。这个得到确定的因素对其他可能的因素产生了一定的排斥效果。

最后，有可能存在这样的情形，多个父节点或多个子节点之间也有联系，如图5（e）所示。在那里，E有父节点C和D，而D也是C的父节点。为了突出箭头，D需要在C之前。我们建议进行以下翻译："D。因此C。因此E。"在这个翻译中，我们突出了从D到E的箭头，但在文本中没有明确提到。这一部分再加上图示的其余部分，则翻译为："A。然后B和D。因此C。因此E。"节点B和D被分组在一起，因为它们与共同子节点C的距离相同。

图5中的结构是在情节中可能存在的结构的示例。当情节中的元素也是子情节的子情节节点时，就会出现一种特殊情况。其中的一个示例如图6所示：现在"马克死了"有一个子情节。当发生这样的子情节时，我们建议在文本中要适用"展开"的概念：在主要情节中，子情节表示为单个元素（马克死了），根据要求，可以将其展开到一个子情节中。现在，我们通过将一个元素/子情节放在圆括号中来表示它的两个版本，其中，元素（马克死了）之后是可以根据请求显示的子情节，如下："马克死了，马克大量失血。因此，马克死于失血过多。"在用户界面中，演示应该只显示元素（马克死了），并且可能展开到子情节。

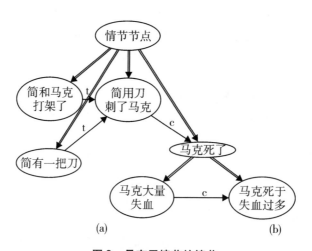

图6　具有子情节的情节

4.1.2　从任何结构中提取文本的方法

在本节中，我们提出了从任何情节结构中生成文本的方法。这种方法产生了所需的翻译，正如在第4.1.1节中所讨论的那样。最重要的是，网络中箭头的方向应当慎重，这样，当X→Y时，在文本中就表示X在Y之前。此外，如果可能，我们还会将节点的多个父节点或子节点分组在一起。

该方法只考虑情节中的元素节点，不包括情节节点。这个方法是从这个元素子图中的根节点开始（这些根节点是情节中没有父节点的情节元素），并且通过连接进行追溯，以形成元素的序列。当我们找到共同的派生元素时，这些序列就被一体化为一个序列，从而使相同距离的节点组合在一起。同样地，当路径被分割时，子节点会被分组在一起。该方法如下：

（1）从情节中没有父节点的所有节点开始。

（2）对于起始节点 X，找到其所有子节点和标注有"c"或"t"的连接。写下一个以"X"开头的序列，当所有子节点都有"t"-连接时用"然后"，当至少有一个"c"-连接时用"因此"。当 X 有多个子级时，我们将这些元素添加到与"和"相结合的序列中。

对于有子级 Y 和 Z 的父节点 X（其中至少有一个连接被标记为"c"），这就变成了"X，所以 Y 和 Z"。

（3）对于上一步的子级集，找到这些节点的所有子节点，并且将它们用"和"连接起来。如果至少有一个"c"-连接，且前面是"因此"，则将它放在序列的末尾。

（4）一旦节点遇到这种情形，即它既存在于这个序列中，也存在于该网络中的另一个序列中，那么这是共同的子节点。此处将序列成对地整合，重复形成一个序列：

1）每个序列由节点组组成（可能由单个节点或多个与"和""或"相连接的节点组成），用连接词"因此"或"然后"分隔。通过计算组数来计算序列的长度。假设序列 1 的长度为 n，序列 2 的长度为 k。一般而言，假设 $n \geq k$，那么 $d = n - k$ 就是长度差。

2）从序列 1 的第一个 d 节点以及它们之间的连接词开始合并序列。

3）之后，将第一组序列 1 与第一组序列 2 分组（用"和""或"连接，取决于概率，参见第 4.1.1 节），d+第二组序列 1 和第二组序列 2，等等，直到序列 1 的第 l 组与序列 2 的第 k-1 组组合。

4）每当其中一个序列中的元素之间至少有一个"c"-连接时，在新序列中的连接都是 c，否则是 t。

5）每个序列的最后一个节点将是共同的子节点，只在序列中被放置一次。

（5）重复下面这个过程：每当遇到一个共同的子节点，通过查找子节点然后合并来展开每个序列。

这个过程给出了第 4.1.1 节的示例所需的结果。要了解这一点，请再次思考图 5 中的结构（在多个父节点之间默认为使用"和"来连接，因为在本例中没有考虑到概率）：

1）起始节点为 A。由于该结构是线性的，因此会产生序列"A。然后 B。因此 C"。

2）有两个启动节点：A 和 B。这就形成了两个初始序列，"A。然后 C"和"B。因此 C"，节点 C 在两个序列中，所以它们被集成以得到"A 和 B。因此 C"。

3）同样，A 和 B 是两个开始节点。两个序列"A。然后 D"和"B。然后 C。因此 D"形成了。它们的长度不同，所以最后的序列就变成了"B。然后 A 和 C。因此 D"。

4）有一个起始节点 A，A 的子节点组被分组在一起，A 的子组又被分组在一起。这将形成"A。因此 B 和 E。然后 C 和 F。因此 D"。

5）在此结构中，A 和 D 都是起始节点。这里形成了两个序列以找到一个共同的子节点 C："A。然后 B。然后 C"和"D。因此 C"。这些被集成以得到"A。然后 B 和 D。因此 C"。

处理此序列时，我们将添加最后一个节点 E 以获得"A。然后 B 和 D。因此 C。因此 E"。

被应用于图6的例子的分析方法如下:

——从根节点开始,有"简和马克打架了""简有一把刀"。
——这导致了两个共享节点"简用刀刺了马克":
简和马克打架了。然后简用刀刺了马克。
简有一把刀。然后简用刀刺了马克。

这两个序列一体化为:
简和马克打架了,简有一把刀。然后简用刀刺了马克。
——向此序列中添加了另一个子级:
简和马克打架了,简有一把刀。然后简用刀刺了马克。因此,马克死了。

我们对子情节"马克死了"也进行了类似的处理,最终得出以下文本:
简和马克打架了,简有一把刀。然后简用刀刺了马克。因此,"马克死了:马克大量失血。因此,马克死于失血过多"。

4.2 证据支持

通常,以似然比(LR)为单位来报告(Taroni et al., 2006)的证据支持,用概率性的方法可以很好地对此进行分析。然而,当比较两个相互排斥和递进(jointly exhaustive)的假设时,似然比是最有用的(Fenton et al., 2014)。但是,当报告情节时(working with scenarios)并不总是如此。此外,为了坚持原始的法律证据推理的叙事方法,我们的目标是分别报告每个情节的证据支持,而尚未对情节进行比较(一旦进行比较,也应该考虑情节质量)。

因此,我们的目标是为每个情节报告证据如何支持或攻击该情节。为此,重要的是添加情节节点ScN在证据e后的概率如何变化。所以我们想比较后验概率$Pr(\text{ScN} = \text{T} \mid e)$和先验概率$Pr(\text{ScN} = \text{T})$。作为证据支持的措施表示如下:

$$\frac{Pr(\text{ScN} = \text{T} \mid e)}{Pr(\text{ScN} = \text{T})}$$

还有其他一些关于证据支持的措施,它们也比较了后验概率相对于先验概率的变化。注意,$\frac{Pr(e \mid \text{ScN} = \text{T})}{Pr(e)}$与我们的标准相吻合,从贝叶斯定理中出发可举例如下。根据我们所提出的标准,有以下关于证据支持/攻击的定义:

定义9:(证据支持)对于具有情节节点ScN和证据e的情节,e对ScN的证据支持状况由如下公式体现。

$$\frac{Pr(\text{ScN} = T \mid e)}{Pr(\text{ScN} = T)}$$

如果满足下面公式，则证据 e 是支持证据。

$$\frac{Pr(\text{ScN} = T \mid e)}{Pr(\text{ScN} = T)} > 1$$

如果满足下面公式，则证据 e 是攻击性证据。

$$\frac{Pr(\text{ScN} = T \mid e)}{Pr(\text{ScN} = T)} < 1$$

如果满足下面公式，则证据 e 是中立证据。

$$\frac{Pr(\text{ScN} = T \mid e)}{Pr(\text{ScN} = T)} = 1$$

在这个定义中，e 可以是一个证据或一组证据。报告关于一组证据的一些信息也同样重要，因为证据支持基于依赖关系而不能被简单地乘以多个证据。我们建议既要对证据单独分件做证据支持报告，又要对整个证据的综合做证据支持报告。最后，我们还建议具体指出哪些证据区分了不同的情节，而哪些证据没有区分（它对多个情节提供了相同的支持）。

在报告一件（或一组）证据支持或攻击的数量方面，我们建议使用言语量表来翻译通过上述分数计算出的证据支持。类似的比例表通常被用于报告类似的似然比，因为似然比（也可以说是我们对证据支持的衡量标准）对于法官或陪审团来说很难解释（Nordgaard et al.，2012）。我们提出的言语量表见表1。该量表改编自法医科学提供商协会（2009）所出版的标准定量量表。初始比例用于相关的似然比。

表1 一个证据支持的定性尺度

—	x <	0.001	超强攻击证据
0.001	≤ x <	0.01	强攻击证据
0.01	≤ x <	0.1	中等攻击证据
0.1	≤ x <	1	弱攻击证据
1	< x ≤	10	弱支持证据
10	< x ≤	100	中等支持证据
100	< x ≤	1000	强支持证据
1000	< x	—	超强支持证据

当有法医证据（如 DNA 匹配）来适应我们所使用的证据支持时，我们调整了量表，以处理稍微少一些的极值（通常与 DNA 证据有关），并包括小于 1 的参数（不包括在原始量表中）。

4.3 情节质量

在第 3.2 节中，我们给出了决定情节质量的三个因素的定义：完整性、一致性和可信性。好的情节应该是完整的、一致的和合理的。完备性和一致性被定义为布尔概念，而可信性可以是渐进的。一旦情节不完整，就不把它作为替代方案。因此，我们提出在网络建模中只使用完整的情节。同样，当情节不一致时，也不能把它作为可接受的替代方案。这是通过我们建模网络中前后矛盾的方式来实现的，从而，一旦情节中出现前后矛盾，情节节点的概率就会变为 0。与完整性和一致性相比，当情节不可信时，它不会立即被驳回。有了足够的支持，即使是非常难以置信的情节也会变得可信（Wagenaar et al.，1993）。这使得似真性成为在网络解释报告中的相关因素。

事实上，我们观察到，对不可信元素的证据支持的影响可能比对可信元素的证据支持的影响要强烈得多。举个例子，我们思考以下情节："简和马克打架了。简有一把刀，她用刀威胁马克。马克打了简，简的刀掉了下来。马克倒在刀上，死了。"这是一个难以置信的情节，特别是因为具有马克倒在刀上的不可置信的元素，以及马克死于倒在刀上的不可置信的联系。但是，若有足够的证据支持这些难以置信的部分，情节就有可能从非常不可能变为相当有可能。另外，简一开始就有一把刀的证据的效果要小得多，因为事件本身已经足够可信了。

因此，从上述三个因素来看，解释网络的似真性，是特别为了理解一个情节的后验概率是如何因证据而改变的。此外，我们还观察到，当不可信的元素有证据支持时，它们将变得更有可能；但当它们仍然不得到支持时，令人难以置信的元素也值得报告。后者指出了所谓的证据空白：仍然得不到支持的不可信的元素。

下面，我们建议以临界值为 0.01 来界定不可信的元素或连接。也就是说，只要 $Pr(V=T) \leq 0.01$，我们就认为元素 V 是不可信的；只要 $Pr(V_2=T \mid V_1=T) \leq 0.01$，我们就认为 V_1 和 V_2 之间的联系令人难以置信。通常来说，我们说当 $Pr(V_j=T \mid V_1=T, \ldots, V_i=T) \leq 0.01$ 时，则 V_j 对于父节点而言是不可置信的。

4.4 报告格式

通过前面小节的材料，我们可以报告关于贝叶斯网络中情节的信息。对于每个情节，我们都建议报告以下内容：

（1）文本形式的情节及其前后的概率。

（2）对该情节每一件证据的证据支持和证据的综合检测方法（收集所有证据）都能获得支持。能够指出区分证据和中立证据。

（3）情节中关于不合情理的元素和连接的列表，以及它们是否有证据支持或仍然是证据空白。

想想我们关于简和马克的虚构案例：简刺伤马克，马克倒在刀上。假设我们也有以下证据：简有一把刀（简的证词），马克的尸体和刀伤，这更适合简刺伤马克的情节。这个虚构的例子的图形结构是使用维尔克等人（2014）的构造方法制作的，并且通过情节方案进行了增强，如图7所示。我们对概率也进行了评估，尽管这些显然是非常主观的，只是为了说明特定的报告格式。这个案例的完整模型可在"www.charlottevlek.nl"上找到。关于该网络的报告可能类似于如下内容：

1）网络中的情节。

情节1（前概率0.001，后验概率0.97）：简和马克打架了，简有一把刀。然后简用刀刺了马克。因此，马克死了。

情节2（前概率0.001，后验概率0.01）：简和马克打架了，简有一把刀。然后简的刀掉了。随后马克倒在刀上。因此，马克死了。

2）与每个情节相关的证据。

支持和反对情节1的证据：

- 简的证词"简有一把刀"：支持情节1的中等证据。
- 马克的尸体：支持情节1的有力证据。
- 马克的刺伤：支持情节1的有力证据。
- 证据的综合强度：支持情节1的有力证据。

支持和反对情节2的证据：

- 简的证词"简有一把刀"：支持情节2的中等证据。
- 马克的尸体：支持情节2的有力证据。
- 马克的刺伤：支持情节2的较弱证据。

区别证据：

- 马克的刺伤是唯一的区别证据，其他证据是中立的。

3）每个情节中不可信的元素/连接。

情节1包含了不可信的元素，简有一把刀，这有证据支持。

情节2包含了不可信的元素，马克倒在刀上，因为简的刀掉了。鉴于"马克倒在刀上"的事件这一证据令人难以置信，所以这是一个证据缺口。

情节2包含了不可信的元素，马克死于马克倒在刀上。鉴于"马克倒在刀上"的事件这一证据令人难以置信，所以这是一个证据缺口。

这样的报告可能会自动生成。我们可以使用第4.1.2节的方法生成文本形式的情节，也可以从网络中读取情节的前后概率（在与该情节对应的情节节点上）。

就每一件证据来说，对该情节的证据支持可以用第4.2节的测量方式来计算，并且将其翻译成同一部分的言语量表的口头陈述。同样地，证据支持的组合测量也会被计算和口头陈述。最后，当我们对复杂情节做出报告时，要指出中性证据（对两种情况都有相同的证据支持）。

我们可以在网络中找到不可信的元素或连接，将其视为概率低于0.01的元素或连接，条件是在情节中它们的父节点中如第4.3节所述，当不可信的元素没有与它直接相关的证据时，则报告为证据漏洞；当有证据支持它时，它就是有证据支持的不可信的元素。

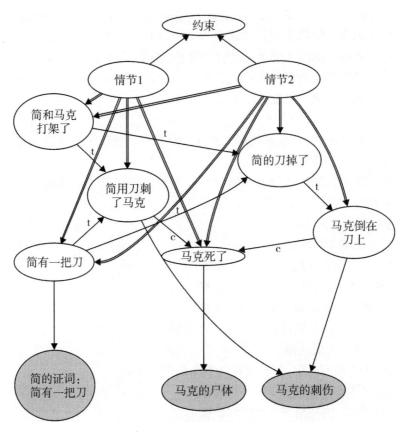

图7 关于简和马克案件的网络例子，证据节点表示为灰色节点

5 案例研究

在本节中，我们通过案例研究来测试所提出的解释方法。贝叶斯网络是我们通过之前由维尔克等人（2014）所提出的构造方法而建构的，并且在第三部分提出了改编版。在这个案例中，他人在城里的一所房子里杀人后，嫌疑人帮助将其尸体搬到城外的一个地方。嫌疑人被判有罪，但后来上诉法院得出结论，没有足够的证据来定罪，因此嫌疑人是无罪的。上诉案例可以在"www.rechtspraak.nl"上使用代码"ECLI：NL：GHARL：2014：8941"（荷兰语）找到。

这个案例对于测试我们的方法来说很合适，因为它包括一些概率推理以及一些可能发生的替代情节。概率推理（虽然不是数值上的）与DNA证据有关。受害者身上被发现了与嫌疑人相匹配的DNA痕迹。他们比较了几种替代的活动水平的假设：嫌疑人移动了尸体，从而留下了痕迹；或者嫌疑人没有参与移动尸体，但他的DNA是从受害者家中的沙发上转移而来的。上诉案件中，又增加了另一个假设，即嫌疑人没有参与移动尸体，但他的DNA是从一条毯子（嫌疑人在谋杀前一段时间使用过）上转移过来的，该毯子被用来包裹尸体以将其运送到另一个地方。对于这些假设，上诉案例中定性地比较了找到每个假设的 DNA 痕迹的可能性。在我们对这个案例的分析中,我们将在我们的模型中提供关于这个定性讨论的数值解释。

在下文中,我们将假定嫌疑人、凶手和受害者的名字分别为亚当、伯特和克里斯。

5.1 情节一

本案例中的第一个情节如下:亚当、伯特和克里斯都认识,因为他们都参与了大麻制作(cannabis operation)。伯特杀了克里斯,然后亚当帮助伯特把克里斯的尸体抬到车里。然后他们开车到乡下,把尸体扔在那里。

此情节的情节方案如图 8(a),使用此方案建模的情节如图 8(b)。在这种特殊的情况下,关于他们如何移动尸体的细节是值得研究的。因此,"亚当和伯特移动了克里斯的尸体"这个元素被展开到一个子情节中,如图 9 所示。此外,"亚当、伯特和克里斯参与了大麻制作"也被展开,因为它与其他情况相比将变得更重要(见下文)。

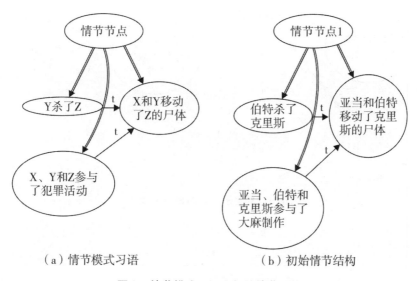

(a)情节模式习语　　　　　　(b)初始情节结构

图 8　情节模式习语和初始情节结构

5.2 情节二

在第二个情节中,伯特独自作案,也是独自移动尸体。请注意,这对目前的嫌疑人亚当来说,实际上是无罪的情节。此情节可以使用之前所使用的相同结构的情节方案来表示。第二个情节还包括元素"亚当、伯特和克里斯参与了大麻制作",因为这个元素(当作为子情节计算时,如图 9 所示)有助于解释为什么发现了与亚当有关的证据:亚当的 DNA 痕迹出现在大麻种植园的沙发上,然后被转移到克里斯的尸体上。

具有这两种情节的网络如图 10 所示。

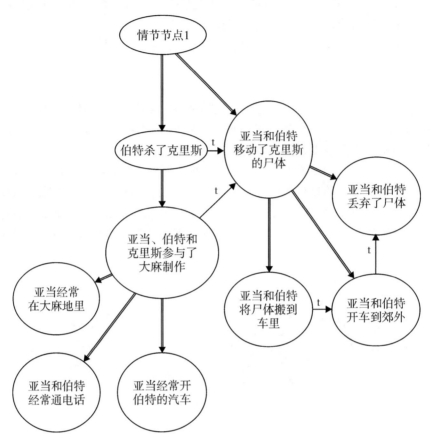

图9 具有子情节的第一个情节

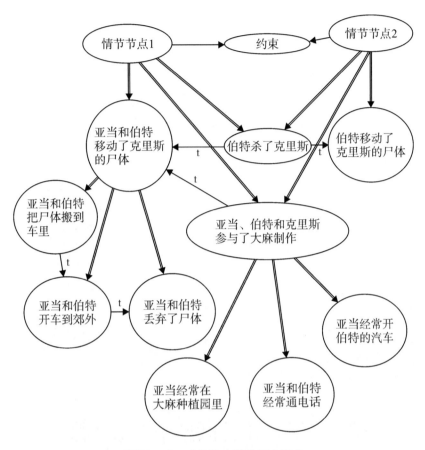

图 10 在一个网络中的前两个情节

5.3 情节三

在上诉案例中,除了上述两种情况外,还有第三种情况。在这种情况下,伯特也独自作案,自己移动尸体,但他用毯子搬动尸体,而这条毯子里有亚当的痕迹,因为亚当有时晚上会待在大麻种植园里。正如我们稍后会看到的,现在亚当的 DNA 被转移的概率比通过沙发转移要高。第三种情况用与前一种(即第二种)情况相同的情节方案表示。具有这三种情况的网络如图 11 所示,用维尔克等人的方法构造(Vlek et al.,2014),这适用于情节方案和情节质量。

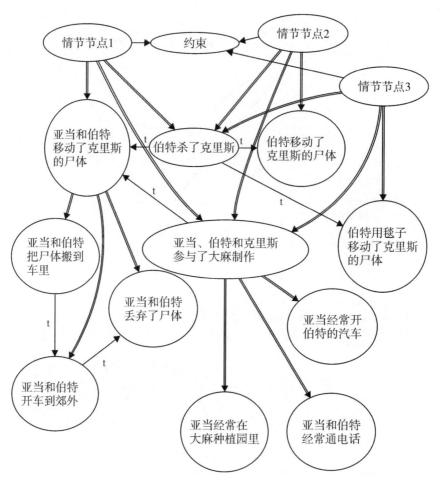

图 11 在一个网络中的三种情况

5.4 证据

本案中的证据如下：

（1）亚当的车没有被任何其他监控摄像头拍到（但被 ARS 摄像头拍到了）。

（2）亚当的档案记录 DNA 和克里斯身上的痕迹的 DNA 之间是匹配的（DNA 匹配）。

（3）亚当的头发在一些胶带上被发现（管道胶带上的头发）。

（4）伯特已经被判杀害克里斯的罪（伯特有罪）。

（5）克里斯的尸体是在乡村被发现的（尸体在乡村）。

（6）亚当和伯特在案发当晚打了几次电话（亚当和伯特）。

（7）亚当留下的痕迹在伯特的车里（车上亚当的痕迹）。

对于每一个证据，我们都会向网络中添加一个证据节点。这如图所示，请参见附录中的图 12。

5.5 数值

对 DNA 匹配概率的讨论在上诉案例中发挥了重要作用。我们捕获了节点 DNA 匹配的概率表数值中的定性分析。在初始情况下，法院只考虑了两个行动层面的假设：亚当和伯特一起搬动尸体，或者伯特自己搬动克里斯的尸体，亚当的 DNA 被以其他方式转移（因为亚当经常在大麻种植园）。专家表示，关于亚当的 DNA 被发现的解释，在亚当和伯特共同搬动尸体的假设下，比伯特自己搬动克里斯的尸体，然后由于其他原因导致 DNA 移动的假设更合理。在上诉案例中，我们考虑了第三个假设，即伯特用毯子搬动了尸体，这个毯子是亚当之前在大麻种植园睡觉时使用的。从法庭记录中可以明显看出，考虑到这第三个假设，DNA 证据仍然被认为是很有可能有效的，尽管我们不清楚它与其他两个假设进行比较会如何。在 DNA 匹配的概率表中，这些考虑可以通过一些解释来量化。我们设置了概率，如表 2 所示，以便：

——每当亚当和伯特把尸体搬到车里 = T（为真）时，找到 DNA 匹配的概率是 0.99。

——亚当和伯特把尸体搬到车里 = F（为假），伯特用毯子移动了克里斯的尸体 = T（为真），DNA 匹配的概率是 0.9。

——伯特用毯子移动了克里斯的尸体 = F（为假），亚当经常在大麻种植园里 = T（为真），找到 DNA 匹配的概率是 0.1。

——亚当和伯特把尸体搬到车里 = F（为假），伯特用毯子移动了克里斯的尸体 = F（为假），亚当经常在大麻种植园里 = F（为假），DNA 匹配的概率是 0。

这样，DNA 证据更有可能是在假设亚当和伯特搬动尸体的情况下（概率为 0.99），而不是仅仅因为亚当经常在大麻种植园里而转移 DNA 的假设下（概率为 0.1）。相比之下，在伯特用毯子搬动尸体的假设下找到 DNA 证据的概率（概率为 0.9）更接近于亚当和伯特搬动尸体的假设所产生的概率。这反映了上诉案例中的裁决，即最初的案件应该考虑到对 DNA 痕迹的第三种解释。

表 2　DNA 匹配的概率表

亚当和伯特搬动尸体	T				F			
伯特用毯子搬动尸体	T		F		T		F	
亚当经常在大麻种植园里	T	F	T	F	T	F	T	F
DNA 匹配 = T	0.99	0.99	0.99	0.99	0.9	0.9	0.1	0
DNA 匹配 = F	0.01	0.01	0.01	0.01	0.1	0.1	0.9	1

关于其他数值的评估，存在引出技术，参见瑞诺（2001）的文章。情节节点集（scenario nodes）是特殊情况，因为先验概率把每个情节作为一个整体表示为真。由于缺乏进一步的信息，我们建议将每个情节的概率设置为 0.001 的低概率，这远低于我们的似真性阈值 0.01。

此外，图 12 的网络概率表中的数字，由于情节方案的习惯用法而受到了特别的限

制。以情节节点为条件的情节元素为真的概率总是这个：Pr（元素 = T | 情节节点 = T） = 1，对于子情节的元素也是如此 [如 Pr（亚当和伯特把尸体搬到车里 = T | 亚当和伯特移动了克里斯的尸体 = T） = 1]。

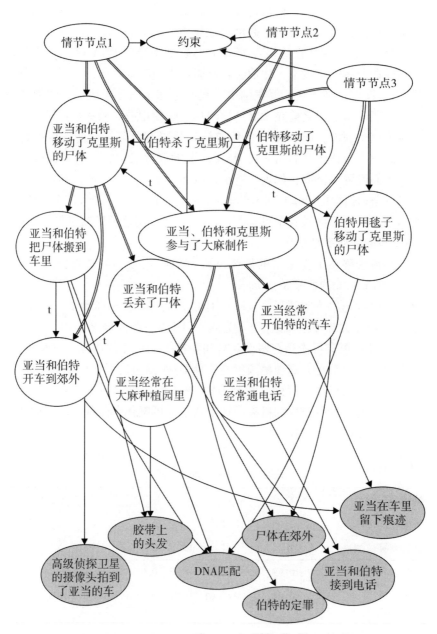

图 12　案例研究的网络：有证据的三种情节

注：证据节点表示为灰色节点。

对情节元素的概率的评估需要考虑到可能性，如第 3.2 节中所述。例如，伯特杀死了克里斯的元素似乎不合理，我们想要设置这些数值，以便 Pr（伯特杀死了克里斯 =

T) = 0.01。为了计算它们在概率表中应该出现的数值，我们进行以下分析：

$$\begin{aligned}
0.01 &= Pr(伯特杀了克里斯 = T) \\
&= Pr(伯特杀了克里斯 = T | ScN_1 = T) \cdot Pr(ScN_1 = T) + \\
&\quad Pr(伯特杀了克里斯 = T | ScN_1 = F) \cdot Pr(ScN_1 = F) \\
&= 1 \cdot Pr(ScN_1 = T) + Pr(伯特杀了克里斯 = T | ScN_1 = F) \cdot Pr(ScN_1 = F) \\
&= 1 \cdot 0.001 + Pr(伯特杀了克里斯 = T | ScN_1 = F) \cdot 0.999
\end{aligned}$$

所以 Pr（伯特杀了克里斯 = T） = 0.01 的结果是通过在概率表中设置得到的：

$$Pr(伯特杀了克里斯 = T | ScN_1 = F) = \frac{0.01 - 0.001}{0.999} \approx 0.009$$

以类似的方式，概率表的其他数值可以通过从根节点开始（没有任何父节点）然后再到概率表的子节点等来引出这些数字。例如，在引出了 ScN_1 的概率表后，通过伯特杀了克里斯和亚当，伯特和克里斯参与了大麻制作，可以计算出亚当和伯特转移了克里斯尸体的概率数值。我们估计这个元素有点可信（可能性为 0.1），因为伯特杀了克里斯，他们三人互相都认识：

Pr（亚当和伯特移动了克里斯的尸体 = T | 伯特杀了克里斯 = T，亚当、伯特和克里斯参与了大麻制作 = T） = 0.1

"www.charlottevlek.nl"网站上有一个完整的贝叶斯网络模型。

5.6 报告

有了完整的贝叶斯网络，我们就可以通过编译报告来解释该网络。报告将由三个部分组成，如第 4.4 节中所讨论的。

（1）以文本形式出现的情节及其先验概率和后验概率。

（2）该情节的每一件证据的证据支持，以及证据综合尺度的支持（收集所有证据的措施）。指出了区分证据和中立证据。

（3）情节中难以置信的元素和情节中的连接的列表，以及它们是否有证据支持或仍然是证据空白状态。

我们可以完全自动地提取此报告，因为所有三个部分所需的信息都可以直接从网络中计算出来。为了便于说明，我们手工绘制了一份贝叶斯网报告（见图 12）。

1）网络中的情节。

情节 1（之前的概率为 0.001，之后的概率为 0.5296）：伯特杀了克里斯，"亚当、伯特和克里斯参与了大麻使用：亚当经常在大麻种植园里，亚当和伯特经常通电话，亚当经常开伯特的汽车"。然后"亚当和伯特移动了克里斯的尸体：亚当和伯特把尸体搬到车里。接着亚当和伯特开车到郊外。之后亚当和伯特丢弃了尸体"。

情节 2（之前的概率为 0.001，之后的概率为 0.1180）：伯特杀了克里斯，"亚当、伯特和克里斯参与了大麻使用：亚当经常在大麻种植园里，亚当和伯特经常通电话，亚当经常开伯特的汽车"。然后伯特移动了克里斯的尸体。

情节 3（之前的概率为 0.001，之后的概率为 0.2913）：伯特杀了克里斯，"亚当、伯特和克里斯参与了大麻使用：亚当经常在大麻种植园里，亚当和伯特经常通电话，亚当经常开伯特的汽车"。然后伯特用毯子移动了克里斯的尸体。

2）与每个情节相关的证据。

支持和反对情节 1 的证据：

- 高级侦探卫星的摄像头拍到了亚当的车 = F：反对情节 1 的较弱证据。
- DNA 匹配 = T：支持情节 1 的中等证据。
- 胶带上的头发 = T：支持情节 1 的中等证据。
- 伯特的信念 = T：支持情节 1 的中等证据。
- 尸体在郊外 = T：支持情节 1 的有力证据。
- 亚当和伯特接到电话 = T：支持情节 1 的较弱证据。
- 亚当在车里留下的痕迹 = T：支持情节 1 的较弱证据。
- 证据的综合强度：支持情节 1 的有力证据。

支持和反对情节 2 的证据：

- 高级侦探卫星的摄像头拍到了亚当的车 = F：反对情节 2 的较弱证据。
- DNA 匹配 = T：支持情节 2 的中等证据。
- 胶带上的头发 = T：支持情节 2 的中等证据。
- 伯特的信念 = T：支持情节 2 的中等证据。
- 尸体在郊外 = T：支持情节 2 的有力证据。
- 亚当和伯特接到电话 = T：支持情节 2 的较弱证据。
- 亚当在车里留下的痕迹 = T：支持情节 2 的较弱证据。
- 证据的综合强度：支持情节 2 的有力证据。

支持和反对情节 3 的证据：

- 高级侦探卫星的摄像头拍到了亚当的车 = F：反对情节 3 的较弱证据。
- DNA 匹配 = T：支持情节 3 的中等证据。
- 胶带上的头发 = T：支持情节 3 的中等证据。
- 伯特的定罪 = T：支持情节 3 的中等证据。
- 尸体在郊外 = T：支持情节 3 的有力证据。
- 亚当和伯特接到电话 = T：支持情节 3 的较弱证据。
- 亚当在车里留下的痕迹 = T：支持情节 3 的较弱证据。
- 证据的综合强度：支持情节 3 的有力证据。

区别证据：

- 除了"伯特的定罪 = T"和"尸体在郊外 = T"之外的证据都是区别证据。

3）每个情节中不合情理的元素/连接。

所有的情节都包含"伯特杀了克里斯"这个不合情理的元素，这个元素得到了

"伯特的定罪 = T"的支持。

5.7 评价

我们的目标是，通过所提出的解释方法，为陪审员提供在情节质量和证据支持等叙事属性方面对模型的分析。为此，我们还提出了适用维尔克等人（2014）的构造方法。在本节中，我们使用案例研究，适用所介绍的三个问题来评估构造方法和解释方法：

（1）在构建贝叶斯网络中，情节模式在所适用的构造方法中的使用是否可以帮助建模者？

（2）在贝叶斯网络中是否充分表示了各种情节及其特性（如质量）？

（3）报告中是否包含有关情节、情节质量和证据支持所需的信息？

关于第一个标准，情节模式的使用为构建过程提供了结构，这简化了建模者的工作。最终，其想法是有情节模式的数据库，可供建模程序处理。对案例进行建模时，还没有这样的数据库（目前）。尽管如此，我们还是发现，在建模情节本身出现之前，制定情节模式的抽象结构的纯粹任务是有助于使构建过程系统化的。例如，通过为最初的第一个情节制定情节方案（伯特杀了克里斯，亚当、伯特和克里斯参与了大麻使用，亚当和伯特移动了克里斯的尸体），我们发现关于搬动尸体的细节不属于主要情节，而属于子情节。

关于第二个标准，情节的质量在网络中以完整性、一致性和似真性来表示。在这种情况下，所有的情节都已完成。如果我们遇到不完整的情节（例如，克里斯的尸体被移动，但没有描述是谁杀死了他），情节模式将需要情节的额外元素。此案例只包含一致的情节。如果遇到不一致，则可以使用对不一致元素的约束来表示。最后，这个案例中的这三种情节都包含了不合理的元素"伯特杀了克里斯"。这种不可信性在网络中用伯特杀死克里斯的可能性低来表示。从而，可以在网络中充分地表示情节质量。尽管如此，表示情节仍然是一项困难的任务，因为所有的可能性都需要被引出。虽然存在引出技术，但我们还不清楚目前的方法效果如何。

关于第三个标准，报告提供了关于网络中哪些情节、它们的前验概率、质量和对每个情节的证据支持的信息。在案例研究中，我们编制了一份包含所有所需信息的报告。也许令人惊讶的结果是，DNA 证据（仅仅）是"中等的支持证据"。这是因为，所报告的是与关于 DNA 痕迹是如何形成的活动水平假设相关的证据支持，而不是报告支持DNA 符合 DNA 属于亚当的假设（我们预计它非常高）。我们还注意到，该报告支持上诉法院所做出的决定。在最初的定罪后，上诉案例被裁定为证据不足，嫌疑人被判无罪。报告中反映了该案证据不足的结论。首先，在报告中，我们看到第一种情况比第二种、第三种情况有更高的后验概率，但并没有高到排除合理怀疑。事实上，证据的结合被报告为支持上述这三种情况的"有力证据"。这是因为对三种情况的证据支持都在相同的数量级上（在 100 ~1000 之间，见表1）。其次，第三种情况比第二种情况更有可能被证实，后者对法院选择的支持也包括第三种情况。再次，报告显示，所有情节的质量都很相似，这三种情况都包含同样的不合理因素，也有证据支持（如伯特的定罪）。最后，支持情节1的所有证据也支持情节2 和情节3，尽管程度较低。虽然大多数证据都区分了这三种情况，但没有一种情况可以被排除。

6 相关工作

卡登和查姆（Kadane and Schum，1996）是首先从概率角度分析整个法律案件的两人。从那时起，贝叶斯网络在案例的部分建模中越来越流行（Taroni et al.，2006），但表现整个案件的情况则较少。尽管如此，通过使用在各种案例中重复出现的基本结构作为构建块，人们已经做了一些工作来简化复杂的法律案例网络（即用大于几个节点的网络来分析技术结果）的构建。这是由赫普勒等人（Hepler et al.，2004）提出的，他们使用了目标导向的贝叶斯网络。芬顿等人（Fenton et al.，2013）提出了一份法律习语列表，作为法律案件的构建块。在之前的工作中，我们用叙事习语扩展了这些法律习语，以此来表示贝叶斯网络中的情节（Vlek et al.，2014），在本文中提出了情节模式的习惯用法。这些习语不仅使在贝叶斯网络中表示情节成为可能，还提供了比我们以前的叙事习语更多的特定结构，这意味着建模者工作的简化。最后，情节模式习语可以使贝叶斯网络上下文中的叙事概念得到完整解释。

使用情节模式的习语，其网络构造方式是清晰地表示情节，这使网络更容易被理解。特别是，我们提出了从网络中提取情节的方法（这是报告的组成部分），我们还提出了报告证据支持和情节质量，特别是情节的似真性。我们的解释方法要求贝叶斯网络构建特定结构的方法，可以说既是优点也是不足：虽然解释方法不会单独作用于任何贝叶斯网络，但集成构造和解释方法提供了构建和解释带有情节的贝叶斯网络的单一方法。

关于解释贝叶斯网络的研究概述可以在拉科夫和迪兹（Lacave and Diez，2002）的文章中找到。通常，对贝叶斯网络的解释会试图说明为什么做出某些建模选择，以及为什么网络在这些选择下会产生相应的结果。尽管朱兹扎尔（Druzdzel，1990）之前找到了一种特殊的结合叙事的方法来解释网络，但是他做的工作仅仅是使用情节来解释贝叶斯网络。然而，朱兹扎尔所使用的情节包括节点的配置，并且这不满足进一步的叙事属性，如完整性、一致性和似真性。特别是在该研究中，以下将被认为是一个情节，而在我们的工作中则不是：简有一把刀＝F，简用刀刺了马克＝F，马克死了＝T。其他那些专门与解释贝叶斯网络有关的工作是由蒂莫等人（Timmer et al.，2014，2015）和凯彭斯（Keppens，2012）做的，他们都从贝叶斯网络中提取了参数。特别是，蒂莫等人（Timmer et al.，2014）还使用了与我们类似的方法来衡量证据的支持度。

在我们使用贝叶斯网络和叙事的组合方法中，我们的目标是在贝叶斯网络中建立正式的案件模型，同时，允许法官或陪审员以更直观的方式，通过使用情节来进行推理。我们的目的是通过报告网络中的情节、证据支持和情节质量，来报告足够的信息，以便陪审员可以应用叙事方法来进行有法律证据的推理。为此，我们提供了彭宁顿和哈斯蒂（Pennington and Hastie，1993）、贝克斯（Bex，2011）所使用的对完整性、一致性和似真性的叙事性质的解释。就算通过使用情节模式习语，我们对完整性的解释也仅仅是接近于彭宁顿和哈斯蒂（Pennington and Hastie，1993）、贝克斯（Bex，2011）的解释。一致性也被解释得类似于彭宁顿和哈斯蒂（Pennington and Hastie，1993）、贝克斯

（Bex，2011）的观点：情节要么一致，要么不一致（这导致情节节点产生的概率为0）。然而，我们在这里注意到，概率性的方法也有助于逐步解释一致性，可以使得情节在一定程度上是一致的。例如，在詹森和尼尔森（Jensen and Nielsen，2007）所讨论的冲突度量（a conflict measure）中的那种可以适应于作为情节一致性的度量。在本文中，我们选择表示一致性，使它类似于彭宁顿和哈斯蒂（Pennington and Hastie，1993）、贝克斯（Bex，2011）那样的一致性概念。最后，他们将似真性与关于世界的常识性知识联系了起来。我们认为，在贝叶斯网络中，常识在概率表中的表示，表达了在没有任何进一步信息的情况下，事件发生的可能性。因此，当网络还没有被输入证据时，我们就可以从贝叶斯网络中读取似真性。

我们试图将叙事方法与概率方法相结合的尝试是由实操的目标所引领的，也就是说，旨在使贝叶斯网络可以帮助法官或陪审团进行更有洞察力的分析，但也可以通过更基础的目标来理解这些方法之间的关系。通常，我们用三种不同的方法对法律证据进行推理：叙事方法、概率方法和推理方法。贝克斯（Bex，2011）已经研究了这些方法的组合；蒂莫等人（Timmer et al.，2015）研究了论证和情节，并且考虑了贝叶斯网络和论证；维赫雅（Verheij，2014）则将论证、情节和概率进行了结合。我们可以在其中找到对结合方法的概述。本文的贡献是结合了贝叶斯网络和情节，这样，基于情节的推理就可以支持对贝叶斯网络的解释了。

7 结论

本文提出了用情节解释贝叶斯网络的方法。同时，我们先前提出的用情节构造贝叶斯网络的方法，适用于解释用这种构造方法所构建的网络。我们可以根据完整性、一致性和似真性来形成对情节质量的概率解释。我们用情节模式调整原构建方法，并且通过结构和简化构建过程，可以体现出网络中情节的质量。从由此产生的结构中，我们可以提取文本形式的情节，并且在报告中提出，其中还包括证据支持和关于情节质量的信息。

用情节解释贝叶斯网络的方法结合了概率方法与法律证据推理的叙事方法。使用贝叶斯网络的优点是通过统计证据可以对案件情况进行整体分析。叙事方法的优点是，它提供了对整个案件的整体视角，并且为法官或陪审团提供了推理案件的更透彻的分析方式。

通过案例研究来评价用情节解释贝叶斯网络的方法，我们得出的结论是：①适用构建方法有助于建模者构建网络；②情节质量可以在网络中表现出来，然而在网络中表示情节并不容易，因为需要推导出所有的概率和场景；③对情节的要求是能够在报告中表达出情节质量和证据支持。

在未来的研究中，最受关注的是拟议的报告（也许是一个看起来更流畅的外观）对法官或陪审团来说是否算是分析透彻。其他未来的研究可能包括不需要进行全概率分析的组合方法。

目前，我们所提出的方法需要完全指定的贝叶斯网络，以便得到全局视角。在未来的研究中，我们最好将贝叶斯网络和叙事结合起来，使统计信息可以用概率的方法进行分析，而非统计信息不需要用概率的方法进行分析。

参考文献

Association of Forensic Science Providers, 2009. Standards for the formulation of evaluative forensic science expert opinion [J]. Science & justice, 49 (3): 161 – 164.

BENNETT W, FELDMAN M, 1981. Reconstructing reality in the courtroom: justice and judgment in American culture [M]. London: Methuen-Tavistock.

BEX F, 2011. Arguments, stories and criminal evidence, a formal hybrid theory [M]. Dordrecht: Springer.

DAWID A, 2009. Beware of the DAG [J]. Journal of machine learning research, 6: 59 – 86.

DRUZDZEL M, 1990. Using scenarios to explain probabilistic inference [C] //Eorking notes of the AAAI-90 Workshop on Explanation. [S. l. : s. n.]: 133 – 141.

FENTON N, NEIL M, 2011. Avoiding probabilistic reasoning fallacies in legal practice using Bayesian networks [J]. Australian journal of legal philosophy, 36: 114 – 151.

FENTON N, NEIL M, LAGNADO D, 2013. A general structure for legal arguments using Bayesian networks [J]. Cognitive science, 37: 61 – 102.

FENTON N, BERGER D, LAGNADO D, et al., 2014. When "neutral" evidence still has probative value (with implications from the Barry George Case) [J]. Science & justice, 54 (4): 274 – 287.

HEPLER A, DAWID A, LEUCARI V, 2004. Object-oriented graphical representations of complex patterns of evidence [J]. Law, probability and risk, 6: 275 – 293.

JENSEN F, NIELSEN T, 2007. Bayesian networks and decision graphs [M]. New York: Springer.

KADANE J, SCHUM D, 1996. A probabilistic analysis of the Sacco and Vanzetti evidence [M]. New York: Wiley.

KEPPENS J, 2012. Argument diagram extraction from evidential Bayesian networks [J]. Artificial intelligence and law, 20 (2): 109 – 143.

LACAVE C, DÍEZ F J, 2002. A review of explanation methods for Bayesian networks [J]. Knowledge engineering review, 17 (2): 107 – 127.

NORDGAARD A, ANSELL R, DROTZ W, et al., 2012. Scale of conclusions for the value of evidence [J]. Law, probability and risk, 11 (1): 1 – 24.

PENNINGTON N, HASTIE R, 1993. Inside the juror [M]. Cambridge: Cambridge University Press: 192 – 221.

RENOOIJ S, 2001. Probability elicitation for belief networks: issues to consider [J]. Knowledge engineering review, 16 (3): 255 – 269.

SCHANK R, ABELSON R, 1977. Scripts, plans, goals and understanding, an inquiry into human knowledge structures [M]. Hillsdale: Lawrence Erlbaum.

TARONI F, AITKEN C, GARBOLINO P, et al., 2006. Bayesian networks and probabilistic inference in forensic science [M]. Chichester: Wiley.

TIMMER S, MEYER J, PRAKKEN H, et al., 2014. Extracting legal arguments from forensic Bayesian networks [C] //HOEKSTRA R. The 27th international conference on legal knowledge and information systems (JURIX) 2014. Amsterdam: IOS Press: 71 – 80.

TIMMER S, MEYER J, PRAKKEN H, et al., 2015. A structure-guided approach to capturing Bayesian reasoning about legal evidence in argumentation [C] //Proceedings of the 15th international conference on artifificial intelligence and law. New York: ACM Press: 109-118.

VERHEIJ B, 2014. To catch a thief with and without numbers: arguments, scenarios and probabilities [J]. Law, probability and risk, 13 (3-4): 307-325.

VERHEIJ B, BEX F J, TIMMER S T, et al., 2015. Arguments, scenarios and probabilities: connections between three normative frameworks for evidential reasoning [J]. Law, probability and risk, 15 (1): 35-70.

VLEK C, PRAKKEN H, RENOOIJ S, et al., 2014. Building Bayesian networks for legal evidence with narratives: a case study evaluation [J]. Artificial intelligence and law, 22 (4): 375-421.

VLEK C, PRAKKEN H, RENOOIJ S, et al., 2015a. Constructing and understanding Bayesian networks for legal evidence with scenario schemes [C] //Proceedings of the 15th international conference on artifificial intelligence and law. New York: ACM Press: 128-137.

VLEK C, PRAKKEN H, RENOOIJ S, et al., 2015b. Representing the quality of crime scenarios in a Bayesian network [C] //ROTOLO A. The 28th international conference on legal knowledge and information systems (JURIX) 2015. Amsterdam: IOS Press.

WAGENAAR W, VAN KOPPEN P, CROMBAG H, 1993. Anchored narratives: the psychology of criminal evidence [M]. Hemel Hempstead: Harvester Wheatsheaf.

WELLMAN P, HENRION M, 1993. Explaining "explaining away" [J]. IEEE transactions on pattern analysis and machine intelligence, 15 (3): 287-292.

民有、民享、民治：合成人的法律空缺

乔安娜·J. 布赖森　米哈伊利斯·E. 迪亚曼蒂斯　托马斯·D. 格兰特　文
朱明宇　秦　雯　杨　佳　译

摘　要：为纯合成实体赋予法律人格，已成为当前欧盟正在考虑的一种具有相当现实意义的法律可能性。我们在此表明，这一立法行为在道德上并无必要，而且会造成法律困扰。尽管人工智能法律人格可能具有情感与经济层面的吸引力，但许多表面上吸引人的风险，实际上会损害我们被法律保护的利益。我们在本文中回顾了法律拟制人格的历史与效用，并且通过一些典型先例讨论了这一拟制所引起的滥用或不一致。我们的结论是，当"电子人"侵害他人权益时，追究其责任的困难程度超过了人工智能法律人格可能保护的、高度不确定的道德利益。

关键词：法律人格　国际组织　人工智能　机器人　法定代理　道德主体　伦理学

1　引言

小说中充满了各式各样的仿真人，如机器人、克隆人和生化人。但小说着眼于创作者对人类状况的构想，而且在这样的背景下，人类状况不一定会发生改变。如今，仿真人不再是虚构的，人类正面临着一个非常现实的、超国家实体的法律挑战：是否应赋予纯人造智能以法律人格。欧洲议会已要求欧盟委员会起草立法，以应对即将面临的人工智能挑战——这是一个明智而及时的建议。在此，我们只讨论该提案的一个方面，即立法机构应考虑的建议："从长远着眼，为机器人创制特殊的法律地位，至少让最先进的自主机器人具有电子人的地位，从而使其承担起可能造成的任何损害责任，并且可将电

---

* 本文原文为 Joanna J. Bryson, Mihailis E. Diamantis, Thomas D. Grant, 2017, "Of, for, and by the People: The Legal Lacuna of Synthetic Persons", *Artificial Intelligence and Law*, 25：273 – 291。该文属"知识共享许可协议 4.0"（the Creative Commons Attribution 4.0）下的开放获取内容，相关链接请参见：http://creativecommons.org/licenses/by/4.0。

译者注：文章主标题取自亚伯拉罕·林肯 1863 年 11 月 13 日在葛底斯堡的演讲——"我们在此下定最大的决心……这个民有、民治、民享的政府将永世长存"。

作者：乔安娜·J. 布赖森（Joanna J. Bryson），德国赫尔梯行政学院数据管理中心技术伦理学教授，研究方向为人工智能与自然智能等；米哈伊利斯·E. 迪亚曼蒂斯（Mihailis E. Diamantis），美国爱荷华大学法学院副教授，研究方向为单位犯罪与犯罪理论等；托马斯·D. 格兰特（Thomas D. Grant），任职于英国剑桥大学沃尔夫森学院与劳特帕赫特国际法研究中心。

译者：朱明宇，中山大学法学院法学理论专业 2019 级博士研究生；秦雯，中国人民大学法律硕士，艾奥瓦大学法学院法律博士；杨佳，德国赫尔梯行政学院高级公共管理硕士。

子人格应用于机器人自主决策或与第三方互动的情况。"

"电子人"（electronic persons）这一术语表明了一个明确的意图，即向一些智能人造物（intelligent artefacts）赋予与绝大部分人类所享有的地位同等的法律人格者地位（legal-person）。

本文将探讨一个纯合成物是否可以且应该成为一个法律人格者。根据其他非人类实体（如公司）的法律人格者资格的法律与哲学框架，我们认为，支持电子人格的理由并不充分。虽然本文以哲学前提为出发点，但最终取向为实用性。由人创制的法律制度最终是为了保护人的利益而存在的。更确切地说，人指的是目前所公认的"人类"。在缺乏令人信服的道德必要性的情况下，我们应考虑到任何法律变革让人类付出的代价与得到的收益。将人工智能接纳为法律意义上的人将会是一个变革。我们探讨这一问题的目的在于确定这一选择所需付出的代价。

正如索莱曼对此问题的出色评述（Solaiman, 2017），我们的研究工作将从法律人格的历史概念展开。简而言之，索莱曼认为，法律人格的适用范围扩展到了在任何法治社会下具有权利与义务的一系列实体。判定法律人格者的基本前提是：

（1）其有能力作为法律人格者了解并行使其权利。
（2）其受到通常适用于人类的法律制裁措施的管制。

历史上，只有一小部分人类（humans）[①]会被视为法律人格者。而如今，法律人格的适用不仅扩展到人类，还已经扩展到了公司，以及（在某些国家的）偶像（idols）和环境物体（environmental objects）。若要为纯合成智能实体创制法律意义上的电子人格，此实体必须切实满足索莱曼所提出的第二条标准。我们认为，人造物是否可以或应该获得此法律地位的问题还远未得以澄清。

在本文的开篇，我们提出应对机器人（robots）可能成为法律人格者这一问题的紧迫性与及时性予以关注。关于创制合成人格的提议现已被提上议事日程，并且已有足够的法律工具来实施这些建议。我们在此建议对过去新法律人格者业已出现的问题进行审慎考虑。虽然这不一定会是一场零和博弈，但有时扩大法律人格者的类别也可能会损害到已在其中的人的利益。在过去，创制新的法律人格者有时候会导致不对称和腐败现象，例如，有些实体需要承担责任但名下却无资产，而有些实体名下资产充足却无须承担责任。最终，这意味着保护了合成人（synthetic persons）却削弱了对人类利益的法律保护。接下来，我们就是否存在道德利益，如实现必要的道德目标来抵消前述风险或成本这一话题进行探讨。我们认为，不存在承认人工智能法律人格的道德义务。我们建议不要将法律人格的适用范围扩大到机器人之上，因为这带来的道德收益相当低微，而代价则太过高昂。

[①] 在本文中，人仅指智人。法律人格者指的是具有本文中所讨论的权利与义务的实体。本文中机器人、合成人、人工智能等概念可同义互换。

2 现在我们为何关注法律人格与人工智能

多年来，学术界一直在探讨将法律人格赋予机器人①的可能性，例如，阿萨罗（Asaro，2007）、库普思等人（Koops et al.，2010）和索莱曼（Solaiman，2017）所做的研究。所以这一想法并不新奇。然而，在欧洲议会法律事务委员会于2015年1月20日设立了一个与机器人和人工智能发展有关的法律问题工作组之后，这个议题引起了相当大的反响。该委员会于2017年1月27日向欧洲议会提出了一项关于机器人与人工智能的动议，该动议于2017年2月16日获得通过，形成了《机器人民事法律规则》。相关新闻报道给人的印象是，该动议包含了"人类如何与机器人和人工智能进行互动的全面性规则"（comprehensive rules for how humans will interact with artificial intelligence and robots）（Wakefield，2017；Sulmont，2017）。事实上并非如此。动议中不存在具有法律约束力的决定，其建议并未以规则的方式提出，更不是全面的规则。作为建议性文本，该动议确定了未来发展的路线，例如建立一个"智能机器人"注册机构、运用联合国框架来制定监管标准、分配公共资金研究先进机器人的"社会和道德挑战"等。这里特别值得注意的是，该动议还表明，或许某一天欧洲法律就会将法律人格赋予机器人。

在机器人是否应该成为法律人格者的问题上，《机器人民事法律规则》表现出了相当谨慎且不明确的态度。然而，呼吁欧盟委员会考虑机器人在欧洲法律中的地位这一行动令这一问题获得了前所未有的重视。该动议介绍性陈述的AB段表述如下：

> 机器人越自主，就越不能被视为是其他行为人（如生产商、所有者、用户等）手中的简单工具；……这反过来又质疑关于责任的一般性法律规则是否存在不足，或者是否需要添加新的原则与规则，以明确各行为人关于机器人作为与不作为的法律责任……②

此段落接着陈述：

---

① 大多数作者关注机器人而不是通用的人工智能，这大概是因为，机器人更容易被识别，或者在小说中被塑造得更具同理心。在本文中，我们将智能视为在正确时间内做正确事情的做事方法，何为"正确"则取决于特定情境；同时，机器人是在模拟的物理世界中进行感知和行动的人造物，而不仅是人工数据制品语境下的可运行软件。

② 最终版本动议第S段原文是"The more autonomous robots are, the less they can be considered simple tools in the hands of other actors (such as the manufacturer, the owner, the user, etc.); …this, in turn, makes the ordinary rules on liability insufficient and calls for new rules which focus on how a machine can be held—partly or entirely—responsible for its acts or omissions; …as a consequence, it becomes more and more urgent to address *the fundamental question of whether robots should possess a legal status.*"译文如下："机器人越自主，就越不能被视为是其他行为人（如生产商、所有者、用户等）手中的简单工具；……这反过来，又使得责任的一般性法律规则存在不足，并对制定新的规则提出了要求，重点在于如何使机器对其作为或不作为完全或部分地承担责任；……因此，解决'机器人是否应该具有法律地位'这一基础性问题变得愈加紧迫。"

最后，机器人的自主性也催生了关于其性质的问题，即应该使用现有的法律分类，或者应该创制一个具有其自身特点与含义的新分类。①

虽然动议得以通过，但这些陈述中并未规定"自主机器人"（autonomous robots）未来特定的地位。它们不影响欧洲法律是否将法律人格赋予机器人。然而，将"机器人是否应该拥有法律地位"确定为"基本性问题"却强烈暗示着未来这一变革的大门是敞开的。

作为"民用机器人与人工智能发展的一般性原则"（general principles concerning the development of robotics and artificial intelligence for civil use）清单的一部分，该动议进一步将众人目光吸引到赋予机器人法律人格的可能性问题上。该动议特别呼吁欧盟委员会"在对未来（关于机器人的）立法文本进行影响评估时，应对所有潜在的法律解决方案的后果与影响进行探索、分析与考虑"。在其中一个段落中，"潜在的法律解决方案"包括"赋予机器人'电子人的地位'"。

此处再次重申，该动议并不具有法律约束力，也未对某一特定的解决方案提供背书。然而，它确实呼吁欧盟委员会将"赋予机器人法律人格"视为一种潜在解决方案并进行探讨。它通过对"电子人"与"电子人格"这两种表达方式的引用，使得这一观点较以往任何时候都更受关注。因此，关于法律人格与人工智能的观点在当前尤为值得重视。

3　法律人格：拟制的、可分的，并且非必然有责的

在深入探讨机器人的法律人格之前，我们需要了解"法律人格"一词的一般含义。"法律人格"（legal personality）是一个法学研究与法律实践中的专业术语。多国法学家都对其做出了定义。1928年《耶鲁法学杂志》（*Yale Law Journal*）这样表述："成为法律人格者即成为权利与义务主体，因此，赋予法定权利或法定义务，即为赋予法律人格……"（Smith，1928）。这一定义与上文提到的索莱曼对法律人格的描述相一致。

关于法律人格有三种观点，与电子法律人格者的可能性相关。

第一，法律人格是拟制的。当我们说行为人具有法律人格时，意思是法律制度将行为人置于其规则管辖之下，即既授予行为人权利又使之承担义务。法律人格不一定与人格的形而上学或伦理概念相关。虽然我们应该希望法律制度牢记形而上学和伦理概念，但在不同的时期，法律制度赋予法律人格者地位的范围相对于形而上学或伦理层面的人而言是或大或小的。法律人格源于法律制度承认特定实体拥有法律人格的决定，因此，

---

① 最终版本动议第T段原文是："Ultimately, robots' autonomy raises the question of their nature in the light of the existing legal categories—of whether they should be regarded as natural persons, legal persons, animals or objects—or whether a new category should be created, with its own specific features and implications as regards the attribution of rights and duties, including liability for damage."译文如下："最后，机器人的自主性也催生了关于其性质的问题，即应该在现有的法律分类下将它们视为自然人、法律人格者、动物或物体，或应该创制一个在权利和义务的归属方面（包括损害赔偿责任方面）具有其自身特点与含义的新分类。"

我们可将法律人格视为一种为实现法律目的而做出的法律拟制。

第二，法律人格是法定权利与义务的总和，因此是可分的。即使在同一法律制度内，法律人格者所拥有的权利和义务也没有必要完全相同。在某些权利和义务方面，法律制度可能将某一行为人视为法律人格者，但在其他方面则不然。我们甚至可以将法律人格视为一个标量概念。这样，一个实体便可依据其拥有权利与义务的多少，而相应程度地被视为一个法律人格者。

第三，即使行为人的法律人格意味着其拥有广泛的权利和义务，也不一定意味着其能有效地参与法律制度。虽然行为人可能是赋予其权利规则的受益者，也可能是对其施加义务规则的承受者，但这本身并不意味着法律制度为受益者提供机会来利用规则或让承受者承担违反规则的责任。也就是说，法律人格者在法律上的可拥有的权利和义务与其事实上所拥有的权利和义务可能并不匹配。

我们接下来将就上述观点及其细节逐一展开，以探讨这些观点会如何影响到将法律人格扩展至机器人的可能性。

3.1 法律人格是某一特定法律制度的拟制产物

一个实体的固有特征并不能决定其是否为法律人格者。诚然，法律制度不太可能将法律人格赋予无生命物体，而更有可能将其赋予伦理与形而上学意义的人。这可能是因为大多数法律制度都希望承认并落实真正的人所拥有的权利和义务。但这种粗略的概括可能会产生误导。想要确定一个实体是否是法律人格者，必须视特定法律制度对该实体采取的做法而定。

由于存在"法律人格者实际上是人"以及"法定权利与义务与实际权利与义务相对应"这样的粗略概括，将法律人格视为对某些现实事物的拟制也是自然而然的。当一个法律制度赋予某一实体法定权利与义务时，就已决定将这一实体视为一个事实上的人。法律制度可以进行这一拟制行为且无须考虑该实体是否为一个真正的人（Solaiman, 2017）。将法律人格称为"拟制"（fiction）并不意味着其缺乏实际效果。相反，赋予行为人以法律人格的目的在于使其在某一法律制度中具有一定影响，并且以某种方式受到该法律制度的管辖。

每个法律制度都必须决定向哪些实体赋予法律人格。与任何其他制度类似，法律制度做出这一决定应以其最终目的为出发点。对于法律制度而言，法律人格最基本的问题是赋予某一实体法律人格是否会促进或阻碍这些目的。这些目的可以（而且在许多情况下应该）通过在法律上承认真正属于人的权利和义务来实现。然而在很多情况下，这些目的不会与形而上学与伦理的真理相契合。有时，出于某些可憎的目的，比如为少数人延续特权，真正的人也可能被剥夺法律人格。又如，法律制度可能给予非人实体以法律人格，因为赋予其权利可保护该实体，或者因为使其承担义务可保护其他利害关系人。

在这方面，承认法律人格的论述和实践符合被哲学家称为"拟制主义"（fictionalism）的结构。如果某一论述领域试图表达字面真理以外的东西，则其为拟制的（Eklund, 2011）。拟制论述中的参与者通过假设一种立场来进行某种伪装（无论有意无意）。根据这种立场，所论述的物体虽然字面上是假的，但指向了真实的实体，并且描述了该实体的真实属性。虚构小说是一个简单的例子。当有人问丹妮莉丝·坦格利安是否有两三条龙时，他们并不是在问现实世界中存在的事实。相反，他们是在问，在《权力的游戏》中，这种说法是否属实。许多现代哲学家认为，从数学（Field，1989）到道德（Joyce，2001）再到真理（Burgess and Burgess，2011），拟制主义为一些熟悉的论述领域提供了最好的解释。当他们认为这些论述领域是虚构的时候，哲学家们也会承担起责任来解释：为什么我们要认真地说那些字面上是错误的东西？通常，这涉及解释为什么论述是有用的——例如，谈论虚构叙事是有趣的，谈论数字允许我们制造飞机，谈论道德允许我们进行社会组织。

在法律语境下，赋予公司法律人格并认识到公司法人地位为拟制产物在历史上由来已久。美国在这个问题上的法律论述可能是最全面的。根据美国联邦法律，"人"一词的定义是包含"公司"在内的。① 法律制度的参与者认为，围绕公司法人的论述是拟制的。正如美国最高法院所言，"公司人格是拟制的，尽管采取这一拟制的目的在于使其成为事实……"②。大多数学者接受了这种说法。（Dewey，1926；Laufer，1994）。对于将法律制度中人所拥有的权利和义务赋予公司而言，创制一个将公司视为人的拟制是一种有用的简单方式。例如，公司通过合同约束他人的权利和公司履行合同承诺的义务。没有一套具有法律人格特征的广泛权利和义务，公司就不可能成为推动经济进步的引擎。

有时法律制度甚至会临时赋予个别实体［如国际清算银行（Bank for International Settlements）］以法律人格。在一个以该银行作为被告的案件中，仲裁庭指出，设立该银行并赋予其权利的国际文书——德国、比利时、英国、意大利、日本和瑞士于1930年缔结的公约的一部分——确认了该银行是一个国际法实体。这一处理方式很新颖，一家股份有限公司在国际法上明确被公认为"人"。部分参与者质疑其在法律上的根据，因而他们建立了一个相当复杂的结构来赋予该银行以瑞士法的法律人格者地位——尽管瑞士法显然不是体现该银行最主要设立目的的管辖法律。③ 国际清算银行的目的在于成为国际法人，参与设立该银行的国家通过一项条约来表达这一目的。④ 该银行的人格得到了其他国际协议中明确声明的确认（仲裁庭则继续观望）。⑤

我们在此关注未来可能发生的有关机器人法律人格的案件。一些关于机器人法律人

---

① Dictionary Act, 1 U.S.C. 1.

② 参见"国际鞋业公司诉华盛顿州失业补偿和安置办公室案"（Int'l Shoe Co. v. Wash., Office of Unemployment Compensation and Placement），326 U.S. 310, 316 (1945)。

③ "雷内修斯、第一鹰硕正基金等诉国际清算银行案"（Reineccius, First Eagle SoGen Funds Inc., et al. v. Bank for International Settlements），由依据1930年1月30日于海牙签署的协议第15条成立之特设仲裁庭进行审理，仲裁员为莱斯曼（Reisman）、弗洛魏因（Frowein）、克拉夫特（Krafft）、拉加尔德（Lagarde）以及范·登·博格（Van Den Berg），部分裁决做出于2002年11月22日，收录于（2004）23 Reports of International Arbitral Awards 184, 212–213 (paras. 105–106)。

④ Ibid, p.214 (para. 112).

⑤ Ibid, p.215 (paras. 115–16)："对银行作为法律人格者的承认显然来自本协议的规定"（Recognition of the bank as a legal person clearly flows from the provisions of the agreements）。

格的学术著作解决了法律意义以外的人格问题，例如，在社会、生物甚至神学意义上构成一个人需要什么（Foerst, 2009）。然而，法律人格源于法律制度赋予某一实体法律人格的决定。我们通过这一决定可以了解机器人在这些非法学观念中作为人的地位，但没有必要。法律人格是一个具有高度弹性的概念。法律制度可赋予人格的主体范围是相当大的，这一点至少从20世纪30年代开始就达成共识了（Nékám, 1938）。因此，2017年1月27日，欧洲议会关于考虑赋予机器人法律地位可能性的动议并非微不足道。从法律制度上来看，没有任何东西阻碍这种可能性，而且有重要的先例使其成为可能。

3.2 法律人格是可分的

法律人格不是一个全有或全无的概念。由于它是由法定权利和义务构成的，实体可拥有的权利与义务集合可能存在着或多或少的差异，还会存在重叠与脱节。人类与非人类的法律人格在这一点上是相同的。一些拥有较少法定权利和不同义务的人类法律人格者在每个法律制度中都有，而且会持续存在。在许多国家，争取妇女、少数民族与少数宗教群体，以及其他弱势群体平等权利的斗争持续证明着这一事实。这种差异并不总是令人反感，合理的政策可以为非公民、重罪犯和儿童规定不同的权利和义务（在某些方面更多，在其他方面更少）（Asaro, 2007）。

如上所述，法律制度可以赋予非人类以实体法律人格。在几乎所有情况下，这些权利和义务都少于人类所拥有的。比如某几个国家目前已存在拥有法律人格的环境事物——新西兰的旺阿努伊河和Te Urewera国家公园（Rousseau, 2016）、印度的恒河和亚穆纳河（Safi, 2016），以及厄瓜多尔的整个生态系统。[①] 当然，被赋予这些环境事物的法定权利和义务不同于各个国家赋予人类的权利和义务。例如，旺阿努伊河，其主要关注点在于确保该河不被私有化（Calderwood, 2016）。在美国，公司可能是拥有法定权利与义务与人类最为接近的法律人格者。围绕这一问题，有着详尽的宪法学研究成果。虽然美国最高法院似乎正在肯定公司拥有几乎每一项宪法权利和义务，但在少数情况下却显得犹豫不决，比如在刑事审判中反对自证其罪的权利。[②]

在某些情况下，法院必须正视法律人格的可分性。在1948年，联合国大会询问国际法院，联合国是否可以对一个国家提起国际诉讼，国际法院给了肯定意见。在提供此意见时，国际法院提请联合国大会注意法律制度中人的不同性质：

> 任何法律制度中的法律主体在性质或权利范围上不一定相同，其性质取决于社会的需求……联合国是一个国际法人，这并不是说它是一个国家（它当然不是），也不是说它的法律人格、权利和义务与一个国家相同……任何一个国家都拥有国际

[①] 《厄瓜多尔共和国宪法》第10条："自然是被宪法所承认的权利主体"（Nature shall be the subject of those rights that the Constitution recognizes for it），资料来源于 http://pdba.georgetown.edu/Constitutions/Ecuador/english08.html。

[②] "哈勒诉德国汉高案"（Hale v. Henkel），291 U.S. 43 (1906)。

法承认的全部国际权利和义务，联合国等实体的权利和义务则必须取决于其组成文件中所规定或暗示的，并且在实践中发展起来的宗旨和职能。(Liang, 1949)

国际法院认为法律人格是一个可分割的概念。在任何法律制度中，都不需要有一个法律人格者的统一标准。

法律人格者地位的可分性催生了一个问题，即一旦法律制度决定承认法律人格者本身，那么应当赋予法律人格者哪些权利和义务。我们应该在这个层面上解决机器人的法律人格者地位问题，而不是把法律人格者地位当作一个全有或全无的黑箱（Koops et al., 2010）。艾兹格·迪杰斯特拉注意到，"只要机制被视为黑箱，就不可能有令人信服的正确性证明，我们唯一的希望在于不将该机制视为黑箱"（Dijkstra, 1970）。如果一个法律体系选择赋予机器人以法律人格，就需要具体说明赋予了哪些法律权利和义务。否则，法律制度就会难以理解发生了什么，正如国际清算银行。人们试图赋予"法律人格"却未说明具体内容，就是将法律人格视为一个黑箱。依照拟制主义的范式，以及国际法院对联合国的看法，法律体系应参照法律人格者与法律体系目的之关系来确定新法律人格者的法定权利和义务。

3.3 法理上的法律人格与事实上的法律人格之间的差异

即使法律制度决定了赋予法律人格者哪些权利和义务，现实情况也可能使其无效。无法得到行使的法定权利只能是一纸空文。起诉权——根据特定规则在特定组织面前陈述案情的权利——对于法律人格者在法律体系中寻求权利保护来说是至关重要的。行为人拥有法律人格并不意味着一定拥有起诉权。即使一个实体无疑地拥有法律人格，也必须行使起诉权才可利用相关的程序（Vollenhoven et al., 1926）。当一个实体试图援引新赋予的权利时，其起诉权就更可能受到挑战（Shah, 2013）。

我们现在可以思考一下厄瓜多尔给予其生态系统"整体尊重"的法定权利。虽然生态系统在法律上可能拥有该权利，但它显然缺乏保护这一权利不受侵犯所需的法律外的能力。为了落实这项权利，厄瓜多尔宪法赋予了厄瓜多尔所有人代表生态系统提起诉讼的权利。因此，在2011年，厄瓜多尔民间人士起诉洛贾省政府并胜诉，起诉者要求其停止会破坏重要分水岭的道路扩建工程（Greene, 2011）。如果厄瓜多尔没有提供保护自然整体受到尊重的法律权利的机制，结果会大不相同。毕竟大自然无法出庭保护自己。

法律体系未提供保护机制的法律权利毫无意义。同样，缺乏执行程序的法律义务也毫无意义。国际法院于1948年发表咨询意见，确立了联合国的法律人格者资格，但这只是解决了联合国是否能主张索赔的问题。其对于一个明显的关联问题：联合国承担责任和应对自身违约行为的法律能力则只字未提。半个多世纪之后，肯定联合国确实可对其违约行为负责的意见（Wickremasinghe and Evans, 2000）才出现。尽管国际法领域的律师们付出了诸多努力，但目前仍未有起诉国际组织的可靠程序。①

我们绝不可能事先预见到纯合成法律人格者与其他法律人格者和法律体系机构（法院、行政机构、立法机构、警察部门等）之间的所有互动方式。在它与法律体系的首次接触中，代表或反对机器人的每一条规则都需要法律上创新且具有争议性的发展。法院和其他机构将难以决定这些目前针对其他法律人格者的规则如何适用于机器人。机器人起诉他人的权利以及他人起诉机器人的权利都将引起激烈争论。如果按照欧洲议会2017年1月27日的动议来解决电子人格的问题，机器人和其他纯合成实体的诉讼和应诉权利都需要被进一步考虑。

3.4 小结

本节中所描述的复杂之处不仅仅是最终要被解决的不可避免的"故障"，也是在引入新法律人格之前我们必须回答的关键问题。对法律责任的关注，以及电子人可能影响责任承担的方式，是我们撰写本文的主要动机。我们接下来将探讨为机器人赋予人格地位可能产生的影响。

4 人类的目的与合成人格

根据拟制主义范式，赋予机器人法律人格是否可取最终是一个实用主义问题——赋予机器人某一法定权利或义务是否进一步促进了法律制度目的的实现？这是法官和法学家在公司法律人格的广泛经验中的熟悉做法。正如加勒特（Garrett，2014）和布莱尔及波尔曼（Blair and Pollman，2015）分别指出的那样，美国法院使用这种结果主义框架来处理公司主张或被主张的个人法定权利和义务。我们应对机器人法律人格每一项可分的法定权利和义务采取同样的方式。

赋予机器人法律人格可取性的充分处理过程将有条不紊地从一项法定权利或义务逐步走向下一项。我们在本文中主要关注的是，面对国际上将法律人格扩大到机器人之上的热情，我们需要提高警惕。埃隆·马斯克最近更新了他关于人工智能给人类带来"生存风险"的末日预言（Domonoske，2017）。与此不同，我们关注法律体系内部，纯合成法律人格者如何与人类法律人格者进行互动的问题。机器人法律人格引起了人们对法律体系中的一种滥用行为的关注：虽然机器人法律人格者享有对人类法律人格者的一系列权利，但对于如何强制其执行相应的法律义务则尚不明了。

分析该问题的一个关键步骤是，明确待评估机器人法律人格的相关法律制度的目的。法律制度会有许多目的，而很多关于这些目的的主张都将会引起很大争议。然而，从一个足够普遍的层面上来看，关于法律制度目的的许多争议应该被消除。为此，我们认为，人类法律制度的基本目的是：

---

① 可参见"贝赫拉米诉法国案及萨拉玛提诉法国、德国和挪威案"（Behrami v. France，No. 71412/01 and Saramati v. France, Germany and Norawy，No. 78166/01），见于 ECtHR，2 May 2007，Decision（admissibility），45 EHRR SE 10，para. 149 and comment by Knoll（2008），p.444。

（1）促进其承认的法律人格者的物质利益。

（2）将任何足够重要的道德权利和义务作为法定权利和义务来执行。

（3）如果两种实体间同等重要的道德权利发生冲突，法律制度应优先考虑人类所拥有的道德权利。

我们认为，这一目的声明反映了任何人类法律制度的基本物质和道德目标，我们希望这将是有利于人类利益的毫无争议的准则。这的确是人类至上主义的观点。但这种人类至上主义也会考虑人类投资的其他利益的重要性。（Solaiman，2017）。如果马斯克的预言哪怕有一丝可能成为现实，那么在对待人工智能的问题上，更为强势的人类至上主义观点也是合理的。不过，这里较为温和的陈述也足以在文中表达我们的观点了。

4.1 机器人法律人格是一项道德义务

如果机器人拥有或即将拥有道德权利，那么通过授予一些法定权利从而给予它们法律人格将进一步促进法律制度目的的实现。但仍有诸多让人质疑的地方，首先是设计出具有道德权利的机器人的可能性，其次是这一可能性是否应被实现——假设其存在的话。

对任何实体而言，道德权利的基础都是相当不确定的。一些学者认为，意识可能是拥有道德权利的试金石。意识本身是一个棘手的概念，学者们经常将许多无关的概念混为一谈，而这些概念在此恰好与"意识"（conscious）一词有关（Dennett，2001，2009）。在最坏的情况下，这一定义是迂回而空洞的，这一术语的定义本身意味着道德义务（Bryson，2012）。如果我们能确定一个普遍的道德忍耐标准，这个标准会告知我们是否以及何时应该赋予机器人法律人格。目前，几乎任何看似合理的标准都与合成法律人格相悖——关于目前机器人能始终如一地满足这些标准的说法还未得到广泛接受。

然而，许多人认为，人工智能将发展到拥有行为上可观察的人类意识的程度。请注意，已经有人工智能至少程式化地在短时间内通过了常用的图灵测试，即通过交流设备与一个非人实体进行互动的人将该实体误认为人类。如果人工智能能够模仿人类智能，随着学者与非专业人士对机器人产生共鸣，趋势可能会发生改变。一些超人类主义者将科技视为可使其超凡甚至不朽的工具（Goertzel，2010；Geraci，2010），对他们而言，这一认同甚至会更直接。他们中的一些人甚至已将自我定义为机器人了。

但我们不能保证也没有必要以这种方式开发人工智能。目前还不清楚这样的人工智能系统是否可取，一些学者认为，设计这样的人工智能是不道德的（Bryson，2009）。人工智能并非必须复制其制造者并在功能上与成年人类相似。因此，我们可以提出这样一个问题：是否有必要做这样的努力？我们有两种选择：这一努力应像克隆人一样被完全禁止；或者，类人人工智能的开发应该被限制为小规模的、个别的、工艺性的工作，特别是不能将其作为可导致法律上根本性改变的合法产品或商业实体（Bryson，2017）。

即使机器人被大规模制造并获得道德权利，也不能完全解决法律是否应该承认其法律人格者地位的问题。法律制度在赋予何种行为主体法律人格方面是灵活的。这样做不需要行为人假定内在特征的证据。① 同样，非人类实体的内在特征并不能决定它们是否应被承认为法律人格者。在此之前，我们必须思考非人类实体可能的法定权利与已知法律人格者的法定权利之间的潜在冲突。

4.2 机器人与其制造者对法律人格者地位的滥用

正如索莱曼（Solaiman，2017）所强调的，法律人格者既拥有法定义务，也拥有法定权利，这一点是很重要的。如果机器人被承认为法律人格者，能够与其他法律人格者建立复杂法律关系，就必然会出现机器人的行为干扰人类和其他法律人格者权利的情况。如果机器人没有尊重其他法律人格者权利的义务，至少相对于机器人而言，其他法律人格者的权利就无效了。解决方案似乎很明确——对机器人规定法律义务。但如果不能强制机器人承担责任，所规定的法律义务就毫无意义。目前我们还不清楚是否有可实现这种强制力的方式。

美国国防部似乎意识到了这一点，其主动在《战争法手册》（*Law of War Manual*）②中声明，机器人武器绝不是可担责的法律行为者。

> 战争法中有差别且适度的义务适用于人而不是武器。战争法关于进行攻击的规则（例如关于有差别且适度的规则）对个人规定了义务。这些规则并没有对武器本身规定义务……战争法并不要求武器做出法律决定，即使武器（例如通过计算机、软件和传感器）被定性为能够做出事实决定，例如是否发射武器或选择并攻击目标……
>
> 相反，人必须遵守战争法。人使用能够自主选择并攻击目标的武器时，如果该武器预计造成的伤害将超过相关具体直接的军事利益，则必须避免使用这种武器。当使用具有更复杂自主功能的武器系统时，他的这种义务可能更重要……

这里的讨论并不一定是概念性的。通过非常仔细的规划，我们可以发现追究机器人法定义务的机制。但这一规划确实必须谨慎，否则，可能会出现两种以人类法定权利为代价的滥用行为——一种是人类利用机器人使自己免于承担责任，另一种是机器人侵犯

---

① 这是国际清算银行案中另一个明显的观点。一方认为，国际清算银行的职能至少有部分是商业性质的，因此该银行不是一个国际法律人格者。仲裁庭驳回了此方论点：该法律制度中的（分权）决定机制接受国际清算银行为一个国际法律人格者，这就确定了它是一个法律人格者［"雷内修斯、第一鹰硕正基金等诉国际清算银行案"（Reineccius, First Eagle SoGen Funds Inc., et al. v. Bank for International Settlements）］，由依据1930年1月20日于海牙签署的协议的第15条而设立的仲裁庭进行审理，仲裁员为莱斯曼（Reisman）、弗洛魏因（Frowein）、克拉夫特（Krafft）、拉加尔德（Lagarde）以及范·登·博格（Van Den Berg），部分裁决做出于2002年11月22日，收录于（2004）23 *Reports of International Arbitral Awards* 184, 212-213（paras. 105-106）。另见史密斯对"不满足于如此简单的解释，并一直在追寻法律人格内在本质的法哲学家与法学生"的怀疑主义观点。（"legal philosophers and students of jurisprudence" who "have not been content with so simple an explanation" and who "'have sought for the 'internal nature' of legal personality…'"）（Smith 1928, 284）。

② U. S. Department of Defense, *Law of War Manual*, 6.5.9.3（2015），http://www.defense.gov/Portals/1/Documents/pubs/Law-of-War-Manual-June-2015.pdf.

人类法定权利但无须承担责任。

4.2.1 机器人作为责任的屏障

可以假设，如果法律制度中的决策者说他们准备对"电子人格"（electronic personality）的可能性进行考量，那么人类行为主体就会试图利用这种可能性来达到自私的目的。行为主体通过法律追求自私的目的本身是无可非议的，然而，一个平衡合理的法律制度要考虑规则变化对整个制度的影响，尤其是就法律人格者的法定权利而言。我们认为，滥用法律人格者资格的主要情况有：自然人利用人造人来规避其行为导致的后果。对机器人法律人格的承认有可能为不择手段的行为主体提供这样"操控责任"的机会。

法律有办法解决这一困难：即在人造人的背后找出真实的人。"揭开法人面纱"（veil-piercing），即穿过法律形式的表面，帮助或（更常见地）制裁隐于形式背后的人——这在各种法律制度中是众所周知的（Huang, 2012）。在20世纪20年代，一个美-英仲裁庭就此表示：

> 当出现法律上的反常情况时，必须求助于普遍承认的正义和公平交易原则，以确定相关个人的权利。当严格尊重公司法律人格导致不公平或违反法律政策的后果时，法院已经反复援引了公平原则。这种相同的原则，在此也可适用。在这种情况下，法院会毫不犹豫地看向法律人格者背后并审视真正的受益人。①

这一情况"不常见"，因为卡尤加部落在纽约州作为公司实体具有法律人格者资格，但在国际法上不具有法律人格者资格。也就是说，仲裁庭有权适用的法律没有承认该部落是法律实体。"公正与公平交易的公认原则"成了解决方案：仲裁庭将部落成员个人作为当事人，避免了无法将部落作为当事人的问题。

这一处理方式并非适用于所有情况。立法者在考虑法律人格时必须对这一问题做出规定。卡尤加案的仲裁员有明确依据可适用公平原则，法律文书（条约）中规定了公平是可适用的法律。② 如果公平或类似原则不属于适用法律的一部分，法官或仲裁员可能就无法"审视法律人格者的背后"。此时，本该对伤害后果负责的"人类个体"就被排除在外了。

锡业理事会案（Tin Council case）提供了一个说明性的警告。此案涉及国际锡业理事会，一个由一批国家组建的公立国际组织（大体是类似国际清算银行的实体）。这些

---

① "大不列颠（代表加拿大的卡尤加印第安人）诉美国案" [Great Britain (for the Cayuga Indians in Canada) v. USA]，仲裁庭根据1910年8月18日的特别协议设立，首席仲裁员尼林克斯（Nerinex），仲裁员庞德和菲茨帕特里克（Pound & Fitzpatrick），于1926年1月22日做出裁决，收录于（1955）6 *Reports of International Arbitral Awards* 173, 179。之后的类似案例，见"舒费尔特案（Shufeldt Claim）（美国/危地马拉）"仲裁员西斯内特（Sisnett），于1930年7月24日做出裁决，收录于（1949）2 *Reports of International Arbitral Awards* 1083, 1098。[国际法不受国内法或自然正义之外的其他约束，并会透过法律人格者审视其后真正的利益相关者。(International law will not be bound by municipal law or by anything but natural justice, and will look behind the legal person to the real interests involved.)]

② Ibid.

国家企图利用该理事会来垄断世界锡贸易市场。当市场前景看涨时,理事会签订了借款合同,但锡价格暴跌,该理事会即宣告破产。当债权人试图起诉该理事会并尽可能收回债务时,他们发现面前的只是一个空壳,无法从程序上进行追索。锡业理事会无法在英国被起诉,而且起诉也是无用的。理事会的债权人向成员国要求赔偿,也无济于事:债权人的合同关系是与理事会建立的,而不是与成立理事会的国家建立的。除了可能通过外交途径解决问题之外(如各国同意向理事会注资或清偿债权人),债权人无法对债务进行追索。①

锡业理事会案的难点在于所涉法律关系的新颖性,所以法院的判例无法为实现债权提供指导:

> 议会根据授予组织法律人格的条约义务将法律人格者团体的行为能力赋予一个国际组织。但上诉人(债权人)所援引的法律基础对解释议会这一行为的效力无法提供任何帮助。②

债权人也没有从英国法律中援引"任何所谓的一般原则",以使法院能够揭开法人面纱并将责任加之于理事会的成员国。③ 至于国际法,则"没有任何可信的证据表明存在这样一条国际法规则"(如要求理事会成员对理事会债务负责的规则)。④ 简而言之,与卡尤加案的仲裁庭不同,上议院无法避免"不公平的结果"。这个实体不寻常又新颖的特性使法院审理走进了死胡同。

即使法律明确规定了"揭开法人面纱"制度,法官和仲裁员也倾向于将其作为例外谨慎地适用。伊斯特布鲁克和费舍尔(尽管其为揭开法人面纱的经济学原理进行辩护)明确地将揭开法人面纱视为"反常"事件,他们将其比作"闪电般的……罕见、严重、且不合理的(事物)"(Easterbrook and Fischel, 1985)。

锡业理事会案预示着一种风险,即电子人格可使一些人类行为主体免于承担侵犯其他法律人格者(特别是人类和公司)权利的责任。如果没有避免这种风险的方式,机器人一定会被设计去从事对人类或公司法人具有高法律风险的活动。虽然这可能对机器人背后的人类有利,但会牺牲更广泛大众的法律利益。

4.2.2 机器人本身是免责的侵权主体

即使法律制度明智地为机器人法律人格者提供了揭开法人面纱的机制,这一解决方案也并非长远之计。按照制度设计,像公司和国际组织这样的集体法律人格者背后都有法律人格者,这些法律人格者可能会对侵犯人类法律人格者权利的行为负责。先进的机器人不一定会有法律人格者来指导和控制它们。也就是说,在机器人被生产出来之后,

---

① "国际锡业理事会案,JH 雷纳(民辛港)公司诉贸易与工业部"[International Tin Council Case, JH Rayner (Mincing Lane) Ltd. v. Department of Trade and Industry],英国国会上议院于 1989 年 10 月 26 日受理此案,主审官格里菲斯勋爵(Lord Griffiths),收录于 para. 178; reprinted (1990) 81 *International Law Reports* 670。
② Ibid., Templeman, LJ, para. 166.
③ Ibid., para. 167.
④ Ibid., para. 168.

可能就没有人类行为主体来指挥机器人。揭开法人面纱所依赖的委托代理模式将很难得到应用。

自主或半自主的机器人与人类的互动必然会侵犯人类的合法权利。给予机器人法定权利但没有相应法定义务作为平衡只会让事态更为恶化。在机器人与人类的合法权利冲突中，只有后者对前者负责，而人类却难以寻求法律救济。不过我们认为，上述问题可以得到解决，只要完成以下步骤：

（1）法律人格的其他问题——如诉权以及争端解决程序的可行性——得以解决。

（2）电子法律人格者有偿付能力或可对侵权行为负责。

但目前尚不清楚如何实施这两个步骤中的任意一个。

如果是公司法人，组成公司的人可以代表与自己利益相关的公司处理纠纷。但在这里我们面对的是不受利益相关人类主体约束的机器人法律人格者。谁将在纠纷中代表机器人？有了合适的人工智能，机器人或许能代表自己。但在有能力进行有效法庭辩护的人工智能产生出来之前，我们很可能会遭遇这个问题。我们可以设想机器人可以自己聘请法律顾问，但这就引出了上文所述的第二步：机器人的偿付能力。

目前我们还不清楚机器人持有资产意味着什么，或者机器人将如何获得资产。法律可能会考虑建立让机器人像企业法律人格者一样拥有财产或账户的机制。法律还可能要求机器人的制造者向这些账户存入初始资金。但资金从账户流出就和流入一样容易；一旦账户清零，机器人将无法对侵犯人类合法权利的行为负责。当资不抵债的人类法律人格者侵犯他人的合法权利时，还有其他手段来追究他们的责任——从道歉到坐牢。但对于机器人，这些选项则是不可用的、无法令人满意的，或者说是无效的。

不是所有努力都能解决问题。即使将机器人设计成不会侵犯人类合法权利的形式，也不能解决所有问题。一台被设计为可努力避免违反法定义务的机器仍然会带来风险。社会中的任何行为主体都会遇到摩擦和意外，从而引起法律事件。这是机器人法律人格的支持者希望机器人能进入的这个复杂的法律和社会空间所不可避免的特性。

5 结论

我们已经证明，将机器认定为法律人格者是完全可能的。这一推动力既存在于学术支持者的个人层面，也存在于欧洲议会推荐审议的国际政治层面。我们还认为赋予机器人法律人格不具有道德层面的必要性，在法律层面上也存在诸多麻烦。无论现在还是将来，它都可能具备情感和经济上的吸引力，但许多表面上吸引人的风险，实际上会损害我们被法律保护的利益。最基本的关切点在于机器人不能侵害，或者更准确地说，不能通过利用机器人而侵害人类和公司的合法权利。在试图让电子人承担责任时，索赔人会经历过去新法律人格者产生的所有问题。在特定的法律制度中，几乎不可避免地会出现不对称现象，例如投资条约下的投资者可以要求被申请人承担责任，但根据同一条约，投资者本身无须承担责任。未来的索赔人要起诉一个电子人，很可能会面对像国际锡业理事会这样可担责但却无力承担，像联合国这样资金充足但无须担责，以及像国际清算银行这样的独特的组织，而新的法律人格者往往也会产生这种情况。

也许机器人可以被比作自然之力——就像风暴或雪崩。但这也不能令人满意：自然之力不是法律人格者，它们会影响我们的法律关系，但我们并不认为它们具有法律关系。相反，电子人将会参与到法律制度下的部分或全部法律关系之中，但对于与电子人进行交易的人或它遇到的第三方来说，很难追究其责任。我们有解决洪水和火灾的保险计划；如果狗咬你，你可以起诉它的主人；如果法院愿意揭开法人面纱，锡业理事会的成员国则须承担其累积的债务。相比之下，电子人或许是一个法律黑洞，一个可吸收行为者的法律责任的实体，从这个实体中看不到任何具有可问责性的迹象。不幸的是，这种容易操作的法律漏洞将毫无疑问地被利用来规避和移除法律责任与义务。

就理论而言，将纯合成人引入法律制度的好处可以抵偿其成本。在进一步推进创新之前，其利弊都需要被慎重考虑。但在归纳我们的研究理论时，我们发现这一理念很容易导致对现有法律人格者权利的侵害。我们当前的法律制度最重要的是：这一法律制度是民有、民享以及民治的。要确保法律的一致性以及保护自然人的能力，就必须确保纯合成的智能实体无论是在法律上还是事实上都不能成为人。

参考文献

BLAIR M M, POLLMAN E, 2015. The derivative nature of corporate constitutional rights［J］. William & Mary law review, 1673：56.

BRYSON J J, 2009. Building persons is a choice［J］. Erwägen Wissen Ethik, 20（2）：195 – 197.

BRYSON J J, 2012. A role for consciousness in action selection［J］. International journal of machine consciousness, 4（2）：471 – 482.

BRYSON J J, 2017. The meaning of the EPSRC principles of robotics［J］. Connection science, 29（2）：130 – 136.

BURGESS A, BURGESS J P, 2011. Truth（princeton foundations of contemporary philosophy）［M］. Princeton：Princeton University Press.

CALDERWOOD K, 2016. Why New Zealand is granting a river the same rights as a citizen［N/OL］. Australian broadcasting corporation, 2016 – 09 – 06［2017 – 08 – 18］. http://www.abc.net.au/radionational/programs/sundayextra/new-zealand-granting-rivers-and-forests-same-rights-as-citizens/7816456.

DENNETT D C, 2001. Are we explaining consciousness yet?［J］. Cognition, 79：221 – 237.

DENNETT D C, 2009. The part of cognitive science that is philosophy［J］. Topics in cognitive science, 1（2）：231 – 236.

DEWEY J, 1926. The historic background of corporate legal personality［J］. Yale law journal, 35（6）：655 – 673.

DOMONOSKE C, 2017. Elon Musk warns governors：artificial intelligence poses "existential risk"［N/OL］. National public radio, 2017 – 07 – 17［2017 – 08 – 18］. http://www.npr.org/2017/07/17/537686649/elon-musk-warns-governors-artificialintelligence-poses-existential-risk.

EASTERBROOK F H, FISCHEL D R, 1985. Limited liability and the corporation［J］. University of Chicago law review, 52（1）：89 – 117.

EKLUND M, 2011. Fictionalism［M］. Mexico City：The Stanford Encyclopedia of Philosophy.

FIELD H, 1989. Realism, mathematics and modality［M］. Oxford：Blackwell.

FOERST A, 2009. Robots and theology［J］. Erwägen Wissen Ethik, 20（2）：181 – 193.

GARRETT B L, 2014. The constitutional standing of corporations [J]. University of Pennsylvania law review, 163.

GERACI R M, 2010. The popular appeal of apocalyptic AI [J]. Zygon, 45 (4): 1003 – 1020.

GREENE N, 2011. The first successful case of the rights of nature implementation in Ecuador [N/OL]. Global alliance for the rights of nature, 2011 – 05 – 21 [2017 – 08 – 18]. http://therightsofnature.org/first-ron-case-ecuador/.

HUANG H, 2012. Piercing the corporate veil in China: where is it now and where is it heading? [J]. American journal of camparative law, 60 (3): 743 – 774.

JOYCE R, 2001. The myth of morality [M]. Cambridge: Cambridge University Press.

KNOLL B, 2008. Rights without remedies: the european courts failure to close the human rights gap in kosovo [J]. Zeitschrift für ausländisches öffentliches Recht und Völkerrecht, 68: 431 – 451.

Koops B-J, HILDEBRANDT M, JAQUET-CHIFFELLE D-O, 2010. Bridging the accountability gap: rights for new entities in the information society [J]. Minnesota journal of law, science & technology, 11: 497 – 561.

LAUFER W S, 1994. Corporate bodies and guilty minds [J]. Emory law journal, 43: 647 – 650.

LIANG Y L, 1949. Reparation for injuries suffered in the service of the United Nations [J]. American journal of international law, 43 (3): 460 – 478.

NÉKÁM A, 1938. The personality conception of the legal entity [M]. Cambridge: Harvard University Press.

ROUSSEAU B, 2016. In New Zealand, lands and rivers can be people too (legally speaking) [N/OL]. The New York times, 2016 – 07 – 14 [2017 – 08 – 18]. https://www.nytimes.com/2016/07/14/world/what-in-the-world/in-new-zealand-lands-and-rivers-can-be-peoplelegally-speaking.html.

SAFI M, 2017. Ganges and Yamuna rivers granted same legal status as human beings [N/OL]. The guardian, 2017 – 03 – 21 [2017 – 08 – 18]. https://www.theguardian.com/world/2017/mar/21/ganges-and-yamuna-rivers-granted-same-legal-rights-as-humanbeings.

SHAH S, 2013. Questions relating to the obligation to prosecute or extradite (Belgium v. Senegal) [J]. Human rights law review, 13 (2): 351 – 366.

SMITH B, 1928. Legal personality [J]. Yale law journal, 37 (3): 283 – 299.

SOLAIMAN S M, 2017. Legal personality of robots, corporations, idols and chimpanzees: a quest for legitimacy [J]. Artificial intelligence and law, 25 (2): 155 – 179.

SULMONT R, 2017. Les robots auront bientôt une responsabilité civile, le parlement européen examiner lemois prochain un rapport qui fixe le premier statut juridque des robots [N/OL]. Radio-tele-Luxembourg, 2017 – 01 – 16 [2017 – 08 – 18]. http://www.rtl.fr/culture/futur/les-robots-auront-bientot-une-responsabilite-civile-7786755275.

VAN VOLLENHOVEN C, MACGREGOR G F, PARKER E B, 1926. North American dredging company of Texas v. United Mexican States [J]. American journal of international law, 20 (4): 800 – 810.

WAKEFIELD J, 2017. MEPs vote on robots' legal status—and if a kill switch is required [N/OL]. British broadcasting corporation, 2017 – 01 – 12 [2017 – 08 – 18]. http://www.bbc.co.uk/news/technology-38583360.

WICKREMASINGHE C, EVANS M D, 2000. Difference relating to immunity from legal process of a special rapporteur of the commission on human rights [J]. International and comparative law quarterly, 49 (3): 724 – 730.

论证支持工具的新用例：支持复杂刑事案件贝叶斯分析的讨论*

亨利·帕肯 文　熊明辉 译

摘　要：本文讨论的是法律论证支持工具的一个新用例，即：用贝叶斯概率论支持对复杂刑事案件的分析与讨论。通过案例研究，我们分析了法庭上两个专家间的两个真实讨论，并且分析了他们的论证结构。在该项研究中，我们确证了几个公认论证型式的有效性，并且提出了一个统计论证的新型式，还对两个专家间就其论证有效性的辩论进行了分析。从实践的角度来看，本项案例研究为支持软件设计提供了见解，讨论了有关复杂犯罪案件的贝叶斯分析。

关键词：论证型式　证据推理　概率　论证支持

1　引论

关于刑事案件中理性证据推理模型的辩论正在进行着。人们既提出了论证进路和故事进路，也提出了贝叶斯进路（Pardo and Allen, 2008; Kaptein, Prakken, and Verheij, 2009; Fenton and Berger, 2016; Verheij et al., 2016）。在本文①中，笔者对这个辩论的态度保持中立。笔者要论证的是，即便用贝叶斯思考作为法律证据推理的整体模型，这种推理形式仍然在一个方面明显有争议，也就是对有关案例的贝叶斯分析或者关于其中某些方面的辩论。这种观察不仅理论上很有趣，而且对法律证明和犯罪侦查的支持系统来说也有实际意义。法庭专家越来越多地使用贝叶斯概率理论作为其理论框架，并且越来越多地使用软件工具来设计贝叶斯网络。在犯罪侦查过程中或在法庭上，我们可能需要记录这些分析中所体现的各种设计决策的利弊，并且在这里可能会使用论证支持技术。这既适用于对案件的具体方面进行贝叶斯分析（如评估证据的证明力），也适用于贝叶斯概率论的更普遍用途（如在给定证据情况下入罪的可能性）。

---

* 本文原文为 Henry Prakken, 2020, "A New Use Case for Argumentation Support Tools: Supporting Discussions of Bayesian Analyses of Complex Criminal Cases", *Artificial Intelligence and Law*, 28: 27-49。该文属"知识共享许可协议 4.0"（the Creative Commons Attribution 4.0）下的开放获取内容，相关链接请参见：http://creativecommons.org/licenses/by/4.0。

作者：亨利·帕肯（Henry Prakken），荷兰乌得勒支大学计算机科学系和格罗宁根大学法学院双聘教授、博士研究生导师，研究方向为计算论证、法律人工智能、论证理论等。

译者：熊明辉，浙江大学光华法学院、中山大学逻辑与认知研究所教授。

① 本文是帕肯发表于 2017 年的论文（Prakken, 2017）的扩展版。

在法律人工智能及相关领域，人们提出了种种论证支持系统（Van Den Braak，2010；Scheuer et al.，2010）。这类系统本身并不会提出论证，但支持人们构建论证，将论证结构化，以及评估自己或他人的论证。这种支持系统的一些好处是，可以改善人类用户的思维，用更好的方式起草论证，更轻松地与他人交流，将论证链接到文本源（如案例文件），从而使这些资源更透明。此外，与使用非结构化的自然语言论证相比，计算工具可用更精确的方式来评估辩论。迄今为止，所给出的论证支持系统大多数都是针对相当广泛的应用领域，如电子民主（Wardeh et al.，2013）。但本文研究了一个非常具体的论证支持用例，一种关于复杂刑事案件的贝叶斯分析的论证，试图说明在现有给定证据情况下入罪的可能性。为了深入了解这种支持系统的需求，特别是了解以论证为基础的贝叶斯网络软件工具附加组件形式支持系统，有必要考察专家之间关于复杂刑事案件贝叶斯分析的真实讨论。这正是本文的目的。有个附带作用可能是增加对刑事案件中证据概率推理的理解，从理论角度来看，这是值得的。值得注意的是，本研究的相关性与贝叶斯概率论是否适用于法律证明这一备受争议的问题无关。事实上，在法庭上，越来越多法庭专家采用贝叶斯分析的方式，因此，不可避免地会出现关于这种分析的优劣性的讨论，而这种讨论本质上就是具有论辩性的。

分析将采用案例研究形式，对最近发生在荷兰的两起刑事案件进行分析。在这两起案件中，法院委任笔者对一名检方专家提出的贝叶斯分析进行评论。在这两个案例中，检方专家的分析不仅涉及案件的某个具体方面，而且涉及整个案件。这就提出了一个问题——在何种程度上所研究的案件是典型的。因为在法庭上，贝叶斯理论的常用用法涉及个别证据，特别是法庭痕迹证据，如 DNA、轮胎印迹、鞋印、指纹、玻璃碎片等的随机匹配概率，但应用于整个复杂刑事案件的贝叶斯分析仍然很少。

在本文中，笔者分析了专家报告和书面答复在多大程度上可被归为论证型式的实例或被归为这些型式的批判性问题应用（第 4 节）。然后，笔者将应用此分析来表达对已实现的支持系统的要求（第 5 节）。但笔者先要介绍一下所研究的案例（第 2 节），接着再介绍有关概率论和论证的形式预备知识（第 3 节）。

2 案例

在布雷达·西克斯案中，3 名青年男性和 3 名青年女性被控于 1993 年在被害妇女的儿子餐馆打烊后的晚上（或深夜）共同将其杀害。这 6 人最初于 1994 年和 1995 年在两起案件中被定罪，这主要是基于 3 名女性嫌犯的供词得出的，3 名男性嫌犯则一直声称自己无罪。而在上诉审中，其中一名女性嫌犯翻供。1998 年，由于 3 名被定罪女性供述的真实性受到质疑，此案被提交荷兰已结案刑事案件评估委员会审议。该委员会将此案提交给荷兰最高法院，最高法院于 2012 年决定重审此案。在警方进行新的调查后，海牙上诉法院再次对这 6 人进行审判。2015 年 10 月 14 日，他们再次被判有罪，主要理由是新证据证实了供词的可靠性。

控方于 2015 年 3 月 17 日提交了一份由阿勒曼德博士所撰写的 80 页专家报告，其中包含了对整个案件的贝叶斯分析。阿勒曼德是一位气候物理学家，2015 年 10 月之前曾在乌得勒支的荷兰空间研究所工作。阿勒曼德声称他能够给出本案的贝叶斯分析，因为他有作为一个物理学家使用贝叶斯概率论的工作经验。在报告中，他的结论是：根据他所考虑的证据，6名嫌犯中至少有一名参与犯罪的概率为99.7%。

2015年4月28日，笔者被本案调查法官指定为专家证人，任务是对阿勒曼德的报告进行评估。笔者于2015年6月28日提交了41页的报告，在这份报告中，笔者批评了阿勒曼德的专业能力和其应用的方法。在最后裁决时，法院裁定，就本案目的而言，阿勒曼德可被视为专家，但他使用的方法不能被视为分析复杂刑事案件的可靠方法。因此，法院决定不采纳阿勒曼德的结论。用"结论"而不是"报告"这类措辞表明，尽管最终判决中的推理没有用贝叶斯概率理论来表达，但法院可能想给自己使用阿勒曼德报告中某些元素的自由。

在奥斯特兰案中，嫌疑人被控要对奥斯特兰小镇2013年6个月期间发生的18起（其中上诉的16起）小型纵火案负责。在2014年2月13日的第一次审判中，嫌疑人被无罪释放，主要原因是两份主要证词（同一案件中一名证人和另一名嫌疑人的证词）不可靠。在上诉审中，控方再次提交了阿勒曼德2015年10月1日的一份79页的报告。这次，阿勒曼德的结论是：根据他所考虑的证据，嫌疑人参与数次纵火行为的概率至少为99.8%。

2016年1月19日，笔者被上诉审调查法官任命为本案的专家证人，具体任务是评估阿勒曼德方法的可靠性以及他将其方法应用于该案件的方式。6月30日，我提交了42页的报告，结论基本上与笔者对布雷达·西克斯案的报告相同。阿勒曼德随后回复了笔者的报告，笔者也对他进行了回复。2016年11月22日，上诉法院判定嫌疑人对16个纵火行为中的7个承担刑事责任。法院的推理不是用贝叶斯概率理论来表达的。法院没有进一步解释，但表示"考虑到"笔者的批评，选择无视阿勒曼德的报告。

3 形式预备知识

3.1 贝叶斯概率论

概率论（Hacking，2001）定义了如何将0～1之间（或者等同于0%～100%之间）的概率赋值给陈述的真实性。至于符号，$Pr(A)$代表A的无条件概率，而$Pr(A|B)$代表给定B情况A的条件概率。在刑事案件中，基于贝叶斯说明，法院感兴趣的是，给定证据E（E为单个证据的合取），则利益假说（如嫌疑人有罪）的条件概率为$Pr(H|E)$。对于任意陈述A而言，A的概率加$\neg A$的概率等于1。对于任意C而言，$Pr(A|C)$和$Pr(\neg A|C)$同样适用。给定假说H，两个证据E_1和E_2，如果知道E_2为真，并不会改变$Pr(E_1|H)$，即如果$Pr(E_1|H \wedge E_2) = Pr(E_1|H)$，那就可以说这两个证据是独立的。概率公理意味着，这种独立是对称的。该公理也包含了如下定理（这里用概率形式给出）。令$E_1, \ldots, E_n$为证据，H为假设，那么：

$$\frac{Pr(H \mid E_1 \wedge \cdots \wedge E_n)}{Pr(\neg H \mid E_1 \wedge \cdots \wedge E_n)} = \frac{Pr(E_n \mid H \wedge E_1 \wedge \cdots \wedge E_{n-1})}{Pr(E_n \mid \neg H \wedge E_1 \wedge \cdots \wedge E_{n-1})} \times \cdots \times \frac{Pr(E_2 \mid H \wedge E_1)}{Pr(E_2 \mid \neg H \wedge E_1)} \times \frac{Pr(E_1 \mid H)}{Pr(E_1 \mid \neg H)} \times \frac{Pr(H)}{Pr(\neg H)}$$

这个公式常常被称为链式法则（用概率形式）。最右边和最左边的分数分别为 H 和 $\neg H$ 的先验概率和后验概率。假设 H 和 $\neg H$ 的概率之和为 1，则 H 的先验概率和后验概率可以由它们分别计算出来。

在给定 H 的情况下，如果所有 E_1，……，E_n 在统计上是相互独立的，那么，链式法则可被简化为：

$$\frac{Pr(H \mid E_1 \wedge \cdots \wedge E_n)}{Pr(\neg H \mid E_1 \wedge \cdots \wedge E_n)} = \frac{Pr(E_n \mid H)}{Pr(E_n \mid \neg H)} \times \cdots \times \frac{Pr(E_1 \mid H)}{Pr(E_1 \mid \neg H)} \times \frac{Pr(H)}{Pr(\neg H)}$$

这是阿勒曼德在他的报告中所使用的公式，其魅力在于，要确定假设的后验概率，我们只需分别将其先验概率与每个证据的所谓似然比或证据力相乘即可。对于每个证据 E_i 来讲，需要说明的就是，与给定 $\neg H$ 相比，在给定 H 的情况下，E_i 的可能性大多少或小多少。如果这个值大于或小于 1，那么，与知道 E_i 之前相比，E_i 使得 H 的概率更大或更小；如果这个值等于 1，H 的概率保持不变，故 E_i 与 H 无关。

这种思维方式尽管很巧妙，但通常不适用，因为证据全局独立假设往往不合理。朴素贝叶斯概率论因此而得名。诉诸链式法则这一定理的一般版本往往也很烦琐，因为组织需要考虑许多证据。作为解决方案，人们提出了贝叶斯网络（Fenton and Neil，2013），该网络用图形化方式显示了代表概率变量如可能为真或假的语句的两个节点间有向链接的可能独立性。对于每个节点的每个值，需要做的就是给定其所有父节点所有值的所有组合下的条件概率。我们将对应节点值的概率设为 1，便可将证据输入网络，之后就可更新剩余节点值的概率。就目前的目的而言，最相关的观察是，要给出贝叶斯网络，不仅要断定概率，而且要断定具体的依赖关系或独立关系。

3.2 论证

论证是指通过提供并批判性地审查支持或反对主张的理由来评估主张的过程。这里的一个重要概念是论证型式（Walton，Reed，and Macagno，2008），其中，我们把论证的典型形式处理为一种型式，涉及一组前提和一个结论，再加上一组必须回答的批判性问题，然后才能使用该型式演绎出结论。如果一个型式演绎有效，也就是说，如果其前提保证了结论，那么，该型式的所有关键问题就是要问前提是否为真。如果一个型式可废止有效，即如果前提产生了支持其结论的假定，那么该型式也有批判性问题，从而表明在特殊情况下这种假定不成立。形式论证方法 ASPIC⁺（Modgil and Prakken，2014）将（不管是演绎的还是可废止的）论证型式都形式化为推论规则以及作为反论证指示的批判性问题：破坏攻击的是论证的前提，底切说的是可废止规则有例外，反证是指有一个与可废止推论的结论相矛盾的结论。我们能够将推论规则链接成一个有向图形成论证。有向图是树形的，其中没有重复使用前提。论证间的冲突可用一个给定相对论证强度概念来解决，看看哪个论证能击败对方。然后，我们可能用董潘明抽象论证评价理论（Dung，1995）来判定哪些论证可被接受。

本文将半形式地展示论证方型式及其批判性问题，但不会明确讨论批判性问题"型式的前提是否为真"。本文虽然假定了 ASPIC$^+$ 的形式背景，但该分析也可以用类似的论证形式系统或用相关形式系统［如可废止逻辑（Governatori et al.，2004）］进行形式化。一个形式背景可以为符号提供语义，并且支持重构讨论的自动评价。例如，正如贝克斯等人所描述的那样（Bex et al.，2013），这种重构可以用论证交换格式存储，然后输出实现一种论证逻辑，如 ASPIC$^+$ 的在线 TOAST（一个系统名称）实现①。

4 案例研究

在本节中，笔者将讨论取自书面专家报告的论证、书面答复以及可归类为论证型式实例或这些型式批判性问题应用的相关裁决。大多数型式都是从文献中提取出来的，但在两种情况下将提出一种新的型式。

所有型式都是按照下列格式半形式地提出的：

型式名称：

$$\frac{\begin{array}{c}\text{前提 1}\\ \cdots\cdots\cdots\\ \text{前提 }n\end{array}}{\text{结论}}$$

批判性问题：

$$\begin{array}{c}\text{问题 1}\\ \cdots\cdots\cdots\\ \text{问题 }m\end{array}$$

双横线表明该型式是假定的。文中还会出现一些演绎型式，并用一条横线显示。

4.1 诉诸专家意见论证

在建模专家证言时，一个重要的型式当然是诉诸专家意见论证型式。这也适用于贝叶斯分析，因为专家判断被公认为主观概率的来源。因此，我们完全有理由详细讨论专

---

① 参见 http://toast.arg-tech.org。

家问题。以下型式模仿了沃尔顿等人提出的经典论证型式（Walton，Reed，and Macagno，2008）。

诉诸专家意见论证型式：

$$\frac{E \text{ 是 } D \text{ 领域的专家}}{E \text{ 断言了 } P} \\ P \text{ 在 } D \text{ 领域内}}{P}$$

双横线表示这个型式是假定的，因此，该型式有批判性问题：
（1）作为专家来源，E 有多可信？
（2）就个人而言，作为来源，E 可靠吗？
（3）P 与其他专家断言一致吗？
（4）E 对 P 的断言是有证据支持吗？

问题（1）涉及专家水平，而问题（2）则涉及个人偏见。而问题（3）则使一个隐含的使用条件变得相关，即专家意见型式只能由那些本身不是 D 领域专家的人使用，例如案件中的法官。当然，笔者不能通过说自己也是一个专家而且说了¬P 来击败阿勒曼德的论证。

在概率论中，有时频率论（客观）贝叶斯概率论与认识论（主观）贝叶斯概率论之间有明显的区别。基于统计数据报告的频率概率是客观合理的，而反映人的信念度的概率只是主观的。另外，选择、解释和应用统计数据涉及判断，这可能是主观的。还有，假如它们涉及他（或她）是专家的那个主题的，人的信念度可能就不仅仅是主观的了。对于应用频率信息和统计数据所涉及的判断，实际上也是如此：如果这些判断是由研究当前问题的专家所做出的，那么这些判断可能不再仅仅是纯粹的主观判断。因此，在"客观"（频率论）和"主观"（认识论）的贝叶斯概率论中，有关专业知识的问题都是至关重要的（Biedermann et al.，2017）。

需要指出的是，在许多情况下，专家断言不是一个命题，而是一个论证。在本节中，笔者只局限于对陈述的断言；在第 4.2 节中，笔者将讨论如何将专家的论证断言建模为一个陈述断言序列。

4.1.1 前提真实性

在应用证人证言型式之前，首先要使其前提得到认可。在两种情况下，第一个前提是否为真是非常相关的问题。就这方面而言，案件强调了差别的重要性：P 可以是专家对某一具体证据所做的具体陈述，但也可以是类似陈述集，甚至完整的专家报告。阿勒曼德要做的就是形成假设，就证据与这些假设的相关性，给定这些证据条件下证据间的统计独立性，以及概率判断做出判定。笔者认为，所有这些判定只能由一个手头案件所涉的各个领域的专家才能可靠地做出。在布雷达·西克斯案中，尤其涉及尸僵时间，涉及嫌疑人与证人陈述（包括传闻证据和匿名证人）的可靠性以及先前定罪和刑事侦查的相关信息（如 DNA、血迹和毛发之类的各种痕迹证据），还涉及关于不同民族中的忏悔率以及各种共识问题（如 6 名嫌疑人中有 2 名在犯罪现场隔壁的小吃店工作）。在奥斯特兰案中，主要证据涉及犯罪嫌疑人的供述和目击者的证词，关于纵火案的统计数据和其他一般知识，与先前定罪和先前刑事侦查相关的信息，以及各种常识问题（如社区如何转向针对个人以及嫌疑人之间的友谊的相关性）。

现在，让我们考虑这样的情形：D 为复杂刑事案件贝叶斯分析领域，被理解为包括所有上述问题。在笔者的报告中，针对第一个前提"阿勒曼德为该领域专家"的真实性，笔者提出了两个一般性论证：其一，某人拥有在贝叶斯概率论数学方面的专业知识并不意味着他就拥有了将贝叶斯理论应用于某个领域的专业知识；其二，拥有在大气物理学领域应用贝叶斯概率论的专业知识并不意味着就拥有了将贝叶斯概率论应用于复杂刑事案件领域的专业知识。

在布雷达·西克斯案辩护备忘录第 184—185 页中，主控官认为，阿勒曼德是贝叶斯推理的专家，他提到了阿勒曼德已在荷兰司法部国家培训中心为法官和检察官提供了有关该主题的课程，曾在荷兰一些大学就该主题做过许多讲演。布雷达·西克斯案发生一年后，在奥斯特兰案报告中，笔者提出了类似论证，认为被邀请进行讲课和演讲这类活动并不能使某人成为专家，因为他在其他证据基础上被认为是专家，笔者认为还缺乏证据。

在布雷达·西克斯案中，主控官并没有对阿勒曼德在任何证据领域的专业知识进行论证，但他却在相当多的细节上使用了阿勒曼德对血迹证据、头发证据和尸僵问题的分析。

在布雷达·西克斯案中，法院认定阿勒曼德为专家可能是基于下述理由：首先，法院陈述了相关标准，包括被请求专家的专业、学历和经验，他的专业知识与案件的相关性，他所使用方法的性质，该方法是否可靠以及他是否有能力熟练地应用此方法。其次，法院提到了阿勒曼德的物理学教育经历与物理学博士学位，并指出他在应用贝叶斯思维方面具有经验，"尽管科研领域与法律领域有所不同"。再次，法院又提到了主控官在其辩护备忘录中也提及的司法部课程，还提到了阿勒曼德在早先一个案件中为控方提供了咨询，"但不是作为指定专家"。再次，法院指出，阿勒曼德在他的报告以及在法庭上详细描述了他的方法及其应用方式，并论证了为什么他认为这种方法可靠。

笔者认为，可以用多种方式批评这一论证。首先，值得注意的是，法院没有明确适用自己的标准，即阿勒曼德的专业知识是否与案件有关。在结论中，法院甚至没有说明可以将阿勒曼德视为领域专家，只是说他可以被视为"目前程序"的专家。如上所述，笔者在报告中指出，某人在一个领域拥有贝叶斯思维及其应用的专业知识并不意味着他也拥有贝叶斯思维在另一领域中应用的专业知识。就像主控官那样，法院选择了对这一论证不做回应。其次，正如笔者在上面对主控官备忘录的评论中所指出的，阿勒曼德的司法部课程与其专业知识的相关性可能会受到质疑。实际上，法院提到阿勒曼德在先前案件中担任过检方顾问的工作也受到同样的批评。再次，没有证据表明法院认为阿勒曼德在气候物理学家的工作中具有贝叶斯分析经验。事实上，有些证据表明情况可能恰恰相反。为了奥斯特兰案报告，笔者用谷歌学者进行了搜索，但并没有找到阿勒曼德在气候物理学方面的论著。最后，法院并没有就阿勒曼德所使用的方法适用自己的标准。法院所做的只是提及了阿勒曼德描述了他的方法和使用方法，以及提及了阿勒曼德曾就该方法为何可靠进行了论证。从这一点来看，这个方法是否确实可靠，阿勒曼德是否确实能够应用它，就无从得知了。老实说，法院确实解决了阿勒曼德方法的可靠性问题，但没有将其作为专业知识问题的一个方面。笔者将在后面第4.3节讨论法院裁决的这一部分。

在图1中，笔者对该分析进行了可视化表现，其中顶层是结论"阿勒曼德是复杂刑事案件的贝叶斯分析方面的专家"，即证人证言型式的第一个前提。在图1中，论证的最终结论以粗线方框显示。当对同一结论的几个依据的组合方式不清楚时，我们可以用指向同一结论的单独箭头来进行可视化。因此，关于前提是组合型还是积累型的进一步解释将留给读者。接下来，具体概括是隐性的，对它们的攻击被可视化为反驳推论（底切）。需要注意的是，在已实现的支持系统中，将概括可视化为前提可能是有用的，能够用以支持它们是否存在合理的论证。

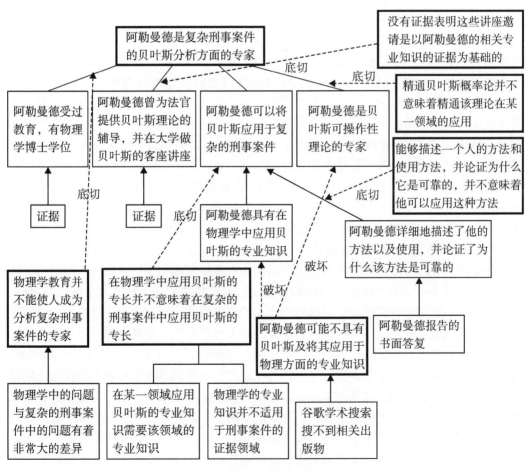

图1 关于专业知识的论证

在奥斯特兰案中，法院没有讨论阿勒曼德的专业知识问题，但阿勒曼德在对笔者的报告的书面答复中讨论了这个问题。他承认，他在本案任何相关证据领域都没有专业知识，但他辩称，他的报告的价值不在于提供可靠的后验概率，而在于表明哪些问题必须由法院回答。为了理解这一点，阿勒曼德在这两个案件中的分析都是对朴素贝叶斯概率论的应用，涉及具体说明假设的先验概率以及给定这些假设条件下每个证据的似然比。阿勒曼德把它作为一种"电子表格"方法，适合于向法院展示他们必须做出的概率判断，然后根据贝叶斯规则将所有这些概率相乘，以提供后验概率。针对这个论证，笔者的第一个反论证（将在第4.3节进一步讨论）是：朴素贝叶斯概率论过于简单，不适用于复杂的刑事案件，因此电子表格的比喻是具有误导性的。笔者的第二个反论证是：即使在复杂的犯罪案件中找出了正确的问题，也需要相关证据领域的专业知识。在奥斯特兰案的报告中，笔者用医学类比来支持这一点，后面第4.4节将进一步讨论。

这样，我们就完成了对证人证言型式第一个前提的讨论。在这个案例中，第二个前提并非真问题，而第三个前提与上文对第一个前提的讨论方式无关。

4.1.2 批判性问题

考虑到该型式的批判性问题，个人偏见（第二个问题）在本案中并不被认为是个问题。第一个问题（E作为专家来源有多可信）实际上是第一个前提（E是领域D的专家吗？）的问题的弱化版：如果在布雷达·西克斯案中，法院遵循了其"阿勒曼德被视为本案目的的专家"的决定，那么，针对这个决定的论证现在就变成了阿勒曼德专业水平低的论证。在处理第三个批判性问题（P是否与其他专家的断言一致？）时，这类论证尤为重要。事实上，阿勒曼德和笔者在许多问题上存在分歧，因此，正如莫吉尔和帕肯所述（Modgil and Prakken, 2010），法院可以说必须评估我们各自专业知识的相对水平，而这样做是一种涉及论证强度的元论证。最后，笔者使用第四个问题（E对P的断言是以证据为基础的吗？）形成的论证是：阿勒曼德的大多数概率判断都不是建立在任何数据或科学知识之上，并且在针对阿勒曼德具体断言"'国际公认的估计'得出供认的具体似然比"时没有任何推论支撑。

4.1.3 关于专家意见论证的结论

沃尔顿等人的专家意见论证型式是分析两个案件中专业知识辩论的一个很好的整体框架（Walton Reed and Macagno, 2008）。另外，最有趣的论证不是在这个型式的顶层，而是向下深入到关于型式的前提和批判性问题的详细论证。因此，支持系统不应局限于给论证体系的顶层提供支持。如果有更具体的知识可用，如在评估法律体系可能具有的专业知识的标准中，则最好将其合并。至于图1中的论证，其中有些是相对于本案的，而另一些则更为通用，如某人拥有贝叶斯概率论的专业知识是否意味着他就拥有应用贝叶斯概率论的专业知识，以及拥有在某个领域中应用贝叶斯概率论的专业知识是否意味着也拥有在其他领域应用的专业知识。在当前案例中，阿勒曼德是气候物理学家，没有相关的教育、工作经验或论证，这些反驳的理由相当充分，但在其他情形下也可能出现，如统计学家或科学哲学家可能会进行贝叶斯分析。在这种情况下，图1指出了所要讨论的相关问题。

最后，应该指出的是，本节的意义并不局限于贝叶斯专家分析。本节中的许多观察结果还适用于其他推理方法（如论证方法或故事方法）的专家分析。在这一点上，推理模式中的专业知识也必须与手头问题中的专业知识相结合。

4.2 诉诸推理错误论证

在第4.1节中，笔者假设专家提出命题，但通常专家会提出论证。提出论证包括但不限于提出其前提和结论：专家还可以认为，因为有了前提，所以必须接受结论。在许多情况下，这类论证可能被用反驳结论（反证）、反驳前提（破坏）或反驳推论（底切）来攻击。然而，有时批评家可能想说，这个论证天生是谬误的。这与说出一个反驳前提论证是不一样的，因为反驳者只是认为在一个可接受的推理规则中存在一个例外。虽然任何专家都可能会犯推理错误，这种错误尤其会在当前领域出现，其中存在许多复杂的概率论证，有时还包括复杂的统计论证。因此，在本文中诉诸推理错误论证这方面值得研究。

在当前研究的两个案例中，我们交换了几个关于论证有效性的论证。在布雷达·西克斯案中的一个例子是，当笔者的观点与阿勒曼德的观点相反时，在概率论中他得出的概率并没遵循他所假定的其他概率。经过一番讨论之后，笔者不得不承认自己错了，而他的论证是演绎有效的。

在他的奥斯特兰案报告中，阿勒曼德首先评估了6个月之内在与奥斯特兰类似的一个小镇发生15起纵火案件的概率，假设它们之间不相关则至多有百万分之一。然后，他由此得出结论，他在报告中所考虑的15起纵火案不可能是巧合，而是一定相关。更加形式化地说，该论证可以被表示为"如果这15个事件不相关，那么它们发生的概率最多为百万分之一，因此，如果这15个事件不相关，那么它们发生的概率非常低"。由此，他又得出结论，连环纵火犯一定很活跃，因为实际上不可能有其他的联系。笔者的报告认为，该论证属于控方谬误，因为那混淆了假定它们不相关情形下15个事件发生的概率与假定它们发生的情形下所发生的15个事件不相关的概率，这有时又被称为转置条件谬误。一个完整的论证不仅会陈述，而且要表明在给定概率论公理的情况下，第一个概率并不意味着第二个概率。但是，由于笔者认为这部分是众所周知的，因此将其部分保留为隐性。

表明阿勒曼德论证属于谬误的一种方法是，给出一个简单的型式反例，如指出对于某个E和H而言，$Pr(E|H) = Pr(E|\neg H) = 1/1000000$ 使得相对于H而言E的似然比等于1，使得后验概率$Pr(H|E)$等于先验概率$Pr(H)$，它可以是任意值。作为回应，也许可以认为，当前情况下，假定它们相关情况下15个事件发生的概率$Pr(E|\neg H)$大于1/1000000。此外，应用贝叶斯规则，由先验概率我们可以得到非常低的后验概率$Pr(H|E)$。然而，这不会让错误论证死灰复燃，而是用一个有效的论证代替它。

从论证可视化观点来看，有以下几点需要说明。相对于给定概率陈述φ，如贝叶斯网络上的一个链或概率，或者一个作为专家指定的似然比的组成部分的概率，用户可以通过点击该陈述来检查以下论证：

专家 E 断言 $\Psi_1,\ \cdots\cdots,\ \Psi_n$
专家 E 断言 $\Psi_1,\ \cdots\cdots,\ \Psi_n$ 蕴涵 φ
因此，φ 因为 $\Psi_1,\ \cdots\cdots,\ \Psi_n$

专家们对推理错误的讨论可以通过对以下几个证人证言型式的应用，并且结合他们的结论进行推理而展示如下：

E 是领域 D 的专家
E 断言 $\Psi_i\ (1\leqslant i\leqslant n)$
Ψ_i 属于领域 D
────────────────
Ψ_i
············
E 是领域 D' 的专家
E 断言 $\Psi_1,\ \cdots\cdots,\ \Psi_n$ 蕴涵 φ
$\Psi_1,\ \cdots\cdots,\ \Psi_n$ 蕴涵 φ 在领域 D' 内
────────────────
$\Psi_1,\ \cdots\cdots,\ \Psi_n$ 蕴涵 φ

那么，基于专家证言，如果事实认定者既接受 $\Psi_1,\ \cdots\cdots,\ \Psi_n$，又接受 $\Psi_1,\ \cdots\cdots,\ \Psi_n$ 蕴涵 φ，那么事实认定者应该也要接受 φ。

这种方法可用来建模专家们对推理错误的任何辩论。从当前案例研究来看，笔者现在要用概率例子来揭示它，也就是，在奥斯特兰案中，关于笔者认为阿勒曼德犯了控方谬误的争议。根据刚刚所说明的方法，这场争论是关于这一专家证言型式系列的最终应用的，可以被建模如下：

A 是纵火案专家
E 断言 Pr（事件 | ¬ 相关）$\leqslant 1/1000000$
E 的断言属于纵火案领域
────────────────
Pr（事件 | ¬ 相关）$\leqslant 1/1000000$

E 是贝叶斯推理专家
E 断言 P 蕴涵 Pr（相关 | 事件）$\geqslant 0.5$
E 的断言属于贝叶斯推理领域
────────────────
P 蕴涵 Pr（相关 | 事件）$\geqslant 0.5$

其中，*P*是第一个论证的结论，≫代表"大大地大于"。这两个论证的结论从演绎上蕴涵 Pr（相关｜事件）$\gg 0.5$。

笔者的反论证可被建模如下，其中 *C* 代表上述给定反例的一个描述：

$$\frac{C \text{ 蕴涵 } P \text{ 并不蕴涵 } Pr \text{（相关｜事件）} \gg 0.5}{P \text{ 并不蕴涵 } Pr \text{（相关｜事件）} \gg 0.5}$$

在 ASPIC$^+$ 以及类似的论证系统中，由于该论证是具有普遍真前提的演绎性论证，而其目标是可废止性论证，所以，该论证击败了前一个论证。

4.3 方法问题

在这两个案例中，阿勒曼德所使用方法的可靠性都有问题。人们可能会认为，这个问题在专家辩论中会经常出现，因此，虽然这两个案例中的论证并没有清晰地展示公认的论证型式，但还是很有必要进行讨论。两家法院都没有对可靠性进行定义。笔者将其定义为：不同的分析者对同一问题采用相同方法是否会得出相同或至少相似的结果？在笔者的两份报告中，笔者都认为贝叶斯分析在这个意义上不是一种可靠的方法，因为在学术文献中，人们对于使用贝叶斯概率论分析复杂刑事案件的正确方法没有共识。事实上，人们似乎在两件事上达成了共识：对复杂的刑事案件来说，朴素的贝叶斯方法过于简单；在向法院提供可靠方法之前，还需要进一步的研究。目前的研究主要集中在贝叶斯网络应用上（Fenton and Neil, 2011; Lagnado, Fenton, and Neil, 2013; Vlek et al., 2016; De Zoete et al., 2015），但结果仍然是初步的，而且它几乎只涉及贝叶斯网络的结构，而忽略了如何建立可靠概率的问题。由于这些原因，不同的分析者似乎很有可能对同一情况给出完全不同的贝叶斯分析。这就证明了阿勒曼德方法在上述界定意义上不可靠。这一结论可被推广到几乎任何使用贝叶斯概率论对复杂刑事案件的分析中。

两个案件都没有对这种批评做出回应。在布雷达·西克斯案中，法院同意了笔者的分析，因此忽略了阿勒曼德报告的结论。在奥斯特兰案中，法院除了总结了笔者的论证外，没有对这个问题做出评论。既然法院"考虑到"笔者的批评而选择忽略阿勒曼德的报告，就表明他们可能同意了笔者的论证。

与专家证言型式一样，方法问题既可以涉及整个报告，也可以涉及具体问题。后者的一个例子是，阿勒曼德与笔者在这两个案件中关于阿勒曼德采用朴素贝叶斯概率论所隐含的全局独立假设是否合适的辩论。例如，在这两个案件中，阿勒曼德都使用了相当具体的证据来评估其假设的先验概率。概率论的公理则意味着：在每个似然比中，证据不仅必须以假设为条件，而且必须以用于评估其先验的证据为条件，除非根据这些假设，证据可以被视为统计上独立的状态。阿勒曼德没有以这种方式设定似然比，但也没有对必要的独立性假设提供论证。笔者批评他的理由是，根据概率论公理，他应该做这些事情中的一项或多项。这是一般方法论上的批评，转化为对阿勒曼德最终论证的具体批评，即后验概率可以通过乘以他的先验概率和似然比来计算。有两种方法可以对这种具体批评进行形式建模：一种方法是将阿勒曼德的最终论证解释为具有必要的独立性假设作为附加前提，然后观察到这些附加假设没有证据或论证支持；另一种方法是把这些假设从解释的论证中剔除，然后以第4.2节的风格建构一个论证，以证明阿勒曼德的最终论证演绎无效。

4.4 类比论证

两个案例研究中都使用了几个类比论证。这种论证的下述型式版本是相当标准的（Walton, Reed, and Macagno, 2008）。

类比论证型式：

考虑到 $R_1, \ldots, R_k$，情形 C_1 和 C_2 相似

$R_1, \ldots, R_n$ 与 P 有相似之处

在情形 C_1 中，P 为真

━━━━━━━━━━━━━━━━━━━━━━━━━━━━━

在情形 C_2 中，P 为真

批判性问题：

（1）情形 C_1 和 C_2 还存在相关差异吗？

（2）情形 C_2 与 P 为假时其他某个情形 C_3 存在相关相似吗？

众所周知，对于特殊领域来讲，该型式可以具体化，如法律案例推理（Bench-Capon, 2017）。不过，就目前的目的而言，上述版本就可以了。

布雷达·西克斯案中使用了一个类比，证据表明，3名被指控的女性中有2名在犯罪现场隔壁的快餐店工作。在他的报告中，他详细说明了这一证据与其他证据之间"巧合"的似然比，这些证据表明2名犯罪嫌疑人认识另外3名犯罪嫌疑人，而这3名犯罪嫌疑人曾被警方刑事情报组（CID）的一名线人提到参与了该犯罪。阿勒曼德将这个似然比的分母（所有6名被告人无罪的巧合概率）指定为1/500到1/1000（基于此处无关紧要）。然后他说："这与500到1000的巧合似然比一致。"从字面上看，这是一个简单的错误，因为在得出这个结论之前，首先要确定给出阿勒曼德的犯罪假设条件下的巧合概率。然而，阿勒曼德报告的其他部分表明，他将这个概率设为1。在这里，他用了一个假设例子作为类比，一个窃贼用房子的钥匙非法入户。假设一个犯罪嫌疑人因为持有钥匙而被捕。根据阿勒曼德的观点，持有钥匙是犯罪的必要构成要件，因此，考虑到犯罪嫌疑人实施盗窃，他持有钥匙的概率为1。用同样的方式，阿勒曼德认为，在布雷达·西克斯案中巧合犯罪是必要的构成要件，因为他的罪犯假设是，被指控的6人中或多或少肯定有人参与了犯罪，其中，至少有一个女性被告将受害者引诱到犯罪发生的餐厅。笔者批评这一做法的理由是：首先，这种引诱也可以由不在餐厅隔壁工作的人来做，如第三名女性嫌疑人；其次，在餐厅隔壁工作的2名女性犯罪嫌疑人的共同清白与阿勒曼德的犯罪假设一致。因此，巧合不能被视为犯罪的必要构成要件。在指出这一点时，笔者注意到，这与阿勒曼德的假设入室盗窃案存在相关区别，在该案件

中，持有钥匙是犯罪的必要构成要件。因此，笔者用类比型式的第一个批判问题来批判阿勒曼德的类比。

在布雷达·西克斯案中，类比的另一个用途是"阿勒曼德为什么可以被视为复杂刑事案件贝叶斯分析专家"的推理（参见上文第 4.1 节），这是可论证的。在法院对这个问题的裁决中，可以论证的一个推理步骤是，物理学贝叶斯分析的专家也是复杂刑事案件贝叶斯分析的专家。我们可以把这个论证看作类比论证，指的是对物理问题和复杂刑事案件的贝叶斯分析之间的假定相似性。笔者认为，"这个并不意味着另一个"可以被视为类比型式的第一个批判性问题的另一个应用。可能有人会想到，在有关法院专家使用贝叶斯理论的辩论中，涉及类似领域专业知识的类比论证会越来越多。

事实上，同样的道理也适用于结合统计数据的论证，如上面所讨论的论证，日本和英国的纵火统计数据也适用于荷兰。这些论证，也可以被视为类比论证，因此，也可以用类比型式的批判性问题来对它们进行批评。

最后，在对阿勒曼德关于奥斯特兰案的答复中，笔者利用了医学假设来批评阿勒曼德的主张——"他能够向法院证明必须考虑哪些问题的说法"。笔者的假设是由一个反问句组成的：一个正在诊断重病患者的医学专家会不会让气候物理学家告诉他必须进行哪些医学诊断？

4.5　统计论证

人们可能会认为，在对复杂刑事案件的概率分析中，诉诸从统计数据陈述到个人概率陈述的论证经常发生。然而，在这两个案例中，大多数概率判断都不是建立在统计数据基础之上的；在极少数情况下，阿勒曼德用它们来支持自己的判断。在其他一些情况下，阿勒曼德使用了准频率论方法。例如，在奥斯特兰案中，他评估了假定无罪情形下犯罪嫌疑人和别人（在相关案件中是犯罪嫌疑人）是最好的朋友的概率：首先，他注意到奥斯特兰镇有 2400 名居民，然后假定在奥斯特兰镇像犯罪嫌疑人这样的男性有 200 名是他最好的朋友，因此假定两人都无罪的概率达 1/200。这表明，即使概率判断是建立在数据基础之上的，从数据到概率的步骤也可能涉及主观假设，如在本案中有 200 个候选人是犯罪嫌疑人最好的朋友。

从最基本形式来看，从统计频率到单个概率的论证采用以下形式。

诉诸统计频率论证型式：

F 为 G 的比例是 n/m
a 是 F
$$Pr(G_a | F_a) \approx n/m$$

需要注意的是，该型式是假定的：在一个类的频率陈述与该类成员的条件概率陈述之间没有必然关联。因此，这个型式不止有前提是否为真的批判性问题。海金称该型式为"频率原则"（Hacking, 2001）。他指出，以下假设是合理的：除了频率和"a 是 F"之外，没有其他相关信息是已知的。他还指出，很多判断都可以涉及哪些信息是相关的问题。

在考虑该型式的批判性问题之前,让我们看看第一个前提如何确立。一种方式就是借助统计归纳:

$$\frac{\text{被研究的 } F \text{ 为 } G \text{ 的比例是 } n/m}{F \text{ 为 } G \text{ 的比例是 } n/m}$$

该型式并非根据常用论证型式如沃尔顿等人的型式来处理(Walton, Reed and Macagno, 2008)。批判该型式用法的全面探究将把我们引向统计学领域,这已超出了本文讨论的范围。现在,我们列出两个明显的批判性问题就足够了:①被研究的 F 的样本是否有偏差?②它是否足够大?

笔者认为,阿勒曼德所获得的一些统计信息是有出处的。例如,在布雷达·西克斯案中,他使用了一份犯罪学出版物所报告的关于荷兰各民族群体认罪与不认罪的频率的统计数据。推理就变成了:

E 说 S 是相关统计数据,E 是这方面的专家,因此,S 大概是相关统计数据。此外,S 说被研究的 F 为 G 的比例是 n/m,因此,被研究的 F 为 G 的比例是 n/m。

最终结论就这样被反馈到诉诸统计频率的型式中了。在布雷达·西克斯案报告中,笔者没有批评阿勒曼德对认罪和不认罪的统计数据的具体选择,但笔者确实注意到,从研究文献中选择相关和可靠的统计数据需要该文献主题方面的专业知识。然后笔者注意到,没有证据表明阿勒曼德拥有那种相关的犯罪学专门知识,因此,笔者实际上攻击了这一推理路线的第二个前提。所有这些都表明,即使在诉诸统计数据的推理中,诉诸专家意见的论证型式也是相关的。

笔者现在转向诉诸统计频率型式的三个可能的批判性问题(也许有更多)。

(1) 关于更具体类,是否存在冲突的频率信息?这是选择最具体参考类的众所周知的问题。

(2) 关于相交类,是否存在冲突的频率信息?这是选择最具体参考类问题的一个变体。如果 a 属于两个不相交但非包含的类 F 和 H,则通常 F 与 H 都是 G 的比例并不取决于 F 和 H 分别是 G 的比例。因此,在没有进一步信息的情况下,我们无法得出 $Pr(Ga | F_a \wedge H_a)$。

(3) 是否存在不能使用频率的其他理由呢?例如,a 可能属于常识或专家判断产生不同频率评估的某个子类。例如,在奥斯特兰案中,阿勒曼德假定了在假定无罪条件下犯罪嫌疑人和另一个人是好朋友的概率忽略了两人都是那个社区的局外人,他们有相似的生活方式,其中一个人曾被定罪而另一个人曾涉嫌连环纵火案。即使没有关于奥斯特兰镇成年男性居民这些子类的统计数据,常识告诉我们,考虑到这些特征,在假定无罪情况下,成为最好朋友的概率可能比阿勒曼德用他的准频率论方式所假设的要高得多。

在从统计数据得出概率的判断过程中，阿勒曼德使用的另一个型式是类比型式（参见第4.4节）。例如，在他的奥斯特兰案报告中，由于在那期间没有连环纵火犯活跃于奥斯特兰镇，他便基于日本和英国纵火案统计数据对以半年期间在像奥斯特兰一样的一个小镇发生15起纵火案的概率进行了评估。他把这一统计数字应用于荷兰，就假定了日本和英国在连环纵火案方面与荷兰十分相似。这似乎是一种使用统计数据来推导概率判断的常见方法。这里又出现了专业知识问题，因为判断两个国家在连环纵火问题上是否相关相似，需要与该问题相关的专业知识。在这一点上，笔者的一般批评是，没有证据表明，作为一名气候物理学家，阿勒曼德拥有如此相关的专业知识。

总之，统计推理至少可以组合出以下假定论证型式：统计频率论证、统计归纳论证、专家意见论证和类比论证。此外，统计领域的具体方法问题也可能出现。因此，如果没有统计学家参与，就不能建立一个完整的统计论证模式。

最后，本节的分析也与论证方法与故事推理方法有关。在这两种方法中，定性的可废止概括都非常重要。例如，在论证方法中，证据概括将证据与结论联系起来，如证人通常说真话。在故事方法中，因果概括将假设与证据联系起来，如极度嫉妒会导致杀人报复的动机。统计归纳型式的一个定性版本可以用来为这种概括辩护。例如：

$$\frac{\text{绝大多数被研究的 } F \text{ 是 } G}{F \text{ 通常是 } G}$$

此外，在对应用可废止概括论证进行批判性检验时，统计频率型式的批判性问题也有类似问题。前两个问题表明在冲突概括基础上反证论证（诉诸矛盾结论论证）的可能性，而第三个问题则指向了攻击对统计归纳型式的定性变体的运用。

5 论证支持系统的要求

作为总结，笔者现在列出当前案例研究所提出的刑事案件贝叶斯分析论证支持系统的要求。

首先，该系统应当为该领域常见论证型式的使用提供支持，包括本文所讨论的几种型式。此外，所提供的支持应当针对表明和批评不符合这类形式的论证。提供这种支持的一种方式是，利用有关评估具体证据类型的法律知识、法规或政策，如几个司法管辖区对于确定某人是否可被视为专家证人的标准。本案例所研究的部分内容也可以被重新使用，如图1所示的专家论证分析。此外，与统计人员的合作可能有助于解决统计型式的批判性问题。

其次，抓住论证和主张的所有权很重要，特别是在评估所有者的专业知识或评估不同专家冲突论证的相对强度方面。对于后者，这个系统还应该支持关于论证强度的元论证。

再次，这个系统还应该支持关于其他论证（演绎的或可废止的）有效性的论证。

由于这个原因,这个系统应该支持明确表示一个论证的逻辑本质,不应该阻止那些既是非演绎又是非可废止有效性的论证表达。需要注意的是,像卡尔尼德斯系统之类的系统(Gordon, Prakken, and Walton, 2007),一个从前提和结论之间的关系中抽象出来的系统,并不能完全满足这些要求。

复次,该系统应该以某种方式在对一般问题或专业知识与方法的讨论与对具体专家断言的专业知识与方法的讨论之间进行自然区分。如果用于设计贝叶斯网络工具的用户可以简单地单击网络的任何元素以检查关于该元素交换的论证,那就太好了。但是,这可能不会涵盖所有相关的论证,因为正如我们所看到那样,许多论证都是关于更一般的问题的。

最后,应该有办法表明不能为一项主张或前提提供论据,因为这是批评论证特别是专家论证的通常方式。如果该软件提供了自动评估辩论的方法,那么这个问题就应该被考虑在内,就像在卡尔尼德斯系统上所做的那样。

6 相关研究

本文背后的一个动机是设计支持软件,用于对复杂刑事案件的贝叶斯分析的建模讨论。在医学领域,耶特等人最近提出了一个类似的系统(Yet et al., 2016),该系统将医学贝叶斯网络与它所基于的临床证据联系起来。无论是支持贝叶斯网络元素的证据还是相互矛盾的证据,以及与被排除的变量或关系相关的证据,都可以在系统中被表示出来,也可以在系统中被显示出来。建模的三个证据来源是出版物、专家和数据。尽管它有论证的味道,但这个系统并不是建立在一个明确论证模型基础之上的。

与刑事案件贝叶斯分析相关的论证早有研究。贝克斯和雷努伊 2016 年给出了一个从 ASPIC⁺ 式论证到贝叶斯网络约束的翻译 (Bex and Renooij, 2016)。他们的重点不同于本文,他们的论证不是关于如何验证贝叶斯网络中元素的合理性。相反,翻译方法的目的是翻译贝叶斯网络中论证所表达的信息。例如,一个约束说在论证中命题应该在贝叶斯网络中有相应的节点,另一个约束说在论证中推论与论证间的攻击应该在贝叶斯网络中有相应的"活动"链条。

蒂默等人在 2017 年所做的工作(Timmer et al., 2017)正好与贝克斯和雷努伊 2016 年所做的工作(Bex and Renooij, 2016)相反,他们将贝叶斯网络上的信息翻译成 ASPIC⁺ 论证框架,用来论证解释贝叶斯网络。

与本文工作最接近的是凯彭斯 2014 年的论文(Keppens, 2014)。他提出了一组来源论证型式,是用似然方法中建模概率判断的来源。除此之外,凯彭斯还提出了诉诸专家意见型式(在本文中这种论证的一个特例)、诉诸数据集推理型式(与目前的统计推理型式不同)以及诉诸普遍接受理论推理型式。此外,凯彭斯还提出了一组型式,把涉及从主观概率分布(如"B 对 C 的似然性有非负面或非正面影响")性质的基于来源的主张与对概率分布的形式约束关联起来。然而,在方法上我们是有所不同的。凯彭斯的主要目的是建立形式计算模型,而本文的主要目的是分析关于贝叶斯分析的讨论实际上是如何发生的。因此,本研究是对凯彭斯研究的补充。此外,与当前研究相比,凯彭斯模型的焦点更有局限性，因为它只对具体概率分布论证进行了建模。

7　结论

本文考虑了法律论证支持工具的一个新用例：支持复杂刑事案件贝叶斯分析的讨论。通过案例研究，本文分析了法院案件专家之间的两个真实讨论，并分析了他们的论证结构。由于这属于案例研究，因此问题在于结果何以具有一般性。如导言所述，很难说所研究的案件在多大程度上是典型的，因为在法庭上对整个复杂刑事案件的贝叶斯分析仍然很少。贝叶斯理论在法庭上的常用用法主要涉及的是个别证据，尤其是法庭痕迹证据（DNA、轮胎痕迹、鞋印、指纹、玻璃碎片）的随机匹配概率。另外，由于笔者参与了有关贝叶斯分析的辩论，因此笔者在本文中的分析可能受到个人观点的影响。

尽管如此，考虑到这一点，案例研究仍然需要一些初步结论。从理论角度来看，我们证实了贝叶斯分析论证的丰富性以及几种公认论证型式的实用性，提出了一种用于统计论证的新论证型式，并且对专家意见论证的一些细微之处进行了新颖的分析。尤其是，被证明适用于我们案例研究的各种论证型式表明，对复杂刑事案件进行贝叶斯分析的理性讨论不必遵循严格的统计方法或法庭科学方法，而可以利用论证理论中的许多技巧。从实践的角度来看，案例研究导致了需要支持软件来讨论复杂的犯罪案件的贝叶斯分析。此类软件的实际设计和实用性是未来研究的议题，也是某些论证型式尤其是专家意见型式和统计论证型式的批判性问题的细化。此外，本文的某些贡献也可能与其他使用贝叶斯分析的领域有关，如医学领域。

最后，在本文的好几个地方，我们看到了目前分析的意义并不局限于贝叶斯方法，而是延伸到了使用几乎任何推理方法讨论的专家报告中。简单地说，任何推理方式的专业知识都必须与关于手头事项的专业知识相结合（第4.1节），在论证分析或情节分析中，关于可废止概括的论证也能用定性形式找到统计论证（第4.5节）。据推测，我们可以对任何类型的分析进行类比论证（第4.4节）。

参考文献

BENCH-CAPON T, 2017. HYPO's legacy：introduction to the virtual special issue［J］. Artificial intelligence and law, 25：205–250.

BEX F, RENOOIJ S, 2016. From arguments to constraints on a Bayesian network［C］//BARONI P, GORDON T, SCHEFFLER T, et al. Computational models of argument. Proceedings of COMMA. Amsterdam：IOS Press：96–106.

BEX F, MODGIL S, PRAKKEN H, et al., 2013. On logical specifications of the argument interchange format［J］. Journal of logic and computation, 23：951–989.

BIEDERMANN A, BOZZA S, TARONI F, et al., 2017. The meaning of justified subjectivism and its role in the reconciliation of recent disagreements over forensic probabilism［J］. Science and justice, 57：477–483.

DE ZOETE J, SJERPS M, LAGNADO D, et al., 2015. Modelling crime linkage with Bayesian networks［J］. Science and justice, 55：209–217.

DUNG P, 1995. On the acceptability of arguments and its fundamental role in nonmonotonic reasoning, logic programming, and n-person games [J]. Artificial intelligence, 77: 321 – 357.

FENTON N, BERGER D, 2016. Bayes and the law [J]. Annual review of statistics and its application, 3: 51 – 77.

FENTON N, NEIL M, 2011. Avoiding legal fallacies in practice using Bayesian networks [J]. Australian journal of legal philosophy, 36: 114 – 151.

FENTON N, NEIL M, 2013. Risk assessment and decision analysis with Bayesian networks [M]. Boca Raton: CRC Press.

GORDON T, PRAKKEN H, WALTON D, 2007. The Carneades model of argument and burden of proof [J]. Artificial intelligence, 171: 875 – 896.

GOVERNATORI G, MAHER M, ANTONIOU G, et al., 2004. Argumentation semantics for defeasible logic [J]. Journal of logic and computation, 14: 675 – 702.

HACKING I, 2001. An introduction to probability and inductive logic [M]. Cambridge: Cambridge University Press.

KAPTEIN H, PRAKKEN H, VERHEIJ B, 2009. Legal evidence and proof: statistics, stories, logic [M]. Farnham: Ashgate Publishing.

KEPPENS J, 2014. On modelling non-probabilistic uncertainty in the likelihood ratio approach to evidential reasoning [J]. Artificial intelligence and law, 22: 239 – 290.

LAGNADO D, FENTON N, NEIL M, 2013. Legal idioms: a framework for evidential reasoning [J]. Argument and computation, 4: 46 – 63.

MODGIL S, PRAKKEN H, 2010. Reasoning about preferences in structured extended argumentation frameworks [C] //BARONI P, CERUTTI F, GIACOMIN M, et al. Computational models of argument. Proceedings of COMMA. Amsterdam: IOS Press: 347 – 358.

MODGIL S, PRAKKEN H, 2014. The ASPIC$^+$ framework for structured argumentation: a tutorial [J]. Argument and computation, 5: 31 – 62.

PARDO M, ALLEN R, 2008. Juridical proof and the best explanation [J]. Law and philosophy, 27: 223 – 268.

PRAKKEN H, 2017. Argument schemes for discussing Bayesian modellings of complex criminal cases [C] //WYNER A, CASINI G. Legal knowledge and information systems. JURIX 2017: the thirtieth annual conference. Amsterdam: IOS Press: 69 – 78.

SCHEUER O, LOLL F, PINKWART N, et al., 2010. Computer-supported argumentation: a review of the state-of-the-art [J]. International journal of computer-supported collaborative learning, 5: 43 – 102.

TIMMER S, MEYER J J, PRAKKEN H, et al., 2017. A two-phase method for extracting explanatory arguments from Bayesian networks [J]. International journal of approximate reasoning, 80: 475 – 494.

VAN DEN BRAAK S, 2010. Sensemaking software for crime analysis [D]. Utrecht: Utrecht University.

VERHEIJ B, BEX F, TIMMER S, et al., 2016. Arguments, scenarios and probabilities: connections between three normative frameworks for evidential reasoning [J]. Law, probability and risk, 15: 35 – 70.

VLEK C, PRAKKEN H, RENOOIJ S, et al., 2016. A method for explaining Bayesian networks for legal evidence with scenarios [J]. Artificial intelligence and law, 24: 285 – 324.

WALTON D, REED C, MACAGNO F, 2008. Argumentation schemes [M]. Cambridge: Cambridge University Press.

WARDEH M, WYNER A, ATKINSON K, et al., 2013. Argumentation based tools for policy-making

[C] //Proceedings of the fourteenth international conference on artificial intelligence and law. New York: ACM Press: 249-250.

YET B, PERKINS Z, TAI N, et al., 2016. Clinical evidence framework for Bayesian networks [J]. Knowledge and information systems, 50: 117-143.

论法律信息检索中的相关性概念[*]

马克·范·奥皮伊宁　克里斯蒂亚娜·桑托斯　文　卢斯佳　译

摘　要："相关性"的概念对法律信息检索至关重要，但由于对其的直观理解，它太难被定义和探索。我们讨论了法律信息检索中的相关性概念框架，该框架基于一般信息检索科学中所使用的相关性维度类型，但针对法律信息的具体特征进行了调整。该框架可用于法律信息检索系统的开发和完善。

关键词：法律信息检索　相关性　法律信息寻求行为

1　引言

法律信息检索（LIR）一直是法律人工智能的研究主题：在《50篇论文中的法律人工智能历史》（Bench-Capon et al., 2012）中，其中7篇与法律信息检索有关。对于法律用户来说，许多研究似乎只与解决他们在信息寻求方面的日常问题有联系。法律人工智能界法律从业人员参与研究的程度较低可能是一个重要原因（Schweighofer and Bench-Capon et al., 2012）："律师总是把庞大的文本体和他对某一专题的掌握程度内化于心。对于一个计算机科学家来说，目标则是运用一个高水平的形式和方法来重新定义法律专题。"不出所料，法律信息检索在法律人工智能中主要关注法律信息的概念化，而对于日常的法律工作，这可能并不是最有效的方法。

与此同时，由于信息时代的进步和大数据的发展，网上发布的法律文件的数量正呈指数级增长，但可访问性和可搜索性并没有跟上这一增长速度。只需点击鼠标，就可以获得书写糟糕或相对不重要的法庭判决，暴露了一个使人感到安慰的荒诞说法，即所有人的搜索结果几乎都一样。信息过载（尤其是低质量的信息）有可能破坏获取知识的可能性，甚至有可能影响司法公正。

除了数量问题之外，法律搜索的定性复杂性也不容低估。法律工作是研究、起草、谈判、咨询、管理和论证的有机结合（Leckie et al., 1996）。将法律信息检索在日常法律实践中的作用局限于仅查找与本案相关的法院判决，这低估了法律和法律信息寻求行

---

[*] 本文原文为 Marc van Opijnen, Cristiana Santos, 2017, "On the Concept of Relevance in Legal Information Retrieval" *Artificial Intelligence and Law*, 25: 65–87。该文属"知识共享许可协议4.0"（the Creative Commons Attribution 4.0）下的开放获取内容，相关链接请参见：http://creativecommons.org/licenses/by/4.0。

作者：马克·范·奥皮伊宁（Marc van Opijnen），荷兰出版办公室（Publications Office of the Netherlands）研究人员；克里斯蒂亚娜·桑托斯（Cristiana Santos），巴塞罗那大学研究人员。

译者：卢斯佳，中山大学法学院法学理论专业2020级博士研究生。

为的复杂性。任何法律信息检索系统，如果不充分了解实际的法律信息需求，也不充分了解"法律思维"，就很容易失败。了解法律专业人员的信息需求和信息寻求行为似乎至关重要，因为这有助于在特定工作环境中规划、实施并运行信息系统和服务（Devadason and Lingam，1997）。法律信息寻求是律师利用现有的一系列法律资源，寻找工作所需信息时所表现出来的行为。

法律信息检索系统被设计为支持法律信息查询，但没有适应法律信息查询行为的特点（Sutton，1994）。如果系统设计者观察了法律信息寻求行为，就可能导致在增值过程的每个阶段都要设置支持法律信息寻求的机制和系统（Cole and Kuhlthau，2000）。

为了帮助研究人员和系统设计人员设计或开发法律信息检索应用程序，将法律信息检索更明确地作为信息检索（IR）的一个子类型，而不仅仅是法律人工智能中的一个主题，便成了一个令人关注的尝试。由于"相关性"是信息检索的基本概念，因此它可能是分析法律信息检索特性的一个有用的起点。本文提出了法律信息检索中相关性概念的框架，并且对法律信息检索系统的改进提出了建议。我们不打算为新的法律搜索引擎提出蓝图，也不评估目前正在使用的法律信息检索系统。我们确实讨论了一些实际的例子，但只是为了说明我们的理论框架的优点。由于我们只想阐述相关性的概念，因此我们避免讨论或评估计算相关性的算法。

在第2节中，我们定义了"法律信息检索"，一方面，区别于法律专家系统；另一方面，描述其作为信息检索的一个特定亚型的特征。在第3节中，我们将讨论法律信息检索的相关性概念，并且以六个相关的"维度"作为指导。在第4节中，我们将得出一些结论，并且对今后的工作提出建议。

2 法律信息检索

2.1 推理与查询的比较

信息技术正以各种方式进入法律领域，与人们生活息息相关（Susskind，2013）。在所有这些不同的系统中，我们强调了两种类型的信息系统：法律专家系统（LES）和法律信息检索系统（LIR）。一方面是为了阐明法律信息检索系统的特殊性，另一方面是为了强调法律职业至少在未来许多年都需要用到法律信息检索。两个系统的主要介绍详见表1。

表1 法律专家系统（LES）与法律信息检索系统（LIR）的比较

项目	LES	LIR
目标	对具体案件事实确立法律立场	提供相关法律资料
输入	事实	请求
内容	编码领域专业知识的法律规则推理	文档
方法	推断	查询

续表1

项目	LES	LIR
输出	决定、建议、预测	设置的文档
优先使用	在特定和有限的领域快速提供答案	在巨大的储存库中寻找信息对象
优势	可以提供明确的答案	无限集中投入和产出
缺点	没有被建模的问题无法回答	用户必须总是自己阅读、解释和决定
基本概念	不确定性	相关性

持续开展的交叉实验研究（Rissland and Daniels，1995）以及法律语义网的许多最新发展（Casanovaset et al.，2016）对法律信息检索的研究至关重要，但这两种类型系统完全融合的可能性很小。法律信息检索的研究始于法律专家系统无法提供答案，法律人工智能尽管给法律专家系统带来了改进，但总会有问题和相关文件有待发现，因为存在法律领域所固有的几乎缺乏任何最终方案的特点。

2.2 法律信息的特征

法律信息检索的各种具体特征使人们将其定位为信息检索的一种特定亚类型（Turtle，1995）。在描述这些特征的基础上，我们将简要说明一般的信息检索在满足法律领域需求方面的一些不足。

（1）体量。虽然在"大数据"时代，电信和社交媒体数据已经超过了法律信息长期以来令人印象深刻的数量，但从信息检索的角度来看，法律信息的数量仍然令人印象深刻。无论是公共资料库（如判例法资料库）还是私人资料库（如律师事务所或法庭的案件档案）都是如此。

（2）文档大小。与其他领域相比，法律文档往往相当长。虽然法律文档经常添加元数据和摘要，但对完整文档的访问（和可搜索性）仍然至关重要。

（3）结构。法律文件具有非常具体的（内部）结构，这通常也具有实质性意义。尽管构建法律文件的标准正在出现（Palmirani，2012），但许多法律文件根本没有任何（计算机可读的）结构。

（4）资料类型的异构性。在法律领域中存在着各种在其他领域中几乎看不到的文档类型。除了显而易见的立法和法院判决，人们还可以想到议会文件、合同、评注、判例法注释等。

（5）资料的自包含。与许多其他领域相反，法律领域中的文档不仅仅是"关于"领域，它们实际上包含了域本身，因此它们有特定的权限，这取决于文档的类型。法令不仅仅是对法律的描述，它还构成了法律本身（Turtle，1995）。尽管在文献意义上，文档只是抽象作品的表现（IFLA，1998），但为了信息检索的目的，所要检索的对象也体现了对象本身。

（6）法律等级。法律领域本身根据文件的类型及其权限定义了一个等级组织。正式的等级制度取决于具体的管辖权或领域，而事实的等级制度往往也取决于法律解释，例如，特别法优于一般法的一般规则要求就其在特定情况下的适用性做出决定。

（7）时效方面。在立法程序的不断进行中，立法文本和修正案相互衔接，可能会重叠。经常出现的困难源于通过搜索特定法律文件的效力和效力的时间轴来追溯其历史（Araszkiewicz，2014），以及检索与受监管事件所涵盖的时间范围有关的适用法律（Palmirani and Brighi，2006）。

（8）引文的重要性。在其他大多数科学领域，引文的重要性体现在学术论文中的引文索引率。在法律领域，引用是文本和论证中更不可分割的组成部分："法律沟通有两个主要组成部分：文字和引用"（Shapiro，1991）。引用可以是内部的（交叉引用），就是将一个规范条款与同一文件中的另一个规范条款连接起来，或者将规范条款与陈述相结合（Humphreys et al.，2015）。引用也可以是外部的，例如，将法院判决、规范性条款、规范性文件与另一规范性文件或学术著作与议会报告联系起来。引文可以是明确的，也可以是隐含的，它们可以表达各种不同的关系：它们可以是工具性的（或"正式的"）——例如，上诉法院提到上诉的一审判决；也可以是纯粹的实质性的，但具有不同的内涵。与第（3）点中提到的一般法律文件的结构一样，大多数引用的格式都不固定，计算机不容易识读。

（9）法律术语。法律术语词汇丰富而具体，其特点是同义、歧义、多义和定义既精确又模糊。

（10）受众。法律信息被各种各样的受众查询，报告拥有不同水平的法律知识和完全不同职业的法学家、学者、法官、律师、公证员、图书馆工作人员或法律援助工作者的完全不同的工作角色，这些角色影响着他们的信息需求（Otike，1999），我们可以将"他们的信息需求"定义为"我们知道的和我们想知道的之间的差距，这推动了搜索"（Dervin，1992）。

（11）个人资料。许多法律文件都包含个人资料。除了所公布的例如法院判决的后果外，它还对法律信息检索产生影响，因为法律记忆往往建立在人名和地名的基础上。

（12）多语种和多司法管辖权。在许多（科学）领域，英语是主要语言，在英美法系国家的管辖范围内也是如此；大陆法系国家则有语言多样性的特点。司法管辖权与语言有着密切的关系，翻译文件只能是原文的派生。因此，欧洲或国际法律信息检索产生了非常具体的问题。

（13）法律资源的分散性。法律信息存在于各种各样的资源中，以复杂的方式分散，具有不同的访问机制、技术格式和接口。

3 法律搜索中的相关性

3.1 法律信息检索中相关性的性质

信息检索学基本上是关于"相关性"的：如何从一个无限的集合中检索出最相关的文档？在开发或讨论任何检索方法或系统之前，我们必须审查"相关性"的概念。这似乎是一个微不足道的任务，因为这个概念可以很快被每个人理解。然而，透彻的理解对于法律信息检索系统的有效性至关重要，因此需要不断地思考。概念框架的基础可以从一般的信息检索科学中取用。

萨拉塞维克（Saracevic，1996）将"相关性"定义为："与当前事下有关"，或者更广泛地说："作为一个认知概念，关联涉及一种互动的、动态的、通过带有对语境的意图进行推理建立的关系。"从这个定义中，我们可以得出相关性具有上下文依赖性，因为它是通过与"手头的事情"相比较来衡量的。由于它的动态建立，相关性可能会随着时间的推移而变化，并且涉及某种选择（Saracevic，2007）。从定义中还可以看出，相关性是一个比较的概念：它是测量的比率尺度，尽管通过使用特定的阈值，它可以转化为二进制属性（相关或不相关）。由于这种比较特征，信息对象可以按其相关性进行排序。

由于它在许多最终用户的法律信息检索应用程序中可见，"排名"可能看起来是一个关键的概念（Geist，2016），但搜索结果排名只是相关性的许多实际应用之一，另外是："过滤、评估、推断……接受、拒绝、联系、分类……以及其他类似的角色和过程"（Saracevic，1996）。通过将"相关性"缩小到"排序"，我们不仅排除了相关性的许多其他应用——在现代法律信息检索系统中也越来越多地被使用——而且不可避免地遇到了将导数函数误认为基本概念的理论问题。

3.2　LIR 中的相关性维度

要理解相关性的概念，重要的是消除各种"相关性维度"的歧义（Cosijn and Ingwersen，2000）。我们在此简要讨论这些相关维度，总结它们的基本特征，并辨析各种类型的不同。在本文中，我们将更详细地阐述这些法律信息检索的相关维度。

（1）算法或系统相关性。第一个维度涉及查询和信息对象之间的计算关系，基于它们之间的匹配或相似性。传统上，模型是在全文搜索的背景下被描述的，如布尔、概率、向量空间等。自然语言处理也被认为是在算法相关领域内，尽管在我们看来，它也包括了那些没有发生在实际查询期间的过程，但目的是在后期改进算法相关性，例如，文档的预处理、自动分类等。不像很多其他的相关性维度那样可以在没有计算机的情况下被观察和评估，算法相关性是依赖于系统的。

（2）主题相关性。这是指请求的"主题"（概念、题材）和检索到的关于该主题的信息对象之间的关系。主题关系被认为是一个客观的属性，独立于任何特定的用户。"关于性"是传统的区别标准。信息对象的主题可以通过手工进行编码或计算，例如通过分类算法。

（3）文献相关性。这是指请求与信息对象的文献接近性之间的关系。如上文第2.2节所述，法律信息的一个具体特点是其自包含。这意味着法律信息系统（不像关于医药、汽车或动物的信息系统那样）是最终目标本身。因此，"存在性"是与众不同的标准。因为法律信息对象可能有许多不同的版本，所以存在性不是一个布尔值，而是一个相对的概念；不是数据检索的问题，而是信息检索的问题。这个维度在萨拉塞维克和科瑟伊恩（Cosijn）的类型中并不存在。

（4）认知相关性。这是指用户的信息需求与信息对象之间的关系。与算法相关性、文献相关性和主题相关性不同，认知相关性是用户依赖的，以信息性、偏好、一致性和新颖性等标准作为衡量要素。

（5）情境相关性。其定义为用户的问题或任务与系统中的信息对象之间的关系。相关性的这个维度也依赖于特定的用户，但与认知相关性不同的是，它并不关注所表述的请求，而是关注启动信息检索过程的潜在动机。情境相关性的推断标准是决策有用性、解决问题的适当性和减少不确定性。

（6）领域相关性。萨拉塞维克的第五维度曾使用"动机或情感关联"，但在一项批判性评估中，科瑟伊恩等人用"社会认知关联性"取代了这一维度，"社会认知关联性"是根据特定社会文化背景下的情境、工作任务或手头问题与一个人或另一个人所感知的信息对象之间的关系来衡量的。鉴于法律信息的特定特征以及建模的原因，我们将这一维度定义为法律领域内信息对象的相关性（因此不是"当前的工作任务或问题"）。为方便起见，我们将其标记为"领域相关性"。

图1描述了这些维度在用户、信息检索系统和法律领域之间相互作用中的用处。应该注意的是，书目和主题相关性都与用户请求（在用户界面中制定）和信息对象之间的关系有关。它们可能是互斥的，用户要么在寻找对象本身，要么在寻找有关对象的信息，但不一定是这样：用户可能会同时搜索法院判决和有关该判决的信息，但即使这样，用户也希望这些结果是分开的，或者在其结果列表中可以识别为"是"和"关于"。

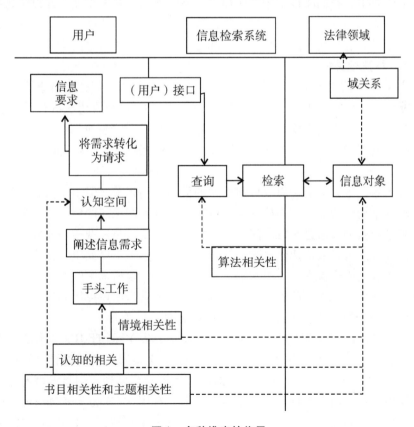

图1　多种维度的作用

在这里，我们应该注意到相关性维度很容易重叠和混合："信息检索的有效性取决于在相关性系统中组织的各种相关性表现形式的相互作用和适应的有效性"（Saracevic，1996）。因此，在信息检索系统的设计中，在用户界面、检索引擎和资料收集中，区分不同的维度并特别注意每个维度是非常重要的。它肯定会提高用户对系统在检索最相关信息方面的性能的感知。这种感知——或"好的标准"——取决于所调用的相关维度。表2总结了这些标准以及各自维度的性质。

表2 相关性维度的比较

维度类型	描述	"好"的标准
算法相关性	查询和信息对象	推断相关性的比较有效性
主题相关性	在请求和数目对象中表示的主题	关于性
文献相关性	请求对象和信息对象	存在性
认知相关性	用户和信息对象的信息需求	认知信息量、信息质量、权威性
情境相关性	当下的情况、任务和信息对象	在决策和解决问题中的实用性
领域相关性	法律群体和信息对象的意见	法律重要性

在以下内容中，我们将详细阐述法律信息检索的六个相关维度，并讨论这些维度如何有助于对过去和当前的方法谱进行分类；分析它们如何与法律专业人员寻求信息的行为相对应，以及它们如何有助于弥合律师和信息学家之间的概念鸿沟。

3.2.1 算法相关性

算法相关性是信息检索的计算核心，如图1所示的信息对象与查询的关系。此"查询"应被理解为在用户界面或任何其他中间组件中输入的请求的计算机可处理翻译。算法相关性是关于引擎检索一组给定信息对象（"黄金标准"）的能力，这些对象应该通过给定的查询（以"召回率"衡量）以最小的误报率（以"精度"衡量）进行检索。

从概念上看，查询的类型以及检索框架的类型并不相关，但由于法律信息量大、文献量大、缺乏结构等特点，文本检索长期以来一直是人们关注的焦点。各种各样的计算模型被用来推断查询和信息对象之间的相似性。在早期，布尔搜索是任何法律检索系统的核心；在今天的大多数法律信息检索系统中，它仍然是不可或缺的元素。在布尔系统中，用户请求和文档都被视为一组术语，系统将返回包含请求中的术语的文档。布尔搜索常常导致检索大量文档。此外，他们很少或根本没有为用户提供制定或细化查询的帮助，而且他们缺乏能够改进搜索结果的领域专业知识。

人们通过使用向量空间模型（Saltonet et al.，1975）和 TF-IDF（术语频率－逆文档频率）等模型，提高了相关性能。然而，由于全文检索系统的设计，召回率往往低于可接受的水平："基于这样一个假设，即用户很容易预见到他们将发现有用的文档中使用的确切单词和短语，而且只有在这些文档中才有用"（Blair and Maron，1985）。法律用语的模糊性、同义性和复杂性是造成这一问题的主要原因（Dabney，1986）。自然

语言处理（NLP）因作为一种对纯文本搜索的补充而越来越受到欢迎。（Maxwell and Schafer，2008）

除了基于文本的搜索之外，我们还可以考虑其他类型的算法相关性，例如，将本体作为更高层次的知识模型使用（Casanovas et al.，2016；Saravanan et al.，2009），将网络统计用于引文分析（Fowler and Jeon，2008；Van Opijnen，2013）以及用于结合不同进路的方法（Koniari et al.，2016）。

3.2.2 主题相关性

主题相关性是关于在用户请求中（明确或隐式）表述的主题与信息对象的主题之间的相关性关系。我们已经探索了不同的策略来改进这一相关性维度。

（1）映射和索引术语。使用自由文本搜索映射和索引术语，并且将搜索的术语映射到从信息对象索引的术语，往往会导致糟糕的结果，因为法律概念可以用各种方式表达，而完全不同的概念在文本上可以非常相似。

（2）手动索引。从分类法或同义词表中添加标题注释和关键字是法律信息行业的常用方式。一项研究指出（Kuhlthau and Tama，2001），这种关键字搜索缺乏灵活性："律师似乎需要有机会定位关键字范围之外的信息，以便激发一种想法，使他们能够在案件中阐明问题。"当律师对需要概述的领域的细节了解很少或不精确时，这种方法是有问题的。关于性被假定为一种客观的属性，独立于任何特定的用户，手动索引本质上是主观的，甚至同一个索引器也可能根据文档所处的上下文，以不同的术语对同一文档进行排序（Bing and Harold，1977）。"手动索引的好坏取决于索引人员对索引文档可能被发现的相关问题的预测能力。它受限于其同义词典的质量。它必然是预先设定的，因此在深度上也是有限的。最后，像任何人类的事业一样，它并不总是做得像它能做到的那样好。"（Dabney，1986）。

（3）半自动分类。对于大型公共数据库来说，手动标记很难成为一种选择，但自动分类的性能却不如人工索引（Mart，2010）。这种自动化系统的一个普遍缺点是在用户界面中强制使用分类方案。这迫使用户限制或重新规范他的请求，以使其与可用的分类系统保持一致。这个问题只能通过"使用自动化和手工技术的结合，构建一份表达概念的概念和变体列表"来解决（Zhang，2015）。这需要深入的法律知识，以及对搜索引擎日志文件的分析和持续的维护。使用本体论的半自动分类（Boella et al.，2016）越来越流行，尽管目前人们对IBM的Ross（Beck，2014）等合法人工智能应用程序大肆宣传，但对其性能的怀疑似乎是一种良性态度（Paliwala，2016；Remus and Levy，2016）

（4）基于关系的搜索。法律信息检索系统的开发者应该考虑这种投入是否值得：调查显示，分类系统在用户中不太受欢迎（Peoples，2005），与按关系搜索相反（Lastres，2015）。法律中的许多主题，至少在法律思维和信息寻求行为方面，与其他法律文件有很强的联系（连锁）。典型的请求可能是指对某一特定法律段落或法院判决的（全部）搜索。在这样的请求中，这些信息对象代表一个特定的法律概念，但律师重新表述的唯一原因可能与搜索引擎无法处理其实际请求有关。众所周知的行为和代码，诸如关于性的信息是在论文或活页百科全书中被构造的，但它们是为浏览而优化的，而不是为搜索而优化的。由于这类著作并不涵盖整个法律领域，因此对引文进行检索原则上可能是一个明显的选择。在英美法系国家，引文学者非常流行这种"专题引文搜索"，比如 LawCite.org（Mowbray et al., 2016）在公法领域和 Shepard（Spriggs and Hansford, 2000）在私法领域。后者是基于手动标记的，也包含这些关系的限定条件。在欧洲大陆，引用搜索的重要性——作为一种关于内容的类型——需要搜索提供者更多的关注。例如，在 EUR-Lex、HUDOC 和各种国家立法数据库中，文档之间的关系被标记并可搜索/浏览，但是在国家判例法数据库中进行引文检索是极其困难的。其中一个原因是法官的引用习惯不够好：研究表明，只有 36% 的被引用的欧盟法案符合规定的引用方式，其他的引用则采用了各种其他方式（Van Opijnen, 2010b）。当人们搜索判例法引用时，会出现类似的问题，因为一个判决可以被许多不同的标识符引用（Van Opijnen, 2010a），就像常常模棱两可的判例号、记者代码、商业参考或判断标识符，如欧洲判例法标识符（ECLI）①（Van Opijnen and Ivanchev, 2015）。通常，包含案件当事人姓名的案件名称是有问题的，因为它们有许多不同的拼写变体，而且使用频率较低，因为法院判决往往是匿名的（Van Opijnen, 2016a）。此外，斜杠、逗号和连字符是合法标识符的基本元素，但会被搜索引擎解释为特定的搜索指令（例如，"/"表示"接近"，"-"表示"不"）。手动标记大规模的公共数据库是不可能的，所以，人们必须开发引用解析器（Agnoloni and Bacci, 2016；Van Opijnen et al., 2015），它们可以被用于识别信息对象中的引用，以及理解用户请求。

人们在多语言法律知识库中进行搜索，例如在欧洲电子司法门户上的 ECLI 搜索引擎中搜索，出现了这样的问题：请求中所使用的术语不仅必须被翻译成信息对象的语言，而且还必须被翻译成信息对象所涉及的司法管辖区的特定法律术语。解决这一问题的各种构建模块已经被开发出来。网站 EuroVoc 是一个庞大的多语种词汇表，尽管它被用于在 EUR-Lex 数据库中进行标记，但它太过面向策略，较少涉及法律性，不适合法律信息检索的实际使用。事实证明，调整不同法律制度和/或语言的法律词汇相当困难（Francesconi and Peruginelli, 2010）；在 Legivoc 项目中，相关人员已经绘制了各种国家法律词汇表（Vibertet et al., 2013），但还需要进一步细化，以便于实际使用。

3.2.3 文献相关性

主题相关性，如前一小节所讨论的，是关于用户请求中制定的主题和信息对象的主题之间的相关性关系。对于大多数信息检索系统来说，该主题足以衡量所检索到的文档是否符合用户提出的信息请求："关于性"被用作决定性的标准。但与许多一般信息（检索）系统所包含的信息相反，法律信息（检索）系统中的信息是高度自封的。有关动物、飞机或人的信息检索系统包含有关这些主题的信息，但不包括对象本身。然而，法律信息检索系统本身确实包含立法、法院判决和议会文件——尽管它们可能还包含关于这些对象的其他文件（这些文件本身也可能是这些法律来源）。建立这种文献相关性的独特标准是"存在性"：即所检索到的文档在多大程度上是用户所要求的。可能是因

---

① 理事会关于引入欧洲判例法识别码（ECLI）和判例法统一元数据的最小集合，CELEX：52011XG0429（01）。

为大多数关于信息检索的学术研究是关于非自包含的领域，所以文献相关性并不被认为是一个自身的相关性维度。与主题查询或浏览（目的是调查未知信息）相反，书目查询的目的是搜索已知信息，至少从用户的角度来看是这样的：搜索特定行为、法庭案例、议会文件或学术文章。这可能看起来更像数据检索，而不是信息检索（Baeza-Yates and Ribeiro-Neto，1999），因此显而易见的（Harvold，2008），由于各种原因，大多数法律信息系统仍然是信息检索领域一个真正的难题。

（1）FRBR（书目记录功能需求）的本体层次。

在阐述这一主张之前，我们首先要介绍在国际图书馆协会和机构联合会（IFLA，1998）的 FRBR 中发展起来的本体层次，它也被广泛用于构建、描述和识别法律信息（Boer，2009；Cen，2010）。FRBR 的四个不同的本体层次是作品、表达、载体和单项。

作品是一个抽象的层次，其定义为：一个独特的智力或艺术创作。例如，法院判决，这项工作是解决向法院提出的具体法律纠纷的司法判决。当有人说："欧盟法院对西班牙谷歌的裁决是数据保护领域的一个里程碑式的决定"时，这一工作级别就得到了解决。

表达也是一种抽象层次，其定义为：作品的智力或艺术实现。请注意，这个表达也是一种智力或艺术产品，但它总是来自一件作品。对于法律文件，存在不同类型的表达：语言的、时间的和编辑的。由于法律是不断变化的，时间表达方式与立法尤其相关。编辑性表达通常与法庭判决更相关：例如，法官的真实版本，法院门户网站上公布的匿名版本，或者法律出版商编辑的删节表达。

载体是对作品表达的（具体）物理体现。打印文档、PDF、XML 或 Word 版本都属于载体。除了非抽象性外，载体还缺乏创造它时所需付出的智力和艺术。

单项是一个表现形式的单一范例。例如，它可以是电脑上某个特定目录下的一份法庭判决的数字签名 PDF 版本，或者是桌上放着的立陶宛《刑法》的最新精装版。

（2）FRBR 的问题。

文献相关性对检索系统提出了三个相互关联的问题，所有这些问题都支持我们的主张，即这是在信息检索领域，而不是在数据检索领域。第一个问题是理解用户提出的是"是请求"还是"关于请求"，第二个问题是识别问题，第三个问题是检索合法信息对象的正确 FRBR 版本。

对于第一个问题，在非自包含域内运行的信息检索系统可以将用自然语言编写的用户请求解释为关于请求。他们可以用第 3.2.1 节中所描述的算法相关性的优化来处理请求，假如搜索"捷豹 e 型"，系统可以确保用户希望检索标志性汽车的描述、图片和手册，而不是东西本身。但当被要求提供"都柏林条例"时，系统必须能够理解，这可能是要求提供包含这两个词的文件，或者要求提供适用于爱尔兰首都的法律规定，但首先必须将其理解为对欧洲议会和理事会 2013 年 6 月 26 日第 604/2013 号法规（EU）文本的请求，该法规确立了由哪一成员国来负责审查由第三国国民或无国籍公民在某一成员国提出的国际保护申请的标准和机制，[①] 但标题中根本不出现"都柏林"一词。

---

① CELEX：32013R0604.

当人们意识到律师在引用法律信息时并没有那么精确后，在面对他们的搜索请求时，第二个问题就出现了。上述法规也可以被引用为"法规 No.604 – 2013""EC-reg. ec""编号 604/2013"或"Reg（EEC）604.2013"。所有这些格式都不符合欧盟有关文本指南（EU Publications Office 2011），甚至是不正确的，但当在引用中使用它们时，任何法律专业人士都会立即理解。因此在搜索引擎中使用时，它们不会得到想要的结果。基于在第3.2.2节根据关系的搜索中已经讨论过的原因，标点符号被解释为特定的查询指令，在查询执行过程中，几十种不同的格式变体很难被正确理解。

出于这个原因，以及了解用户是搜索一个法律文件，而不是执行一个主题搜索，所以许多法律信息检索系统提供了一个复杂的搜索界面，让用户非常精确地输入请求，如（通常是复合）文档标识符、出版物参考资料、文件日期或缩写等。事实上，这种详细的界面通常作为默认搜索模式被提供，或者至少是非常显著地出现，这一事实突出了书目搜索的重要性：这种形式仍然需要在存在性的标准上达到可接受的性能。同时，尽管用户现在可以使用的许多合法信息检索系统之间存在着许多不同的标识符和元数据标签，但这对文档的可查找性以及这些系统的可用性构成了严重威胁。这种问题经常会随着识别系统或引用习惯的改变而成倍增加。例如，在 EUR-Lex 高级搜索中，必须将文件编号分为"年份"部分和"编号"部分，这使即使是受过培训的用户也会感到困惑，如果他正在查找"指令 96/95/EC""条例 98/2014"或"条例 2015/2016"①，那么应将哪些数字放在何处。

有人可能会说，一般来说，这种寻找特定法律文件的"高级"搜索形式过于严格，而这里应该适用"对你接受的东西要宽容，对你生产的东西要严格"（Musciano and Kennedy，2006）的原则。用于检测文档本身的被研发出来的引用解析器（Van Opijnen et al.，2015）也可以用于对用户请求进行预解析，使所有这些特定的输入字段被淘汰。即使法律信息检索系统知道存在性标准而不是关于的标准，即使它也知道哪些信息对象可能被要求，它仍然面临着第三个问题：哪些 FRBR 版本的文件应该被呈现给用户。这没有明确的答案，但必须考虑到某一些方面。工作层面可能存在有模棱两可的问题。上面提到的都柏林的例子，说明它是法规（EU）No.604/2013 的别名，尽管这个别名在日常法律语言中被使用，但它并不是明确的。更准确地说，该法规被称为《都柏林Ⅲ条例》，其前身法规（EC）No.343/2003 是《都柏林Ⅱ条例》，《都柏林Ⅱ条例》和《都柏林Ⅲ条例》依次出现在《都柏林公约》（所有这些文书所涉及的法律原则的命名者）之前。由于法规（EC）No.1103/2008②已经对《都柏林Ⅱ条例》进行了修订，并且必须做出额外的改变，因此决定该法规必须被重新制定，使《都柏林Ⅲ条例》实际上与

---

① 年份分别为1996年、2014年和2015年。第一项指令中，年份是第一位的；第二项项法规中，数字是第一位的；但从2015年1月1日起，年份是第一位的，这一年是所有法案的第一年。见 https://www.eur-lex.europa.eu/content/tools/elaw/OA0614022END.pdf。

② 2008年10月22日，欧洲议会和理事会发布了法规（EC）No.1103/2008，该条例调整了一些受《欧洲联盟工作条约》第251条程序规定的决策程序管辖的工具，以适应理事会1999/468/EC的决定，特别是针对监管程序进行了调整，包括监管程序的第三部分 CELEX：32008R1103。

《都柏林Ⅱ条例》是同一法规（《都柏林条例》）的不同时间的表达①。《都柏林Ⅱ条例》有公布的表达（发表在官方期刊上）②和 2008 年修订后的第一个合并的表达。《都柏林Ⅲ条例》也以其在官方期刊中所公布的措辞③和合并的措辞中存在欧盟法规而在所有官方（24 种）④语言中具有同等效力，其中大多数语言的表达适用于所有临时和公布/合并的表达。至于时态表达式，将来（可能的）版本也应该是可检索的，如果有的话，许多这样的文件将以不同的形式存在⑤；对于最终用户来说通常（X）HTML 和 PDF 是可用的，而对于计算机来说有时也可以用（RDF/）XML 或 JSON。

查找和呈现书目上最相关版本的问题可以通过多种方法来解决，例如，考虑到用户的语言，使用元数据（如关于文档的提供者及其权威性），提供在请求表中指定时间表达式的选项，或者在检索到文档的第一个版本后比较不同语言或时间表达的可能性。前者的一个例子可以在 EUR-Lex 上找到，它现在最多可以同时显示三种语言版本。⑥ 此外，立法数据库中的时间运行也在改善：法学家通常需要知道一项法案的时间版本 T 和版本 T+1 之间的增量。现在一些立法数据库不仅并行地服务于版本 T 和版本 T+1，而且实际上还以用户友好的方式显示增量⑦。另外，在服务器端，特定的"FRBR 解析器"（如"Akoma-Ntoso 解析器"）可能有助于找到给定输入参数集的最佳匹配，即使最佳匹配在不同的服务器上（Palmirani et al.，2014）。

3.2.4　认知相关性

认知相关性关注的是信息对象与用户的认知信息需求的匹配程度：即在用户界面中将信息需求转换为请求之前，所经历的信息需求。这个相关性维度具有主观性：检索到的文档是否符合用户的知识状态？对于检索到的信息对象，人们应该注意哪些特征？

由于这一维度具有主观性，法律信息检索系统的认知相关性性能取决于系统显式或隐式理解每个用户信息需求的能力；使用"个性化搜索"一词的许多上下文都有一个共同点，那就是它们与认知相关。

这里要特别提及推荐系统的可能用法。推荐系统依赖于智能过滤，而通过比较和组合文档指标、搜索结果和用户生成的数据，我们可以区分两种类型的过滤。一方面，"协同过滤"通过利用用户过去的搜索行为和/或同龄人的搜索行为来推荐文档。另一方面，"基于内容的过滤"则通过使用手边文档和其他文档的共享特性，基于主题相似

---

① 对于是否在实际中产生了新内容的问题，大家意见不一。在 ELI 框架内，这两个条例都是各自的工作（ELI 工作组 2015），并标记为"eli：LegalResource"。
② 在 ELI 框架中，颁布版本和合并版本被视为分开的文件。
③ 虽然《都柏林Ⅲ条例》尚未修订，但第一个合并版本通常被视为一个单独的表达。
④ 有时盖尔语版本并不适用于所有文档。
⑤ 关于《都柏林条例》，未来可以与欧洲议会和理事会条例修订案（欧盟）第 604/2013 号整合，以此来确定负责审查无家庭成员、兄弟姐妹或亲属的无人陪伴的未成年人国际保护申请的成员国（CELEX：52014PC0382）；或者可以与欧洲议会和理事会条例修订案第 603/2013 号整合（2013 年 6 月 26 日修订），以此建立危机转移机制，以及确定由哪个成员国负责审查第三国国民或无国籍人员在其中一个成员国提出的国际保护申请（CELEX：52015PC0450）。
⑥ 例如 www.eur-lex.europa.eu/legal-content/EN-CS-ET/TXT/?uri=CELEX:32013R1316，显示英语、捷克语和爱沙尼亚语版本的《都柏林Ⅲ条例》在一个屏幕上。
⑦ 例如 www.wetten.overheid.nl/BWBR0006368/2016-01-01?VergelijkMet=BWBR0006368%3fg%3d2010-02-01。

性、可比元数据或引文网络中的接近度来推荐文档。当然，协作过滤和基于内容的过滤也可以结合在一起。推荐机制可以用来限制检索文档的数量（例如，因为系统知道一个给定的用户只对税法感兴趣，而对刑法不感兴趣）或增加文档的数量：通过提供"更像这个"按钮或可导航的引文图，用户可以在偶然的信息发现中得到支持（Toms，2000）。推荐系统根据用户的个人需求，也可被用于主动搜索：通知系统通知用户信息已添加到对象存储库和可能对它感兴趣的地方，因为用户明确表示希望了解数据与特定的特点，或者由于系统达到这一结论是基于过去的搜索行为。在法律信息检索方面，推荐系统还没有得到太多的关注（Boer and Winkels, 2016; Winkels et al., 2014）。

3.2.5 情境相关性

认知相关性与搜索任务执行相关，情境相关性与工作任务执行相关，文献相关性是通过它们对当前任务的有用性来衡量的［如决策或解决问题（Cosijn and Bothma, 2005）］。情境相关性的判断不仅包括用户对给定信息对象是否能够满足信息需求的评价，还提供了创造新知识的潜力，这可能激发决策者的认知结构的变化。这种变化可能进一步导致对情况的看法和随后的相关性判断的改变，以及对资料需求的更新（Borlund, 2000）。应该注意的是，该系统不是被要求解决问题本身，它是一个法律专家系统，而不是一个法律信息检索系统。

法律信息检索中的情境相关性接近于但不应与"法律关联"混淆，这通常意味着当信息对命题的真实性产生积极或消极影响时，它与命题相关（Cross and Wilkins, 1964）。

"法律相关性"和情境相关性之间的区别可以通过 JonBing 的以下定义加以理解。

> 如果存在以下情况，则与法律来源相关的地方为：
> （1）如果用户对来源没有任何了解，那么用户的参数就会有所不同。必须至少从源代码中派生出一个参数。
> （2）法律元规范要求用户考虑该源是否属于第（1）类。
> （3）用户自己认为应该考虑该源是否属于第（1）类。（Bing, 1991）

在这个定义中，第（1）类涉及"法律相关性"的严格概念，而法律信息检索中的情境相关性也包括第（2）类和第（3）类。

可能是由于判例法在美国和其他普通法国家的相对重要性，许多法律信息检索研究都集中在找到与手头案件相关的（最高）法院判决上。这可以使用多种（有时是组合）技术来实现，如论证挖掘（Mochales and Moens, 2011）和自然语言处理（Maxwell and Schafer, 2008）。

3.2.6 领域相关性

我们将"领域相关性"定义为法律领域本身内的信息对象的相关性。它独立于任何信息系统，也独立于任何用户的请求。从上一段可以了解到，我们更愿意避免使用"法律相关性"一词，但"法律重要性"作为"法律领域相关性"的同义词而存在（Van Opijnen, 2016b）。

领域相关性可以以不同的方式被应用于法律信息检索系统中。

（1）信息对象类别的法律重要性。

这涉及信息对象的类别，这些信息对象可以根据其法律重要性进行分类：宪法高于普通法，而普通法又比细则或部门法更重要。同样，最高法院的意见比地区法院的判决更具权威性，但欧洲人权法院的判决又比最高法院的判决更具权威性。对于许多类别的信息对象来说，它们的相对法律重要性可以从基本元数据中得出。

（2）单个信息对象的法律重要性。

领域相关性的概念也可以用于根据信息对象的法律重要性对其进行分类。在庞大的存储库中，类似从糠中分离小麦的方法长期以来一直是域的专家的领域中的方法：由于出版/存储成本昂贵，添加文档本身也需要劳动密集型操作，因此，任何纸张或早期数字存储库的输入端都需要进行选择。如今，信息在互联网上发布的便利性至少部分地将选择过程从输入端转移到了输出端："选择"已经从出版商的问题演变为信息检索的挑战。荷兰的判例法出版物可以被作为一个例子：荷兰的公共判例法数据库只包含一小部分（<1%）已判决的案件，但15年来已经累积了37万份文件。其中75%以上被认为不够重要，不能在法律杂志上发表（Van Opijnen，2014）。

我们在包含欧洲人权法院制作的所有判例法文件的HUDOC数据库中可以看到一个应用于文件级的领域相关性的例子。为了帮助用户根据其法律权限筛选近57000个文档，数据库引入了四个重要级别。除最高类别（包括法院报告中公布的所有判决）外，所有文件都是人工加标签的。因为这个重要级别是每个文档的一个属性，所以可以很容易地与其他相关维度结合使用。

由于手工标记是劳动密集型的，对于更大规模的存储库，计算机辅助评级便是必不可少的。鉴于法院判决之间大量引用的使用，网络分析显然是评估判例法权威的一种方法论（Fowler and Jeon，2008；Winkels et al.，2011）。在"判例法自动评级模型"（Van Opijnen，2013）中，"法律群体"是指通过引用或不引用单个法院判决来评估其重要性的领域专家，并且扩展到法律学者；同时，它还使用回归分析中的其他变量来预测今天做出的决定在未来被引用的概率。其中一个变量是，随着时间的推移，人们对单一法院判决重要性的看法发生了变化（Tarissan and Nollez-Goldbach，2015）。如果法院的判决结构良好，并且引用到段落级别，那么也可以计算子文档级别的重要性（Panagisa and Sadl，2015）。可比较的技术可被用于立法文件的相关性分类（Mazzegaet et al.，2009）。

网络分析由通用标识符支持，如欧洲立法标识符（ELI）、欧洲判例标识符（ECLI）、未来可能的欧洲法律原则标识符（ELDI）（Van Opijnen，2017）或法律引用的全球标准。

法律信息对象之间除了建立引文所衍生的单纯关系外，还可以通过建立和评估关系的性质来创造附加价值。Shepard 的引文（Spriggs and Hansford，2000）提供了一个例子，但它只能订阅，而且由于分类本身是手动完成的，所以大型公共数据集需要自动化解决方案（Winkelset et al.，2014）。

4 结论及进一步工作

相关性及信息检索的基本概念"是一个完全人性化的概念,与所有人性化的概念一样,它有点混乱"(Saracevic,2007)。由于法律信息检索库容量的快速增长、法律信息对象的鲜明特征和法律专业人员的复杂任务,法律信息检索中的"相关性"值得特别关注。

由于大多数法律信息检索系统都是由缺乏全面领域知识的检索专家设计的,有时还由缺乏检索技术知识的领域专家辅助设计,因而用户往往会对系统的相关性能感到失望。

我们可以强调四个主要结论:

第一,检索工程过于专注于算法相关性。事实已经充分证明,没有特定领域的调整,每个搜索引擎都会让合法用户失望。通过解开"相关性"的整体概念,我们希望能够激发一场关于法律信息检索系统设计的更全面的辩论。在设计法律信息检索系统的所有组件时,我们必须明确考虑所有相关维度:文档预处理、(元数据)建模、查询构建、检索引擎和用户界面。在用户界面内,法律信息搜索行为,包括搜索、链接、过滤和浏览,应充分利用各种相关维度,当然,这些行为应以符合法律思维的方式来进行,并且承认相关性维度在信息搜索过程中不断互动。

第二,"存在性"的概念经常被忽视。为法学家发现(表达)作品,而不是(仅仅)关联作品,是一种常用的功能,但易被系统开发人员误解。

第三,领域相关性也是一个有待继续探讨的概念。虽然有一种趋势是出版越来越多的法律信息(特别是法院判决),而不标明其法律价值,但资料的过度使用将对这些数据库的利用造成严重威胁。如果不能充分解决领域相关性的问题,那么其他相关维度上的性能将受到影响。

第四,考虑到数字信息对法律专业人士的重要性,我们能够想象到律师每周很容易花 15 小时进行搜索,尽管放弃纸质文件并非总是自愿的选择(Kuhlthau and Tama,2001),但法律信息检索系统和用户需求之间的差距仍然很大。为了充分了解他们的搜索需求,仅仅评估一下他们的意愿是不够的,因为法律专业人员无法描述一个尚不存在的系统的特征。要了解法律思维,最重要的是要仔细地跟踪他们的日常检索任务。它肯定会揭示一些有趣的见解,可以被用来提高法律信息检索系统的相关性能。

参考文献

AGNOLONI T, BACCI L, 2016. Linking data. Analysis and existing solutions. [EB/OL]. [2017-01-05]. http://www.bo-ecli.eu/uploads/deliverables/DeliverableWS2-D1.pdf.

ARASZKIEWICZ M, 2014. Time, trust and normative change. On certain sources of complexity on judicial decision-making [C]//CASANOVAS P, PAGALLO U, PALMIRANI M, et al. AI approaches to the complexity of legal systems: AICOL 2013. Berlin: Springer: 100-114.

BAEZA-YATES R, RIBEIRO-NETO B, MILLS D, et al., 1999. Modern information retrieval [M].

New York: ACM Press.

BECK S, 2014. The future of law [J]. American lawyer, 36 (8): 30 – 37.

BENCH-CAPON T, ARASZKIEWICZ M, ASHLEY K, et al., 2012. A history of AI and law in 50 papers: 25 years of the international conference on AI and law [J]. Artificial intelligence and law, 20 (3): 215 – 319.

BING J, 1991. Handbook of legal information retrieval [M]. Oslo: Norwegian Research Center for Computers and Law.

BING J, HARVOLD T, 1977. Legal decisions and information systems [M]. Oslo: Universitets Forlaget.

BLAIR D C, MARON M E, 1985. An evaluation of retrieval effectiveness for a full-text document-retrieval system [J]. Communications of the ACM, 28: 289 – 299.

BOELLA G, DI CARO L, HUMPHREYS L, et al., 2016. Eunomos, a legal document and knowledge management system for the web to provide relevant, reliable and up-todate information on the law [J]. Artificial intelligence and law, 24: 245 – 283.

BOER A W F, 2009. Legal theory, sources of law and the semantic web [M]. Amsterdam: University of Amsterdam.

CASANOVAS P, PALMIRANI M, PERONI S, et al., 2016. Special issue on the semantic web for the legal domain guest editors' editorial: the next step [J]. Social science electronic publishing, 7: 213 – 227.

COLE C, KUHLTHAU C, 2000. Information and information-seeking of novice versus expert lawyers: how experts add value [J]. New review of information behaviour research, 1: 103 – 115.

COSIJN E, INGWERSEN P, 2000. Dimensions of relevance [J]. Information processing & management, 36: 533 – 550.

CROSS R, WILKINS N, 1964. An outline of the law of evidence [M]. London: Butterworths.

DABNEY D P, 1986. The curse of thamus: an analysis of full-text legal document retrieval [J]. Law library journal, 78: 5 – 40.

DERVIN B, 1992. From the mind's eye of the user: the sense-making qualitative-quantitative methodology [M] //GLAZIER J D, POWELL R R. Qualitative research in information management. Englewood: Libraries Unlimited: 61 – 84.

EU Publications Office, 2011. Interinstitutional style guide [M]. Luxemburg: Publications Office.

ELI Task Force, 2015. ELI a technical implementation guide [M]. Luxemburg: Publications Office.

FOWLER J H, JEON S, 2008. The authority of Supreme Court precedent [J]. Social science electronic publishing, 30: 16 – 30.

FRANCESCONI E, PERUGINELLI G, 2010. Semantic interoperability among thesauri: a challenge in the multicultural legal domain [C] //ABRAMOWICA W, TOLKSDORF R, WECEL K. Business information systems workshops: BIS 2010 international workshops, Berlin, Germany, May 3 – 5, 2010. Berlin: Springer: 280 – 291.

GEIST A, 2016. Rechtsdatenbanken und Relevanzsortierung [D]. Vienna: Technische Universität Wien.

HARVOLD T, 2008. Is searching the best way to retrieve legal documents? [C] //The e-stockholm '08 legal conference. Salt Lake City: ESLC Press.

HUMPHREYS L, SANTOS C, CARO LD, et al., 2015. Mapping recitals to normative provisions in EU legislation to assist legal interpretation [C] //Legal knowledge and information systems. JURIX 2015:

the twenty-eighth annual conference. Amsterdam: IOS Press.

IFLA, 1998. Functional requirements for bibliographic records, New Series, vol 19 [M]. Vacouver: UBCIM Publications.

KUHLTHAU C C, TAMA SL, 2001. Information search process of lawyers: a call for "just for me" information services [J]. Journal of documentation, 57: 25–43.

LASTRES S A, 2015. Rebooting legal research in a digital ages [EB/OL]. (2013-08-06) [2017-01-06]. http://www.lexisnexis.com/documents/pdf/20130806061418_large.pdf.

LECKIE G, PETTIGREW K, SYLVAIN C, 1996. Modelling the information-seeking of professionals: a general model derived from research on engineers, health care professionals, and lawyers [J]. Library quarterly, 66: 161–193.

MART S N, 2010. The relevance of results generated by human indexing and computer algorithms: a study of West's headnotes and key numbers and Lexis Nexis's headnotes and topics [J]. Social science electronic publishing, 102: 221–249.

MAXWELL K T, SCHAFER B, 2008. Concept and context in legal information retrieval [C] //Legal knowledge and information systems. JURIX 2008: the twenty-first annual conference. Amsterdam: IOS Press.

MAZZEGA P, BOURCIER D, BOULET R, 2009. The network of French legal codes [C] //The 12th international conference on artificial intelligence and law. New York: ACM Press.

MOCHALES R, MOENS M-F, 2011. Argumentation mining [J]. Artificial intelligence and law, 19: 1–22.

MUSCIANO C, KENNEDY B, 2002. HTML & XHTML: the definitive guide [M]. [S.l.]: O'Reilly & Associates, Inc.

OTIKE J, 1999. The information needs and seeking habits of lawyers in England: a pilot study [J]. The international information & library review, 31: 19–39.

PALIWALA A, 2016. Rediscovering artificial intelligence and law: an inadequate jurisprudence? [J]. International review of law computers & technology, 30: 107–114.

PALMIRANI M, 2012. Legislative XML: principles and technical tools [M]. Rome: Aracne.

PALMIRANI M, BRIGHI R, 2006. Time model for managing the dynamic of normative system [C] //International conference on electronic government. Berlin: Springer: 207–218.

PALMIRANI M, VITALI F, BERNASCONI A, et al., 2014. Swiss federal publication workflow with Akoma Ntoso [C] //The legal knowledge and information systems. JURIX 2014: the 27th international conference. Amsterdam: IOS Press.

PANAGIS Y, SADL U, 2015. The force of EU case law: a multidimensional study of case citations [C] //The legal knowledge and information systems. JURIX 2015: the twenty-eighth annual conference. Amsterdam: IOS Press.

PEOPLES L F, 2005. The death of the digest and the pitfalls of electronic research: what is the modern legal researcher to do? [J]. Social science electronic publishing, 97: 661–679.

RISSLAND E L, DANIELS J J, 1995. A hybrid CBR-IR approach to legal information retrieval [C] //The proceedings of the 5th international conference on artificial intelligence and law, College Park, MD, USA. New York: ACM Press.

SARACEVIC T, 2007. Relevance: a review of the literature and a framework for thinking on the notion in information science. Part II: nature and manifestations of relevance [J]. Journal of the association for information science & technology, 58: 1915-1933.

SARAVANAN M, RAVINDRAN B, RAMAN S, 2009. Improving legal information retrieval using an ontological framework [J]. Artificial intelligence and law, 17: 101-124.

SHAPIRO F R, 1991. The most-cited articles from the Yale law journal [J]. Yale law journal, 100: 1449.

SPRIGGS J F, HANSFORD T G, 2000. Measuring legal change: the reliability and validity of Shepard's citations [J]. Political research quarterly, 53: 327-341.

SUSSKIND R, 2013. Tomorrow's lawyers: an introduction to your future [M]. Oxford: Oxford University Press.

SUTTON S, 1994. The role of attorney mental models of law in case relevance determinations: an exploratory analysis [J]. Journal of the American society for information science & technology, 45: 186-200.

TARISSAN F, NOLLEZ-GOLDBACH R, 2015. Temporal properties of legal decision networks: a case study from the international criminal court [C] //The legal knowledge and information systems. JURIX 2015: the twenty-eighth annual conference. Amsterdam: IOS Press.

TOMS E, 2000. Serendipitous information retrieval [C] //The DELOS workshop: information seeking, searching and querying in digital libraries. Hungary: ERCIM Press.

TURTLE H, 1995. Text retrieval in the legal world [J]. Artificial intelligence and law, 3: 5-54.

VAN OPIJNEN M, 2010a. Canonicalizing complex case law citations [C] //The legal knowledge and information systems. JURIX 2010: the twenty-third annual conference. Amsterdam: IOS Press.

VAN OPIJNEN M, 2010b. Searching for references to secondary EU legislation [C] //The fourth international workshop on juris-informatics (JURISIN 2010). Amsterdam: IOS Press.

VAN OPIJNEN M, 2013. A model for automated rating of case law [C] //The fourteenth international conference on artificial intelligence and law. New York: ACM Press.

VAN OPIJNEN M, 2014. Open in het web. Hoe de toegankelijkheid van rechterlijke uitspraken kan wordenverbeterd [D]. Amsterdam: Universiteit van Amsterdam.

VAN OPIJNEN M, 2016a. Court decisions on the internet, development of a legal framework in Europe [J]. Social science electronic publishing, 24: 26-48.

VAN OPIJNEN M, 2016b. Towards a global importance indicator for court decisions [C] //The legal knowledge and information systems. JURIX 2016: the twenty-ninth annual conference. Amsterdam: IOS Press.

VAN OPIJNEN M, IVANTCHEV A, 2015. Implementation of ECLI—state of play [C] //The legal knowledge and information systems. JURIX 2015: the twenty-eighth annual conference. Amsterdam: IOS Press.

VAN OPIJNEN M, VERWER N, MEIJER J, 2015. Beyond the experiment: the eXtendable legal link eXtractor [C] //The workshop on automated detection, extraction and analysis of semantic information in legal texts, held in conjunction with the 2015 international conference on artificial intelligence and law (ICAIL). New York: ACM Press.

WINKELS R, DE RUYTER J, KROESE H, 2011. Determining authority of Dutch Case law [C] //The legal knowledge and information systems. JURIX 2011: the twenty-fourth international conference. Amsterdam: IOS Press.

WINKELS R, BOER A, VREDEBREGT B, et al., 2014. Towards a legal recommender system [C] //

The legal knowledge and information systems. JURIX 2014: the 27th international conference. Amsterdam: IOS Press.

WOODS J, 2010. Relevance in the Law: a Logical Perspective [M] //GABBAY D M, CANIVEZ P, RAHMAN S, et al. Approaches to legal rationality. Berlin: Springer.

纪念道格拉斯·沃尔顿：沃尔顿对法律人工智能的影响[*]

凯蒂·阿特金森　特雷弗·本奇-卡鹏　弗洛里斯·贝克斯　托马斯·戈登
亨利·帕肯　乔瓦尼·萨托尔　巴特·维赫雅　文　廖彦霖　牛子涵　译

摘　要：道格拉斯·沃尔顿（Douglas Walton）于2020年1月去世。作为一位著作等身的学者，他在非形式逻辑和论证方面的工作对人工智能（包括法律人工智能）的研究影响深远。同时，他对跨学科研究也颇感兴趣，时常慷慨地与不同领域的研究者合作。7位法律人工智能领域的领军学者，以及与他合作过的法律人工智能协会的历届主席，将在本文中论述沃尔顿对他们工作的影响。

关键词：论证型式　对话类型　法律推理

1　引言

2020年1月3日，我们失去了一位好朋友、好同事——道格拉斯·沃尔顿（Douglas Walton）。他享年77岁，留下了遗孀凯伦（Karen）。

多年来，沃尔顿一直担任本杂志编辑委员会的成员。他是论证理论领域的顶尖学者，可谓著作等身。

他独著或合著了超过50本专著，并发表了400多篇经同行评审的期刊文章和会议论文。如此大量的著述极具影响力——他是我们这个学术共同体中著述得到最高引用的学者之一。

---

[*] 本文原文为 Katie Atkinson et. al., 2020, "In Memoriam Douglas N. Walton: The Influence of Doug Walton on AI and Law", *Artificial Intelligence and Law*, 28: 281–326。该文属"知识共享许可协议4.0"（the Creative Commons Attribution 4.0）下的开放获取内容，相关链接请参见：http://creativecommons.org/licenses/by/4.0/。
作者：凯蒂·阿特金森（Katie Atkinson），英国利物浦大学计算机科学系教授、国际人工智能与法协会主席（2016—2017）；特雷弗·本奇-卡鹏（Trevor Bench-Capon），英国利物浦大学计算机科学系荣休教授、国际人工智能与法协会主席（2002—2003）；弗洛里斯·贝克斯（Floris Bex），荷兰乌得勒支大学信息与计算机科学系副教授、荷兰蒂尔堡大学法学院教授、国际人工智能与法协会主席（2022—2023）；托马斯·戈登（Thomas Gordon），德国波茨坦大学教授、国际人工智能与法协会主席（2006—2007）；亨利·帕肯（Henry Prakken），荷兰乌得勒支大学信息与计算机科学系和格罗宁根大学法学院双聘教授、国际人工智能与法协会主席（2008—2009）；乔瓦尼·萨托尔（Giovanni Sartor），意大利博洛尼亚大学法学系教授、欧洲大学研究院法学系教授、国际人工智能与法协会主席（2010—2011）；巴特·维赫雅（Bart Verheij），荷兰格罗宁根大学人工智能学院教授、国际人工智能与法协会主席（2018—2019）。
译者：廖彦霖，中山大学哲学系、逻辑与认知研究所助理研究员；牛子涵，中山大学哲学系逻辑学专业2021级博士研究生。

1972 年，沃尔顿在加拿大多伦多大学获得哲学博士学位。在获得博士学位之前，他于 1969 年被温尼伯大学哲学系评为教授。他于 1982 年担任该校的全职教授，直到 2008 年退休。不过，研究和写作仍然是沃尔顿的爱好，他并未想过真正退休。他随后搬到加拿大温莎大学，担任论证研究项目的主席，直到 2014 年卸任。此后，他继续在温莎大学推理、论证与修辞研究中心（CRRAR）担任特聘研究员，直到他去世。

在漫长的职业生涯中，他游历广泛，包括以研究员或客座教授的身份多次访问荷兰人文和社会科学高级研究所（1987—1988 年和 1989—1990 年）、俄勒冈人文中心（1997 年）、西北大学（1999 年）、亚利桑那大学（2001 年）、卢加诺大学（2007 年）以及佛罗伦萨欧洲大学研究所法律系（2011 年）。

沃尔顿职业生涯的标志之一是他对跨学科研究的热情，特别是热衷于在法律人工智能和论证计算模型领域与计算机科学家和法律工作者们合作。这种合作始于 20 世纪 90 年代末，大概缘起于他参加了 1996 年在德国波恩举行的第一次形式与应用实践推理会议（FAPR，Gabbay and Ohlbach，1996）。该会议汇集了来自哲学和人工智能领域的实践推理和其他论证形式的研究人员。沃尔顿那时 56 岁，已在哲学界确立了论证理论研究的权威地位。在他生活和职业的这个阶段，他大可以选择不进入一个新的、即便可能相关的学术领域接受挑战，尤其是诸如人工智能之类的高技术性领域。然而，他不仅坚持不懈、克服挑战，而且贡献巨大，极大地积极影响了这些领域的几位领军者的工作。

在他的 50 多本关于论证理论的书中，其中有几本与人工智能和法律领域直接相关，包括《论证与证据》（Legal Argumentation and Evidence，Walton，2002）、《法律人工智能的论证方法》（Argumentation Methods for Artificial Intelligence and Law，Walton，2005）、《品格证据：一个溯因理论》（Character Evidence：An Abductive Theory，Walton，2006a）、《目击者证言证据：论证与法律人工智能》（Witness Testimony Evidence：Argumentation，Artificial Intelligence and Law，Walton，2008）、《证明责任，推定与论证》（Burden of Proof，Presumption and Argumentation，Walton，2014）、《论证评估与证据》（Argument Evaluation and Evidence，Walton，2014）以及《法律推理和论证手册》（The Handbook of Legal Reasoning and Argumentation，Bongiovanni et al.，2018）。此外，沃尔顿还在《法律人工智能》（Artificial Intelligence and Law）杂志上发表了 14 篇论文。

然而，让沃尔顿最负盛名的大概是他在论证型式和对话类型方面的开创性工作，这些工作可参见《对话中的承诺》（Commitment in Dialogue，Walton and Krabbe，1995）、《推定论证的论证型式》（Argumentation Schemes for Presumptive Reasoning，Walton，1996）、《论证型式》（Argumentation Schemes，Walton et al.，2008）、《新论辩学》（The New Dialectic，Walton，1998b）以及《批判性论证的对话理论》（Dialog Theory for Critical Argumentation，Walton，2007）。他在论证型式和对话类型方面的工作将在本文的下一部分中进行总结。若想对他的论证理论获得较好的大致把握，他的教科书《批判性论证入门》（Fundamentals of Critical Argumentation，Walton，2006b）将是很好的参考。

本文旨在纪念沃尔顿在法律人工智能领域的影响，并且由许多与他共事过的人来解释他的工作如何影响了他们，以及法律人工智能领域的工作又如何影响了他在论证理论上的发展。

我们将永远怀念沃尔顿。他将被深深怀念。

2　沃尔顿的主要学术贡献

沃尔顿当然不是计算机科学家，而是哲学家和非形式逻辑学家。尽管他与计算机科学家合作，并在计算机科学领域发表文章，但他的工作在很大程度上遵循了自己的传统。尽管他的工作是出于他对自己学科的关切，但还是在几个方面启迪了计算机科学家。其中有两个专题产生了广泛而持久的影响，两者都解决了计算机科学家所面临的问题。他在对话类型方面的工作（Walton and Krabbe, 1995; Walton, 1998b）帮助解决了个体间交流的问题。在董潘明的会议论文（Dung, 1995）开启了人工智能研究的论证转向之后，沃尔顿在论证型式方面的研究（Walton, 1996; Walton et al., 2008）引起了计算机科学家的重视。董潘明的抽象论辩理论需要一种结构化论证的方式作为补充，而论证型式则为此提供了一种解决方案。

在本节的其余部分，我们将总结这两个重要的贡献。

2.1　对话类型

沃尔顿的工作对计算机科学产生了重大影响，其中之一就是他提出的对话类型概念。这一思想最初由他在1989年提出（Walton, 1989），而后在他和克拉比合著的书籍中得到发展（Walton and Krabbe, 1995），并且在他1998年出版的论著中得到完善（Walton, 1998b）。在被引入计算机科学领域后，他的这项工作更显价值。

在20世纪90年代中期，多主体系统是一个非常热门的研究课题（Sycara, 1998）。其基本思想是，系统可以实现为一组相互沟通的主体和基于分布式主体架构的系统执行，这需要一个具有明确语义的主体沟通语言。若没有该语言，无论是主体还是开发者都无法确定另一个主体执行任务的承诺意味着什么（仅做出一个言语行为）（Smith and Cohen, 1996）。

由此可见，解决该问题的一个主要的灵感来源是约翰·塞尔的言语行为理论（Searle, 1969）。这里的基本观点是，人们通过施行话语（performative utterances）进行交流，这些话语旨在执行诸如询问和讲述等行为。同时，这些话语可以根据其使用的前提条件（有时被称为适切条件）和由其使用产生的后果条件来定义。因此，我们看到了几种主体沟通语言的发展，这些语言旨在为主体提供一整套言语行为，其中最著名的是KQML（Finin et al., 1994）。拉布鲁和芬宁给出了KQML的语义（Labrou and Finin, 1994）。KQML的一个典型示例是tell（A, B, X），其中A将告诉B内容X。[①]

  tell（A, B, X）
  A的前提条件：bel（A, X）和 know（A, want（B, know（B, bel（A,

[①] 译者注：在以下示例中，"tell"表示"告诉"，"bel"表示"相信"，"know"表示"知道"，"want"表示"想要"，"intend"表示"有意"。

X))))
 B 的前提条件：intend（B, know（B, bel（A, X）））
 A 的后果条件：know（A, know（B, bel（A, X）））
 B 的后果条件：know（B, bel（A, X））
 完成：know（B, bel（A, X））

这里有两个特征是有问题的：

首先，这里牵涉大量主体内在的状态（相信、知道、想要、意图等），其中有一些是互相交织的。其中有一些是主体无法确定的：例如，要求 A 知道 B 想知道的。这些私有语义是无法验证的，因此不可能知道行为是否可以被执行。该语言意味着，言语行为中具有真诚条件：一个人不能用 KQML tell 来撒谎。在所有主体都被视为合作的封闭系统中，这是可能的。然而，在总是存在遭遇恶意主体风险的开放系统中，这就不容易扩展。另一种选择是基于社会承诺而不是基于心理状态的语义学（Singh, 2000）。

其次，该定义对 tell 的阐释非常有限，而在实践中，这个言语行为是相当灵活的，在不同语境中作用各异。例如，我可以告诉人们我不希望他们知道的事情，并且（由于真诚条件在现实世界中不适用）我不知道他们是否会相信我。

沃尔顿的对话类型概念解决了这两个问题。正如沃尔顿和克拉比（Walton and Krabbe, 1995）在《对话中的承诺》的题目中所指出的，主体在进行对话时会做出公共承诺。一个主体如果断言一个命题，他就会出于对话的目的对该命题的真实性做出承诺，而不论他是否真的相信这个命题。这些公开承诺可以形成各种言语行为的前提条件，而不需要对心理状态进行推测。这样一来，我们可以观察到两个参与者都在遵守协议。承诺的概念在对话博弈中已经很常见了，如麦肯齐的 DC（该领域的一种专有名称）（Mackenzie, 1979），以及法律人工智能领域的托马斯·戈登的《诉答博弈》（Gordon, 1994），但沃尔顿的论述将这一概念建立在坚实的哲学基础上。

不同对话类型的想法使言语行为能够在语境中被考虑，故可以在言语行为发生的语境中理解其意，进而在捕捉语义的同时捕捉到本质的语用信息。这个想法在主体间共同体的 COOL（该领域的一种专有名称）会话类中得到了认可（Barbuceanu and Fox, 1995），其中特定任务被定义为一组特定于该任务的言语行为。这使得言语行为具有特设性，只适用于非常具体的任务。本奇-卡鹏指定了三种可能使用 tell 的不同任务，并且指定了条件来捕捉任务之间的语用差异（Bench-Capon, 1998b）。但是，尽管 KQML 过于笼统，但就单个任务来定义言语行为又过于具体。沃尔顿和克拉比所提出的对话类概念为此提供了一条明智的中间道路，它建立在哲学和非形式逻辑的基础上（Walton and Krabbe, 1995）。

沃尔顿和克拉比（Walton and Krabbe, 1995）的基本想法是：

> 命题的承诺依赖于对话的语境。对话有许多不同的规范模型，每一种都有自己独特的目标和规则。据此，可以区分出对话的几个重要特征类型。每一类对话都有不同的承诺管理规则。

沃尔顿和克拉比辨识了六种主要的对话类型：说服（persuasion）、谈判（negotiation）、查证（inquiry）、审议（deliberation）、查询（information-seeking）和争吵（eristic）。混合的对话也是可能的。人们需要认识到从一种对话类型转变为另一种对话类型的可能性：如果没有注意到这种转变，以至于参与者不了解他们所参与的对话类型，将会导致误解。

对话类型可以通过指定以下内容来定义：

初始情况；
总体（集体）目标；
参与者的个人目标（可能不同甚至冲突）。

表1列出了这六种对话类型的主要特征。对于每种对话类型，我们可以识别一组言语行为，从而使对话类型可以在一个主体系统中被执行。例如，帕肯对说服的研究（Prakken, 2006），伍德里奇和帕森斯对谈判的研究（Wooldridge and Parsons, 2000），布拉克和亨特对查证的研究（Black and Hunter, 2009），以及阿特金森等人对审议和说服的研究（Atkinson et al., 2013b），等等。除了争吵类型，其他所有类型都已有相关的研究示例。然而，这六种对话类型并非旨在穷尽所有对话种类，对其他类型的探索也已成果颇丰：例如，对询问类（examination）对话（Dunne et al., 2005）以及审判类对话（Prakken, 2008）的研究。

表1 对话类型表（Atkinson, 2005）

类型	初始情况	对话的主要目标	参与者目标
说服（persuasion）	观点冲突	通过语言化解观点冲突	说服他人
谈判（negotiation）	利益冲突与合作需求	达成交易	己方利益最大化
查证（inquiry）	一般的无知	增长知识与共识	找到或击败某个证据
审议（deliberation）	行动的需要	做出决定	影响结果
查询（information-seeking）	个人的无知	传播知识与揭示立场	获取、传递、展示或隐藏个人知识
争吵（eristic）	冲突与敌对	达成关系上的暂时和解	打击另一方并赢得观众的目光

沃尔顿关于对话类型的研究很好地说明了跨学科视角的重要性：出于非形式逻辑的学科关切而产生的工作，被证明在解决主体间交流所产生的问题上非常有用。特别是这些工作能帮助避免私人语义，同时把语境和主体言语行为所引起的语用考虑结合起来。

2.2 论证型式

正如马卡诺等人所述（Macagno et al., 2017），论证型式历史悠久。其经典版本可以在亚里士多德和西塞罗的著作中找到，中世纪的波伊提乌和阿伯拉尔对此也有继承。到了现代，佩雷尔曼和奥尔布雷希茨-提泰卡（Perelman and Olbrechts-Tyteca, 1969）、图尔敏（Toulmin, 1958）和语用论辩学派（Van Eemeren and Grootendorst, 2016）也使用了论证型式。其中，图尔敏的工作对法律人工智能领域具有特别的影响（Lutomski, 1989；Marshall, 1989；Bench-Capon, 1998）。对于论证型式，沃尔顿提出了一种独特的理论建构（Walton, 1996；Walton et al., 2008）。他对论证型式的理解将是本文介绍的重点。

论证型式是论证的语境形式：如果论证的前提被相信或接受为真，那么论证的结论就会变得更有说服力。论证型式匹配有一系列批判性问题，这些问题表明了用以破坏或攻击该论证的方法。通过使用论证型式，多个支持或反对某主张的论证可以被构建出来。这使得在决定是否接受某主张的时候，我们可能需要权衡各种论证。这用沃尔顿自己的话来说就是：

> 几种不同的论证形式……本质上不是演绎或归纳的。这些论证是推定和可废止的……本章所描述的每种论证形式都被用作对话中的推定论证，这种论证具有很大的似真性。如果应答者接受前提，那么这就给了他一个很好的理由来接受结论。然而，这并不代表应答者应该不加批判地接受这一结论。与每一种论证形式相对应的，是一组恰当的批判性问题。在一个特定情况下，可能需要权衡多种考虑。可能会有一些论证赞成结论，也有一些论证反对结论。这些论证的形式被称为论证型式，它们代表了许多日常对话中常见的论证类型。它们需要在对话的语境下加以评价。论证型式被用于在对话中将证明责任转移到一方或另一方，而且在对话的不同阶段，我们需要对论证型式进行不同的评估。

这是沃尔顿给出的一个诉诸权威的论证型式的标准示例（Walton, 2006b），说明了型式的三个部分（前提、结论和批判性问题）：

大前提：信源 E 是领域 D 的专家，领域 D 包含命题 A。
小前提：E 声称命题 A 为真。
结论：A 可能被认为是真的。

诉诸权威论证型式的批判性问题是：

专业问题：E 作为专家来源有多可信？
领域问题：E 是 A 所在领域的专家吗？
观点问题：E 断言了什么蕴涵 A？
信任问题：E 作为信源，E 个人有多可靠？
一致问题：A 是否与其他专家意见一致？
证据问题：E 的主张是否基于证据？

与一些经典逻辑公理化的推理规则不同，现在我们可以看到为什么论证型式是语境敏感的。论证型式的前提、结论和批判性问题并非完全抽象的，而是利用了某些语篇中的谓词，例如，这个例子中的"专家""可信的""领域"和"可靠的"。然而，它们也不是完全具体的。一个型式的前提、结论和批判性问题具有型式变量（在这个例子中是 E、D 和 A）。当应用该型式来构建一个论证时，我们必须用表示个体的常项来对型式做例示。

到目前为止，我们仅讨论了论证型式的结构与组成。现在让我们来看看它们的目的以及在对话中应如何使用它们。

它们具有多种用途，第一种用途是沃尔顿最喜欢强调的，即用来批判性地评估对话中所提出的论证。其基本思想是：首先，尝试将某个论证与众多论证型式中的一个进行匹配，以检查该型式是否被正确地应用；其次，如果一个人接受前提，但还没有接受结论为真，则运用与型式相匹配的批判性问题去尝试击败或至少削弱该论证。

沃尔顿还研究了论证型式的第二种用途（Walton and Gordon，2012，2017，2018），用于建构或如沃尔顿喜欢说的，去"构思"（invent）某个在对话中所使用的论证。在此，对话的参与者可以拿论证型式的目录加以参照，以寻找一些有助于支持或攻击对话中提出的主张的资源。

论证型式的第三种用途是分配对话过程的证明责任。就此而言，批判性问题可分为两类：①推定。一些批判性问题一旦被提出，就会给提出论证的一方施加证明责任，提出方需要提供论证以支持被质疑的前提。也就是说，前提被推定为真，除非它受到质疑。受到质疑后，它就不再被推定为真，而是必须得到进一步的论证和证据的支持。这类批判性问题的一个例子是诉诸权威论证中的"专业问题"。证人可以被推定为专家，除非他的专业知识受到质疑。当专家的专业知识受质疑时，提出论证的一方必须提供证据来回应质疑。②例外。另一类批判性问题用来表达例外。在这里，证明责任落在应答者身上，即提出批判性问题来挑战论证的那一方，需要论证例外是成立的，进而削弱原论证。诉诸权威论证中的信任问题便是一例。如果被应答者质疑专家的可信度，他就必须提供专家不可信的论证。

当论证型式被用来规范对话中的证明责任时，它就成为特定对话类型或程序的协议或者程序规则的一部分。对话的类型有很多，这些协议或程序规则被视为开展特定类型对话的规范，以维系某个对话类型的价值与目标。由于论证型式是语境依赖的，所以人们可以针对特定的、领域依赖的对话类型发展出特定的论证型式。例如，在法律上，具体的法律规范可以被解释为在刑法或合同法等各个法律领域中分配证明责任的论证型式。

从运用论证型式来规范对话中的证明责任可以看出，论证型式具有规范作用。然而，论证型式也可以从经验角度进行研究。人们可以在不同的语境中识别和分类常见的论证模式和形式，例如，日常会话、学术话语或者法律。这是沃尔顿所做的延伸性工作，也是他对论证型式这一领域的主要贡献之一（Walton，1996；Walton et al.，2008）。在他 2008 年与里德和马卡诺合作的专著中（Walton et al.，2008），他提出了最新的论证型式的清单，当中包含 96 种常见的论证型式。

让我们通过讨论一些相关的工作来结束对沃尔顿在论证型式方面工作的简介，这有助于将他的学术贡献置于更广阔的背景之中。沃尔顿并没有声称自己创造了论证型式理论。在哲学领域，论证的形式早已被认识和研究，可上溯至亚里士多德的论题研究（Slomkowski, 1997）。在沃尔顿 2005 年的著作中，他把黑斯廷斯（Hastings）、范·爱默伦（Van Eemeren）和基恩波因特（Kienpointner）作为更直接的思想渊源（Walton, 2005）。

图尔敏对论证形式的分析（Toulmin, 1958）与沃尔顿提出的论证型式既有关联也有很大差异。图尔敏的分析存在于一个不同的抽象层次上。他指出了一个论证的各个部分（如证据材料、保证、断言和支持），并且说明了这样的论证在对话中是如何被使用的。但是，他没有进一步研究更具体的论证形式，如诉诸权威论证。

在沃尔顿有关论证型式的研究开展之前，人们在哲学领域更重视对谬论的研究（Hamblin, 1970），即不好的或具有误导性的论证型式。论证型式通过描述和分析好的论证型式来对谬误研究加以补充。如果有人认为，只有结论必然为真的论证才不算谬误，那么在某种程度上，论证型式或许会被视为对这一谬误观的挑战。从论证型式的角度来看，"谬误"论证可能是弱的或可废止的论证，但并不一定是不当或无用的。此外，在决定何种程序和型式最适合实现特定对话类型的目标时，允许在特定对话类型中使用何种形式的论证是一个需要解决的规范问题。

论证型式还需要与某些逻辑的公理化推理规则进行对比，例如，经典逻辑的一条公理——分离规则（modus ponens）。尽管它们在句法上有相似之处，但它们在语义和语用上却大相径庭。一组论证型式本身无法形式化或公理化一个逻辑，因为论证型式是用自然语言非形式地表达的；同时，因为它们包含特定领域的术语和谓词，所以不够抽象，尽管论证型式的形式化是可能的（Walton and Gordon, 2015），但指的是论证型式被形式化了，而不是被用作形式化一个逻辑的工具。

在这里，我们不是要评价沃尔顿对论证型式研究所做的贡献，也不是要来澄清他对论证型式的研究有哪些是原创的，或者可以有哪些归功于其他人的先前工作。沃尔顿对论证型式的研究之所以重要且有积极影响，不仅仅是因为其独创性，还因为他通过广泛的跨学科合作致力于在不同领域对论证型式做出理论阐释与应用。

3 凯蒂·阿特金森：实践推理中的说服性论证

沃尔顿对我研究生涯的影响在我刚开始攻读博士学位的时候就开始了。开始攻读博士学位时，我有一个明确的想法：我想通过形式的对话模型来研究论证和谈判，但还不清楚研究中具体要解决的问题。在我博士一年级的前期，我读了沃尔顿的书《新论辩学》（Walton, 1998b），这使我更聚焦于一个特定的研究主题。在那本书中，沃尔顿对不同的对话类型进行了精确的描述，这些内容在他与克拉比（Erik Krabbe）合作的早期著作《对话中的承诺》（Walton and Krabbe, 1995）中就有提及。如前一节所述，每一种对话类型都有各自的特征，包括初始情况、总体对话目标和参与者希望通过对话实现的目标。"说服"这一对话类型成了我博士工作的重点，因为这包含了我希望研究的对抗性的论证。

除了研究形式对话的建模，这与我的博士研究生导师彼得·麦克伯尼（Peter McBurney）的兴趣和专业一致，我还研究了我的另一位导师特雷弗·本奇-卡鹏最近的工作。特雷弗之前发表了一篇关于价值论证的开创性论文（Bench-Capon, 2003），而当时我们正在讨论价值推理在法律中的应用。由此，我们考虑了在法律案件的推理中，要如何为诉讼结果辩护。例如，为对原告或者对被告有利的结果做出辩护。我们从说服性对话的角度来考虑这些问题，但发现说服性对话的一般特征不够细致：我们需要形式模型来区分相信什么和做什么的说服概念。尽管信念上的说服无疑是一个形式建模的重要课题，但董潘明的抽象论辩框架（Dung, 1995）已提供了足够的工具来解决这个问题。相反，关于该做什么的推理，还没有充分表达出来，从而使价值推理能够被刻画建模并用于我们所关心的领域（主要是法律领域）。而这就是沃尔顿的论证型式的用武之地。

关于该做什么的推理——在这里被称为实践推理——可以被看作一种推定论证，它给出了执行某一行为的理由。然而，这一推定可以被质疑和撤销。对论证提出适当挑战，是我们识别任何值得考虑的替代方案的做法，这也能帮助我们在特定背景下做出最佳决定。举一个实践推理三段论的简单例子（Kenny, 1978）：

> 我要在 4 点 15 分到达伦敦。
> 如果我能赶上 2 点 30 分的行程，我将能在 4 点 15 分到达伦敦。
> 所以，我将赶上 2 点 30 分的行程。

对该论证的挑战：

> 也许有其他方法可以实现这个目标。
> 执行一个行动通常会排除其他行动的执行，而其他行动可能会产生其他更理想的结果。
> 执行一项行动会产生进一步未经考虑的、不受欢迎的后果，可能糟糕到足以让我们放弃目标。

沃尔顿将这种推理从论证型式和批判性问题的角度加以阐述，所以这些考虑在沃尔顿这里得到了解决（Walton, 1996）。其想法是，一个论证型式给出一个有利于其结论的推定。这一推定是否成立，取决于与该型式相关的批判性问题能否给出满意的答案。沃尔顿给出了两类实践推理的型式：

> 必要条件型式：
> G 是 a 的目标。
> 采取 A 行动是 a 实现 G 的必要条件。
> 所以，a 应该采取 A 行动。

充分条件型式：
G 是 a 的目标。
采取 A 行动足以让 A 实现 G。
所以，a 应该采取 A 行动。

与这些型式相对应的四个批判性问题：

批判性问题 1：有实现 G 的替代方法吗？
批判性问题 2：采取 A 行动是可能的吗？
批判性问题 3：除了 G，a 是否还有其他需要考虑的目标？
批判性问题 4：采取行动 A 还需考虑其他后果吗？

这些型式被作为一个起点并加以扩展到更广泛、更细致的相关考虑范围，包括行动的后果、目标的实现以及执行该行动对于社会价值的促进（Atkinson et al.，2006b）。
经扩展的实践推理的型式如下：

在情境 R。
我们应该采取行动 A。
去实现新的情境 S。
该情境会实现目标 G。
该情境会促进某价值 V。

经扩展的论证型式的批判性问题如下：

批判性问题 1：所相信的情境是真的吗？
批判性问题 2：假设该情境为真，该行动是否能产生描述中的后果？
批判性问题 3：假设该情况为真且行动能产生描述中的后果，该行动能实现预期的目标吗？
批判性问题 4：目标是否促进了所述的价值？
批判性问题 5：有其他方法可以实现同样的结果吗？
批判性问题 6：有实现相同目标的其他方法吗？
批判性问题 7：是否有其他方法来促进同样的价值？
批判性问题 8：采取该行动是否有减损目标价值的副作用？
批判性问题 9：采取该行动是否有减损其他价值的副作用？
批判性问题 10：采取该行动是否有其他的价值？
批判性问题 11：采取该行动是否会阻止一些可能促进其他价值的行动？
批判性问题 12：所描述的情境是否可能？
批判性问题 13：这个行动可能吗？

批判性问题 14：结果是否如描述的那样可能？
批判性问题 15：期望的目标能实现吗？
批判性问题 16：目标价值是正当的吗？

上述以自然语言描述的型式和批判性问题提供了一个例示的模板，让实践推理能被应用于更广泛的领域。这其中包括法律领域，早在 2003 年，我们就看到一个将此应用于案例推理的例子（Greenwood et al.，2003）①。下一步是把这一推理自动化，变成一个匿名主体也能使用的版本。

为了对论证型式和批判性问题进行精确解释，我们要使用一个语义结构作为其定义的基础：该结构是一个行动的交替转换系统（Action-based Alternating Transition System，Van Der Hoek et al.，2007）。一个行动的交替转换系统包含标记行动的状态转换，而且这些行动有必须要满足的前提条件，以支持行动的执行。状态由一系列命题组成，因此，目标状态可以由在给定状态下成立的命题来确定。最初的系统没有将价值考虑在内，因此，为了纳入价值考虑并描述实践推理型式，该系统的定义被扩展，进而把价值观的增减与状态转换联系起来。除了提供所必需的形式化，该系统还能够考虑到一个由主体组成的社会及其不同选择。这样一来，推理可以捕捉单个主体的决策，同时也可考虑到环境中的其他主体可能会选择做什么。在此系统中，这是通过联合行动的概念（joint actions）来捕捉的②。

阿特金森和本奇-卡鹏展示了如何根据行动的交替转换系统给出实践推理论证及其批判性问题的精确而严格的定义，从而使这种实践推理能够在主体系统中被使用（Atkinson and Bench-Capon，2007）。这项工作通过一个详细的示例表明，如何例示型式和批判性问题的形式化版本，以生成一组支持和反对某行动计划的论证。一旦产生了这些论证，就需要对其进行评估，从论辩的竞争集合中确定哪个论证获胜以及为什么获胜。我们在这项工作中使用的是价值论辩框架（VAFs），本奇-卡鹏已经在此前定义了这个框架（Bench-Capon，2003）。

价值论辩框架中的节点对应的是实践推理型式及其批判性问题示例产生的论证。攻击关系是由批判性问题的例示决定的，这些批判性问题用来审视原来的行动建议。一旦该框架所表征的论辩被确定，我们就可用该框架来确定竞争的行动建议中的获胜者。这是通过观众的价值偏好排序来决定的，因为实践推理的多个例示将产生不同的行动建议，以促进不同的价值。本奇-卡鹏等人（Bench-Capon et al.，2012）给出了一个完整的例子，展示了如何使用行动的交替转换系统（AATSs）和价值论辩框架来生成和评估实践推理。

上述的形式化操作，使实践推理型式的非形式方案的转化为一个可计算的版本。在 2010 年有关沃尔顿的纪念文集中，特雷弗和我对此做了较长的评论（Bench-Capon and Atkinson，2010）。然而，上述由非形式到形式理论的转变忽略了论证型式的对话本质，

---

① 这篇论文是我在 2003 年以我之前的姓氏格林伍德（Greenwood）发表的两篇论文之一。
② 在行动的交替转换系统中，联合行动只是由不同主体同时执行的行动，没有合作或协调的概念。

而这一直是沃尔顿工作的重点。

在我自己的工作中，我和其他合作者从沃尔顿和克拉比的对话类型中发展出了不同对话类型的可计算版本，包括说服（Atkinson，2005）、审议（Tolchinsky et al.，2012）和查证（Black and Atkinson，2009）。在过去的几年里，我与研究可计算的论证理论的同事们讨论了行动中的说服和审议对话之间的微妙特征。2013年，沃尔顿、特雷弗和我就此话题发表了一篇文章，阐述了说服和审议对话的独特特征（Atkinson et al.，2013b）。这篇论文的缘起可以追溯到沃尔顿在较早前有关对话类型区别之重要性的见解。这两种对话类型的参与者都有不同目标，而这反过来会影响是否能够获得成功的结果。

行动中的说服和审议对话通常是通过交流支持和反对特定选择的论证进行的，对话中的话步（moves）旨在促进这种交流。我们的论述显示了，对话中使用特定话步的前提条件和后果条件是如何不同。这种不同取决于它们是作为行动中说服对话的一部分，还是作为审议对话的一部分。我们通过一个作为逻辑程序的例子（选择去哪家餐馆吃饭的一个对话）来说明这一差别，以对这两类对话做出清晰的刻画，并且让它们能在需要自动沟通的系统内得到应用。2019年，这方面的工作被当作利物浦大学的一个学生项目并取得了成果（Kirchev et al.，2019）。该成果提出了一个应用工具，捕捉两种对话类型的各自特色，以明确它们的分歧并让实际场景中使用的言语行为生效。该论文的出发点可以清楚地追溯到沃尔顿和克拉比（Walton and Krabbe，1995）提出的对话类型理论；在这一理论问世25年之后，沃尔顿的工作对于人工智能领域的对话模型仍有影响。

从个人角度来看，我有幸在两个特殊场合（除了我们在学术会议上的许多愉快的会面之外）与沃尔顿详细讨论了他的工作和我自己的研究。第一次是在我攻读博士学位期间，2005年6月，沃尔顿在荷兰博克斯米尔举行的技术中的规范、推理和知识工作坊上做了一个演讲，我被邀请作为指定的会谈人。沃尔顿介绍的论文题目是《评估和应用实践推理》（"Evaluating and Implementing Practical Reasoning"），我很高兴成为他报告的会谈人。他讲的是实践推理的非形式逻辑模型的系统的应用，特别是电子民主（e-democracy）应用工具的开发（Atkinson et al.，2006a），这是法律领域所感兴趣的。沃尔顿非常欢迎年轻的研究人员参与进来并且慷慨地花时间聆听和讨论关于论证理论的新旧观点。第二次是在2005年我博士学位资格审核的口试中，当时沃尔顿担任外部主考官。我非常幸运能有机会与这样一位在论证理论领域备受尊敬的学者进行深入的讨论。他促进了我的学术研究，同时也对整个人工智能和法律领域的论证研究具有重要的积极影响。

4 特雷弗·本奇-卡鹏：用批判性问题进行对话

在学习计算机科学之前，我学的是哲学，并且在公务员系统的政策部门工作。因此，我一直被论证所吸引（Bench-Capon，2012a）。最初我用论证来探索开放结构（open texture）的概念（Bench-Capon and Sergot，1988）。当时，论证的概念仅仅是一个逻辑程序的证明轨迹。这是一种相当贫乏的论证形式，缺乏一些重要的特征，如省略论证的使用，对例外情况的处理，以及为什么结论是从前提得出的。所有这些特征都可以在图尔敏的论证图式（Toulmin，1958）中找到。因此，我和其他几个人一样（Lutomski，1989；Marshall，1989），采用这种型式来解释逻辑程序（Bench-Capon et al.，1991）。图尔敏的型式非常适合展示论证，但其生成是使用底层的逻辑程序完成的。我也使用过图尔敏的型式来推进对话。这里的想法是，各种各样的对话话步将引导出图尔敏的结构。这在我的一项工作中被用于解释（Bench-Capon et al.，1993），并且在另一项工作中被用作说服对话的基础（Bench-Capon，1998a）。在这些对话中，计算机会生成论证（Bench-Capon et al.，1991），然后在回答用户的问题时揭示型式。到 20 世纪 90 年代末，我觉得我对图尔敏的图式已经挖掘得足够深入了，于是开始对抽象论辩产生了更多兴趣（Dung，1995），特别是扩展到了支持社会价值的推理（Bench-Capon，2003；Bench-Capon and Sartor，2003）。

在这种背景下，我看到了沃尔顿有关论证型式的极具创造力的著作（Walton，1996）。我从中得到了三点收获：

  论证型式不止一个，还有很多。
  没有固定的论证型式集：一个人可以为特定目的发展出自己的论证型式。
  而且，这三点中最重要的是，论证型式与其特有的批判性问题相关联，这些批判性问题提供了用论证型式来击败论证的方式。

同样在这个时候，我看到了沃尔顿的第二本书，该书发展了对话类型的概念（Walton and Krabbe，1995）。这两本书共同唤起了我对论证型式和对话理论的兴趣，并构成了我后续工作的基础。

2002 年，我开始指导博士生凯蒂·阿特金森①。她的论文是《我们该怎么办？》（"What Should We Do?"）（Atkinson，2005）。我们探讨的主题是实践推理，使用了沃尔顿和克拉比理论中的特定对话类型——说服对话（Walton and Krabbe，1995），以及一个特定的价值实践推理型式及其相关的批判性问题。这项工作的灵感来自沃尔顿提出的两个型式（Walton，1996），再加上本奇-卡鹏（Bench-Capon，2003）用可计算方式表述的佩雷尔曼的受众概念（Perelman and Olbrechts-Tyteca，1969）。我们提出的新型式在阿特金森等人的著作中首次出现（Atkinson et al.，2004）。由沃尔顿所启发的论证型式和我之前使用的图尔敏图式之间的关键区别是，沃尔顿的型式能够通过型式及其批判性问题的例示生成竞争性论证。这些论证可以被组织起来，并使用价值论证框架进行评估（Atkinson and Bench-Capon，2007）。我将不再赘述这些方面，因为凯蒂已经在前一节中讨论过了。

然而，我将讨论批判性问题对对话设计的影响。凯蒂实现了一个对话系统（PARMA，Atkinson，2005），但在此我想说的是我与另一位博士生瓦德（Maya Wardeh）的

---

① 与彼得·麦克伯尼（Peter McBurney）共同指导。

工作①，这项工作的主要目标是探索发现关联规则的说服性对话（Wardeh, 2010）。为此，我们首先制订了一项对话规则（PADUA）。这个规则完全基于论证型式及其批判性问题。瓦德等人首先对此进行了论述（Wardeh et al., 2007）。我们称作基于提议规则的论证型式具有三个前提：

1. 数据前提：有一组与该领域相关的示例 D。
2. 规则前提：从 D 能够以大于某一阈值 t 的置信水平挖掘出规则 R。规则 R 有前件 A 和一个包含集合 C 成员的结论。
3. 示例前提：示例 E 满足 A。
4. 结论：E 是 C 的成员，因为 A。

这可能会受制于一些批判性问题：

1. 能否将本案与提议的规则区分开来？
2. 这条规则是否产生了不想要的后果？
3. 是否可以通过添加额外的前件来加强这一规则？
4. 排除不想要的后果可以改进规则吗？
5. 有没有更强的反规则？

存在六个法律对话的话步是基于论证型式和批判性问题的例示。从沃尔顿论证型式概念所获得的启发（Walton, 1996），明显体现在这个型式及其批判性问题上。玛雅（Maya）的工作令人信服地展示了论证型式及批判性问题作为对话设计之基础的功能。相对于图尔敏理论的对话（Bench-Capon, 1998a），这些对话有了很大的改进，因为它们提供了一个真正的对抗性对话（两个参与者在挖掘不同的数据集），而不是展示一个在对话之前就已经完成的计算。PADUA（及其可支持超过两名玩家的升级版——PISA）能够通过挑战论证，以完善规则来达到较高的准确性［大约95%使用常用的人工智能和法律数据集（Wardeh et al., 2009）］。

使用论证型式和批判性问题来阐述对话的理念也被用于电子参与系统 PAR-MENIDES（Atkinson et al., 2006a），该系统最初由阿特金森基于实践推理型式及某些批判性问题进行开发（Atkinson, 2005）。经过凯蒂和她的学生（Cartwright and Atkinson, 2009）的改进，这项工作后来发展成为 IMPACT 项目②的结构化咨询工具（SCT）。该工具使公众成员能够获得详细的、量身定制的政策建议论证，或者让公众提出批评建议（Wyner et al., 2012）。本奇-卡鹏对这一工具进行了完整说明（Bench-Capon et al., 2015）。

---

① 与弗朗斯·克嫩（Frans Coenen）共同指导。
② Integrated Method for Policy Making Using Argument Modelling and Computer Assisted Text Analysis. An FP7 project, Grant Agreement No. 247228.

除了进行对话，也可以使用论证型式来捕捉推理的方法（Prakken，2010）。也就是说，一种特定推理的整体方法可以被表示为一系列的论证型式及其批判性问题。我的尝试是围绕着在 CATO 系统（Aleven，1997）中发现的判例推理方法来做的，这被证明是基于案例推理的法律人工智能的核心（Bench-Capon，2017）。怀纳（Wyner）和本奇-卡鹏做了第一次尝试（Wyner and Bench-Capon，2007），在一组论证型式中表达了奥莱文（Aleven）提出的各种论证动作（Aleven，1997），如引用、区分和淡化。因此，论证型式的使用让行为的精确描述和推理的可视化成为可能。这些型式被应用于"波波夫诉林案"（Popov v. Hayashi）案中（Bench-Capon，2012b）。怀纳等人对这些型式进行了进一步的完善（Wyner et al.，2011）。本奇-卡鹏等人给出了价值推理的型式（Bench-Capon et al.，2013），而阿特金森等人给出了使用维度（dimensions）而不是简单因素的型式（Atkinson et al.，2013a）。帕肯等人对这一领域的工作进行了巩固（Prakken et al.，2015）。阿特金森和本奇-卡鹏提出了一种类似的方法，他们将实践推理作为一组论证型式，并且尝试对其他主体的行动进行推理（Atkinson and Bench-Capon，2018）。在所有这些案例中，我发现论证型式是思考这些问题和表达相关推理的非常有效的方式。

在人工智能领域，论证的重要性与日俱增，这已经成为这个时代的特点。但总的来说，人工智能的抽象论辩具有更大的影响，法律人工智能总是将论证的结构视为最重要的东西。沃尔顿的论证型式概念结合了法律论证的两个重要方面：内在的可废止性和过程的对抗性。因此，沃尔顿的工作提供了一个审视法律推理的视角，他对这一学科在过去 20 年里的发展方式产生了深远的影响。

5 弗洛里斯·贝克斯：从论证到故事和解释

我第一次接触沃尔顿的著作是在 2003 年，当时我还是一名大学本科生。我和亨利·帕肯一起进行了一项研究实习，比较了法律中证据推理的三种形式体系：波洛克式论证（Pollock，1987；Prakken and Sartor，1997），基于模型的溯因推理（Lucas，1997；Josephson and Josephson，1996）以及贝叶斯网络（Huygen，2002）。这个比较研究是通过对著名的萨科（Sacco）和范泽蒂（Vanzetti）案例（Kadane and Schum，2011）进行上述三种形式的威格摩尔图表（Wigmore，1937）建模来进行的。该案例的论证建模随后在一篇论文中被使用（Bex et al.，2003），这篇论文是和沃尔顿合著的——尽管我们直到 2007 年才见面[①]。那时，我已经开始跟随亨利·帕肯攻读博士学位，研究在法律案件中，证据与事实推理的故事与论证的形式模型。在攻读博士学位期间，我提出了所谓的"故事与论证混合理论"（hybrid theory of stories and arguments，Bex，2011），这是基于论证的推理（argument-based reasoing）和基于故事的推理（story-based reasoing）的混合。

[①] 我们要么是当年在斯坦福大学举行的 ICAIL 会议中见面的，要么是在彼得·蒂勒斯（Peter Tillers）在纽约主办的可视化证据研讨会中见面的。

在基于论证的推理中，论证是通过从证据到结论的连续推理步骤来构建的。每一个推理步骤都有一个潜在的证据概称陈述形式"e 是 p 的证据"。论证推理是论辩的，因为不仅要考虑支持结论的论证，还要考虑反论证（counterarguments）。基于故事的推理包括构建案例中可能发生的故事来解释证据。该推理可以被定义为因果推理，故事中事件之间的关系以及故事与证据之间的关系可以被表达为因果概称陈述形式："c 是 e 的原因"。这种方法也是论辩的：一种解释是可废止的，即它是暂时成立的——通过将证明责任推给对手，使其需要提出批判性的质疑并提供另一种可能的替代解释。

在混合方法中，故事和论证结合起来，共同对一个案件事实进行推理。故事可以用来作为案例中"发生了什么"的假设场景，来解释主要的观察结果。论证可以用来讨论这些故事。例如，基于证据的论证可以用来支持或攻击故事。图 1 显示了两个故事的例子，解释了"安德森诉格里芬案"（Anderson v. Griffin）中的一场车祸（Bex and Walton，2012）。这里有两个关于车祸原因的故事。虽然两个故事都承认传动轴断裂的事实，但原告（p）主张卡车经销商没有修理传动轴，而被告（d）认为是道路上的碎片击中传动轴才导致它断裂的。

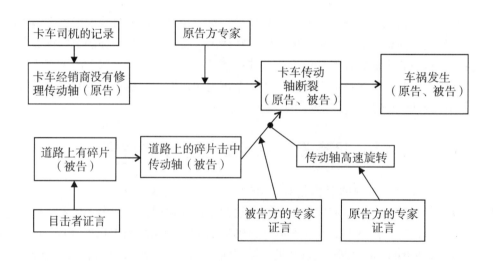

图 1　支持和攻击证据性论证的两个故事（Bex and Walton，2012）

注：开箭头表示因果联系（故事），闭箭头表示证据联系（论证），圆点箭头表示一个论证对一个故事的攻击。

5.1　混合理论中的型式与批判性问题

在对案件中的证据和事实进行推理时，我们会使用大量关于我们所生活的世界的知识。这种知识并不是基于案件中的具体证据，而是我们通常视为理所当然的常识，例如，"专家通常讲真话"或"谋杀经常涉及凶器"。这些常识或概述具有不同程度的可靠性——其中一些可能是基于错误的信念或刻板印象，而每一种概述都有不成立的情况①。因此，重要的是，我们要批判性地分析和质疑我们在用证据推理时所使用的常识。在这里，沃尔顿的论证型式及其批判性问题之间的联系变得清晰起来。

故事也基于一般型式或故事型式（也称为脚本）（Schank and Abelson, 1977），它们代表了故事的一般知识，即某种情况一般的发展走向。例如，众所周知的"餐厅脚本"（restaurant-script）包含了某人去餐馆吃饭时所发生的标准事件的顺序。这里的故事型式不仅涉及事件的序列，还包括在特定类型的故事中非常重要的其他信息。以"谋杀"（Murder）（Bex, 2011）的故事型式为例：

1. 型式解释的异常现象：y 人士的死亡。
2. 型式的核心行为：x 人士杀死了 y 人士。
3. 其他相关信息：作案动机 m，作案时间 t，作案地点 p，凶器 w。
4. 行为模式：x 人士有一个动机 m 去杀死 y 人士—x 人士在时间 t（地点 p）杀死 y 人士（使用凶器 w）—y 人士死了。
5. 更具体的谋杀种类：暗杀、重罪谋杀（如劫杀）、杀害某人的配偶。

除了行为模式之外，该型式还包含其他信息，比如什么是核心行为，以及可能适用的其他更具体的型式。其他故事型式则更为抽象：例如，一个有关故意行动的抽象的情节型式，即"动机–目标–行动–后果"的模式。

在推理刑事案件中的证据和事实时，故事型式是很重要的：它们用于解释事件，因为它们将事件与之前用于解释此类事件的解释联系起来。当面对一些最初的证据时，人们会选择一系列标准的场景（如故事型式）。例如，当一具尸体在一所房子里被发现时，警方调查人员所使用的初步型式是"谋杀""事故"和"自杀"。

除了有助于解释性推理，故事型式也可以用来批判性地分析现有的故事，特别是故事的融贯性。例如，如果一个故事不适合一个特定型式，因为型式中的某些元素并不在故事中（例如，一个谋杀故事中没有提到动机，或者没有清楚述及凶杀行为和受害者之死之间的因果关联），那么这个故事的融贯性就会受损。就像论证一样，证据推理中的故事也是论辩的，与故事型式相关的批判性问题可以指向反论证。一个值得注意的例子是，彭宁顿和哈斯蒂的故意行动型式（动机、目标、行动、后果）以及实践推理（在第 3 节所讨论的）的相似性。这意味着，实践推理型式的批判性问题可以用来质疑和分析故事中人物的动机和行动（Bex et al., 2014）。例如，对于一个谋杀故事，我们可以问以下问题。

x 人士有机会杀死 y 人士吗？
动机 m 是正当的杀人动机吗？
x 人士是否有理由不杀死 y 人士？

---

① 既然这种概述是正确的，那么它本身就是不成立的情况。

批判性问题也可以用来分析更复杂的推理。事实上，维赫雅和我认为批判性问题不仅适用于个别的论证或故事型式，也适用于整体的故事和论证的推理过程（Bex and Verheij，2012）。因此，我们提出了可用于证据推理的三类批判性问题：①与论证型式相关联的批判性问题，它可以用于分析基于证据的论证；②与故事型式相关的批判性问题，以及可能用于分析有关事实的假设性故事的批判性问题；③混合的论证－叙述性案例的批判性问题。该批判性问题可能用于对混合性案例的整体分析，就是将支持或反对这些故事的论证和故事做综合分析。后者的一些例子如下：

案件中的事实在故事中是否足够明确？这个故事是否足够融贯？是否缺少某些元素？故事中有令人难以置信的元素吗？

这个故事是否有足够的证据支持？证据对故事的支持是否足够相关和有力？

5.2 混合理论的证明责任与标准

尽管我们从2003年起就成为合作作者，但直到我获得博士学位后，我们才第一次以合作作者的身份积极合作（Bex and Walton，2010）。2010年，我去温莎拜访沃尔顿，我还清楚地记得我们在海滨散步和交谈的情景。我们谈到了论证、解释和证明责任，关于这些他已经独立发表了相当广泛的文章，还和本文的其他一些作者合作发表了一些文章（Prakken et al.，2005；Gordon and Walton，2009b）。我们开始考虑沃尔顿的一些早期思想是否可以应用于混合理论，这些思考初见于发表在JURIX的论文（Bex and Walton，2010）①，成熟于发表在《法律、概率与风险》（*Law*，*Probability and Risk*）期刊的论文（Bex and Walton，2012）。

对于证明责任，帕肯和萨托尔从主张和主张的论证的角度对三种证明责任进行了界定。我们将他们的定义应用到支持和反对这些故事的论证和故事中。对一个故事S具有说服的责任意味着在审判结束时，S应该被接受为对案件中所发生的事情的正确解释——在像"安德森诉格里芬案"（图1）这样的民事案件中，说服的责任在原告身上。策略上的责任在整个案件中不断转移，并且取决于哪个故事最符合目前的证明标准。在"安德森诉格里芬案"中，在原告根据记录提出初步起诉后，策略上的责任就转移到被告身上，需要被告提出另一种解释。这样的举证责任可以通过提供直接或间接支持故事的证据来满足。在"安德森诉格里芬案"中，在被告陈述了他关于碎片的故事之后，为这一陈述提供证据的责任就落在了他自己的身上。

需要注意的是，证明责任的概念是以某些证明标准为前提的。在这里，我们跟随沃尔顿与戈登的早期工作（Gordon and Walton，2009b）。如果至少能找到一个论证，而该论证的结论是基于支持故事S的证据，那么这个故事S符合微弱证据标准（SE）。如果一个故事S符合微弱证据标准，而且优于其他每一个备选故事S'（即与S'相比，S拥有

---

① 译者注：JURIX指法律知识系统基金会，是欧洲的一个法律与计算机科学研究机构。从1988年起，JURIX每年都会举办法律知识与信息系统国际研讨会。

更多的支持证据或存在更少的反对证据），那么这个故事 S 满足优势证据标准（PE）。这是民事案件的证明标准，例如，在"安德森诉格里芬案"中，原告的故事似乎符合它——它有两个支持性论证，而被告的故事也有两个支持性论证，但原告还有一个攻击性论证。清楚而有说服力的证据标准（CCE），指的是一个故事 S 本身应该是合理的，而且应该比每一个竞争的故事 Sf 要合理得多。为了使它成为合理的，它应该具有很多的支持性论证和很少的反对性论证。而为了使其比任一竞争的故事 Sf 更好，S 应该拥有相对支持性论证，或者存在相对更少的反对性论证。最后，一个故事 S 满足排除合理怀疑的证据标准（BRD），意思是它满足清楚而有说服力的证据标准，而且它的每一个竞争故事都非常不合理。

5.3 对话中的论证和解释

在我访问温莎期间，沃尔顿和我也开始谈论论证和解释之间的异同以及相互作用[①]。关键是，在对话中，论证和解释并不总是那么容易区分的。逻辑教科书（Hurley, 2003）提供了一个语用测试来确定一个语段是否表达了论证或解释，其重点在于命题或事件是被证明还是解释。如果这个命题没有疑问（例如，人们普遍认为它是正确的），那么这个语段就应该被视为一个解释。如果它是有疑问的，也就是说，如果被表述为"它是真的还是假的"，那么它应该被当作一个论证。这其中的困难在于，通常很难确定一个命题是否"被普遍接受为真"，而这个论证和解释只能通过观察推理的对话语境来正确区分。也就是说，说话者的最初意图（论证或解释），也包括被回应的话语以及听众的信念和意图。

如果很难区分论证和解释，人们可能会问："何必对此费工夫？"在我们的论文中（Bex and Walton, 2016），沃尔顿提供了一个令人信服的理由。循环论证，其中一个论证的结论是另一个论证的前提，反之亦然（即 p 因此 q，q 因此 p），这可以被视为"乞题"谬误的一个例子。然而，在解释的情况下，循环不一定是一个问题——事实上，有许多恶性（因果）循环清楚地解释了事件发生的原因。例如，在"安德森诉格里芬案"（见图 1）中，可以想象到的是，碎片撞击了汽车底部，导致新的碎片掉落到道路上，然后再次撞击汽车。

正如沃尔顿和我所主张的，在对话中，我们应该清楚自己是否给出或需要一个解释或论证，因为它们的评估方式是不同的。因此，在任何形式的对话博弈中，我们都要有不同的言语行为来要求和提供论证和解释。

5.4 结语：论辩立场

沃尔顿的论证型式理论可作为论辩推理一般性知识的代表，它对我的混合理论产生了深远影响。特别是批判性问题的概念，它可以被应用于不同方式的证据推理，已经影响了混合理论，这使它（尤其是它的非形式版本）从"纯粹的"知识表征理论提升为一种更具规范性的论辩理论，以至于可被用于批判性地分析某个人的推理。从这个意义

[①] 这一主题现在再次成为可解释的人工智能背景下的热门课题，见 Miller (2019)。

上说，沃尔顿的工作教会了我论辩立场（该概念在我们的最后一次合作中得出，Bex and Walton，2019）的真谛①。

6 托马斯·戈登：用卡尼阿德斯系统来支持论证

当我于1982年进入法律人工智能领域时，才从法学院毕业不久，我当时在圣奥古斯丁的一个法律信息学研究小组从事法律专家系统方面的研究，该小组由德国数学和计算机科学协会（GMD）的赫尔伯特·费德勒（Herbert Fiedler）领导。作为加州大学戴维斯分校（UC Davis）的一名法律系学生，我曾在一个独立的研究项目中与斯坦福大学合作，使用基于E-MYCIN规则的系统，②为美国证券法的一个领域构建了一个小型专家系统。在我致力于使用规则系统和Prolog逻辑编程语言为法律规范建模的过程中，我开始意识到规范是典型的可废止性的，会受制于例外，并且我对非单调逻辑作为建模这种可废止性规范的方式感兴趣。然而，由于我也对法律推理和论证相关的法哲学具有浓厚兴趣，所以我很快就开始认为非单调逻辑，或者任何一种逻辑，都无法完全捕捉法律推理和论证。这一过程不仅是将规则演绎地应用于事实，做出（可废止的）推论，还包括在法律程序中，以目标导向的方式，通过解释法律来源文本和证据来建构这些规则和事实。该过程是多方的论辩性对话。这些对话中的各方轮流做出言语行为，如提出问题、提出主张，以及构建和提出论据来支持这些主张。从更高层次的角度来看，每一方的目标是构建一个法律与案件中事实的理论，这些理论中包含支持己方和攻击竞争性理论的论战，使得该理论比其对手所提出的理论要更融贯、更有说服力。

基于这些见解，我开始把这种程序性的、对话式的法律推理和论证的建模方法看作我所谓的"计算论辩学"（computational dialectics）的应用。作为1994年在西雅图举行的AAAI会议的一部分，③我和罗恩·路易（Ron Loui）一起组织了一个关于计算论辩学的研讨会。格哈德·布雷卡（Gerhard Brewka）和我组织了第二次计算论辩学研讨会，作为1996年在德国波恩举行的形式和应用实践推理（FAPR）会议的一部分。

在形式和应用实践推理会议上，我第一次遇到了沃尔顿。沃尔顿应邀在会议上做了一个报告。他参加了我们关于计算论辩学的研讨会。我记得他静静地坐在房间后面，专心地听着。我当时感到很荣幸，因为他对我们的工作坊感兴趣。我不太记得我们当时是否交谈过，所以，我们可能直到几年后才真正了解彼此。

在1998年或1999年，大约在形式和应用实践推理会议的两年后，沃尔顿寄给我一本他的最新著作《新论辩学》（*The New Dialectic*）。他在著作的最后对我的博士论文《诉答博弈》（*The Pleadings Game*）发表了非常友好的评论，令我感到非常惊喜和荣幸。

---

① 立场是判断决策或行为的抽象层次。可参见丹尼特（Dennett）的意向性立场（Dennett，1989），它从实体的精神属性（意向）的角度来看待实体的行为。论辩的立场是根据论证和反论证的视角来看待我们的推理行为的。

② E-MYCIN，或核心（essential）MYCIN，是专家系统先驱MYCIN的一个版本（Shortliffe and Buchanan，1985），该版本的领域知识被用户自己的知识库取代了。

③ 译者注：AAAI指美国人工智能协会（American Association for Artificial Intelligence）的年会，该会议是人工智能领域的顶级会议之一。

《诉答博弈》采用了上述法律推理和论证的论辩视角。我当时一定联系了他表达感谢，就在这时，我们彼此变得更加熟悉了。

到了 2005 年，我们开始认真合作，并且一起合著了一篇论文（Walton and Gordon，2005b）。从那时起直到 2018 年我退休（2008 年和 2013 年除外），我们几乎每年都合作发表至少一篇论文。在 13 年的时间里，我们一共合作发表了 19 篇论文。下文将对其中一些论文进行概述。

我们的第一篇合作论文是 2005 年的《法律论证计算模型中的批判性问题》（Walton and Gordon，2005b）。它就我对沃尔顿论证型式理论（Gordon，2005）的批判性问题建模的首次尝试和维赫雅（Verheij，2003c）所提出的进路进行了比较。我们都把批判性问题作为论证的额外前提，而这些前提可被用于攻击论证。我的进路的独特之处在于，它包含了一个由各种证明标准组成的计算模型，类似于我之前对芝诺（Zeno）所做的工作（Gordonand Karacapilidis，1997），并且允许给每个问题分配不同的标准，也就是对每个有争议的前提进行独立分配。我的进路的另一个优点是，它区分了不同类型的批判性问题（称为例外和推定），并且根据类型将证明责任分配给各方。这使得人们对于每个批判性问题，都可以在批判性问题的"转移责任"和"支持证据"的理论之间进行选择（Walton and Godden，2005a）。

接着在 2006 年，我们发表了关于卡尼阿德斯（Carneades）论证框架的首篇论文（Gordon and Walton，2006b），以及一篇展示如何使用卡尼阿德斯来建模"皮尔森诉珀斯特案"（Pierson Versus Post）的法律论证的论文（Gordon and Walton，2006a）。卡尼阿德斯产生于上面讨论的工作（Walton and Gordon，2005b）。在我们早期的工作中（Gordon and Walton，2006b），我们为一组相互关联的论证的结构（称作"论证图"）及其评价提供了形式模型，该模型使用证明标准和证明责任的模型来确定哪些陈述（命题）是可接受的。这种形式化的模型是在一个软件系统中实现的，也被称为"卡尼阿德斯"，可用来帮助用户构建、评估和可视化论证。这种可视化方法与阿卡利亚（Araucaria）系统使用的方法相似（Reed and Rowe，2004），但对区分不同类型的前提（普通前提、推定前提、例外前提）进行了扩展。此后不久，沃尔顿开始在他的书和其他出版物中不断使用和推广卡尼阿德斯的论证图解方法。2007 年，该研究被发表在《法律人工智能》期刊上（Gordon et al.，2007）。亨利·帕肯作为这一研究的共同作者加入了我们，特别在证明形式模型的某些性质上提供了帮助。

2009 年，沃尔顿和我为拉赫曼（Rahwan）和西马里（Simari）主编的《人工智能论证》(*Argumentation in Artificial Intelligence*) 一书贡献了关于证明责任和标准的形式模型的章节（Gordon and Walton，2009b）。虽然这一章主要是对之前工作的综述，但它也包括了有关结构化论证和评估的卡尼阿德斯形式模型的更新版本（Gordon et al.，2007），并且扩充了有关对话。受众和帕肯及萨托尔识别的不同类型的责任，有主张、询问、论证建构、说服的责任以及策略性的证明责任（Prakken and Sartor，2009）等。

同样在 2009 年，沃尔顿和我共同发表了一篇论文，该文讨论了如何将各种论证型式的异构计算模型整合到一个混合系统中，并且用于建构和评估（法律）论证（Gordon and Walton，2009a）。其基本思想是将论证型式视为具有构造论证方法的抽象数据类型，所有这些数据类型都满足一个共同的协议，这样它们就可以一起被用来构造由许多匹配不同论证型式的论证组成的论证图解。然后，我们可使用前面论及的为卡尼阿德斯开发的方法来评估论证图解。我们使用基于本体论、规则、案例和证据的法律论证型式的计算模型来说明我们的进路。这项工作的目的是实现我在2007年法律人工智能国际研讨会（The International Conference on Artificial Intelligence and Law）主题演讲中所提出的主张，即法律人工智能领域的不同形式的论证识别和建模可以被归入论证型式的概念之下，同时被整合到一个基于论辩的法律推理的共同框架上（Gordon，2007）。[①] 这一计算模型被欧洲埃斯特雷拉（ESTRELLA）项目（IST 4027655）开发的卡尼阿德斯版本所执行。

2012年，沃尔顿和我为《法律人工智能》期刊的特刊撰写了一篇文章，该文章由阿特金森担任编辑，讨论了有关"波波夫诉林案"（Popov v. Hayashi）中的论证建模的不同进路，其中我们使用卡尼阿德斯系统为案例中的论证建模（Gordon and Walton，2012），这一进路与我们在"皮尔森诉珀斯特案"中所使用的进路相同。本文中的论证图示是由马提亚·格雷麦尔（Matthias Grabmair）在谷歌编程之夏（summer of code）项目中为卡尼阿德斯系统开发的一个新的交互论证图示应用程序生成的。

同样是在2012年，沃尔顿和我在一份哲学期刊上发表了一篇文章，关于如何使用软件工具如卡尼阿德斯系统来帮助人们应用论证型式来构建新的论证，或者像沃尔顿喜欢说的那样，去"构思"（invent）论证（Walton and Gordon，2012）。沃尔顿在哲学会议或期刊发表了几篇文章，讨论人工智能的方法与工具（尤其是卡尼阿德斯系统）能有效地帮助人们应用哲学中的论证理论来做出更好的论证，他在写这些文章有时会让我与他合著，而上述这篇文章便是其中一例。沃尔顿在哲学和人工智能领域扮演着极具影响力的沟通大使的角色。另一个例子是，我们使用卡尼阿德斯系统对古希腊哲学家的论证进行了重构，特别是有关一个物体是绳还是蛇的著名论证（Walton et al. 2014）。正是这位古希腊哲学家，激发我们将系统命名为卡尼阿德斯。

但也许最重要的工作是发表于2015年的《非形式逻辑》（*Informal Logic*）期刊上，标题为矛盾而具挑衅意味的《非形式逻辑的形式化》（"Formalizing Informal Logic"）（Walton and Gordon，2015）的文章。非形式逻辑领域兴起于20世纪50年代，当时形式逻辑是一阶谓词逻辑的同义词。我们的目标是表明，来自人工智能领域的推理和论证的新形式模型，如卡尼阿德斯系统，可以克服20世纪50年代哲学家对现实生活论证建模的形式化方法的局限性所持的保留意见。我们同时将这些模型作为实用软件工具的基础。为了论证文章的目标，我们展示了卡尼阿德斯系统如何成功处理相关文献所述的非形式逻辑的十个基本特征。

在2016年至2018年期间，沃尔顿和我发表了一系列关于卡尼阿德斯系统的最新版（可能是最终版）论文。第一个是在论证的计算模型会议（COMMA，2016）上报告的《权衡论证的形式化》（"Formalizing Balancing Arguments"）（Gordon and Walton，2016）

[①] 译者注：ICAIL指法律人工智能国际学术大会（The International Conference on Artificial Intelligence and Law），该会议是法律人工智能领域的顶级会议之一。

一文。这篇论文对结构化论证的卡尼阿德斯形式模型进行了重大改进，该模型首次允许，如果一个前提失败，论证就会被削弱，或者可能有些违背直觉地被加强，而不是完全击败论证。这使得论证累积（argument accrual）能够得到处理，满足帕肯（Prakken，2005b）确定的所有论证累计的要求。这种处理以一种易于计算的方式进行，而不会导致论证数量的指数型激增。它还通过取消对非循环论证图解的限制，对卡尼阿德斯系统原始的形式化模型做出修正。这个新版本使用不动点语义学处理循环，这受到了董潘明的抽象论证框架（Dung，1995）的启发。但该版本以一种直接的方式处理，而没有像 ASPIC$^+$ 一样将结构化论证映射到抽象论证（Prakken，2010）。这一形式模型在卡尼阿德斯论证系统的第 4 版中得到了充分的实现，以实现扎根语义（grounded semantics）。这篇论文中的主要定理是关于特征函数单调性的，被留作猜想，而我在稍后的工作中为这一定理提供了证明（Gordon，2018）。然而不幸的是，由于证明标准的定义过于宽泛和抽象，帕肯通过一个反例发现了证明中的一个瑕疵（Prakken，2019）。这个问题可轻易被修正，只需将证明标准的定义限制在实践中常用的证明标准上，例如执行卡尼阿德斯系统所提供的为数不多的法律证明标准。然而无可否认的是，这仍有待形式证明，希望将来会有充满雄心的博士生承担这一任务。

我与沃尔顿合作的最后一篇论文（Gordon et al.，2018）的作者还包括我在弗劳恩霍夫（Fraunhofer）的同事弗雷德里克（Horst Friederich），该文于 2018 年发表在《论证与计算》（*Argument and Computation*）期刊上。文章提出了一种基于约束处理规则（Frühwirth，2009）的用于论证型式的编程语言，并且通过展示沃尔顿最重要的 20 个论证型式（由沃尔顿选择）如何用该语言表示，以及用于从一组假设中自动生成或"发明"论证来验证该语言。此外，在此期间，库尔图卢（Başak Kurtuldu）在她的博士论文中用这种语言来表示沃尔顿的许多其他论证（Kurtuldu，2019）。所生成的论证使用结构化论证的卡尼阿德斯最新模型来表示，然后可以通过该模型进行评估，例如通过它对累积型论证（cumulative arguments）进行支持。回想一下，在前面讨论的表征论证型式的工作中（Gordon and Walton，2009a），我们只提供了一个用于整合特定型式的异构实现的框架。这项工作提供了一种极具表达力的基于规则的语言，以在更高层次去表征和执行广泛的论证型式，进而超越了之前的工作。其他一些人使用各种基于规则的语言来表征某些论证型式［如维赫雅使用 DefLog 语言（Verheij，2003c）］，但是这些语言不能表达足够多的命题，也没有足够的表达力来处理许多沃尔顿的论证型式（如证人证言的论证型式）。

大概这就是我们一起写的最后一篇论文。在这篇论文中，沃尔顿和我实现了这样的目标：对他的结构化论证、对话中的论证评估和论证型式理论中的主要特点进行了形式化，这对于用高层次的语言表征众多论证型式提供了支持，包括两类批判性问题和自动从这些型式中生成论证。此外，这篇论文还对论证评估中的证明责任分配、多种证明标准、累积型论证、论证累积、循环论证图解以及生成哲学中常见的论证图解提供了支持。也许我应该说，我们实现了这一目标，这使我们双方都满意。我毫不怀疑，其他人也会设法推进这项工作，并且在许多方面加以改进。也许我们的一些同事已经这样做了。

在这一部分的最后，让我来反思一下为何沃尔顿和我能开展长期广泛的合作。我们合作起来很容易，除了因为沃尔顿是如此令人喜欢、为人谦逊、充满好奇和开放接受新想法，还因为我认为我们都拥有自己的专业领域。在我们的关系中，沃尔顿是哲学家和论证理论专家，而我是计算机科学家、软件工程师，对人工智能的技术细节更有经验。我把自己看作一个试图构建模型和系统的软件工程师，这些模型和系统能满足沃尔顿在他的论证理论中所确定的需求。我总是相信，沃尔顿论证理论的进路，加上他的论证型式理论和对话类型，对于我所感兴趣的法律领域的不同应用场景是非常有帮助的。这需要相当多的不同类型的型式被以论辩的方式应用在法律程序中。我把精力集中在使沃尔顿的理论具有计算性上。

如果我有什么遗憾的话，那就是我们没有找到时间更多地在法律对话的形式建模上合作，这是我的博士论文的重点（Gordon，1995）。我们的联合研究议程上有这个话题，但遗憾的是，生命是短暂的。

7 亨利·帕肯：论证型式与证明责任

我对论证理论的兴趣主要来源于我对法律人工智能的兴趣。因为律师们一直在争论如何用人工智能工具来建模或支持法律推理与决策，而这迟早会涉及论证的问题。最初，我认为法律论证的形式和计算模型是应用非单调逻辑的。当我在 1988 年作为一名博士生进入学术界时，非单调逻辑是人工智能领域的一个热门话题。在著名期刊《人工智能》（*Artificial Intelligence*）就该话题的特刊发表的 8 年后（Bobrow，1980），它与法律推理的相关性似乎显而易见。虽然我对当时流行的非单调逻辑很着迷，比如缺省逻辑和限定推理，但我觉得法律应用中缺少了一些东西。特别是法律人工智能领域关于法律论证的工作（Gardner，1987；Rissland and Ashley，1987），让我意识到论证的概念应该扮演中心角色。其他给予我灵感的工作是通用型人工智能的研究（Poole，1985；Loui，1987），而当时我还不知道波洛克的开创性工作（Pollock，1987）。我在 1990 年设计了我的第一个基于论证的非单调逻辑，尽管在这篇文章中我没有使用术语"论证"而是使用了"证明集"（Prakken，1991）。1995—1997 年，我与萨托尔进行合作，主要探索了作为一类非单调逻辑的形式论证系统。这一工作是基于董潘明的抽象论证框架（Dung，1995），并且假定论证通过把特定领域的规则（法律、常识或其他）链入推理树来创造的。直到 2000 年，当我参加了在苏格兰山区举行的论证与计算研讨会时，我才熟悉了沃尔顿的工作。在这次由诺曼（Tim Norman）和里德（Chris Reed）组织的研讨会上，来自形式与非形式领域的研究人员在一个非正式的场合会面。沃尔顿是参与者之一。许多跨学科的合作源于此次会议，诺曼和里德对此进行了一些报道（Reed and Norman，2003）。

7.1 沃尔顿对我工作的影响：总论

沃尔顿的作品在两个方面影响了我。首先，我开始发现论证型式进路在寻找论证的构建规则上的潜力。这方面的另一个灵感来源是波洛克有关认知中可废止推理作用的理论（Pollock，1987，1995）。其次，我开始对论证的对话模型感兴趣（尽管在这里我更直接地受到了法律人工智能在法律程序建模方面的启发）。下面我将在单独的小节中讨论这两个主题。但在此之前，我应该提到，我与沃尔顿对这些问题的看法存在一个重要差异。他并不认为这些问题是分开的，他认为论证型式本质上是一种对话的装置，决定了论辩性义务和证明责任（Walton，1996）。在这个意义上，一个用论证型式来进行论证评估的程序应该采取一套对话规则的形式。但是，我在2010年的沃尔顿纪念文集的论文中指出（Prakken，2010），论证型式本质上是逻辑结构，因此评估论证的过程主要采用逻辑的形式。（在第9节，维赫雅提到他的DefLog系统也采用了类似的方法。）更具体地说，我认为大部分（但不是全部）沃尔顿讨论的论证型式可以被视为可废止的推理规则，而其批判性问题可以被看作反论证的指向，因此有关论证型式使用的逻辑应该是一个可废止论证的逻辑。然后，论证型式的论辩性作用可以通过在一个对话系统中嵌入这种逻辑来进行建模，所以基于论证型式的论证评估最终将变成一个逻辑与论辩的结合。再者（Prakken，2005a），对话协议决定了对话每个阶段的相关论证、反论证和击败关系。在每一个这样的阶段，论证逻辑就决定了这些论证的逻辑证成。之后在新的对话阶段，证明责任就转移到失败的一方而使另一方获胜，以此类推。因此，论证的证成取决于逻辑和对话。

7.2 论证型式

由于我没发现简单规则进路如何能解释论证型式理论（Prakken and Sartor，1996，1997），所以我寻找了一种不同的形式进路。由于我看到论证型式概念和波洛克的可废止理由概念的平行关系，我开始采用一个简化版的波洛克形式（Pollock，1994，1995），并且注意到沃尔顿提出的许多批判性问题可以被建模为反驳型（rebutting）或底切型（undercutting）的击败者（Bex et al.，2003；Prakken，2005b）。这些论文中的前两篇实际上蕴涵了这样一个主张：波洛克关于可废止理由的研究是沃尔顿论证型式进路的一个例子。我不认为沃尔顿（这些论文的一个合著者）同意这一点，但他很包容地允许我把这一主张包括进来。① 在贝克斯等人的工作中（Bex et al.，2003），我们半形式地表明了波洛克定义论证的方式和他的两类攻击，然后半形式地指出，这种解释可以被嵌入董潘明的抽象进路中。然后我们继续为证据推理提出一系列论证型式，一些来自波洛克关于可废止理由的工作（知觉、记忆、统计三段论、归纳、时间持久性），一些来自沃尔顿关于论证型式的工作（一般知识、专家证言、证人证言）。

后来我从波洛克风格的形式系统转变为ASPIC$^+$框架的系统（Prakken，2010；Modgil and Prakken，2014，2018），该项目源于欧盟资助的ASPIC项目，② 运作期间为

---

① 一个轶事是：有几次我试图说服沃尔顿，他的论证型式的概念类似于波洛克的可废止理由的概念，但沃尔顿从来没有被说服过。我后来意识到，这是因为他认为论证型式不是推理规则，而是一种对话手段。事实上，沃尔顿曾经告诉我，他和他的妻子去亚利桑那州拜访过波洛克。当我问他，他们是否讨论过论证方案和可废除的理由之间的关系时，沃尔顿回答说，他们没有就此交换过任何意见。

② ASPIC项目受FP6-1ST资助，基金编号为002307。项目细节见：https://cordis.europa.eu/project/id/002307。

2004 至 2007 年。① ASPIC 项目的一个目标是巩固形式论证逻辑的研究水平。为此，我们结合了弗雷斯韦克（Vreeswijk，1993，1997）对论证的非常优雅的定义以及波洛克对反驳型和底切型攻击的区分，同时我们新增了前提攻击或"破坏型（undermining）攻击"。② 然后，我们将偏好关系引入论证框架上，以确定哪些攻击成功击败论证，从而产生一组论证和一个击败关系。这允许我们在抽象论证框架中使用董潘明的语义学来评估论证。

2010 年以来的几篇文章展示了如何在 ASPIC⁺ 框架中将论证型式视为可废止的推理规则，并且将批判性问题视为攻击（反驳型、底切型或破坏型）的指向，进而对使用论证型式的推理进行建模。例如，莫迪里（Sanjay Modgil）和我展示了如何在 ASPIC⁺ 中将波拉克关于感知的可废止理由和沃尔顿的型式结合起来（Modgil and Prakken，2014）。我与怀纳（Adam Wyner）、本奇-卡鹏和阿特金森在 ASPIC⁺ 中对基于案例的法律推理型式进行了建模（Prakken et al.，2015）。此外，本奇-卡鹏、维瑟（Wietske Visser）和我使用了沃尔顿的基于后果的论证型式去建模两阶段的民主审议（Bench-Capon et al.，2011）。我还使用了类似的型式去形式化作为实践推理的立法提案的辩论（Prakken，2015）。基于这项工作，我仍然相信论证型式作为主要的逻辑装置（logical devices）的观点是富有成效的。然而，在指出论证评估具有论辩性面向的问题上，沃尔顿当然也是对的。现在我来谈谈这个问题。

7.3 对话系统

沃尔顿的想法对我有关对话中论证的工作的影响起初是比较间接的，来自法律人工智能领域的法律程序建模，该法律程序包含旨在论证的对话博弈（Gordon，1994；Hage et al.，1993；Lodder and Herczog，1995）。这一工作反过来受到论证理论中所谓的"形式辩证法"的大量工作的启发，而沃尔顿对这些工作做出了重要贡献（Woods and Walton，1978；Walton and Krabbe，1995）。更直接的影响来自我与沃尔顿的合作（Prakken et al.，2004，2005）。在那些日子里，沃尔顿就提出批判性的问题是否总是会转移说服对话中的证明责任做出了大量思考。他意识到，有时仅仅对论证型式提出一个批判性的问题并不足以使论证成为"缺省"，而是需要更多的东西。一旦论证型式被视为可废止的推理规则，并且它们的使用被嵌入如上所述的对话系统中，沃尔顿的问题就有了一个自然的解决方案。当批判性的问题指向反驳型或底切型的反论证时，简单地提出这些问题并不足以将对话的证明责任转移到另一方，因为可废止推理的理念是推定不存在这样的反驳论点。因此，为了转移证明责任，必须提供一个反证。例如，当提出一项来自专

---

① 如本文第 6 节所述，我还与沃尔顿和戈登在卡尼阿德斯框架上进行了短暂合作（Gordon et al.，2007），这本质上是戈登受沃尔顿哲学影响的智慧结晶。我对卡尼阿德斯系统的贡献不大；我主要是帮助解决一些技术问题，但戈登非常慷慨地将我列为合著者。

② 从历史的角度来看，不是来自乌得勒支的我们，即马丁·卡米纳达（Martin Caminada）、弗雷斯韦克和我自己，而是来自图卢兹信息研究所的人们，即利拉·阿姆戈（Leila Amgoud）、克劳德特·凯洛尔（Claudette Cayrol）和玛丽-克里斯蒂娜·拉加斯奎-希斯（Marie-Christine Lagasquie-Schiex），最初提出使用佛利塞克的论证定义并将其与波洛克的反驳型和底切型攻击的区分结合起来。

家意见的论点时,仅仅询问声称是专家的人是否有偏见是不够的,因为在缺乏相反证据的情况下,专家被推定是没有偏见的。相反,当一个批判性问题询问一个论证型式的例示前提是否为真时,那么这个前提必须得到进一步的支持,因此,简单地询问它是否为真就转移了证明的责任。例如,一个声称自己是某一特定问题专家的人确实是专家,这不能简单地被推定如此,而必须在受到质疑时进行论证。在我与沃尔顿和里德的关于对话的论文中,我们通过从论证集到论证逻辑被应用于某个阶段来排除每个阶段的具有被挑战前提的论证,进而对这一进路进行建模。这个想法最初来自我在2005年的工作(Prakken,2005)。

这里有一个技术上的微妙之处。在一些论证逻辑中,例外的缺席被明确地作为一种特殊类型的前提。例如,推定论证中的"推定"(Toni,2014),这也包括在ASPIC⁺框架中(Prakken,2010)。在没有底切型反论证的情况下,一个关于前提的批判性问题是否会转移证明责任取决于前提是否是一个推定。只有前提并非推定时,询问是否属实才能转移证明责任。尽管各种论证逻辑之间存在技术上的差异,总的来说是相同的:从逻辑上讲,有些事情可以在没有相反证据的情况下被推定,而其他事情则不能;只有在后一种情况下,询问事情是否真实才会转移证明责任。又见上文第2.1节中所做的推定和例外之间的区别。

有一个观点(Prakken et al.,2004,2005)是:某件事是否可以被推定,通常是一个特定领域的问题,这本身就可能成为争论的主题。例如,在法律程序中,对双方证明责任的分配可能成为辩论的主题。因此,沃尔顿、里德和我给出了一个对话系统,在这个系统中,对一个论点的前提 φ 的挑战可以用"你有责任证明¬φ,因为……"来回答。这一举动使得对话转向了一种嵌套的证明责任对话,其结果决定了 φ 的挑战是否具有对话上的效果。在我对说服性对话建模研究的总体思路中,这些想法都被形式化了(Prakken,2005a)。

在我们合著的两项作品问世后,沃尔顿、里德和我没有进一步推进该方面的研究,但我们的论文极大影响了我后来就法律程序中的推定与证明责任的形式模型的系列工作。这些后续工作以我和萨托尔的最后一次合作而告终(Prakken and Sartor,2009)。萨托尔和我进一步发展了一个观点:那就是整体证明责任和局部证明责任之间的区别,这也是沃尔顿对我和他以及里德合著的两篇论文的贡献之一。在说服性对话中,整体的证明责任保持固定,并且取决于最初的主张者。相比之下,局部的证明责任在争论中可以转移。对此,我们的论文中写道(Prakken et al.,2005):

> 一个命题被断言的话步(无论是作为一个主张还是作为一个论点的前提)通常背负着捍卫这个主张,或者在受到挑战时撤回它的证明责任。但是在特殊情况下,证明责任会转移到另一方以提供证明该主张不成立的证据。

这与上述在对话协议中嵌入可废止论证型式的推理方法是一致的。事实上,我们假设对话中所提出的论证是用论证型式构建的,这些论证型式被视为可废止的推理规则(Prakken et al.,2004,2005)。萨托尔和我发现沃尔顿对整体和局部证明责任的区分与普通法对一方说服责任和另一方举证责任与技巧性论证（tactical burden of proof）的区分是相关的。我们还进一步发展了上述想法，以对证明责任的对话进行建模（Prakken and Sartor, 2007）。

坦率地说，萨托尔和我发现沃尔顿关于证明责任的想法并不是最终答案；特别是在法律语境中，证明责任的概念是相当棘手的。在后续工作中，我们区分了至少七种不同类型的证明责任（Prakken and Sartor, 2009）。不过，沃尔顿的想法无疑把我们引向了正确的方向。

8　乔瓦尼·萨托尔：法律解释中的论证理论

我是在约20年前认识沃尔顿的，当时我们都参加了法律人工智能国际学术大会（ICAIL）。我记得我很喜欢和他交谈，我喜欢他的好奇心，也喜欢他能够提供自己的见解，倾听来自不同领域、经验较少的研究人员的意见。

那时，我已经开始研究工作，特别是与帕肯一起，开发基于逻辑编程、非单调逻辑和董潘明的论证的法律推理的形式模型。我致力于开发法律知识和推理的形式模型。我认为这样的模型，可以通过应用和扩展逻辑和人工智能的思想来建立，它不仅有助于计算机应用，也有助于法律思维与实践的进步。我意识到对论证和修辞的研究——特别是一些关键的研究（Perelman and Olbrechts Tyteca, 1969; Toulmin, 1958; Viehweg, 1993）——可以为法律推理的形式模型的发展提供许多有用的见解。然而，在法律研究中，特别是在欧洲大陆的传统中，诉诸"非形式的""修辞的"或"论题的"（topical）的做法，往往是以与法律领域中形式的乃至科学的应用相反的面目出现的。法律理论家似乎必须选择站在哪一边，鉴于我的兴趣和倾向，我倾向于"形式的"一方，这意味着在某种程度上对"非形式逻辑"持怀疑态度。与沃尔顿的相遇改变了我的观点：他是非形式逻辑领域的一位主要学者，但他对寻找形式的甚至是可计算的模型感兴趣。因为这些模型可以刻画或部分刻画他正在研究的推理模式。自从他与克拉比在对话类型方面开展研究（Walton and Krabbe, 1995），他就从事了一个旨在将论证研究与形式模型相结合的跨学科研究。此外，他对将这种进路引入法律人工智能领域很感兴趣，这可以从他和我在该领域的一些同事的工作中看出。

我很高兴能邀请他到欧洲大学研究所访问几个月。我们开展了一个很好的法律论证理论课程，并成功地一起做了一些工作，这引出了以下研究项目。

8.1　论证型式的基本原理

第一个项目涉及论证型式的证成。沃尔顿的工作已经引出了许多不同的论证型式，远远超出了演绎、归纳、溯因和类比的经典区分。他还指出，那些通常被认为是谬误的推理模式有诉诸权威的论证、诉诸先例的论证、诉诸无知的论证、从相关到因果的论证等。这些模式无法满足逻辑演绎的要求，但在许多语境和领域中都被接受了。然而，由于其可废止性，这些模式可能导致错误的结论，即使在适当的语境中也是如此。这就提出了一个问题：在什么语境下，如何能证成一个可废止的推理模式的使用是可取的？第二个问题是为什么某些推理模式可以在某些文化语境下被合法使用，而在某些其他文化语境下却不能。这尤其适用于法律解释中使用的模式。事实上，在不同的法律体系中，不同的论证型式——如诉诸日常语言意义、诉诸立法意图、诉诸准备工作（起草历史）或诉诸目的论——在不同程度上被用来支持解释性主张。如果论证型式内含对理性的诉求，那么它们的使用范围怎么可能是狭隘的？

我们处理这些问题的进路主要基于两点考虑。首先，我们确认论证型式本身可以通过论证来证成。具体来说，论证型式的使用可以给出一个语用证成，即基于目的论推理的论证，以实践推理方案为例，并且辅以来自正面和负面后果的论证。因此，在一项活动的语境之内使用一种论证型式，只要该型式有助于活动的认知或实际目的，就是合理的。其次，我们认为型式的语用效用，以及由此而来的合理性，可能取决于型式的共同接受程度。对型式的使用，如诉诸日常语言或准备工作的论证，在法律解释领域是合理的。这一合理性源于以下事实：该型式推进了各方交流与说服，或者至少推进了各方默许。这取决于在特定语境中，各方均同意使用论证型式。

8.2　作为论证的法律解释

我们在佛罗伦萨的互动让我们有了一个进一步的项目，这个项目将在接下来的几年中继续进行，即基于论证的法律解释分析。我们着重研究了法学家们提出的法律解释中的论证分类（Tarello，1980；MacCormick and Summers，1991）。在我们看来，这样的法理学分析为法律话语提供了丰富的见解，但将它们一方面与论证理论联系起来，另一方面与法律人工智能研究联系起来，可以获得额外的理解。因此，我们决定考虑法律理论家分类和分析的解释性话语在多大程度上可以映射到沃尔顿和他的同事等论证理论家所确定的论证型式中（Walton et al.，2008）。此外，我们希望为这种型式提供结构化和可能的计算表示。马卡诺已经与沃尔顿进行了广泛合作（Walton et al.，2008），并且加入了我们的这个项目。随后，我们完成了一些工作，凭借卡尼阿德斯系统和 ASPIC$^+$ 框架，我们把通过论证理论和语用学对法律解释的分析，与通过可废止论证系统对解释推理的建模相结合（Macagno et al.，2014，2018；Sartor et al.，2014；Walton et al.，2016，2018）。一方面，我们表明在法律解释中使用的论证确实可以作为论证研究中的论证类型加以分类和分析；另一方面，我们展示了这些论证可以通过可废止的条件句，关于它们使用的预设/推定，以及对它们的可能攻击（批判性问题/例外）来捕获。因此，我们有可能通过可废止论证来对解释性辩论进行建模，以捕捉相互竞争的解释性建议和对它们的攻击之间的论辩性互动，也能捕捉从法律条款的解释到应用法律条款得出实质结论的过渡。

这项研究的发展引发了我和沃尔顿的最终项目，即撰写一本关于法律解释论证的书的想法。这本由沃尔顿、马卡诺和我合著的题为《法律解释的语用与论证结构》（The Pragmatic and Argumentative Structure of Statutory Interpretation）的书，就在沃尔顿突然离开我们之前完成了，有望在 2020 年出版。本书整合了五个不同的学科，每个学科各自提供了一个法律论证的不同视角——论证理论、法律理论、语用学、论辩学以及法律人工智能，旨在为法律解释提供一个说明。这本书的核心实际是由沃尔顿的论证研究进路构成的,其为解释性辩论提供了一个背景。在对法律解释做出简介之后,本书对法定解释的论证型式进行了定义,并且始终如一地应用于多个法律案例。这些论证型式的使用,与法律语言的语用学和法律互动密切相关。解释性论证——如语言学论证、目的论证、诉诸无知论证和类比论证——都可被建模为可废止的肯定前件式推理,并受制于可能的挑战和攻击。这本书有两个主要目标,一个是理论目标,一个是实践目标。理论目标在于将法律论证与一般论证联系起来,也就是说,展示如何通过使用我们已经用于建模日常对话的工具来捕捉解释性规范和推理的复杂性。其实践目标在于提供工具以帮助解释法定文本,特别是通过论证地图(argument maps),来阐明并视觉化有关某解释性问题的整个竞争性论证网络。

9 巴特·维赫雅:打通形式论证,可计算论证与现实生活论证

我第一次见到沃尔顿是在波恩举行的形式和应用实践推理会议(FAPR,1996),他是大会邀请的其中一位演讲嘉宾。那时我的博士研究已经接近尾声,正在苦苦寻求对法律论证有帮助和有必要性的研究视角(图2摘自我在那次会议中的报告)。① 第一个是强调论证的形式化概念的理论和模型视角,如哲学逻辑研究。第二个是心灵和人类的视角,强调论证是如何在日常和专业领域中自然发生的,例如认知科学所做的研究。第三个,也是最后一个,是机器和程序的视角,强调了论证如何发生的可计算视角。

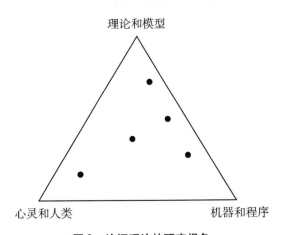

图2 论证理论的研究视角

这次会议对我有所安慰,因为有一个学术共同体聚集在一起,似乎每个人都对把论证理论视作一个跨视角研究的事业。沃尔顿是这个共同体的核心成员。在那之前,我只是从大学图书馆借的一些书中了解他的。我知道他和他的博士研究生导师约翰·伍兹(John Woods,他仍健在)合著的《谬误》(*Fallacies*),我也知道他的《非形式逻辑》

---

① 参见 https://www.ai.rug.nl/~verheij/publications/fapr96report/。

（Walton，1989）。这些书（只是当时许多书中的两本）已经表明了他的著作有多么丰富，以及他对论证研究的贡献是多么广泛。

在他的报告中，沃尔顿强调了发展"应用逻辑"的必要性，承认了推理和论证的语用性和目标驱动的一面。他还谈到计算机软件可以作为一种批判性思维工具，这是戈登和布雷卡在那次会议上组织的计算论辩学研讨会的核心主题，我也参加了那次会议。

对我来说，这一切都是新鲜的、相关的、重要的。沃尔顿当时已经写了大约20本关于这些和相关主题的书。

沃尔顿对我作为一名研究员的影响的第二件事情是里德和诺曼（Tim Norman）在邦斯凯德之家（Bonskeid House）组织的一个研讨会。此处最初是一座苏格兰大厦，但后来被改造成了一家青年旅社。在那的一周时间里，一组大约20名研究人员聚集在一起，他们的目标是写一本关于里德和诺曼所说的"论证机器"的书。这本书在4年后出版（Reed and Norman，2003），包含了一个关于计算论证研究的路线图（由里德和诺曼编写）。沃尔顿参与合著了关于论证和多主体系统的一章。

以上这件事在设定议程和构建计算论辩学的学术共同体方面发挥了作用，而沃尔顿从一开始就为之做出了贡献：他在两年一度的首届论证的计算模型会议上与人合著了两篇论文（Gordon and Walton，2006a，2006b），并且在期刊《论证与计算》的第一期上写了一篇论文（Walton，2010）。就在沃尔顿去世前，他为同一家期刊完成了一篇论文，该期刊在他去世后出版（Walton，2019）。

在邦斯凯德之家的研讨会上，沃尔顿讨论了他在1996年的书（Walton，1996）中给出的论证型式及其批判性问题，后来这被里德和马卡诺加以改编和扩展（Walton et al.，2008）。那时，我刚刚发展了DefLog形式主义（Verheij，2003b）。在苏格兰的那一周，我意识到这样一个事实，论证型式可以在这样的论证形式主义中给出一个形式的语义学，以及与攻击点相对应的批判性问题（Verheij，2001b，2003c）。这一观点成为我在论证图示和评估软件（Verheij，2003a，2005，2007）方面的工作基础，用以平衡现实生活的相关性并遵从董潘明的理论（Dung，1995）。在我写这篇文章的时候，这项工作显然是对沃尔顿在1996年波恩会议上所提出的要求的一个回答。与此同时，沃尔顿也在发展自己的应对方案（Rowe et al.，2006；Gordon and Walton，2006b）。

沃尔顿关于论证型式的想法也帮助我解决了如何将形式逻辑和应用逻辑联系起来的难题。作为一个当时在法学院工作的数学家，我一直苦苦思索数理逻辑中的形式推理规则与法律中的推理模式的关系。哈赫和我用基于理由的逻辑（reason-based logic）对法律中的推理模式进行建模。对哈赫来说，基于理由的逻辑是自然逻辑的近似，能优化法律的相关性。我们的讨论让我写了一篇关于"法律逻辑"是否存在的文章（Verheij，2001c）。我的答案既是肯定的又是否定的：肯定的方面是，法律逻辑可以通过对法律中相关推理模式的形式化表达而存在（有点像自然演绎系统，然而是一个"法律演绎系统"）；否定的方面是，因为这样的法律逻辑也可以被还原为一个更抽象的逻辑中的一组法律假设。当我听到沃尔顿在邦斯凯德中讲论证型式时，我了解到，就像基于理由的逻辑一样，论证型式可以被认为是应用逻辑的一部分，或者是更抽象逻辑中的一组情境性的假设（Verheij，2003c）。在此背景下，我提出了一个肯定前件式的变体型式，即无例外的肯定前件式（modus non excipiens），这最终呈现在《论证型式》一书中（Walton et al.，2008）：

> 一般来说，若 P 则 Q。
> P。
> 不存在对于规则"若 P 则 Q"的例外情况。
> 所以，Q。

我与沃尔顿的旅程的第三部分是，我被《法律人工智能》期刊邀请去评论他的一些著作，特别是《新辩证法》（The New Dialectic）（Walton，1998b）。《诉诸人身论证》（Ad Hominem Arguments）（Walton，1998a）和《单方论证》（One-Sided Arguments）（Walton，1999）。我随后发现，对于沃尔顿来说，当时的论证型式还没有一个标准化的格式（Verheij，2001a）。具体来说，在他的诉诸人身论证中，以下三种都可以算作论证型式：

> 一般的诉诸人身论证（Walton，1998a）
> a 是一个坏人。
> 所以，a 提出的论证 α 不应该被接受。

> 因有关联而有罪的诉诸人身论证（Walton，1998a）
> a 是 G 集团的成员或与 G 集团有联系，G 集团应该受到道德谴责。
> 因此，a 是一个坏人。
> 因此，a 的论证 α 不应该被接受。

> 有关两个错误的诉诸人身论证（Walton，1998a）
> 主张者：应答者，你犯了一些道德上应受谴责的行为（然后引用具体的行为）。
> 应答者：你同样坏，因为你也犯了道德上应受谴责的行为（然后被引用，通常是不同类型的行为，从被指责的方面来说是可以比较的）。因此，你是一个坏人，你反对我的理由不应该被认为是有价值的。

第一种是一个论证型式，现在它的格式更加标准化：作为一种半形式的推理规则，有一个型式的的前提和结论。第二种更像是半形式的推导，包括两个步骤。现在我们可以把它看作一个论证型式的两个实例。第三种类似于一个小型对话，在这里甚至没有使用型式指示变量 a（用于被攻击的论证者）和 α（用于被攻击的论证）。

我从这些书中学到的一课是沃尔顿对应用逻辑的重视：所有应用逻辑的努力都应该与现实生活中的论证相关。现实生活的相关性总是排在第一位的，只有这样才能开始进行仔细的系统化。然而在形式逻辑中，事情往往是相反的。

对这些文献的回顾加强了我对形式化论证型式的观点。我起初最多强调的是批判性问题和论证攻击以及形式评估的附加值之间的联系（Verheij，2001b），而我现在更清楚地看到了如何将编订论证型式做成一项知识工程的事业（Verheij，2003c）。每个型式都应遵循一种标准格式，并包括一份有关的前提、结论、例外情况和相关条件的清单。由于这四个元素的格式，批判性问题还可以被分为四种类型：关于前提，关于结论，关于例外［我跟随波洛克的底切型击败的概念（Pollock，1995），视其为阻断前提和结论之间的联系］以及关于相关条件。这些想法显然在当时尚未完成，因为一些研究人员（包括沃尔顿自己）在那个时候正在讨论一个论证型式理论的类似观点。

当我们通过论证型式及其批判性问题对证据推理的理论方法进行建模时，贝克斯和我将这种知识工程方法应用到了论证型式中：我们对锚定叙述理论（Wagenaar et al.，1993）进行了建模，该理论为证据推理提供了一个规范性视角，即以高质量、有充分依据的故事来解释证据（Verheij and Bex，2009）；然后是证据推理的混合理论（Bex，2011），它展示了证据推理如何与论证和故事相结合（Bex and Verheij，2012）。沃尔顿本人也继续对证据推理和论证保持兴趣（Walton，2016）。

当我试图总结沃尔顿对我、我的思想和我的生活所产生的影响时，沃尔顿给予了我：可以通过论证型式来追求应用逻辑，并提供了一个与生活的所有方面相关的全面论证研究视角；与论证型式相匹配的批判性问题直接提出了可能的论证攻击点，从而提供了论证评估和产生辩论的方式；现实生活中的例子和案例研究是一种必要和具体的方法，以降低与现实关联度不高的贫乏理论所产生的风险；形式和非形式方法的混合可以提供半形式的中间立场，以平衡数学上的严格性，有点像人工智能领域的知识表示（knowledge representation）。

对研究人员及其研究持包容、欢迎和好奇的态度，是支持思想发展和取得进步的最佳方式。我最后一次见到沃尔顿本人（他的身边总有他的妻子凯伦相伴）是在我的大学所在的城市，当时他正在参加最新一期的欧洲论证会议（ECA，2019，格罗宁根）。追随沃尔顿和他的研究始终带给人乐趣和灵感，我在写作和学术活动中保留着我们相遇的美好回忆。

10　结语

在这篇论文中，作为一群朋友和同事，我们描述了沃尔顿的工作如何影响我们以及法律人工智能领域。虽然我们的研究建立在同一工作的基础上，但我们经常从不同的方向进行工作，这是思想丰富的见证。值得注意的是，沃尔顿和我们一起把这些研究带到了这些不同的方向，这反映出他对教条主义的抗拒、作为合作者的慷慨，以及对理智上的好奇。法律人工智能的共同体为有沃尔顿这样的积极参与者而感到幸运。而我们，像许多其他人一样，将怀念他的思想，以及他这个人。

参考文献

ALEVEN V, 1997. Teaching casebased argumentation through a model and examples [D]. Pittsburgh: University of Pittsburgh.

ATKINSON K, 2005. What should we do? [D]. Liverpool: University of Liverpool.

ATKINSON K, 2012. Introduction to special issue on modelling Popov v. Hayashi [J]. Artificial intelligence and law, 20 (1): 1 – 14.

ATKINSON K, BENCH-CAPON T, 2007. Practical reasoning as presumptive argumentation using action based lternating transition systems [J]. Artificial intelligence, 171 (10 – 15): 855 – 874.

ATKINSON K, BENCH-CAPON T, 2014. Taking the long view: looking ahead in practical reasoning [C] //Proceddings of the fifth international conference on computational models of argument (COMMA 2014). Amsterdam: IOS Press: 109 – 120.

ATKINSON K, BENCH-CAPON T, 2018. Taking account of the actions of others in valuebased reasoning [J]. Artificial intelligence, 254: 1 – 20.

ATKINSON K, BENCH-CAPON T, MCBURNEY P, 2004. Justifying practical reasoning [C] //Proceedings of the fourth international workshop on computational models of natural argument (CMNA 2004). [S. l. : s. n.]: 87 – 90.

ATKINSON K, BENCH-CAPON T, MCBURNEY P, 2006. Parmenides: facilitating deliberation in democracies [J]. Artificial intelligence and law, 14 (4): 261 – 275.

ATKINSON K, BENCH-CAPON T, MCBURNEY P, 2006. Computational representation of practical argument [J]. Synthese, 152 (2): 157 – 206.

ATKINSON K, BENCH-CAPON T, PRAKKEN H, et al. , 2013. Argumentation schemes for reasoning about factors with dimensions [J]. Proceedings of JURIX, 2013: 39 – 48.

ATKINSON K, BENCH-CAPON T, WALTON D, 2013. Distinctive features of persuasion and deliberation dialogues [J]. Argument and computation, 4 (2): 105 – 127.

BARBUCEANU M, FOX M S, 1995. Cool: a language for describing coordination in multi agent systems [C] //Proceedings of the first international conference on multiagent systems. Palo Alto: AAAI Press: 17 – 24.

BENCH-CAPON T, 1998. Specification and implementation of Toulmin dialogue game [J]. Proceedings of JURIX, 1998: 5 – 20.

BENCH-CAPON T, 1998. Specifying the interaction between information sources [C] //Proceedings of the ninth international conference on database and expert systems applications. Berlin: Springer: 425 – 434.

BENCH-CAPON T, 2003. Persuasion in practical argument using valuebased argumentation frameworks [J]. Journal of logic and computation, 13 (3): 429 – 448.

BENCH-CAPON T, 2012. The long and winding road: forty years of argumentation [C] //Proceedings of the fourth international conference on computational models of argument. Amsterdam: IOS Press: 3 – 10.

BENCH-CAPON T, 2012. Representing Popov v. Hayashi with dimensions and factors [J]. Artificial intelligence and law, 20 (1): 15 – 35.

BENCH-CAPON T, 2017. HYPO's legacy: introduction to the virtual special issue [J]. Artificial intelligence and law, 25 (2): 205 – 250.

BENCH-CAPON T, ATKINSON K, 2010. Argumentation schemes: from informal logic to computational models [C] //REED C, TINDDALE C. Dialectics, dialogue and argumentation: an examination of Douglas Walton's theories of reasoning and argument. London: College Publications: 103 – 114.

BENCH-CAPON T, SARTOR G, 2003. A model of legal reasoning with cases incorporating theories and values [J]. Artificial intelligence, 150 (1 - 2): 97 - 143.

BENCH-CAPON T, SERGOT M, 1988. Towards a rulebased representation of open texture in law [C] //WALTER C. Computer power and legal language. New York: Quorum Books: 38 - 61.

BENCH-CAPON T, LOWES D, MCENERY A, 1991. Argumentbased explanation of logic programs [C] //Knowl-Based Syst, 4 (3): 177 - 183.

BENCH-CAPON T, COENEN F, ORTON P, 1993. Argumentbased explanation of the British Nationality Act as a logic program [J]. Information & communications technology law, 2 (1): 53 - 66.

BENCH-CAPON T, PRAKKEN H, VISSER W, 2011. Argument schemes for twophase democratic deliberation [C] //Proceedings of the thirteenth international conference on artificial intelligence and law. New York: ACM Press: 21 - 30.

BENCH-CAPON T, ATKINSON K, MCBURNEY P, 2012. Using argumentation to model agent decision making in economic experiments [J]. Journal of autonomous agents and multi-agent systems, 25 (1): 183 - 208.

BENCH-CAPON T, PRAKKEN H, WYNER A, et al., 2013. Argument schemes for reasoning with legal cases using values [C] //Proceedings of the fourteenth international conference on artificial intelligence and law. New York: Association for Computing Machinery: 13 - 22.

BENCH-CAPON T, ATKINSON K, WYNER A, 2015. Using argumentation to structure eparticipation in policy making [C] //Transactions on largescale dataand knowledgecentered systems XVIII. Berlin: Springer: 1 - 29.

BEX F, 2011. Arguments, stories and criminal evidence: a formal hybrid theory [M]. Berlin: Springer.

BEX F, VERHEIJ B, 2012. Solving a murder case by asking critical questions: an approach to factfinding in terms of argumentation and story schemes [J]. Argumentation, 26: 325 - 353.

BEX F, WALTON D, 2010. Burdens and standards of proof for inference to the best explanation [C] //WINKELS R. Legal knowledge and information systems. JURIX 2010: the 23rd annual conference. Frontiers in artificial intelligence and applications, vol 223. Amsterdam: IOS Press: 37 - 46.

BEX F, WALTON D, 2012. Burdens and standards of proof for inference to the best explanation: three case studies [J]. Law, probability and risk, 11 (2 - 3): 113 - 133.

BEX F, WALTON D, 2016. Combining explanation and argumentation in dialogue [J]. Argument and computation, 7 (1): 55 - 68.

BEX F, WALTON D, 2019. Taking the dialectical stance in reasoning with evidence and proof [J]. International journal of evidence & proof, 23 (1 - 2): 90 - 99.

BEX F, PRAKKEN H, REED C, et al., 2003. Towards a formal account of reasoning about evidence: argumentation schemes and generalisations [J]. Artificial intelligence and law, 12: 125 - 165.

BEX F, ATKINSON K, BENCH-CAPON T, 2014. Arguments as a new perspective on character motive in stories [J]. Literary and linguistic computing, 29 (4): 467 - 487.

BLACK E, ATKINSON K, 2009. Dialogues that account for different perspectives in collaborative argumentation [C] //SIERRA C, CASTELFRANCHI C, DECKER K S, et al. 8th international joint conference on autonomous agents and multiagent systems (AAMAS 2009), vol 2. Budapest: IFAAMAS: 867 - 874.

BLACK E, HUNTER A, 2009. An inquiry dialogue system [J]. Autonomous agents and multi-agent systems, 19 (2): 173-209.

BONGIOVANNI G, POSTEMA G, ROTOLO A, et al., 2018. Handbook of legal reasoning and argumentation [M]. Berlin: Springer.

CARTWRIGHT D, ATKINSON K, 2009. Using computational argumentation to support eparticipation [J]. IEEE intelligence systems, 24 (5): 42-52.

DENNETT D C, 1989. The intentional stance [M]. Cambridge: MIT Press.

DUNG P M, 1995. On the acceptability of arguments and its fundamental role in nonmonotonic reasoning, logic programming and nperson games [J]. Artificial intelligence, 77 (2): 321-357.

DUNNE P E, DOUTRE S, BENCH-CAPON T, 2005. Discovering inconsistency through examination dialogues [C] //Proceedings of the 19th international joint conference on artificial intelligence. San Francisco: Morgan Kaufmann Publishers Inc.: 1680-1681.

FININ T, FRITZSON R, MCKAY D, et al., 1994. KQML as an agent communication language [C] //Proceedings of the third international conference on information and knowledge management. New York: Association for Computing Machinery: 456-463.

FRÜHWIRTH T, 2009. Constraint handling rules [M]. Cambridge: Cambridge University Press.

GABBAY D M, OHLBACH H J, 1996. Practical reasoning: proceedings of the first international conference on formal and applied practical reasoning [C] //Lecture notes in computer science, vol 1085. Berlin: Springer.

GARDNER A, 1987. An artificial intelligence approach to legal reasoning [M]. Cambridge: MIT Press.

GORDON T F, 1994. The pleadings game: an exercise in computational dialectics [J]. Artificial intelligence and law, 2: 239-292.

GORDON T F, 1995. The pleadings game: an artificial intelligence model of procedural justice [M]. Dordrecht: Kluwer Academic Publishers.

GORDON T F, 2005. A computational model of argument for legal reasoning support systems [C] //DUNNE P E, BENHC-CAPON T. Argumentation in artificial intelligence and law. IAAIL workshop series. Nijmegen: Wolf Legal Publishers: 53-64.

GORDON T F, 2018. Defining argument weighing functions [J]. IfCoLog journal of logics and their applications, 5 (3): 747-773.

GORDON T F, KARACAPILIDIS N, 1997. The Zeno argumentation framework [C] //Proceedings of the sixth international conference on artificial intelligence and law. Melbourne: ACM Press: 10-18.

GORDON T F, WALTON D, 2006. Pierson vs. Post revisited—a reconstruction using the Carneades argumentation framework [C] //DUNNE P E, BENCH-CAPON T J. Proceedings of the first international conference on computational models of argument (COMMA 06). Liverpool: IOS Press: 208-222.

GORDON T F, WALTON D, 2006. The Carneades argumentation framework—using presumptions and exceptions to model critical questions [C] //DUNNE P E, BENCH-CAPON T J M. Computational models of argument. Proceedings of COMMA 2006. Amsterdam: IOS Press: 195-207.

GORDON T F, WALTON D, 2009. Legal reasoning with argumentation schemes [C] //HAFNER C D. 12th international conference on artificial intelligence and law (ICAIL 2009). New York: ACM Press: 137-146.

GORDON T F, WALTON D, 2009. Proof burdens and standards [C] //RAHWAN I, SIMARI G. Argumentation in artificial intelligence. Berlin: Springer: 239-260.

GORDON T F, WALTON D, 2012. A Carneades reconstruction of Popov v. Hayashi [J]. Artificial intelligence and law, 20 (1): 37-56.

GORDON T F, WALTON D, 2016. Formalizing balancing arguments [C] //Proceeding of the 2016 conference on computational models of argument (COMMA 2016). Potsdam: IOS Press: 327-338.

GORDON T F, PRAKKEN H, WALTON D, 2007. The Carneades model of argument and burden of proof [J]. Artificial intelligence, 171 (10-11): 875-896.

GORDON T F, FRIEDERICH H, WALTON D, 2017. Representing argumentation schemes with constraint handling rules (CHR) [J]. Argument and computation, 9 (2): 91-119.

HAGE J C, VERHEIJ B, 1994. Reasonbased logic: a logic for reasoning with rules and reasons [J]. Computers and artificial intelligence, 3 (2-3): 171-209.

HAGE J, LEENES R, LODDER A, 1993. Hard cases: a procedural approach [J]. Artificial intelligence and law, 2: 113-166.

HAMBLIN C L, 1970. Fallacies [M]. London: Methuen.

HASTINGS A C, 1963. A reformulation of the modes of reasoning in argumentation [D]. Evanston: North Western University.

HURLEY P, 2003. Logic: a concise introduction [M]. Belmont: Wadsworth.

JOSEPHSON J R, JOSEPHSON S G, 1996. Abductive inference: computation, philosophy, technology [M]. Cambridge: Cambridge University Press.

KADANE J B, SCHUM D A, 2011. A probabilistic analysis of the Sacco and Vanzetti evidence, vol 773 [M]. New York: Wiley.

KENNY A J P, 1978. Practical reasoning and rational appetite [C] //RAZ J. Practical reasoning. Oxford: Oxford University Press: 63-80.

KIENPOINTNER M, 1992. Alltagslogik: Struktur und Funktion von Argumentationsmustern [M]. Stuttgart: FrommanHolzboog.

KIRCHEV Y, ATKINSON K, BENCH-CAPON T, 2019. Demonstrating the distinctions between persuasion and deliberation dialogues [C] //BRAMER M, PETRIDIS M. Artificial intelligence XXXVI—39th SGAI international conference on artificial intelligence. Lecture notes in computer science, vol 11927. Berlin: Springer: 93-106.

KURTULDU B, 2019. Douglas Walton'ın argüman biçimleri yaklaşımı [J]. Felsefe Arkivi, 51: 161-178.

LABROU Y, FININ T, 1994. A semantics approach for KQML—a general purpose communication language for software agents [C] //Proceedings of the third international conference on information and knowledge management. New York: Association for Computing Machinery: 447-455.

LODDER A, HERCZOG A, 1995. A dialogical framework for modeling legal reasoning [C] //Proceedings of the fifth international conference on artificial intelligence and law. New York: ACM Press: 146-155.

LOUI R, 1987. Defeat among arguments: a system of defeasible inference [J]. Computational intelligence, 2: 100-106.

LUCAS P, 1997. Symbolic diagnosis and its formalization [J]. Knowledge engineering review, 12 (2): 109-146.

LUTOMSKI L S, 1989. The design of an attorney's statistical consultant [C] //Proceedings of the 2nd international conference on artificial intelligence and law. New York: ACM Press: 224-233.

MACAGNO F, WALTON D, REED C, 2017. Argumentation schemes. History, classifications, and computational applications [J]. IfCoLog journal of logics and their applications, 4 (8): 2493-2556.

MACAGNO F, WALTON D, SARTOR G, 2018. Pragmatic maxims and presumptions in legal interpretation [J]. Law and philosophy, 37: 69-115.

MACCORMICK D N, SUMMERS R S, 1991. Interpretation and justification [C] //MACCORMICK D N, SUMMERS R S. Interpreting statutes: a comparative study. Hanover: Darthmouth: 511-44.

MACKENZIE J D, 1979. Questionbegging in noncumulative systems [J]. Journal of philosophical logic, 8: 117-133.

MARSHALL C C, 1989. Representing the structure of a legal argument [C] //Proceedings of the 2nd international conference on artificial intelligence and law. New York: ACM Press: 121-127.

MILLER T, 2019. Explanation in artificial intelligence: insights from the social sciences [J]. Artificial intelligence, 267: 1-38.

MODGIL S, PRAKKEN H, 2014. The ASPIC$^+$ framework for structured argumentation: a tutorial [J]. Argument and computation, 5: 31-62.

MODGIL S, PRAKKEN H, 2018. Abstract rulebased argumentation [C] //BARONI P, GABBAY D, GIACOMIN M, et al. Handbook of formal argumentation, vol 1. London: College Publications: 286-361.

PENNINGTON N, HASTIE R, 1993. The story model for juror decision making [M]. Cambridge: Cambridge University Press.

PERELMAN C, OLBRECHTSTYTECA L, 1969. The new rhetoric: a treatise on argumentation, trans [M]. Notre Dame: University of Notre Dame Press.

POLLOCK J, 1987. Defeasible reasoning [J]. Cognitive science, 11: 481-518.

POLLOCK J, 1994. Justification and defeat [J]. Artificial intelligence, 67: 377-408.

POLLOCK J, 1995. Cognitive carpentry. A blueprint for how to build a person [M]. Cambridge: MIT Press.

POOLE D, 1985. On the comparison of theories: preferring the most specific explanation [C] //Proceedings of the 9th international joint conference on artificial intelligence. [S. l. : s. n.]: 144-147.

PRAKKEN H, 1991. A tool in modelling disagreement in law: preferring the most specific argument [C] //Proceedings of the third international conference on artificial intelligence and law. New York: ACM Press: 165-174.

PRAKKEN H, 2005. Coherence and flexibility in dialogue games for argumentation [J]. Journal of logic and computation, 15: 1009-1040.

PRAKKEN H, 2005. A study of accrual of arguments, with applications to evidential reasoning [C] // Proceedings of the tenth international conference on artificial intelligence and law. New York: ACM Press: 85-94.

PRAKKEN H, 2006. Formal systems for persuasion dialogue [J]. Knowledge engineering review, 21 (2): 163-188.

PRAKKEN H, 2008. A formal model of adjudication dialogues [J]. Artificial intelligence and law, 16 (3): 305-328.

PRAKKEN H, 2010. An abstract framework for argumentation with structured arguments [J]. Argument and computation, 1: 93-124.

PRAKKEN H, 2010. On the nature of argument schemes [C] //REED C, TINDALE C. Dialectics, dialogue and argumentation. An examination of Douglas Walton's theories of reasoning and argument. London:

College Publications: 167 - 185.

PRAKKEN H, 2015. Formalising debates about lawmaking proposals as practical reasoning [C] //ARASZ KIEWICZ M, PŁESZKA K. Logic in the theory and practice of lawmaking. Berlin: Springer: 301 - 321.

PRAKKEN H, 2019. Modelling accrual of arguments in ASPIC$^+$ [C] //Proceedings of the seventeenth international conference on artificial intelligence and law. New York: ACM Press: 103 - 112.

PRAKKEN H, SARTOR G, 1996. A dialectical model of assessing conflicting arguments in legal reasoning [J]. Artificial intelligence and law, 4: 331 - 368.

PRAKKEN H, SARTOR G, 1997. Argumentbased extended logic programming with defeasible priorities [J]. Journal of applied non-classical logics, 7: 25 - 75.

PRAKKEN H, SARTOR G, 2007. Formalising arguments about the burden of persuasion [C] //Proceedings of the eleventh international conference on artificial intelligence and law. New York: ACM Press: 97 - 106.

PRAKKEN H, SARTOR G, 2009. A logical analysis of burdens of proof [C] //KAPTEIN H, PRAKKEN H, VERHEIJ B. Legal evidence and proof: statistics, stories, logic. Farnham: Ashgate Publishing: 223 - 253.

PRAKKEN H, REED C, WALTON D, 2004. Argumentation schemes and burden of proof [C] //Proceedings of the ECAI2004 workshop on computational models of natural argument. [S. l.: s. n.]: 81 - 86.

PRAKKEN H, REED C, WALTON D, 2005. Dialogues about the burden of proof [C] //Proceedings of the tenth international conference on artificial intelligence and law. New York: ACM Press: 115 - 124.

PRAKKEN H, WYNER A, BENCH-CAPON T, et al., 2015. A formalization of argumentation schemes for legal casebased reasoning in ASPIC$^+$ [J]. Journal of logic and computation, 25 (5): 1141 - 1166.

REED C, NORMAN T, 2003. Argumentation machines. New frontiers in argument and computation, vol 9. Argumentation library [M]. Boston: Kluwer Academic Publishers.

REED C, ROWE G, 2004. Araucaria: software for argument analysis, diagramming and representation [J]. International journal on artificial intelligence tools, 13 (4): 961 - 980.

RISSLAND E L, ASHLEY K D, 1987. A casebased system for trade secrets law [C] //Proceedings of the first international conference on artificial intelligence and law. New York: ACM Press: 60 - 66.

ROWE G, MACAGNO F, REED C, et al., 2006. Araucaria as a tool for diagramming arguments in teaching and studying philosophy [J]. Teaching philosophy, 29 (2): 111 - 124.

SARTOR G, WALTON D, MACAGNO F, et al., 2014. Argumentation schemes for statutory interpretation: a logical analysis [C] //HOEKSTRA R. Legal knowledge and information system. JURIX 2014. Amsterdam: IOS Press: 11 - 20.

SCHANK R C, ABELSON R P, 1977. Scripts, plans, goals, and understanding: an inquiry into human knowledge structures [M]. London: Psychology Press.

SEARLE J R, 1969. Speech acts: an essay in the philosophy of language, vol 626 [M]. Cambridge: Cambridge University Press.

SHORTLIFFE E H, BUCHANAN B G, 1985. Rulebased expert systems: the MYCIN experiments of the Stanford heuristic programming project [M]. Boston: Addison Wesley Publishing Company.

SINGH M P, 2000. A social semantics for agent communication languages [C] //DIGNUM F, GREAVES M. Issues in agent communication. Berlin: Springer: 31 - 45.

SLOMKOWSKI P, 1997. Aristotle's topics, vol 74 [M]. Leiden: Brill Academic Publishers.

SYCARA K P, 1998. Multiagent systems: special issue on agents [J]. AI magazine, 19 (2): 79 - 92.

TARELLO G, 1980. L'interpretazione della legge [M]. Milano: Giuffrè.

TOLCHINSKY P, MODGIL S, ATKINSON K, et al., 2012. Deliberation dialogues for reasoning about safety critical actions [J]. Autonomous agents and multi-agent systems, 25 (2): 209 - 259.

TONI F, 2014. A tutorial on assumptionbased argumentation [J]. Argument and computation, 5 (1): 89 - 117.

TOULMIN S E, 1958. The uses of argument [M]. Cambridge: Cambridge University Press.

VAN DER HOEK W, ROBERTS M, WOOLDRIDGE M J, 2007. Social laws in alternating time: effectiveness, feasibility, and synthesis [J]. Synthese, 156 (1): 1 - 19.

VAN EEMEREN F H, GROOTENDORST R, 1992. Argumentation, communication and fallacies [M]. Mahwah: Lawrence Erlbaum Associates.

VAN EEMEREN F H, GROOTENDORST R, 2016. Argumentation, communication, and fallacies: a pragmadialectical perspective [M]. London: Routledge.

VERHEIJ B, 2001. Book review of D. Walton's "the new dialectic", "ad hominem arguments" and "one sided arguments" [J]. Artificial intelligence and law, 9: 305 - 313.

VERHEIJ B, 2001. Legal decision making as dialectical theory construction with argumentation schemes [C] //The 8th international conference on artificial intelligence and law. Proceedings of the conference. New York: ACM Press: 225 - 226.

VERHEIJ B, 2001. Logic, context and valid inference. Or: can there be a logic of law? [C] //VAN DEN HERIK H J, MOENS M F, BING J, et al. Legal knowledge based systems. JURIX 1999: the twelfth conference. Dordrecht: Kluwer Academic Publishers: 55 - 84.

VERHEIJ B, 2003. Artificial argument assistants for defeasible argumentation [J]. Artificial intelligence, 150 (1 - 2): 291 - 324.

VERHEIJ B, 2003. DefLog: on the logical interpretation of prima facie justified assumptions [J]. Journal of logic and computation, 13 (3): 319 - 346.

VERHEIJ B, 2003. Dialectical argumentation with argumentation schemes: an approach to legal logic [J]. Artificial intelligence and law, 11 (2 - 3): 167 - 195.

VERHEIJ B, 2005. Virtual arguments. On the design of argument assistants for lawyers and other arguers. T. M. C. [M]. The Hague: Asser Press.

VERHEIJ B, 2007. Argumentation support software: boxesandarrows and beyond [J]. Law, probability and risk, 6: 187 - 208.

VERHEIJ B, BEX F, 2009. Accepting the truth of a story about the facts of a criminal case [C] // Kaptein H, Prakken H, Verheij B. Legal evidence and proof: statistics, stories, logic. Farnham: Ashgate: 161 - 193.

VIEHWEG T, 1993. Topics and law: a contribution to basic research in law [M]. Bern: Lang.

VREESWIJK G, 1993. Studies in defeasible argumentation [D]. Amsterdam: Free University.

VREESWIJK G, 1997. Abstract argumentation systems [J]. Artificial intelligence, 90: 225 - 279.

WAGENAAR W A, VAN KOPPEN P J, CROMBAG H F M, 1993. Anchored narratives. The psychology of criminal evidence [M]. London: Harvester Wheatsheaf.

WALTON D, 1989. Informal logic: a handbook for critical argument [M]. Cambridge: Cambridge University Press.

WALTON D, 1996. Argumentation schemes for presumptive reasoning [M]. Mahwah: Lawrence Erlbaum Associates.

WALTON D, 1998. Ad hominem arguments [M]. Tuscalooso: The University of Alabama Press.

WALTON D, 1998. The new dialectic: conversational contexts of argument [M]. Toronto: University of Toronto Press.

WALTON D, 1999. Onesided arguments. A dialectical analysis of bias [M]. Albany: State University of New York Press.

WALTON D, 2002. Legal argumentation and evidence [M]. University Park: Pennsylvania State University Press.

WALTON D, 2005. Argumentation methods for artificial intelligence in law [M]. Berlin: Springer.

WALTON D, 2006. Character evidence—an abductive theory [M]. Berlin: Springer.

WALTON D, 2006. Fundamentals of critical argumentation [M]. Cambridge: Cambridge University Press.

WALTON D, 2007. Dialog theory for critical argumentation [M]. Amsterdam: John Benjamins Publishing Company.

WALTON D, 2008. Witness Testimony evidence—argumentation, artificial intelligence and law [M]. Cambridge: Cambridge University Press.

WALTON D, 2010. A dialogue model of belief [J]. Argument and computation, 1 (1): 23 – 46.

WALTON D, 2014. Burden of proof, presumption and argumentation [M]. Cambridge: Cambridge University Press.

WALTON D, 2016. Argument evaluation and evidence [M]. Berlin: Springer.

WALTON D, 2019. Using argumentation schemes to find motives and intentions of a rational agent [J]. Argument and computation, 10 (3): 233 – 275.

WALTON D, GODDEN D, 2005. The nature of critical questions in argumentation schemes [C] // HITCHCOCK D. The uses of argument. Hamilton: McMaster University: 476 – 484.

WALTON D, GORDON T F, 2005. Critical questions in computational models of legal argument [C] //DUNNE P E, BENCH-CAPON T. Argumentation in artificial intelligence and law. IAAIL workshop series. Nijmegen: Wolf Legal Publishers: 103 – 111.

WALTON D, GORDON T F, 2012. The Carneades model of argument invention [J]. Pragmatics & cognition, 20 (1): 1 – 31.

WALTON D, GORDON T F, 2015. Formalizing informal logic [J]. Informal logic, 35 (4): 508 – 538.

WALTON D, GORDON T F, 2018. How computational tools can help rhetoric and informal logic with argument invention [J]. Argumentation, 33: 269 – 295.

WALTON D, KRABBE E, 1995. Commitment in dialogue: basic concepts of interpersonal reasoning [M]. Albany: SUNY Press.

WALTON D, REED C, MACAGNO F, 2008. Argumentation schemes [M]. Cambridge: Cambridge University Press.

WALTON D, TINDALE C, GORDON T F, 2014. Applying recent argumentation methods to some ancient examples of plausible reasoning [J]. Argumentation, 28 (1): 85 – 119.

WALTON D, SARTOR G, MACAGNO F, 2016. An argumentation framework for contested cases of statutory interpretation [J]. Artificial intelligence and law, 24: 51 - 91.

WALTON D, SARTOR G, MACAGNO F, 2018. Statutory interpretation as argumentation [C] // BONGIOVANNI G, POSTEMA G, ROTOLO A, et al. Handbook of legal reasoning and argumentation. Berlin: Springer: 519 - 560.

WARDEH M, 2010. Arguing from experience: persuasive dialogue based on association rules [D]. Liverpool: University of Liverpool.

WARDEH M, BENCH-CAPON T, COENEN F, 2007. Padua protocol: strategies and tactics [C] // European conference on symbolic and quantitative approaches to reasoning and uncertainty. Berlin: Springer: 465 - 476.

WARDEH M, BENCH-CAPON T, COENEN F, 2009. Padua: a protocol for argumentation dialogue using association rules [J]. Artificial intelligence and law, 17 (3): 183 - 215.

WIGMORE J H, 1937. The science of judicial proof, as given by logic, psychology, and general experience, and illustrated in judicial trials [M]. Boston: Little, Brown.

WOODS J, WALTON D, 1978. Arresting circles in formal dialogues [J]. Journal of philosophical logic, 7: 73 - 90.

WOOLDRIDGE M, PARSONS S, 2000. Issues in the design of negotiation protocols for logicbased agentcommunication languages [C] //International workshop on agentmediated electronic commerce. Berlin: Springer: 70 - 83.

WYNER A, BENCH-CAPON T, ATKINSON K, 2011. Towards formalising argumentation about legal cases [C] //Proceedings of the 13th international conference on artificial intelligence and law. [S. l.: s. n.]: 1 - 10.

海波系统的遗产：虚拟专题导论*

特雷弗·本奇-卡鹏 文 魏 翔 蔡东丽 译

摘 要：本文通过介绍法律人工智能的虚拟专题，探讨了由里斯兰和阿什利共同开发的海波系统所产生的深远影响。该专题文章包括：《论证和案例：不可避免的交织》《银行XX系统：以启发式检索支持的法律论证》《形式对话博弈中的判例推理建模》《关于维度和要素的说明》《基于理论构建和应用的法律案例推理实证调查》《自动化案例文本分类和结果预测》《要素定义的判例限制和改进后的判例限制》。在对海波系统进行介绍后，本文还考察了海波系统对法律人工智能不同方面的影响：由里斯兰和阿什利分别取得的一系列成果；海波系统在规则系统中的表达，以及其形式化的实现；以价值为基础的理论，该理论的灵感是源于对海波系统的批评；还有近来学者对于维度的重新关注。

关键词：海波系统 虚拟 法律人工智能 规则系统

1 引言

自海波系统[①]（HYPO system）第一次在国际法律人工智能（Artificial Intelligence and Law）共同体中引起关注以来，已经过去了30年。海波系统最初是由里斯兰和阿什利在早期法律人工智能国际学术大会（International Conference on Artificial Intelligence and Law）[②] 的两篇文章中提出的（Rissland and Ashley, 1987; Ashley and Rissland, 1987），尽管里斯兰此前已经发表过运用假设推理的文章（Rissland, 1980; Rissland and Soloway, 1980; Rissland, 1984），以及关于该推理方法在法律领域的应用（Riss-

---

* 本文原文为 Trevor Bench-Capon, 2017, "HYPO'S Legacy: Introduction to the Virtual Special Issue", *Artificial Intelligence and Law*, 25: 205 – 250。该文属"知识共享许可协议4.0"（the Creative Commons Attribution 4.0）下的开放获取内容，相关链接请参见：http://creativecommons.org/licenses/by/4.0。

作者：特雷弗·本奇-卡鹏（Trevor Bench-Capon），英国利物浦大学计算机科学教授，现为该校荣休教授，法律人工智能国际期刊主编，曾任国际人工智能与法协会主席，研究方向为法律人工智能、实践推理、法律推理、本体论、知识表达等。

译者：魏翔，中山大学法学院法学理论专业2017级博士研究生。蔡东丽，华南理工大学法学院讲师。

[①] 译者注：以下为文中各系统的中英文对照，以便读者阅读。HYPO system 译为"海波系统"，CATO system 译为"卡托系统"，CABARET system 译为"卡巴莱系统"，BankXX system 译为"银行XX系统"，SPIRE system 译为"尖端系统"，IBP（Issue Based Prediction）译为"问题预测系统"，AGATHA（Argument Agent for Theory Automation）译为"论证主体理论自动化系统"，SMILE（Smart Index Learner）译为"智能索引学习系统"。

[②] 译者注：ICAIL（International Conference on Artificial Intelligence and Law），法律人工智能国际学术大会，是法律人工智能领域的重要国际会议。

land, 1983）。但我们一般认为海波系统是基于里斯兰和她的学生阿什利的博士项目发展而来的，并且由阿什利在 1990 年正式完成（Rissland, 1984）。在过去的 30 多年中，海波系统毫无疑问是法律人工智能领域里最具影响力的项目，它确定了案件推理的议程和论证，实现了规则推理和案例推理的形式化。这期线上专题的文章是近 30 年来极具代表性的文章，文章中的主要想法都是基于海波系统发展而来的。在这篇导论中，我将通过这些文章来说明海波系统所产生的大量遗产。当然，还有很多其他文章，其中一些是在其他地方发表的，对于讲述海波系统的整个故事也是必要的。虽然本专题的文章已足以代表法律人工智能思维方式所取得的发展，不过在这篇导论中，笔者也会提及其他文章，以便叙说一个完整的海波系统故事。

第 2 节介绍了海波系统及其特征，特别是案例表达的维度和法律论证的形式概念。第 3 节则会介绍里斯兰基于海波系统发展而来的几个系统，如结合了规则和案例的卡巴莱系统（CABARET system）（Skalak and Rissland, 1992*）①；银行 XX 系统（BankXX system），则是设想通过启发式搜索在网络中获取论证片段来构建法律论证（Rissland et al., 1996*）；尖端系统（SPIRE system）是利用海波系统的衍生技术实现法律案例检索（Rissland and Daniels, 1996）。第 4 节考察了阿什利所推动的发展，其中影响最广的是卡托系统（CATO system），它是由阿什利和他的学生阿莱文开发的（Aleven and Ashley, 1995）。卡托系统从未成为这份期刊中任何文章的主题，关于这个系统最完整的报告可参见阿莱文的两篇文章（Aleven, 1997; Aleven, 2003）。卡托系统最为人所知的是从维度到要素的发展，以及将这些要素组成一个要素层级。阿什利和布鲁宁豪斯还开发了问题预测系统（Issue Based Prediction）（Ashley and Brüninghaus, 2009*）。第 5 节介绍了法律推理向规则推理形式化的发展。在 19 世纪 80 年代到 90 年代早期，案例推理和规则推理被大家认为是截然不同的两条法律推理路径。不过其中有的学者认为正如卡巴莱系统一样，两条路径是可以结合且具有研究前景的，但是有学者持相反观点，特别是具有逻辑编程和大陆法系背景的欧洲学者，他们认为这两条路径是相互对立的。然而，由帕肯和萨托尔所发表的一篇重要文章（Prakken and Sartor, 1998*），证明了如何通过一组规则和优先级关系来表达一组判例，这一重要发现还推动了案例推理形式化研究的发展（Horty and Bench-Capon, 2012*; Rigoni, 2015*）。此外，有学者在论证型式中使用规则表达，以支持案例推理的实现（Wyner and Bench-Capon, 2007; Bench-Capon, 2012; Prakken et al., 2015）。第 6 节探讨了海波系统延伸的另一个方向——目的和价值。这一方向由伯曼发起，其中主要思想是偏好被解释为目的和价值，本奇-卡鹏和萨托尔还将这一想法进行了形式化的理论构建，乔利和本奇-卡鹏还进行了实证考察（Bench-Capon and Sartor, 2003; Chorley and Bench-Capon, 2005b*）。虽然海波系统是这些工作的源头，但就如卡托系统中所展示的那样，大部分系统都是以要素为基础。第 7 节探讨了对于维度的重新关注。法律人工智能学者对于维度始终保持着兴趣，他们认为这样可以使更多细微的差别得以被刻画出来。里斯兰和阿什利早年就已经对维度和要素之间的区别进行过讨论（Rissland and Ashley, 2002*），本奇-卡鹏和里斯兰在 2001

---

① *号表示该文章收录在本期法律人工智能的虚拟专题中。

年也强调需要重新关注维度（Bench-Capon and Rissland，2001），但直到最近才逐渐出现这一领域的成果（Prakken et al.，2015；Araszkiewicz et al.，2015）。最后一节是结论和开放性问题。

2 海波系统

虽然与海波系统相关的想法出现得较早（具体是 1985 年国际人工智能联合会议[①]中的一个讨论小组，小组成员包括里斯兰、阿什利、戴尔、加德纳、麦卡蒂和沃特曼），但是海波系统的细节直到 1987 年第一届法律人工智能国际学术大会才出现（Rissland & Ashley，1987）。后来，由于阿什利在 1989 年便转到了匹兹堡大学工作，因此在第二届法律人工智能国际学术大会中关于海波系统的讨论就由他单独署名（Ashley，1989）。而阿什利在 1988 年毕业的博士论文则通过著作形式出版，其中有对于海波系统最为完整的论述。海波系统曾在《美国商业秘密法》领域得到实现。从本质上讲，法律保护商业秘密不被盗用。而要成为商业秘密，信息首先需要有价值，而且被原告视为秘密，原告需要通过合理努力维护秘密来证明这一点。盗用的形式要么是使用了明知是秘密的信息，要么是通过欺骗贿赂等可疑手段获取信息。辩护方通常主张该秘密信息来源是合法的，或者主张该秘密信息是由其独立开发获取而来的。

海波系统背后最重要的思想是维度，以及一种特殊的论证概念，即三层论证，笔者将在下文对以上内容展开讨论。

2.1 维度

在思考如何进行法律案例推理的时候，我们遇到的最大的困难是，当我们考量案件事实的时候，它们往往看似相同，但实质上是大不相同的[②]。因此，通过李维、本奇-卡鹏和里斯兰文章中的著名案例，我们可以发现那些非常不同的事情似乎在不同的案件中起着相同的作用（Levi，1948；Bench-Capon et al.，2003；Rissland and Xu，2011）。其中就包括了一个脚手架、一部电梯、一瓶汽水和一个咖啡壶，这些物件在进行特殊法律角度的考量时，都被认为是与汽车非常相关的。同样地，法律人工智能研究领域的一系列财产案件也认为狐狸、野鸭、一群沙丁鱼和一条鲸鱼都与"波波夫诉林氏案"（Popov v. Hayashi）中有争议的棒球有关（Atkinson，2012）。因此，决定两个法律案件是否相似，似乎不是使用日常相似性概念来简单考虑事实的问题。

因此，海波系统引入了"维度"这一概念，使其与案件能够匹配和比对。它们是

[①] 译者注：IJCAI（International Joint Conference on Artificial Intelligence），国际人工智能联合会议，是人工智能领域的重要国际会议。

[②] 在分析哲学中，人们经常需要考虑不同类型的事物，尽管它们好像是同一种事物。奥斯丁在 1962 年的著作中写道："但是，我们当然必须问，这个类别包括什么。例如，我们得到了'熟悉的物体'，比如椅子、桌子、图片、书籍、鲜花、钢笔和香烟。'实质事物'一词在这里没有进一步定义（或者艾尔的其他文本中）。但是，普通人是否会认为，他看到的就是（总是）像家具，或者像与其他'熟悉的物体'尺寸相仿的标本？"（Austin and Warnock，1962）

与正在考量的法律问题相关的,根据案件事实凝练出来的案件不同方面的内容。因此,一个脚手架、一部电梯、一瓶汽水和一个咖啡壶这些物件都与危险相联系着,但它们并不明显如此。动物和棒球的关联点是,它们正在被追查,相关方面还包括它们的价值,而它们与我们所关联的地方是本奇-卡鹏和贝克斯对它们的探讨(Bench-Capon and Bex,2015)。

维度是案例的各个方面,可能适用于案例,也可能不适用于案例。如果适用,维度表示为一个向量,取一定的值,这些值在一端完全有利于某一方,然后逐渐有利于另一方;直到在范围的另一端,维度完全有利于另一方。在某些时候,维度将不再有利于原告,在某些时候(可能在同一时候),它将开始偏向被告。因此,如果有 n 个维度,我们就有一个 n 维空间,原告在一些空间受到支持,而被告在另一些空间受到支持。

我们可以用美国宪法第四修正案中汽车的例外来说明维度(Rissland,1989;Ashley et al.,2008;Al-Abdulkarim et al.,2016c),这是一个很好的例子,因为其中只有隐私权和紧迫性两个维度,我们可以通过图1将它们刻画出来。基本上,美国宪法第四修正案规定:

不得侵犯人民享有人身、房屋、文件和财产安全,以及不受无理搜查和扣押的权利,除非有合理的理由,并且以宣誓或确认作为依据,否则不得签发搜查令。

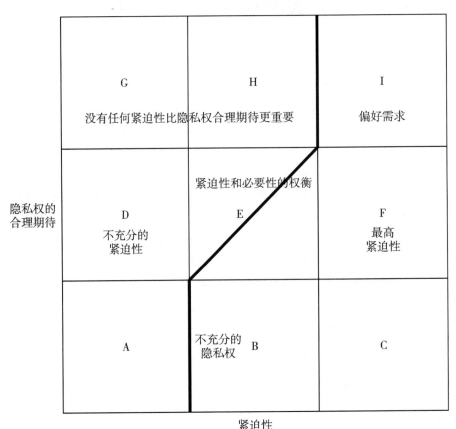

图1 使用两个维度分析汽车的例外规定

如果存在可能的理由，并且情况足够紧急，那么汽车的例外规定允许在没有搜查令的情况下对汽车进行搜查。紧急事件是指寻求搜查令所产生的延迟，可能会危及证据的收集或公共安全。如果我们考虑紧急的维度，一个完全不可移动的对象将代表维度的一端，汽车在高速公路上行驶则代表维度的另一端。如果我们按照以上维度来解释我们的判例，我们会发现一个极端情况，在几乎没有紧迫性的情况下，所有案件都需要搜查令；而如果问题紧迫，任何案件都不需要搜查令。在其中，有些案件需要搜查令，有些则不需要，这表明其他相关的维度正在发挥作用①，图 1 中垂直的两条线段（区域 GD 相邻区域 HE 的线段、区域 EB 相邻区域 FC 的线段）就代表着这种情况。对于隐私权也一样（如近距离搜身），一方面人们对隐私权的合理期待总是要求在行动前取得授权，而另一方面（在公共空间的一般视角中）人们可能很少或根本没有对隐私权的期望，因此可能永远不需要搜查令，这种情形以图 1 中的两条平行线（区域 GHI 相邻区域 DEF 的线段、区域 DEF 相邻区域 ABC 的线段）来表示。我们将两个维度放在一起，这些线将空间划分为 9 个二维区域。在 A、D 和 G 中，缺乏需要进行无证搜查的紧迫性；而在 C 和 F 中，紧迫性极高（可能直接危及总统的安全），因此对隐私权的期望不足以要求搜查令。而在 A、B 和 C 中，由于对隐私权的期待极低，因此在任意紧迫性的情况下，都不需要搜查令；然而在 G 和 H 中，由于对隐私权的期待极高，因此在任意急迫性的情况下，都需要搜查令。图中最有意思的区域是 E 和 I，在 E 中，两个维度之间有一个权衡，因此必须达成某种平衡（Lauritsen, 2015）；在 I 中，除非还有其他维度需要考虑，否则其中需要表达偏好，可能是基于价值之间的偏好（Bench-Capon and Sartor, 2003）。因此，图 1 中的粗黑线将空间划分为需要搜查令的区域（粗黑线的左侧）和不需要搜查令的区域（粗黑线的右侧）②。图 1 中显示的 45 度直线（区域 E 中的斜线）表示隐私权和紧迫性之间的均衡：但是其他均衡也是可能的，不过需要一条曲线，而不是一条直线。图 1 还表示了 I 区域是不需要搜查令的区域，其中蕴含了对于紧迫性的偏好，但不同的偏好可能会导致 I 区域发生变化。但需要注意的是，这种均衡的范围可能会发生改变，因此 A 和 I 区域有可能随之而受到挤压。右边区域 I 相邻区域 F 的线段充分地表达了维度成为决定性要素的区域（取决于对第二个维度的偏好，这是另一个的决定性范围），即所谓的淘汰要素（Brüninghaus and Ashley, 2003a）。如果两个维度都是如此，那么 E 区域就会扩展至整个空间，这样一来，维度便不再是决定性的，因此要求我们在全范围内进行权衡。

如果存在第三个维度的话③，那么这个空间就会变成一个立方体，拥有 27 个组成部分，而且越多的维度会让可视性程度变得越低，虽然数学家十分乐意编写高维度相关的方程。如果我们将判例嵌套在维度空间内，我们可以看到空间将被划分为原告区域和被告区域。在图 1 所示的二维案例中，原被告区可以通过图 1 中的粗黑线进行划分，粗

---

① 一个相类似的图表实际上被用于马萨诸塞州商业秘密案件（Sissy Harrington-McGill v. Old Mother Hubbard Dog Food, Inc.）的裁决中。
② 熟悉机器学习的人会发现其中与监督学习中决策边界的相似之处。
③ 比如：$x^2 + y^2 = r^2$ 是圆半径，$x^2 + y^2 + z^2 = r^2$ 是球半径，$x^2 + y^2 + z^2 + w^2 = r^2$ 是四维球半径，如此类推。

黑线左侧是需要搜查令的案例，黑线右侧是不需要搜查令的案例。这样看来，问题似乎是一种线拟分问题，这是相关学科和统计技术可以解决的问题。但是这些技术在这里并不合适，原因有二：其一，很明显这不是人们进行案件推理的方式，因此，模拟律师的推理是无法实现的。其二，更重要的是，没有真正充足的案例被应用于统计技术中，这需要丰富的案例资源。海波系统中设置了13个维度，但许多案例实际上只使用其中的一部分，通常不超过4个或5个。使用线拟合技术需要数百甚至上千个案例（Al-Abdulkarim et al., 2015b），要实现这个目标，先不论维度分析，单单案件的数量就远远超过19世纪80年代对于博士项目的要求。海波系统的案例库中有33个案例（Ashley, 1990），退一步说，即便有如此数量的案例，愿意承担这类任务的人仍然很少①。

海波系统通过对论证进行建模，而不是通过单纯使用统计学的方法，将一组判例和一个新的案例安置在多维度空间内。海波系统的方法是根据判例集，为原告（或被告）的裁定找到论证，这种论证可能是支持裁定的，也可能是反对裁定的。我们将原告的判例设为P_p，将被告的判例设为P_d，以及将当前的案件设为C_c，原告的任务是论证C_c是位于（或多维度等值于）P_p这一边，而非P_d那一边。例如，在图1中，如果C_c位于P_p的东南侧，那么这是一个对于原告有利的论证；如果C_c位于P_p的西南侧或东北侧，那么对于原告既存在有利的论证，也存在不利的论证；如果C_c在P_p的西北侧，那么不存在对于原告任何有利的论证。

在海波系统中，论证发展为三个层次的论证结构，具体讨论将在下节展开。

2.2 三层论证

海波系统的三个层次的论证结构，也存在于美国最高法院的口头辩论陈述中（Al-Abdulkarim et al., 2013），但是最高法院中的这种论证层次是通过法官和律师之间的对话进行的，而海波系统中的论证则并非以对话的形式，而是不中断地出现（仿佛只是由律师提出）。这三个层次分别是：

第一，其中一方对一个案例的引证。如原告为自己这方找到一个判例，这个判例必须与当前案件有相似之处，并且原告还会建议将判例中的决定适用于当前案件（根据遵循判例的原则，这意味着使裁判成立）。

第二，回应。被告对于原告的回应，主要是对原告判例中的内容进行区分（即指出存在哪些实质区别，因此我们不应该遵循该判例），并且列举反例，被告列举的判例同样需要适用于当前案件。

第三，反驳。原告现在试图反驳被告在第二层面的论证：原告需要区分反例，并且强调被告回应的强度，或者被告试图说明原告判例不成立的缺陷都不是致命的。

---

① 当有大量案例可供使用时，大家更倾向于使用机器学习技术，而非手动分析。阿莱特拉斯的文章就是一个最近的例子（Aletras et al., 2016），导论后面展开了更细致的讨论。

2.2.1 一个案例的引证

海波系统以四个指标衡量案例之间的相似性：点数（维度重叠的程度）、结果、共同维度的大小以及接近失误的潜在相关性。为了估算点数，判例将如图 2 所示在观点框架内进行排序，框架内的所有判例，都与正在考量的案件有着至少一个共同的维度。图 2 展示的是超声电机有限公司诉马森纽扣公司案（USM Corp v. Marson Fastener Corp）的观点①，请注意，只有当第二个判例的维度构成了第一个判例维度的真子集时，我们才认为这个判例的点数更高。因此，太空航空诉达林案（Space Aero v. Darling）虽然和超声电机案有三个共同维度，但是在点数上却不如与超声电机案件只有两个共同维度的自动化系统案件。因为自动化系统案件的维度集并非太空航空案件的一个真子集，因此它们在观点框架的不同模块中。最高点数的判例取决于具有诉求的一方，此外，那些对于另一方不利的案例，就是我们需要引证的案例。图 2 第一层级的三个判例中，只有太空航空案例是有利于原告的，因此它会在第一层级的论证中被援引。如果有其他相同分量的判例，那么一些基于不同案件的论证也会出现在第一层级中。

2.2.2 回应

被告现在必须做出一个回应，先要对太空航空的案例进行区分。这种区分可以通过证明被告所援引判例比原告更强，或者当前案件对被告更有利来进行。我们可以通过使用不同维度来完成以上操作：如果一个案例存在一个维度，但不存在其他维度，那么这可以提供一个理由说明判例并不适用于当前案件，尽管如果原告发现这种区别是不够有效的，就会继续援引该判例。这个内容将会在第 4 节介绍卡托系统的时候进一步讨论。如果不同的维度在判例或当前案件中出现的话，需要表达出原告或被告的优势和劣势，才能做出一个好的区分，对此，本奇-卡鹏进行了相关的讨论（Bench-Capon，2012）。在超声电机案中秘密被透露与太空航空案是不同的，这可以被认为是一种区分，因为这对超声电机有限公司是一个缺点。区分判例的第二种方式是在一个共同维度中，如果太空航空案中的信息比超声电机案给被告提供了更大的竞争优势，那这也可以成为一个区别。

在区分了原告的判例和当前案件后，被告现在可以列举自己的反例。自动化系统案和皇冠工业案都可能成为反例，因为它们与太空航空案一样，对被告有利。

2.2.3 反驳

反驳阶段给予了原告机会去回答被告在回应阶段所提出的观点，有以下三种可能的回答：

（1）对反例进行区分。这与被告对于原告的判例进行区分的方式是相同的。

（2）强调优势。如果本案中的某些维度比判例中的维度更有利于原告，那么这一优势是需要强调的。

（3）证明劣势并非致命的。如果被告通过证明原告在一些共同维度上比自己更弱来区分案件的话，就可以认为原告在先例中所找到的劣势维度是一种非致命劣势。这也表明了，我们所处的维度结果是复合的，因此对案件起决定性作用的是其他维度。

---

① 这起涉及制造空心铆钉的案件主要取决于所采取的安全措施是否充分。

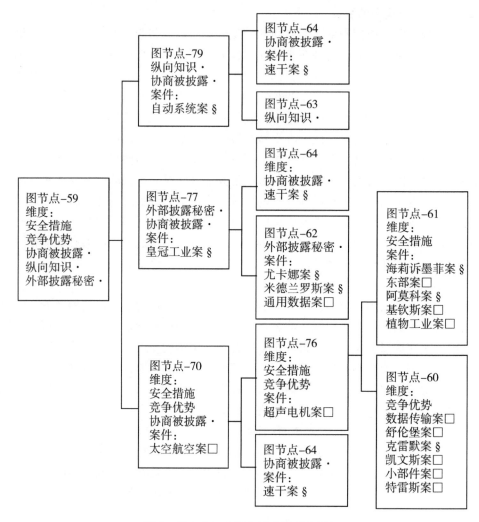

图 2　超声电机有限公司案的观点框架

注：·代表不同维度，§、□代表不同类别的案件。

海波系统（博士项目的名称源于里斯兰早期关于假设推理的研究工作）中一个重要的观念是，如果当前案例介于具有不同结果的判例之间，则可以使用假设案例，改变维度上的位置，或添加或删除维度，以便能够准确说明应绘制线的位置，以及当前案例应落在哪一边。关于海波系统的这一方面的想法，在其最终形式上可能不如预期那样得到充分利用。

因此，海波系统有一个结构，通过将其维度分析应用于案例，使拓展更多数量的论证成为可能。下一节笔者将讨论海波系统中的 13 个维度（Ashley，1990）。

2.3　海波系统中的维度

如前所述，海波系统设置了 13 个维度，但这些维度并不是同质的。其中典型的维度是连续的，贯穿在原告到被告间。但有的却不是连续的，它们的范围包含了一组可列举的观点。在其他示例中，维度降级到只有两点：原告端和被告端，并且不承认中间点。最后，这一维度可能会降低到一个点：例如，假设被告行贿是对原告有利的观点，但如果没有行贿却对被告的案件没有帮助，那就意味着该维度不适用于案件。海波系统的维度列举如下：

（1）获得竞争优势。这一维度结合了在时间和资金方面的开发成本。目前还不完全清楚这些是如何组合的，但维度可以被视为连续的。事实证明将省时和省钱分为两个维度可能会很方便。

（2）纵向知识。纵向知识与技术知识形成对比，纵向知识有利于被告。这是一个二元的维度。

（3）自愿披露秘密。这只是自愿披露秘密的人数，这个维度是连续的。

（4）受限制的披露。这是受限制的披露百分比。因此，它可能是连续的，但在阿什利的文章中只能识别0%或100%（Ashley，1990），所以这个维度实际上是二元的。

（5）考量所支持的协议。这指的是原告和被告之间的（保密或不披露）协议，是一个二元维度：阿什利认为量的考虑在其中并不是那么重要（Ashley，1990），在法律中也是如此。"胡椒粉租金"是一个例子，量的考虑纯粹是名义上的。

（6）普通雇员支付更换雇主的费用。虽然这在原则上可以再次被视为连续的，但其不考虑有关雇员人数，也不考虑支付的金额，因此最好将其视为二元的。事实上，如果没有普通员工，这个维度并不真正适用，因此这个维度实际上是一元的。

（7）存在表达非争议协议。这是指原告和前任雇主之间的协议，这个维度是二元的。

（8）普通员工转移的产品工具。这个维度最好被认为是一元的：因为如果没有普通员工，或者他们没有携带工具，那么这个维度将不适用。

（9）被告有权的非披露协议。这是指原告和前任雇主之间的协议，这个维度是二元的。

（10）普通员工与唯一的开发者。如果唯一的开发者变成了雇主，那么他携带着他的知识就被认为是合理的。这是一个二元的，甚至可能是一元的维度。

（11）具体保密协议。其维度仅适用于原告与被告之间有保密协议，而且不承认特定程度，因此这是一个二元维度。

（12）披露与被告的谈判。这样的披露会对案件原告不利，是一个二元的维度。

（13）所采取的安全措施。这是一个包含八个方面的列举范围，范围从被告端（最小措施）到原告端（员工保密协议）。

在海波系统理论形成之后，阿什利前往匹兹堡大学继续开展他的工作（主要在匹兹堡大学法学院和学习研究发展中心），他分别与阿莱文开发了卡托系统（Aleven，1997），与布鲁宁豪斯开发了智能索引学习系统（Smart Index Learner）和问题预测系统（Ashley and Brüninghaus，2009）。与此同时，里斯兰也在艾摩斯特继续发展海波系统的有关想法，她与斯卡拉克开发了卡巴莱系统和银行XX系统（Skalak and Rissland，1992；Rissland et al.，1996），她还与丹尼尔开发了尖端系统（Rissland and Daniels，1996）。阿什利和里斯兰发展的最大不同在于他们对于要素的使用和理解。如他们所解释的那样，他们都采用了更贴近法律领域的术语"要素"，而不是数学术语"维度"。但是，在艾摩斯特这边，要素只是海波系统中维度的另一个术语表达；而在匹兹堡这边，要素则是一个与维度相关但不相同的概念。第3节将讨论在艾摩斯特发展的系统，第4节则会讨论在匹兹堡发展的系统。

3 超越海波系统

里斯兰与她的博士生们——斯卡拉克、弗里德曼、丹尼尔，在艾摩斯特继续开展着对于法律案件的推理研究工作。本期专题中，有文章专门讨论了其中两个系统的后续情况（Skalak and Rissland，1996；Rissland et al.，1996），若需要进一步了解可翻阅相关文章。卡巴莱系统面向的领域是家庭办公免税（当部分住宅被用作办公室时所得税的免税额），银行XX系统和尖端系统则针对个人破产领域。

3.1 卡巴莱系统

卡巴莱系统最早在会议文章中出现，在里斯兰和斯卡拉克对其进行整合之前，该系统主要专注于策略以及论证步骤。因为它以家庭办公免税额为主要内容，所以在成文法中就有法律依据，而海波系统则是从判例法及其与《侵权行为法》的整合中开始的。这使得卡巴莱系统将法律规范中术语的解释作为重点，这样做的出发点是，在判例法中，这些术语的含义能够得到澄清和完善。因此，虽然法律规范可以通过规则来表示（Sergot et al.，1986），但当"规则用完"时，就有必要使用案例推理的技术（Gardner，1987）。路易在对里斯兰和斯卡拉克文章的评论中（Skalak and Rissland，1991），将这一过程进行了详细的解释（Bench-Capon et al.，2012）。通过这种方式，规则能够集中搜索和划分出案例基础，以便在回应过程中减少不相关的区分（而且案例基础可以链接更多案件的判例，因为不需要考量与术语相关但与主题无关的区分）[①]。这种使用高阶规则来聚焦和推进低阶案例推理的方法，是一个显著的改进，它不但被用于后面发展的问题预测系统（Brüninghaus and Ashley，2003a），还沿用至今（Al-Abdulkarim et al.，2016c）。

此外，卡巴莱系统还发展出了一套论证步骤分类法，这种方法旨在表达实际的法律论证模式，如稻草人论证、量化论证等，并且展示了判例分析是如何作用于其中的。这是一个重要的发展，因为它保证了对于发展论证策略的考量，这个想法后来通过对话博弈形式得到了进一步发展，如恳求博弈、图尔敏对话博弈、使用关联规则的论证对话等（Gordon，1993；Prakken and Sartor，1996；Bench-Capon et al.，2000；Wardeh et al.，2009）。

卡巴莱系统所介绍的这两个方面都代表了海波系统的重大发展，它允许在规则解释的背景下对案例进行维度分析，另外，系统的核心使用的是一种更自然、更常见的论证形式。

---

① 布兰廷提供了另一种判例分配的推理方法（Branting，1991）。

3.2 BankXX 系统

银行 XX 系统聚焦于个人破产领域，具体指《美国破产法》的第 13 章，它的早期版本发表于 1993 年（Rissland et al.，1993），而后于 1996 年由里斯兰进行了一个全面的报告（Rissland et al.，1996，这篇文章也收录在本期专题中），关于该系统的评价则发表在 1997 年的另一篇文章中（Rissland et al.，1997）。银行 XX 系统代表了与海波系统和卡巴莱系统的显著差异，因为它使用判例（和其他资源）将领域知识表示为高度互连的构件块网络，通过网络搜索以收集论证片段。该网络中的节点包含多种领域知识表达的方式，包括将案例作为事实的集合，将案例作为维度分析后的事实情况，将案例作为引文集合，将案例作为事实原型脚本，以及将案例作为法学理论表达的领域维度。因此，人们可以通过不同方式来表达案例。特别在要素主导理论中，案例由一个向量表示，该向量由应用于每个维度的案例的大小组成；不适用的要素编码为 NIL。这代表一个案例，是 n 维度空间中的一个点。人们通过网络执行启发式搜索来构建论证，在领域层面、论证片段层面、整体论证层面运用评价功能。因此，银行 XX 系统是一个高度复杂的系统，可以将卡托系统中以布尔数学体系为导向的基于要素的进路，与海波系统中偏向以价值为导向并基于维度的两种进路结合起来。此外，基于各种理论对要素进行分组，就像在卡巴莱系统中一样，这为所有要素的集合提供了一些结构。

里斯兰在 1997 年所做的评价，是法律人工智能领域中例子最为详细的评价之一（Rissland et al.，1997）。她考量了银行 XX 系统的几种不同形式，而且评价是从几个角度进行的，还指出了许多与法律领域特别相关的问题。

银行 XX 系统被过分忽视了[①]，而且在目前法律人工智能研究中没有明显的后继者，这确实会让人们认为对于这项工作的重要性缺乏公正的评价。论证主体理论自动化系统（Argument Agent for Theory Automation）还通过执行启发式搜索来构建案例（Chorley and Bench-Capon，2005a），但是搜索树仅覆盖了一系列以卡托系统要素为代表的案例集合，而不是在银行 XX 系统中使用高度复杂的知识网络。也许法律与人工智能应该更多地应用传统的人工智能技术，例如启发式搜索。笔者希望银行 XX 系统的相关内容出现在本期专题中之后，会引起研究人员对该工作的兴趣，并且利于大家对法律人工智能工作进行更为全面的评估。显然，评估仍然是法律人工智能中的一个重要主题（Conrad and Zeleznikow，2015）。

3.3 尖端系统

尖端系统既适用于家庭办公免税领域，又适用于个人破产领域，它是一个使用案例推理来启动的信息检索系统。这个系统的原理是，通过该种方式，可以对大型案例库进行搜索，但是仅需要对这些案例中的少数案例进行基于维度的案例推理所需的详细分析。从案例推理角度来看，这可以访问非常大的案例集；而从信息检索的角度来看，则

[①] 至 2017 年 3 月为止，通过谷歌学术检索系统，我们发现里斯兰等人 1996 年的文章只获得 83 个引用，而其 1997 年关于评价的文章则只有 19 个引用（Rissland et al.，1996；Rissland et al.，1997）。

可以制定更好的查询方式。

该系统分两个阶段运行（最初是单独开发的，早期的文章中未使用名称"尖端"）：

第一阶段（Rissland and Daniels，1995，1996），所分析的案例用于检索与提出的问题案例相关的文件（案例决策）。

第二阶段，在这些检索到的文档中，突出显示包含与特定案例特征相关的信息的段落。这里的"案例库"（更像是示例库）是片段信息的集合，每个项目对应一个点（如债务人的诚意）。与海波系统家族中其他系统的不同之处在于：它不是像案例那样的结构化对象（仅是文本片段）；同一段片段用于所有查找段落的尝试，因此系统中不会出现"查看"片段与当前案件"相关"的选择。当时的想法是对案件进行类案的检索，但是这次是针对单个文件并在其中找到相关段落。

这两个阶段组成了尖端系统，其中输入是事实，输出是在每个最相关案例中的相关段落集合，这样就有可能使用这些段落来查询主案例库。

用于查询主案例库的引擎是查询检索系统（Callan et al.，1992），它是由马萨诸塞大学信息检索小组的智能信息检索中心开发的。海波系统的用途是选择种子案例：案例框架的顶部两层是确定要使用的案例。

此外，他们还尝试了几种不同的查询，包括词组袋、词组集以及所谓的"总和"查询，这些查询要求片段中的词要在段落中同时出现，以及使用一些加权方法。尝试的结果是，词组袋的表现优于词组集，同时词组袋和总和的表现优于其他查询类型。

尽管基于法律案例的推理得到了有趣的使用，并且取得了一些令人鼓舞的结果，但尖端系统的影响并不广泛。这可能是因为丹尼尔斯在艾摩斯特毕业后，将精力投入美国陆军工作中去了，但是无论如何，信息检索无法因为技术的飞速发展而产生持久影响。现在可用于信息检索的工具，就像在20世纪90年代中期人们进行尖端系统研究时所梦想的那样（那还是在Google改变我们访问信息的方式之前）。

4 要素的运用

继海波系统之后，阿什利于1989年前往匹兹堡，并继续使用海波系统中提出的许多想法进行法律案例推理研究。重要的是，阿什利专门前往了学习与发展研究中心。与学习中心的这种联系对阿什利的项目产生了重大影响，因为任务重点变成了法学教育。与之相随的是，他可以通过实际法学院的学生情况来评估系统。阿什利充分利用了这个机会，他在匹兹堡的工作重点是实证评估，并且使用精心设计的实验来检验实证结果。他的学生阿莱文与他一起开发了卡托系统（Aleven and Ashley，1993），阿莱文博士论文为《通过模型和例子进行案例论证教学》（Aleven，1997），其中他还广泛通过法学院学生进行评估。鉴于卡托系统和问题预测系统对法律人工智能存在影响，我们将在本导论中介绍它们（Brüninghaus and Ashley，2003a；Ashley and Brüninghaus，2009）。此外，阿什利还和西科罗、麦克拉伦推进了其他项目（McLaren and Ashley，1999）。

4.1 卡托系统

卡托系统开发之初的任务是辅助教导法律专业的学生区分案件，因为案件和判例之间的区别并非每一个都可用。以本文图 1 为例，假设在存在两个维度的状况下，原告所占有的区域为判例的东南方，那么，当前案件与判例的区别就在判例中的北方或西方，因为如果不是在这两边的话，这种区别实际上在增加案件的强度，而且可以使用和判例同样的方法，以一种当然论证的方式裁决当前的案件。然而，即使这种区别是可用的，但当前案件和判例之间可能还有其他区别，这些区别可能会对已经被识别的区别进行强化或弱化。这样的差异会使区别被弱化，如果区别不能被弱化，那么它可能是重要的，因此可以予以强化。所以，卡托系统的任务是教会学生：

1. 在当前案件和判例之间，什么样的不同可以被视为区别。
2. 哪些区别可以被弱化。
3. 如何弱化这些区别。

4.1.1 卡托系统中的要素

海波系统和卡托系统的最大区别在于后者使用了要素而非维度这一表达，在海波系统中，案例是根据其事实来表示的，这些事实用于确定维度在特定案例中是否有效，如果确定的话，该案例在维度上的位置如何。要素也与事实相关，但由分析人员根据个案事实进行归因。总之，要素可以被认为是有利于一方或另一方的事实的常规模式。在卡托系统中，只有分析人员才能把握事实。尽管与维度相比这是一种简化，但是它不会影响教学任务：我们可以根据案例中存在的要素之间的区别来考虑案例之间的区别，要素归因的过程对于这特定任务来说并不重要。

因为海波系统和卡托系统都适用于《美国商业秘密法》，因此我们可以对海波系统的维度和卡托系统的要素进行直接的对比。如表 1 所示，卡托系统使用了 26 种要素（F1—F27，没有 F9），表 1 还显示了要素与海波系统维度之间的关系，维度在第 2 节中使用数字来表示。

表 1　卡托系统基础层面的要素

编号	要　　素	海波系统的维度
F1	披露谈判（被告）	被告在 D12 时胜诉
F2	贿赂员工（原告）	D6
F3	员工是唯一开发者（被告）	D10
F4	协议不披露（原告）	原告在 D9 时胜诉
F5	不清晰的合同（被告）	被告在 D11 时胜诉
F6	安全措施（原告）	D13 上的任意一点，除非被告胜诉

续表1

编号	要素	海波系统的维度
F7	所购买的工具（原告）	D8
F8	优先竞争者（原告）	原告在 D1 时胜诉
F10	外部披露秘密（被告）	D3 上的任意一点，除非原告胜诉
F11	纵向知识（被告）	被告在 D2 时胜诉
F12	外部披露限制（原告）	原告在 D4 时胜诉
F13	非竞争合同（原告）	原告在 D7 时胜诉
F14	限制材料使用（原告）	不在海波系统中
F15	独特产品（原告）	不在海波系统中
F16	可逆向工程的信息（被告）	不在海波系统中
F17	独立产生的信息（被告）	不在海波系统中
F18	同样产品（原告）	不在海波系统中
F19	没有安全措施（被告）	被告在 D13 时胜诉
F20	竞争对手知道的信息（被告）	不在海波系统中
F21	知晓保密（原告）	不在海波系统中
F22	衍生技术（原告）	不在海波系统中
F23	放弃保密（被告）	不在海波系统中
F24	其他方式获得信息（被告）	不在海波系统中
F25	已经逆向工程的信息（被告）	不在海波系统中
F26	欺骗（原告）	不在海波系统中
F27	公开谈话中的披露（被告）	被告胜诉取决于 D3 的维度值

注：F 表示"要素"，D 表示"维度"。

海波系统中除一个维度（与合同法而不是与商业秘密有关）之外，其他所有维度都与一个或多个要素相对应。此外，还有许多与海波系统维度无关的要素：这些要素大多与发现信息的合法和可疑手段有关。卡托系统分析了更多的案例（148 个案例，而不是 33 个案例），因此可以预见，新的要素或维度会从分析中出现。实际上，如果我们将维度 D2 替换为"可疑手段"，并引入一个新维度"合法手段"，我们就可以在这些维度上找到大多数新的要素。或者，我们可以将它们视为单个维度，其中 F22 为原告端，F24 为被告端。其中 F15 和 F18 很难在维度上进行定位，因此可能需要给它们配置第二个新维度。重点是从维度到要素之间存在映射，这将使海波系统的案例可以被表达为要素（缺少的维度 D5 仅用于使协议无效）。通常，我们可以将要素视为海波系统维度上的点（或范围），但是，这的确意味着分析人员决定了该维度在什么时候不再支持原告，并且开始支持被告，而不是让这个问题构成论证的一部分。

将案例表示为一系列要素可以很容易地发现案例之间的差异，这意味着在比较案例时，要素可以被放在七个分区之中（Wyner and Bench-Capon，2007）：

A. 原告要素在当前案件和判例中
B. 被告要素在当前案件和判例中
C. 原告要素在当前案件而不在判例中
D. 被告要素在当前案件而不在判例中
E. 被告要素在判例而不在当前案件中
F. 原告要素在判例而不在当前案件中
G. 要素（无论原告还是被告）都不在当前案件和判例中

图3展示了这种划分的使用（Allen et al.，2000）。A和B代表这些案件之间的相似之处。为了使判例能作为当前案例的判例，必须至少有一个要素在其中一个分区之中。C和D表示当前案件对原告而言比判例更强的方面，因此不能用于区分判例。E和F表示当前案件对原告而言比判例更弱的方面，因此可以用来区分判例。G包含了在比较中不相关的要素。因此，在寻找被告可以使用的区别要素时，建议法学院学生仅考虑E和F。

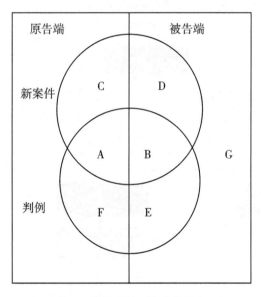

图3　分隔卡托系统中的要素

4.1.2　弱化和强化区别

在确定了哪些要素可以加以区分之后，就产生了一个问题，即哪些要素将成为良好区分的基础。答案来自卡托系统的第二个创新：引入抽象要素，以及将要素组织到要素层次结构中。卡托系统的要素层次结构如图4所示。请注意，层次结构使用复数形式是因为要素层次结构的根源是法律问题，卡托系统识别出了五个问题，从而产生了五个层

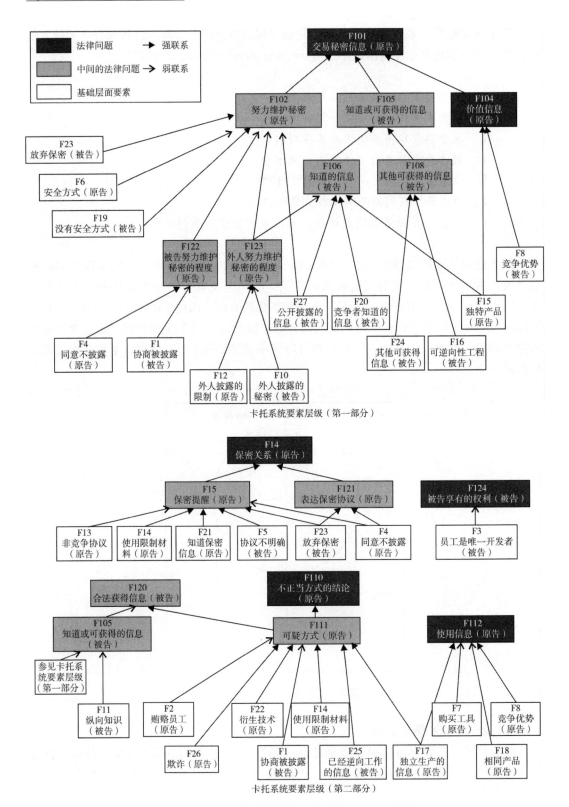

图 4 卡托系统的抽象要素层级（Aleven，1997）

次结构。层次结构可能具有共同的要素，但是问题是分开的，我们需要认识到这些层次不是单独一个层级。像基础层面的要素一样，抽象要素可能存在，也可能不存在，并且总是偏向同一方。要素的结果是他们存在的理由（如果他们支持同一方），或者是不存在的理由（如果他们支持不同方）。如果有支持和反对冲突的原因，则必须解决：有时解决方案很明显，例如，放弃保密（F26）将取消要素 F4（同意不公开），从而使抽象要素 F121（表示保密协议）不存在。在其他情况下［如 F111（可疑手段）］，如果同时存在 F26（欺骗）和 F25（逆向信息工程），则可能很难确定抽象要素是否存在。实际上，可能没有通用的答案，并且可能需要考虑特定的案件事实。

因此，考虑要素层次可以告诉我们区别的重要性。如果"缺失"要素存在相邻要素，可以把它用作代表强度（当他们支持同一方时）或弱点（当他们支持另一方时）的抽象要素，这就是我们弱化区别的方法。另外，如果任何其他要素都不能比相邻要素强，甚至与一个完全不同的问题有关，那么这种区别就很重要而且需要被强调。这些强化或弱化区别的不同方法是通过论证型式表现出来的（Wyner and Bench-Capon，2007）。

4.1.3 论证的步骤

卡托系统第三个有影响力的特征是，它确定了一组论证步骤，其中一些是基于海波系统中所进行的各种操作。尽管其他系统也提出了论证步骤［如在卡巴莱系统中所使用的论证步骤（Skalak and Rissland, 1992）］，事实证明，卡托系统的论证步骤集非常有用，特别是在尝试识别程序或设计对话博弈来承担推理任务时（Bench-Capon, 1997; Wardeh et al., 2009）。卡托系统所使用的论证步骤如下所示：

1. 将案件与过去的案件进行类比，得到肯定的结果。
2. 区分不利结果的案件。
3. 弱化决定的重要性。
4. 强化区别的重要性。
5. 援引有利案件强化优势。
6. 援引有利案件来论证弱点并非致命的。
7. 在对手方援引的案例中引用更多的反例。
8. 援引对手所引用案件作为即时案例。

并非以上所有论证步骤都是卡托系统重新提出的，其中有些可以在海波系统中找到。但第三点和第四点是新的，都是基于要素层次而提出的，上面所提到的后续工作通常会引用此列表。当我们使用论证型式时，这些论证步骤对于识别批判性问题是十分重要的（Walton, 1996; Wyner and Bench-Capon, 2007）。

4.1.4 卡托系统小结

卡托系统对法律人工智能的后续发展具有极大的影响力。但即使将海波系统视为对这一领域有最主要影响力的主体，其实际采取的方法通常也应同时归功于卡托系统和海波系统。卡托系统中所介绍的三个方面都产生了重要的影响：

卡托系统类型的要素，以及将案例表示为二元要素束的形式，一直是案例表达相关工作中的主要形式，相关工作如对话、理论构建、论证和形式化实现（Prakken and Sartor, 1998; Bench-Capon and Sartor, 2003; Wyner and Bench-Capon, 2007; Horty and Bench-Capon, 2012）。

要素层级，以及引入中间谓词的方法对相关工作有着重要的作用（Brüninghaus and Ashley, 2003b; Atkinson and Bench-Capon, 2005; Lindahl and Odelstad, 2008; Grabmair and Ashley, 2011）。这个想法也已经被用于案件表达的方法论研究中（Al-Abdulkarim et al., 2016c）。

论证步骤，特别是卡托系统所确定的论证步骤，对于案例推理的对话来说，有着重要影响（Wardeh et al., 2009）。

同样受到卡托系统很大影响的是阿什利与另一名学生布鲁宁豪斯的工作，该工作继续研究了关于商业秘密的法律案件推理。下一节将对此进行讨论。

4.2 问题预测系统

布鲁宁豪斯和阿什利一起推进了两个项目——智能索引学习系统和问题预测系统，本期专题中的一篇文章对此进行了介绍（Ashley and Brüninghaus, 2009）。这两个程序应该在案例推理过程的不同端起作用：智能索引学习系统将案例输入作为自然语言，并且确定存在哪些要素；问题预测系统则选择预测而非教学的卡托系统类型推理来预测案件的结果。布鲁宁豪斯和阿什利还做了实证调查报告，报告显示问题预测系统表现强劲，但智能索引学习系统的表现却相对较弱。尽管智能索引学习系统试图将卡托系统的要素应用到案件中，但由于智能索引学习系统主要利用分类技术而不是案例推理技术，因此我们这节将重点放在问题预测系统上。

将卡托系统转换为能够预测案件结果的程序，所需的关键修改是将五个问题层次结构组合成一个结构。从上文可知（图4），卡托系统使用了五个不同的层次结构。问题预测系统使用逻辑模型来组织这些要素，该模型是基于《侵权行为法》而构建的。逻辑模型如图5所示，逻辑模型的作用与卡巴莱系统中的顶层规则相同（Skalak and Rissland, 1992）。从本质上讲，建模的核心概念是，关于商业秘密是否被盗用的总体问题要求信息既是商业秘密，又是被盗用的信息。盗用可以通过使用不正当手段获取信息的途径来表明，也可以通过违反使用信息的保密关系的途径来表明。因此，该模型具有五个节点，分别对应于卡托系统中的五个层次结构。

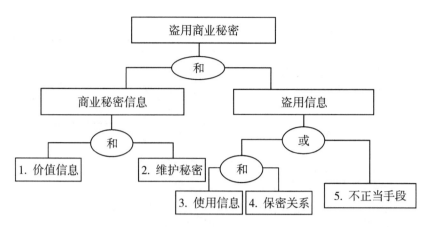

图 5　问题预测系统的逻辑模型

如表 2 所示，卡托系统的 26 个基础层面要素（F1—F27，没有 F9）被划分为五个问题。请注意，其中几个要素与两个问题相关，而问题预测系统中未使用 F3 要素。

表 2　将基础层面要素和问题预测系统中的主题相比对

编号	要素	问题预测系统中的主题
F1	披露谈判（被告）	保密关系
F2	贿赂员工（原告）	不正当手段
F3	员工是唯一开发者（被告）	—
F4	协议不披露（原告）	维护秘密，保密关系
F5	不清晰的合同（被告）	被告在 D11 时胜诉
F6	安全措施（原告）	维护秘密
F7	所购买的工具（原告）	使用信息，不正当手段
F8	优先竞争者（原告）	价值信息，使用信息
F10	外部披露秘密（被告）	维护秘密
F11	纵向知识（被告）	被告在 D2 时胜诉
F12	外部披露限制（原告）	维护秘密
F13	非竞争合同（原告）	保密关系
F14	限制材料使用（原告）	使用信息，不正当手段
F15	独特产品（原告）	价值信息
F16	可逆向工程的信息（被告）	价值信息
F17	独立产生的信息（被告）	使用信息，不正当手段
F18	同样产品（原告）	使用信息

续表 2

编号	要素	问题预测系统中的主题
F19	没有安全措施（被告）	维护秘密
F20	竞争对手知道的信息（被告）	价值信息
F21	知晓保密（原告）	保密关系
F22	衍生技术（原告）	非正当手段
F23	放弃保密（被告）	保密关系
F24	其他方式获得信息（被告）	价值信息
F25	已经逆向工程的信息（被告）	使用信息，不正当手段
F26	欺骗（原告）	不正当手段
F27	公开谈话中的披露（被告）	价值信息

现在，问题预测系统将使用这些要素来决定在每个问题上赞成哪一方，然后将其放入逻辑模型中以预测结果。关于这一法律问题完整的算法在图 2 中已经给出（Ashley and Brüninghaus, 2009），那里有完整的说明，因此这里不再赘述其他信息。问题预测系统所引入的另一项特征是要素强度，"排除要素"是"根据商业秘密法禁止或鼓励的行为表达，当该要素适用时，一方获胜的概率至少比一方获胜的基准概率高 80%"。相反，"弱要素"是"获胜方获胜的概率，只要已知该要素适用，就比该方获胜的概率低 20%"。弱要素似乎仅是对其他要素的支持，如果仅存在弱要素，问题预测系统将不会考虑所提出的问题。由于要素可能与海波系统中维度上的点相关，因此，如果我们要解决问题，那需要考虑强度差异也就不足为奇了：与维度相比，使用"排除"和"弱"要素可以做到这一点，同时又可保持必要的简单性。此外，考虑要素的不同强度仍然是当前研究的关注点（Al-Abdulkarim et al., 2016b）。

4.3 问题预测系统的实证结果

问题预测系统的另一个特征是根据 184 个案例进行了全面的经验评估（其中卡托系统使用了 148 例，另外 36 例专门针对问题预测系统进行了分析）。该评估是使用海波系统、卡托系统、仅具有逻辑模型的问题预测系统，以及除问题预测系统本身之外的几种不同的机器学习方法进行的。问题预测系统表现最佳，成功率为 91.8%，只有一次弃权。在评估中表现第二的是规则学习程序，该程序的成绩达到了 88%[①]。卡托系统成功率为 77%，有 22 次弃权；海波系统的成功率为 67.9%，有 50 次弃权。当然，这对卡托系统和海波系统来说有点不公平，因为它们并非旨在预测结果，而且弃权严重影响了它们。实际上，除去弃权的数据，海波系统提出正确意见的案件达到 93.3%。

这些结果后来被作为评估其他系统的对比基础，包括论证主体理论自动化系统和案

[①] 该方案不是原计划评价中的一部分，其中朴素贝叶斯方法以 86.5% 的表现位居第二（Al-Abdulkarim et al., 2015a）。

件法律信息知识概括系统（Chorley and Bench-Capon，2005a；Al-Abdulkarim et al.，2015a）。但不幸的是，大多数案例分析尚未被提供给研究人员，因此这些程序只能使用一部分案例，评估显示，它们能够在这些案例上达到90%的成功率。表3是艾尔-阿卜杜勒卡里姆的研究结果（Al-Abdulkarim et al.，2015a）。在不同的情况下，基于神经网络的早期程序能够达到98%的正确率（Bench-Capon，1993）①。问题预测系统实证评估的完整结果如表3所示（Ashley and Brüninghaus，2009），这些结果为尝试执行此任务的其他系统提供了有用的参照，而且90%的成功率也是接近合理预期的②。

表3 部分系统测试结果

项目	正确	错误	弃权	正确率（%）	除去弃权（%）
案件法律信息知识概括系统 - 秘密Ⅱ	31	1	0	96.9	96.9
案件法律信息知识概括系统 - 重新定义	31	1	0	96.9	96.9
论证主体理论自动化系统 - 强力版本	30	2	0	93.8	93.8
问题预测系统	170	15	1	91.4	91.9
论证主体理论自动化系统 - A*	29	3	0	90.6	90.6
案件法律信息知识概括系统 - 秘密	29	3	0	90.6	90.6
卡托系统 - 预测	163	30	0	84.5	84.5
朴素贝叶斯系统	161	25	0	86.6	86.6
海波系统 - 预测	152	34	0	81.7	81.7
案件法律信息知识概括系统 - 卡托系统	25	7	0	78.1	78.1
卡托系统	152	19	22	77.8	88.9
海波系统	127	9	50	68.3	93.4
问题预测系统 - 模型	99	15	38	65.1	86.8

注：*代表系统的不同版本。

---

① 该数据集是人为生成的，因此可以使用大量案例。该数据集随后在其他研究中被重复使用（Johnston and Governatori，2003；Možina et al.，2005；Wardeh et al.，2005）。

② 尽管阿莱特拉斯等人的工作报告在英国的出版界和电视界产生了反响，但其中只是充分考虑了79%的内容（Aletras et al.，2016），比如在《卫报》和英国广播公司频道的相关内容中。这反映了英国对于法律人工智能应用的热潮，比如2016年英格兰和威尔士法律和社会专门小组，还有英国广播公司第4频道的特别节目《法律在行动》。阿莱特拉斯等人的报告中采用了欧洲人权法院所公布的判决文本（即事后制作的材料）作为不可用的申请书和辩护书。正如作者所观察到的那样，事前文件将是实际预测系统的输入，该系统产生了违反和不违反的二元分类。因此，阿莱特拉斯等人报告中的任务更像是智能索引学习系统和问题预测系统任务的结合（虽然智能索引学习系统是要寻找个体要素而非结果），由于智能索引学习系统的相对于问题预测系统的难度，其执行率更接近70%。此外，智能索引学习系统还作用于案件的概括，虽然这些摘取自并使用了判决的语言，但并不包含与案件结果有关的句子。参见 http://www.theguardian.com/technology/2016/oct/24/artificial-intelligence-judge-university-college-london-computer-scientists、http://www.bbc.co.uk/news/technology-37727587、http://www.youtube.com/watch?v=8jPB-4Y3jLg、http://www.bbc.co.uk/programmes/b07dlxmj，以上网址的访问时间为2017年3月。

5 规则推理的结合

在20世纪80年代和90年代初，案例推理系统和规则推理系统有时被视为相互竞争的路径（尽管包括加德纳和里斯兰在内的其他学者，也承认至少在普通法传统中，规则和案例都是被需要的）。在1987年和1991年的前三届法律人工智能国际学术大会中，有两次是由伯曼主持的，会议对这两种方法进行了讨论（Berman，1991）。伯曼认为，两种方法似乎有不同的诉求：规则推理系统更可能形成实际应用，其中规则要么来自法律规范，要么来自专家（Sergot et al.，1986；Smith and Deedman，1987）。但是，伯曼又认为，案例推理能更好地刻画法律推理：纯人工智能的主要目标是准确地代表人类的智力，从而表达法律思想。法律领域的案例推理①研究必须继续（Berman，1991）。通常，规则推理系统与欧洲相关联，这是由于塞罗格等人的成功启发了大家，通过Prolog编程语言和逻辑表达立法（Sergot et al.，1986），人们认为案例推理系统是美国研究人员的选择方法，他们倾向于使用列表处理程序语言，并且存在高度对抗性的普通法传统。在20世纪80年代后期，这两种方法（也许在欧洲尤其如此）被视为是分开的方法，研究倾向于由不同的小组进行。但是，法律人工智能国际学术大会和其他机构彼此接触的方式引起了人们对"另一方"立场的更大兴趣。在90年代，使用不同方法的研究者越来越多地建议综合两种方法，而对于一个完整的系统而言，这两种方法都是必需的。因此，在卡巴莱系统中，我们可以看到规则被用于提供一个顶层结构，案例推理通过议程机制，从而控制案例推理和规则推理的推理者，也得以发展。卡巴莱系统通过使用观察和控制规则向议程发布和安排任务，里斯兰在其文章中讨论了该系统的控制原理（Rissland and Skalak，1991）。在规则推理的方法中，规则推理系统的支持者认识到，要求案件提供足够的条件来解释立法条款（Bench-Capon，1991）。②但是，帕肯和沙托尔在将两种方法整合在一起的方面取得了非常实际的进步，他们提出了一种优雅的方法，使案例能过渡到规则集（Prakken and Sartor，1998）。这个问题我们将在下一节中讨论。

5.1 帕肯和沙托尔的核心思想

帕肯和沙托尔解决了许多不同的问题（Prakken and Sartor，1998），但是在这里，笔者将集中讨论其中最有影响力的想法，即判例从以一系列的要素表示，到以规则集表示的转变。转换的主要目的是使判例可以在对话博弈形式中被使用，但是规则同样可以被用作可执行逻辑程序的基础。一旦被重新编写为规则，对于一般论证、知识集，以及推理形式化的基础而言，判例集就是一个可供使用的形式。

---

① 译者注：CBR（Case-Based Reasoning）译为"案例推理"，RBR（Rule-Based Reasoning）译为"规则推理"。

② 从许多方面来看，这只是对加德纳早期方法的回归，该方法始于规则，但后来演变成"规则用完了"的情况（Gardner，1987）。

该核心思想起点是一组以要素集和结果集表示的案例。这些要素可以分为原告要素和被告要素，每种要素都代表一个决定其支持其中一方的理由。我们假定对于其中一方，一个额外的要素总是会强化决定支持这一方的理由。一般认为这可能并不正确（Prakken，2005），但对于卡托系统而言确实如此，并且可以作为对可接受要素的限制。最有利于原告的理由是该案例中所有原告要素集（F_p），最有利于被告的理由是该案中所有被告要素集（F_d）。我们可以表达出以下两条规则：

R1：$F_p \to p$
R2：$F_d \to d$

其中，R 代表规则，p 和 d 分别代表原告和被告的判决。现在，该案例的结果将表明优先选择这些原因中的哪一个，因此，我们添加了一个表示这两个规则之间优先级的规则。

R3：R1 > R2

因此，R3 表示 F_p 优先于 F_d，并且在原告胜诉的情况下成立。这样，每个判例都可以通过三个规则来表示，因此整个案例库可以被重写为一组原告规则、一组被告规则，以及一组他们之间不完整的偏好规则。其结果是一个与哈赫（Hage）的基于理由的逻辑系统有很多相似之处的知识库，该系统由他的学生维赫雅（Verheij）等做了进一步的发展。但是帕肯和沙托尔核心思想的出现时机和简单性，以及与案例推理系统的紧密联系，意味着它在法律人工智能领域留下了更深远的印迹。

不过，其中主要限制是，许多可能的规则冲突将无法由判例得出的优先级解决。如艾尔-阿卜杜勒卡里姆所言，卡托系统的 26 个要素在原告和被告之间平均分配，因此产生了超过 8000 个有利于双方的要素组合，并且进行了超过 6700 万次的潜在比较（Al-Abdulkarim et al.，2015b）。即使允许包含真子集，以确保优先级权限可以解决冲突所需的优先级数量，也将超过可用的案例（而且很可能是所有已经裁定的案例）。但是，我们希望超越判例案例中所包含的内容，这样，我们就可以理解一些判例无法确定的案件。其中一个方法是通过扩大规则范围而实现的，即允许从判例中删除一个或多个要素，但随后保留原始规则在其衍生时所确立的优先级（Prakken and Sartor，1998）。问题是，除非在实际案件中得到法官的认可，否则这缺乏正当性。本质上，如果判例没有提供确定的答案，便可以通过指向原告规则中所缺少的要素，或者判例中规则中的其他要素来区分它，而且需要依靠用户说明区别是否影响了论证（Prakken and Sartor，1998）。尽管这是一个棘手的问题，但帕肯和沙托尔的方法，至少能够清楚地表达该问题，以及提供可能的解决方案（Horty and Bench-Capon，2012，Prakken and Sartor，1998）。

5.2 判例推理的形式化

尽管帕肯和沙托尔提供的对话博弈的形式（Prakken and Sartor，1998），可以看作该文章中讨论的关于法律理论裁判推理方面的形式化,但它与对话语境以及论证过程紧密相关。霍蒂的主要目的是回答以下问题:确切地说,判例如何限制未来的决策,并且试图给出判例的逻辑。霍蒂自己,以及他与其他人发表了一系列文章来讨论相关内容(Horty, 1999; Horty, 2004; Horty, 2011a; Horty, 2011b; Horty and Bench-Capon, 2012)。霍蒂研究的出发点是希望对亚历山大的观点提出反例,如其所言,亚历山大(从事法律而非法律人工智能的工作)已经确定了三种不同的判例模式(Alexander, 1989; Horty, 2004):

> 自然模式,"判例"决策可以以此为依据,来尝试法院在当前案件中做出正确判决的推理;但是在自然模式上,这就是先验约束的程度。
> 规则模式,哪些判例包括带有判例约束的"规则"。判例约束就是规则约束。受约束的法院必须在适用当前判决时适用判例案件的规则……不存在缩小规则的范围或将当前案件与判例区别开来的空间。
> 结果模式,通过这种方式,"判例可控制所有且仅占多数的案件,也就是说,对于判例中获胜方而言,至少和判例具有一样强度的所有案件"。

亚历山大提倡使用规则模式,而霍蒂则希望为结果模式进行辩护。霍蒂和亚历山大都拒绝了自然模式(Horty, 2004)。为了捍卫结果模式,霍蒂广泛引用了法律人工智能研究的理论(Ashley, 1989; Ashley, 1990; Aleven, 1997; Prakken and Sartor, 1998)。

霍蒂的主要思想是使用规则来表达判例,与帕肯和沙托尔的方式几乎相同(Prakken and Sartor, 1998),但有一个非常重要的区别。假设此案判决原告获胜。无论是在帕肯和沙托尔的例子中,还是在霍蒂和本奇-卡鹏的例子中(Prakken and Sartor, 1998; Horty and Bench-Capon, 2012),被告的理由都是最有力的理由,这是本案中所有有利于被告要素的集合,但是对原告的理由进行了不同的处理。帕肯和沙托尔认为,最强的原告理由是本案中存在的所有原告理由,而霍蒂则认为较弱的理由可能就已经足以击败被告。因此,霍蒂和本奇-卡鹏认为,原告规则是有利于获胜者的案件中所存在的要素子集。这使结果模式变得更强大,因为它在更大程度上限制了以后的案例。效果与规则扩展相同,但是是在理论层面而不是案例层面完成的,并且应该适用于案例库中的所有案例。图6的图形符号就是用来说明这种情况的(Bench-Capon, 1999; Prakken and Sartor, 1998)。

图6显示了具有六个要素的要素框架:三个原告要素和三个被告要素。他们被分为两个阵营:一个是原告阵营,另一个是被告阵营。这些包含有利于其中一方的要素的所有可能组合,它们以部分顺序排列,从而体现了以下假设:多要素胜过少要素。判例为两个阵营之间提供了一个链接,因此可以比较两个不同阵营中的要素集。因此,可以对六个要素且判决原告获胜的判例进行狭义解释(见图6),其解释为{P1, P2, P3}的偏好高于{D1, D2, D3},这不会限制任何子集。但是如图6所示,霍蒂和本奇-卡鹏提出的方式可能有几种广泛的解释:两个要素集或单个要素集中的任何一个要素都可以说比{D1, D2, D3}更具偏好性,其中之一是{P3}。这意味着{P3}优于被告要素

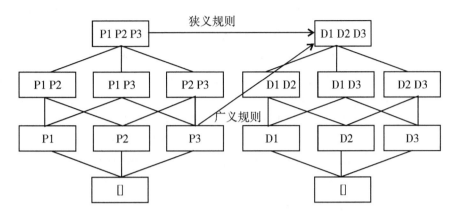

图 6　要素关系框架

注：图 6 中的"［］"为原文符号，左边为原告阵营，右边为被告阵营。

的每种组合。现在，只有三个原告要素子集（{P1，P2}，{P1} 和 {P2}）不受约束，它们的作用将取决于之后的情况。例如，如果一个要素集为 {P1，P2，D1} 的案件，如果判决被告获胜，那么这将完全确定所有后续案件。这意味着 {P3} 比 {P1，P2} 更可取，但这并不重要，因为这些要素子集从未互相竞争。

通过这些机制，霍蒂可以用给定的（广泛的或较不广泛的）解释来形式化表达案件基础的含义。我们现在必须确定案件，以保持案件基础的一致性：这可能会限制结果，或者限制为案件获胜者所采用的规则有多广泛。开放性问题是如何确定获胜者要素的子集。霍蒂没有具体说明这一点，尽管有人建议应该通过案件的比例来决定（Branting，1993），通常还可以通过研究决定的案件文本来寻找答案。霍蒂还设想了在确定判例时要确定的子集，一种可能的替代方法是为每个新案例重新构建该理论，其限制条件是需要构建一个解释先前案例的一致理论。这很可能是在现有判例相对较少的情况下，导致对从判例案件中采取的规则进行一些相当大的修订，但随着判例数量的增加，规则修订的范围会因为需要和已确立的先例保持一致而被缩小。这种用案例推理的观点与麦卡蒂，以及本奇-卡鹏与沙托尔发现的理论构建方法很相似（McCarty，1995；Bench-Capon and Sartor，2003），也与李维发现的判例法生命周期概念（一段动荡之后是一段稳定时期）有很强的相似之处（Levi，1948）。

霍蒂是里戈尼研究的起点，后者偏向规则推理的案件表达形式，尤其是因为它能够保持决定理由和附带说明之间的区分。里戈尼将霍蒂广义规则与决定理由联系起来，并且对霍蒂的方法进行了许多改进。首先，他允许将多个规则与单个判例相关联，以处理超出决定的情况，这也将允许附带说明的加入。其次，他认识到并非所有判例都具有相同的目的：从而识别出一类判例——框架案例。他关于框架案例的例子是莱蒙诉库兹曼[1]，他总结该案件如下：

在这种情况下，美国最高法院解决了以下问题：宾夕法尼亚州和罗得岛州的法律是

---

[1] Lemon v. Kurtzman 403 U.S. 602 (1971).

否规定向受州监督的宗教小学提供资金，是否违反了宪法第一修正案的设立条款。法院进行了三方面的测试，最终裁定这两个程序均违反了设立条款。

里戈尼的理解是，并非所有判例都表达了偏好：一些判例提供决定案件的框架，其方式类似于在卡巴莱系统中使用法律规范，以及在卡托系统中使用侵权行为法。因此，这三项测试可以被看作原告方面所要考虑的三个问题。他提出了一种在霍蒂风格的形式化中纳入框架案例的方法。对于里戈尼的方法，请读者参考他在本期专题中的文章。

海波系统和卡托系统的一个共同特征是，所有判例都起着相同的作用：表达偏好，或者在海波系统中以某种方式限制 n 维度空间。因此，我们将根据针对整个案例集制定的维度和要素的框架来分析案例。但实际上，维度、要素和问题是随着时间而发展的，引入要素、主题或维度的一些案例很可能是以案例为基础的。例如，如果我们考虑与本奇-卡鹏等人所说的美国宪法第四修正案中汽车例外规定的相关案件（Rissland, 1989; Bench-Capon, 2011; Al-Abdulkarim et al., 2016c），我们会发现这些案件没有提及隐私权问题，它们被视为一种例外。① 但"南达科他州诉奥珀曼案"② 中，又强调了考虑隐私的必要性。因此，我们必须在较早的框架判例中引入隐私问题，在备受争议的"加利福尼亚州诉卡尼案"③ 中，尤其是在口头辩论中，对于确定区分使用的是用作驾驶的汽车，还是用作居住的汽车，所需要的要素非常重要（Rissland, 1989; Ashley et al., 2008; Al-Abdulkarim et al., 2013）。学者对该案的口头辩论进行了广泛讨论，并且认为应有许多新要素介入决定中（Rissland, 1989; Al-Abdulkarim et al., 2013）。在以前的案例中，人们很少考虑到此类要素，因此，从维度、要素和随后引入的问题方面分析早期案例可能是错误的。尽管亨德森等人将一系列案件理解为一个序列，这也许是一个值得进一步探讨的话题（Henderson et al., 2001; Rissland and Xu, 2011）。艾尔-阿卜杜勒卡里姆等人还探讨了面对判例法变化时，保持最新状态的方法（Al-Abdulkarim et al., 2016a）。

5.3 论证型式

起初，帕肯和沙托尔将一组判例表达为规则的动机，是为了使这些判例可用于在对话博弈中展开论证（Prakken and Sartor, 1998）。在戈登之后，对话博弈成了表达法律程序（如特定形式的法律论证）的一种流行的方式（Gordon, 1993）。自从汉布林提出解释命题逻辑中的谬论以来，此类博弈往往潜在地建立在规则推理的基础上（Hamblin, 1970; Mackenzie, 1979）。帕肯对此类系统进行了很好的概述，然而，随着21世纪的发展，对话博弈的使用更多被作为论证型式，被沃尔顿等人所采用（Prakken, 2006; Walton, 1996; Walton et al., 2008）。尽管法律人工智能领域之前曾使用过论证型式：可以说海波系统的三层论证是一个型式，但卡巴莱系统确实也使用了该型式。后来图尔敏的论证型式得到了广泛使用（Toulmin, 1958），大家常用它来推进对话的研究。当沃

---

① Carroll v. United States, 267 U.S. 132 (1925).
② South Dakota v. Opperman, 428 U.S. 364 (1976).
③ California v. Carney, 471 U.S. 386 (1985).

尔顿（Walton，1996）所表达的关于前提、结论和关键问题的理解成为主流时，对论证型式的明确使用就发展到最为前沿的位置了（Walton，1996）。

一种特殊的论证型式（最初是为基于价值的实践推理而设计的）被应用于法律案件的推理（Greenwood et al.，2003），此外，论证型式也常被用来对特殊案件进行建模（Gordon and Walton，2006）。本奇-卡鹏继续推进着卡托系统论证步骤的使用，这种论证型式被用来对特殊案件进行建模和形式化，此后人们还将维度纳入对该型式进行的拓展中（Wyner and Bench-Capon，2007；Bench-Capon，2012；Wyner et al.，2011；Atkinson et al.，2013；Prakken et al.，2015）。最后，结构论证型式集，将海波系统和卡托系统的推理类型建模至论证形式框架中，如 ASPIC⁺语言。

6 目的与价值

如上所述，海波系统和卡托系统将其所有案件视为同质案件。无论是一系列事实，还是一系列要素，它们都是从上下文的各个方面中抽象出来的。因此，人们没有考虑法院级别或管辖权。海波案件的范围跨越了许多不同的州，人们也没有考虑日期或顺序。海波系统案件的发生时间范围为 1845—1980 年，不过大多数案件发生在 19 世纪 60 年代和 70 年代（Ashley，1990）。这不应被看作一种缺陷：没有理由说明人工智能模型必须涵盖所有方面，在课堂讨论中，也时常会出现只使用需要的案件部分，而不是使用整个案例的情况。① 海波系统设计的目的是对实际上诉推理中的一个必要部分进行建模，因此抱怨它未能充分地表达现实世界对它而言是不公平的。相关批评的文章主要来自伯曼，他认为海波系统中存在程序法文本的缺失、目的考量的缺失，以及时效的缺失（Berman and Hafner，1991；Berman et al.，1993；Berman and Hafner，1995）。这些文章在本期专题中有提及，目的是纪念伯曼（Hafner and Berman，2002）。虽然海波系统并未设想兼顾以上各方面，但各位计算机科学家需要知道，海波系统并不是故事的全部，我们更需要探讨如何体现这些方面以进一步完善基于海波系统发展的进路。大家对于这些批评的接受速度有些慢，但与此同时，论证计算共同体对佩雷尔曼的受众概念有着浓厚的兴趣（Perelman and Olbrechts-Tyteca，1971）。这一直是格拉索等人研究的主题，本奇-卡鹏则将价值与董潘明的论证框架结合在一起（Grasso et al.，2000；Dung，1995）。这种方法上的结合使得大家对伯曼等人的思想进行了重新的审视，伯曼认为，要素之间的偏好反映了归因于法律的目的，这些情况可能会随时间和辖区而变化（Berman et al.，1993；Christie，2000），于是可以解释为什么相似的案例在不同的时间和不同的地方，可能会由法官做出不同的判决。因此，冲突的解决可以被看作对于法律和论证的受众而言的，并且可以通过对听众进行形式化来实现计算，以及通过将目的概念等同于社会价值来将其视为与论证相关的社会价值的排序（Bench-Capon 2003a；Bench-

---

① 实际上，伯曼等人中有影响力的批评集中于三个案件：皮尔森诉波斯特（Pierson v. Post）、基布尔诉希克吉尔（Keeble v. Hickergill）、扬诉希钦斯（Young v. Hitchens）。因此，该批评本身就使用了三个来自不同司法管辖区、日期迥异、顺序不一致的案例。尽管如此，在美国，人们教授物权法时仍会经常使用这些案例。

Capon, 2003b; Bench-Capon et al., 2005)。

6.1 基于价值的理论构建

《法律人工智能》期刊中第10期的前3篇文章，使大家重新恢复了对伯曼思想的兴趣，以及对法律目的的研究，这种兴趣也可以被理解为促进和保护价值的兴趣（Bench-Capon, 2002; Prakken, 2002; Sartor, 2002）。随着这种思想的发展，沙托尔和本奇-卡鹏发表了一系列文章，这些文章阐述了通过受众的价值偏好解决分歧的理论建构，其中社会是通过法官来表达的（Sartor, 2000; Bench-Capon and Sartor, 2001; Sartor, 2003）。

总体思路如图7所示，起点在左下角，那里有一组案例（被描述为一系列的要素）及其结果。这些结果揭示了各组要素之间的偏好，这将解释案件的结果，而偏好本质上是优先规则（Prakken and Sartor, 1998）。每个要素都与一个值相关联：通过确定该要素所偏好的一方的案例来提升价值。这使我们能够将要素集重写为价值集，并且将偏好转化到这些价值集中，该理论的核心是这组价值偏好。在图表的顶部，我们已经构建了一个理论，因此我们可以开始应用该理论并沿着右边继续推进。价值偏好确定并解释了在现有判例中找不到的一系列要素之间的偏好。然后，我们可以使用这些偏好来确定尚未确定的，但具有这些要素集的案例的结果。

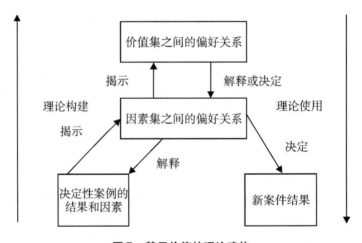

图7 基于价值的理论建构

这些理论是使用本奇-卡鹏所定义的一组运算符建构起来的，该理论以从无到有开始，而构建则从一个案例的背景开始（Bench-Capon and Sartor, 2003）。这将带来要素集及其相关的价值，每个要素都与一个简单的规则相关联，该规则说明该要素，而且是决定该要素偏向哪一方的原因。我们可通过更多的案例对理论进行拓展，将简单规则组合成具有多个偏好条件的规则，并且建立起规则之间以及价值之间的偏好，直到可以通过所构建的理论得出正在考虑的案件结果为止。在这一点上，责任转移到另一方，则另一方就必须尝试扩展该理论以产生更好的理论，并且为其偏好的一方取得成果。于是，责任又回到了原来的一方。这种扩展和完善理论的过程一直持续到没有任何可能改变结果的理论扩展出现为止。这篇文章用伯曼等人所引用的野生动物案例说明了这一过程，还讨论了理论运算符与卡托系统的论证步骤如何联系（Berman et al.，1993）。

研究人员随后对这些方法进行了实证测试（Chorley and Bench-Capon，2005a；Chorley and Bench-Capon，2005b），本期专题的文章还对案件理论编辑器（Case Theory Editor）进行了探讨，通过一系列实验来探讨该理论是如何运用本奇-卡鹏和沙托尔运算符建立起来的，探讨的主题包括如何构建理论、如何对比价值集，以及如何使用价值结构（类似维度）而非要素表达案件。在案例理论编辑系统中，理论的构建是由用户完成的，并且得到了案件理论编辑器工具集的支持。本文摘要中列出的第二篇文章介绍了论证主体理论自动化系统，其旨在通过将理论构建为搜索可能的理论空间，而且在双方都使用论证主体理论自动化系统的情况下，通过构建两人对话博弈来使理论构建过程自动化。其中关于构建和结果的运算符集合与论证步骤，通过解释强度和简单性来得到评价。搜索和博弈将继续，直到不可能得到更好的理论为止，人们还探讨了启发性搜索和直接搜索的区别，并且测试结果还算不错（Chorley and Bench-Capon，2005a）：

论证主体理论自动化系统能得到比手动构建理论更好的理论，并且这些理论在解释力上可以与问题预测系统相提并论（Chorley and Bench-Capon，2005b；Ashley and Brüninghaus，2009）。论证主体理论自动化系统在不存在领域可接受的结构模型时仍然可以使用，然而问题预测系统则依赖《侵权行为法》所提供的结构。

6.2 价值的其他作用

除了本奇-卡鹏和沙托尔所提倡的理论构建方法以外，研究人员还探索了其他方法，并且将价值应用至案例推理中（Bench-Capon and Sartor，2000）。其中包括通过基于价值的论证框架，来设计一个表达受众偏好的论证框架（Value-based Argumentation Frameworks），这个论证框架也得到了案例的应用（Bench-Capon，2003a；Atkinson and Bench-Capon，2005；Wyner and Bench-Capon，2007）。但是，在最近的研究中，阿特金森和她的同事逐渐不选择这样运用价值（Al-Abdulkarim et al.，2015b；Al-Abdulkarim et al.，2016d）。在立法领域、电子民主领域和规范证成领域，学者继续使用基于价值的论证框架（Atkinson et al.，2006；Atkinson et al.，2011；Bench-Capon et al.，2015；Bench-Capon and Modgil，2017）。

价值也被用于案例推理当中，其中发展出了一种不同的形式主义，旨在捕捉法律案件推理的动态方面，特别是其中被认为价值可以用来证成规则和规则中特殊的前因的那一部分（Araszkiewicz，2011；Grabmair and Ashley，2011；Grabmair and Ashley，2013）。这个研究方向最近的工作是由格拉布迈尔完成的，我们还可以在维赫雅的研究中发现在案件表达中使用价值的方法（Grabmair，2017；Verheij，2016）。

与价值有关的一个问题还有待充分探讨，那就是似乎可以有多种方式使用它们。有时，它们似乎引发了冲突的立场，这可以通过优先选择一个值而不是另一种值来解决，这本质上是基于价值的论证框架方法。在其他情况下，它们似乎更多地被视为一系列原因，例如，当权责发生是案件必须考量的多个不同方面时，这似乎适用于诸如《美国商业秘密》之类的领域（Prakken，2005；Modgil and Bench-Capon，2010；Bench-Capon et al.，2011）。另外，人们总是需要在两种价值之间产生矛盾时进行权衡，但这并不是说其中一个价值比另一个更好，而是需要两者都满足一个适当的程度（Lauritsen，2015；Gordon and Walton，2016）。在汽车例外的案件中可能就属于这种情况，必须在紧急性和隐私权之间取得平衡，法律人工智能在未来的工作中可能需要解决这些不同方面的问题（Bench-Capon and Prakken，2010）。

7 回归维度

我们一直在讨论的工作倾向于采用卡托系统中的要素，存在或不存在且始终指向同一方面的要素，而不是海波系统中的表示一系列值的维度。这是可以理解的，并且出于卡托系统所要解决的目的（区分案例的教学），使用这些要素是非常明智的简化之举。尽管还有其他合理的简化形式（Rissland et al.，1996），但卡托系统的要素概念已被广泛采用，这使得对法律案件中的推理的理解得以实现，从而使本期专题中所包含的文章（指本文摘要中所列出的7篇文章）所代表的意义有了重大进展。但是现实是，要素是一种简化，因此如果我们想要取得进一步的进步，则有必要提高我们对维度的理解。里斯兰和阿什利在本期专题文章中讨论了维度和要素的区别，在下一节中，笔者将介绍一些最近大家对使用维度的尝试。

7.1 要素与维度

在《侵权行为法》中，我们可知，确定给定信息是否为商业秘密时应考虑以下要素：①在其业务范围之外已知信息的程度；②员工及其参与业务的其他人对它的了解程度；③信息所有人为信息保密所采取的措施的范围；④信息对所有人和其竞争对手的价值；⑤所有人在开发信息上所花费的精力或金钱；⑥他人可以正确获取或复制信息的难易程度。

虽然我们可以通过卡托系统中的要素来识别这些"需要考虑的要素"，但是上文所表达的程度词语并非与卡托系统的要素类型（如全部或没有，存在或不存在）相一致。以上表达似乎都需要通过量化评估才能实现，因此，卡托系统中F16要素——逆向工程，为后续系统尝试使用卡托系统的分析带来了许多困难（Al-Abdulkarim et al.，2015a），其中要求更精确的表达。逆向工程可能意味着一个人可以在粗略看一眼之后构建相同版本的东西，或者可能需要多个专家多年的工作。可以说，只要有足够的努力、专业知识和独创性，几乎可以对任何事物进行逆向工程。这里关于维度的需求有三个方面：

（1）事实是有利于原告还是被告：如果猎人在追捕野生动物，他必须计算多远才能追上该动物？著名案例皮尔森诉波斯特（Pierson v. Post）恰恰说明了这一点。

（2）该要素是否应归因于这种情况：在什么程度的努力下，产品不再被视为可逆向工程的对象？

（3）关于比较。从价值角度考量，我们应该优先考虑强度低的偏好价值，还是应该优先考虑强度高的次偏好价值（Sartor，2010），本奇-卡鹏和艾尔-阿卜杜勒卡里姆对这个主题进行了实证研究（Chorley and Bench-Capon，2005b；Al-Abdulkarim et al.，2016b）。

其中（1）和（2）所涉及的争议是：当使用要素时，决定由分析者做出，但一旦做出了决定，在尝试解决此案件时就无法再进行申辩。当人们对要素进行如下定义后，第一点会被有效决定：贾斯汀是否应当选择实际拥有动物作为捕获物，而不是其他不那么严格的要求（如致命伤害或某些捕获），这是将捕获作为一个要素的存在时，分析师需要被告知的。一旦选择了定义，人们对案例进行归因就会相对容易。第二点涉及对特定案例的分析。鉴于这些信息实际上并非逆向工程（在这种情况下，F25 将适用），分析员必须决定"信息可以由他人正确获取或复制的难易程度"是否为 F16 所表示。第三点着重针对计算，并且允许通过数字进行映射以实现统计和比较。我们需要论证一个要素是否适用于一个案件，以及对哪一方是有利的。但使用卡托系统的要素，系统最初就通过使用一系列的要素来表达案例，这些问题是由分析员解决的，因此这种情况超出了系统所能处理的范围。

7.2 当前用于计算的维度

可计算是乔利和本奇-卡鹏的研究重点，他们关注的是价值，还有结构化的价值（Chorley and Bench-Capon，2005b）。卡托系统中的 26 个要素分别与 5 个价值中的一个相关：CA 表示尊重保密协议、QM 表示被告使用的可疑方法、LM 表示被告使用的合法方法、RE 表示原告维护秘密的努力、MW 表示信息的物质价值。结构化价值从原告端运行至被告端，卡托系统中各个与价值相关的要素，根据它们对价值提升和减弱的程度，被分配在这个运行轨道上。因此，结构化价值实质上是维度。价值本身是可以排序的，而对要素的贡献则是，通过要素函数的方式来表示要素对价值的影响。作为结果的一部分，表 3 和艾尔-阿卜杜勒卡里姆的文章探讨了这一附加自由度的实证结果（Al-Abdulkarim et al.，2016）。[①]

本奇-卡鹏和贝克斯随后对该方法进行了改进，他们使用了伯曼野生动物的案件，在其中将维度与卡托系统中的要素相结合（Bench-Capon and Bex，2015；Berman et al.，1993；Al-Abdulkarim et al.，2016b）。艾尔-阿卜杜勒卡里姆的研究，使用了七个维度而不是五个结构化价值，维度的范围是从 10（原告端）到 0（被告端），而不是从 +10 到 -10（Al-Abdulkarim et al.，2016b；Chorley and Bench-Capon，2005b）。（见表 4）其中 7 个维度分别是：

1. 协议。这涉及是否存在明确保密和禁止披露的协议。
2. 犹豫。这涉及被告所使用的手段是否非法，是否不一定是好的，或者是否

[①] 这节讨论的主要是与艾尔-阿卜杜勒卡里姆博士的项目相关的内容（Al-Abdulkarim，2016），这个项目发展了案件法律信息知识概括系统的方法论，该系统应用在一些相关的领域中，比如《美国商业秘密》和野生动物案例。

可疑。

3. 合法。这涵盖了信息的独立发现。
4. 方式。这涉及原告使用的安全措施。
5. 价值。这涉及信息的价值，主要指节省了时间和所付出的努力，以及将增加被告的产品的价值。
6. 披露。这涉及被披露和披露信息的人数，以及披露的情况。
7. 可获得。这考虑了被告获得这些信息的容易程度。

表4 法律信息知识概括系统中维度的价值和要素

序号	协议	犹豫	合法	方式	价值	披露	可获得
10	F4	F22	—	F6	F8	—	—
9	—	F2	—	—	—	—	—
8	F13	F26	F7	—	F7	F12	—
7	F21	F14	—	—	—	—	—
6	F14	—	—	—	F18	—	F15
5	—	—	—	—	—	—	—
4	—	—	—	—	—	F1	—
3	F5	—	F25	—	F16	—	F20
2	—	—	—	—	—	—	—
1	F23	—	F17	—	—	F10	—
0	—	—	F3	F19	F11	F27	F24

以上的维度允许在对案件结果进行计算时，通过真值范围为0到1的命题，以及以模糊逻辑的方式解释逻辑算子，来表达维度值（Zadeh，1965；Bench-Capon and Gordon，2015）。结果显示，使用维度版本的案件法律信息知识概括系统，比之前使用布尔要素的系统有改进（Al-Abdulkarim et al.，2015a；Al-Abdulkarim et al.，2016b）。这似乎特别集中在更好地处理模糊要素F16，即逆向工程。由艾尔-阿卜杜勒卡里姆建议的使用要素的两个案例都被错误归属了（Al-Abdulkarim et al.，2016c），这是程序决定错误导致的，但是就像在早期文章中所建议那样，这些要素在案件中是正确时，成功率达到96.8%。这表明，如果我们允许引入程度作为支持，而不是只坚持使用要素的全部或没有，就有可能取得更好的结果。请注意，即便是使用艾尔-阿卜杜勒卡里姆的维度方法，关于案件维度或者要素的描述仍然取决于分析人员，而不能从程序内部提出异议。这与上文第一点和第二点有关，也会在下一节进行讨论。此外，我们没有理由要求计算系统有责任覆盖整个过程，一个系统可能需要要素或维度作为基础，才能开始运行（Al-Abdulkarim et al.，2016d）。最好是让分析人员使用维度或要素表达案件，而非使用他们对原始事实的衍生理解，其中包含了一定程度的权衡（Ashley，2009；Bench-Capon et al.，2012）。

维度还可以被用来产生案件的叙述，这种方法和尚克所提出的方法类似。依照具有法律意义的事实，这些叙述可以改写案例的叙事，还可以支持经过改进的解释。①

与海波系统维度的比较：艾尔-阿卜杜勒卡里姆所使用的 7 个维度与海波系统的原始维度有所不同（Al-Abdulkarim et al.，2016b；Ashley，1990）。但这并不意外，前者可以借鉴近 30 年关于《美国商业秘密》程序表达上的工作成果，包括卡托系统和海波系统中的部分成果（Al-Abdulkarim et al.，2016b；Ashley and Brüninghaus，2009；Chorley and Bench-Capon，2005b）。表 5 体现了两类维度的关系，在一些时候，海波系统的几个维度对应在同一个案件法律信息知识概括系统维度上，比如保密对应了海波系统中 4 个二元维度。相反，海波系统中似乎没有与信息获取有关的维度，而可获得维度与海波系统中的任何维度都不对应，因此表 5 将这些省略了。这些差异可能是因为卡托系统中所引入的案例包含与该问题相关的几个案例。相反，海波系统包含许多与协议有效性有关的案例：其中较旧的案例与商业秘密无关，却与合同有效性有关。这反应在海波系统的维度上，尤其是考量这个概念，这种考量与任何合同的有效性特别相关，但却没有表现在卡托系统和案件法律信息知识概括系统上（未经考量的合同根本不会成为一个要素）。

表 5 法律信息知识概括系统和海波系统中的维度

序号	协议	犹豫	合法	方式	价值	披露
10	协议不披露	—	—	安全方式（原告）	竞争优势（原告）	对外披露秘密（原告）
9	—	贿赂员工	—	—	纵向知识（原告）	—
8	非竞争协议	—	—	—	购买工具	对外披露秘密限制（原告）
7	—	—	—	—	—	—
6	—	—	—	—	—	—
5	—	—	—	—	—	—
4	—	—	—	—	—	协商披露
3	协议不详细	—	—	—	—	—
2	—	—	—	—	—	—

---

① 这引发了一个以前的想法，比如里斯兰曾经讨论通过法律文本重现原始事实模型或法律故事（Rissland et al.，1993），尚克在 1989 年第二届法律人工智能国际学术大会曾被邀请就相关主题进行报告发言。

续表5

序号	协议	犹豫	合法	方式	价值	披露
1	—	—	—	—	纵向知识（被告）	对外披露秘密限制（被告）
0	并未考虑	—	员工是唯一开发人员	安全方式（被告）	竞争优势（被告）	对外披露秘密（被告）

7.3 作为链接事实桥梁的维度

案件事实从"客观事实"转化成具有法律意义的"法律事实"集这一过程，一直都是法律人工智能领域所关注的主题（Breuker and Den Haan, 1991）。困难在于客观事实是多种多样的，并且各个案件皆有所不同，而法律事实则更具一致性，与待决问题之间有更明确的联系。人们常说，一旦将客观事实定性为法律事实，该决定本身往往就是显而易见的。这显然与第7.1节中的第一个问题和第二个问题有关，两个问题都能够成为论证的主题。

通过结构化的价值（Chorley and Bench-Capon, 2005b），以及本文的几个表（特别是表4），我们可以发现要素可以被视为维度上的点或范围。所以第一步，我们将案件的法律事实视为一连串的维度值。这样我们可以将案件描述为一种与维度有对应位置的框架，对于案件的补充则可被视为维度上的点或范围。这显然是本奇-卡鹏和贝克斯，以及艾尔-阿卜杜勒卡里姆所倡导的结构（Bench-Capon and Bex, 2015; Al-Abdulkarim et al., 2016b）。这同样也是帕肯所主张的案件表达方法，这种方法将使我们可以论证案件中出现的要素是如何与事实、维度产生联系的（Prakken et al., 2015）。

艾尔-阿卜杜勒卡里姆进一步明示了这种方法，她区分了从证据到判决过程中的各种类型的命题，并特别强调了我们如何将客观事实转变为法律事实，其中最重要的是不要混淆事实问题和法律问题。表6显示了该文章中所使用的不同类型的命题。

表6 命题类型总结
（基础层面要素、法律事实和事实结论所对应的维度范围）

命题类型	英文缩写	真值	证成步骤
判决	V	0, 1	叶问题、中间问题蕴涵判决
中间问题	II	0, 1	叶问题蕴涵中间问题
叶问题	LI	0, 1	当抽象要素有效地支持原告
抽象要素	AF	$-1\cdots1$	由基础层面要素演绎得出
基础层面要素	BF	$-1\cdots1$	从叶问题中映射得出
法律事实	LF	0, 1	当事实结论满足证明标准
事实结论	FC	$0\cdots1$	中间事实蕴涵事实结论
中间事实	IF	$0\cdots1$	通过证据得到

续表6

命题类型	英文缩写	真值	证成步骤
证据	E	1	给定的

请注意，维度的值或范围扮演了三个角色。它们是关于客观世界推理的结论、对法律推理的输入，以及基础层面要素。从大量的证据开始，我们需要从中得出一组结构合理的法律事实，这些事实与适用案件的法律有关。因此，它们通常不是确定的，而是以一定程度的信念建立的。这里所使用的方法就是人们对客观世界进行推理的标准方式：证据有多种形式（证人的证词、证件、法证、录像等），它们都有自身的推理方式，比如融贯性、概率等，法院应该运用好这些既定的推理方式（Bex，2011；Timmer et al.，2015）。在此阶段，文本中基本没有明确的合法性表达，这些关于事实的决定通常由陪审团做出，而且在上诉阶段通常无法重审（Farley and Freeman，1995；Gordon and Walton，2009）。这时我们需要应用适当的证明标准，而适当的证明标准将取决于案件的管辖权和性质：通常刑事案件的证明标准会比民事案件更高。

满足证明标准要求的事实结论将成为法律事实。在这一阶段中，它们的结果会变得正确或错误：所有符合证明标准的事实结论都"等值真"，问题不在于人们对它们的信任程度，而在于它们在法律推理中是否被充分相信，因而被认为是正确的。这是世界与法律领域之间的桥梁：证明标准是通向桥梁的通行费。在离开桥梁时，法律事实承担了它们的第三个角色：基础层面要素。这样，它们又与一组数字相关联：1 表示原告端要素，−1 表示被告端要素，其他的则在两者之间。请注意，该数字完全独立于确定事实结论的信念程度：基础层面要素的真值由维度和要素在维度中的位置决定。这些角色的交叉可能导致问题：比如在法律推理过程中应用证明标准，或者允许信念程度的存在，这些会对要素的作用产生影响。

以上都是我们最近的研究工作，相较在使用卡托系统要素进行推理时会出现维度的理解不同，以上研究还不存在太多共识。尽管如此，这仍是一个积极的工作领域，并且指出了一个方向，而且这些工作将进一步加强我们对法律案件推理的理解。

8 结语

法律案件的推理在早期一直是法律人工智能领域最为关切的主题，从本期专题中的文章以及其他文章中，我们可以发现，海波系统和其后继者，特别是卡托系统，在这一领域有着显著的影响，为这 30 年来不同方向的研究奠定了多方面的主题。因此，对法律案件的理解的转向取得了较好的效果，这一转向是指法律事实从中间概念到具体问题和最终裁决的转向，其中，霍蒂、本奇-卡鹏和里戈尼对这一过程进行了形式化处理（Horty and Bench-Capon，2012；Rigoni，2015）。此外，通过阿什利和本奇-卡鹏的两篇文章可知，相关的系统在实证评估中表现优秀，正确预测率达到 90%。（Ashley and Brüninghaus，2009；Chorley and Bench-Capon，2005b）。

所有这些系统都使用了卡托系统类型的要素方式，并且解决了要素存在或不存在、有或没有的问题。但是，它们却未能够对存在程度和支持程度的细微差别进行刻画，这类要素是《侵权行为法》中所建议使用的语言。这反而导致了人们对海波系统原始表达模型的重新关注，而且，该模型所使用的维度是被允许用来表达相关概念的。

以下是开放性问题，我们期待在最近或不久的将来能得到关注：

1. 我们是否可以对霍蒂和本奇-卡鹏2012年的文章中所发现的形式进行修正（Horty and Bench-Capon, 2012），从而使要素可以被量化处理，而不只是体现二进制中的正确与错误？

2. 霍蒂和本奇-卡鹏关注不同要素集之间的比较，如果案例中的要素需要权衡，那该如何处理呢？（Horty and Bench-Capon, 2012）

3. 我们能否使用维度来更准确地了解从客观事实向法律事实的转化？

4. 在证据推理时，我们能否利用案例的结构，将维度理解为维度值和维度范围？

5. 案例的作用是什么？我们已经知道有部分案例象征着偏好，部分案例提供了一个问题的框架，并且初步识别出引入其他要素的案例。除此之外，案例还存在其他作用吗？

6. 目的和价值的作用是什么？如果价值是如第6节所言那样具有一定作用的话，我们怎么才能将这种作用识别出来，并且这种作用之间是如何联系起来的？

如果需要结合海波系统以及其后继者进一步发展案例推理的话，人们将需要回答以上问题。因此，海波系统在未来将继续影响着法律人工智能相关工作的开展。

参考文献

AL-ABDULKARIM L, 2016. Representation of case law for argumentative reasoning [D]. Liverpool：University of Liverpool.

AL-ABDULKARIM L, ATKINSON K, BENCH-CAPON T, 2013. From oral hearing to opinion in the US Supreme Court [C] //Legal knowledge and information systems. JURIX 2013：the twenty-sixth annual conference. Amsterdam：IOS Press：1 – 10.

AL-ABDULKARIM L, ATKINSON K, BENCH-CAPON T, 2015a. Evaluating the use of abstract dialectical frameworks to represent case law [C] //Proceedings of the 15th international conference on artificial intelligence and law. New York：ACM Press：156 – 160.

AL-ABDULKARIM L, ATKINSON K, BENCH-CAPON T, 2015b. Factors, issues and values：revisiting reasoning with cases [C] //Proceedings of the 15th international conference on artificial intelligence and law. New York：ACM Press, 3 – 12.

AL-ABDULKARIM L, ATKINSON K, BENCH-CAPON T, 2016a. Accommodating change [J]. Artificial intelligence and law, 24（4）：409 – 427.

AL-ABDULKARIM L, ATKINSON K, BENCH-CAPON T, 2016b. Angelic secrets：bridging from factors to facts in US Trade Secrets [C] //Legal knowledge and information systems. JURIX 2016：the twenty-ninth annual conference. Amsterdam：IOS Press：113 – 118.

AL-ABDULKARIM L, ATKINSON K, BENCH-CAPON T, 2016c. A methodology for designing systems to reason with legal cases using abstract dialectical frameworks [J]. Artificial intelligence and law, 24 (1): 1 – 49.

AL-ABDULKARIM L, ATKINSON K, BENCH-CAPON T, 2016d. Statement types in legal argument [C] //Legal knowledge and information systems. JURIX 2016: the twenty-ninth annual conference. Amsterdam: IOS Press: 3 – 12.

ALETRAS N, TSARAPATSANIS D, PREOȚIUC-PIETRO D, et al., 2016. Predicting judicial decisions of the European Court of Human Rights: a natural language processing perspective [J]. PeerJ computer science, 2 (10): e93.

ALEVEN V, 1997. Teaching case-based argumentation through a model and examples [D]. Pittsburgh: Dissertation University of Pittsburgh.

ALEVEN V, 2003. Using background knowledge in case-based legal reasoning: a computational model and an intelligent learning environment [J]. Artificial intelligence, 150 (1 – 2): 183 – 237.

ALEVEN V, ASHLEY K D, 1993. What law students need to know to win [C] //Proceedings of the 4th international conference on artificial intelligence and law. New York: ACM Press: 152 – 161.

ALEVEN V, ASHLEY K D, 1995. Doing things with factors [C] //Proceedings of the 5th international conference on artificial intelligence and law. New York: ACM Press: 31 – 41.

ALEXANDER L, 1989. Constrained by precedent [J]. Southern California law review, 63: 1 – 64.

ALLEN M, BENCH-CAPON T, STANIFORD G, 2000. A multi-agent legal argument generator [C] // Proceedings of the 11th international workshop on database and expert systems applications. London: IEEE Press: 1080 – 1084.

ARASZKIEWICZ M, 2011. Analogy, similarity and factors [C] //Proceedings of the 13th international conference on artificial intelligence and law. New York: ACM Press, 101 – 105.

ARASZKIEWICZ M, ŁOPATKIEWICZ A, ZIENKIEWICZ A, et al., 2015. Representation of an actual divorce dispute in the parenting plan support system [C] //Proceedings of the 15th international conference on artificial intelligence and law. New York: ACM Press: 166 – 170.

ASHLEY K D, 1989. Toward a computational theory of arguing with precedents [C] //Proceedings of the 2nd international conference on artificial intelligence and law. New York: ACM Press: 93 – 102.

ASHLEY K D, 1990. Modeling legal arguments: reasoning with cases and hypotheticals [M]. Cambridge: The MIT Press.

ASHLEY K D, 2009. Ontological requirements for analogical, teleological, and hypothetical legal reasoning [C] //Proceedings of the 12th international conference on artificial intelligence and law. New York: ACM Press: 1 – 10.

ASHLEY K D, BRÜNINGHAUS, 2009. Automatically classifying case texts and predicting outcomes [J]. Artificial intelligence and law, 17 (2): 125 – 165.

ASHLEY K D, RISSLAND E L, 1987. But, see, accord: generating blue book citations in hypo [C] // Proceedings of the 1st international conference on artificial intelligence and law. New York: ACM Press: 67 – 74.

ASHLEY K D, LYNCH C, PINKWART N, et al., 2008. A process model of legal argument with hypotheticals [C] //Legal knowledge and information systems. JURIX 2015: the twenty-first annual conference. Amsterdam: IOS Press: 1 – 10.

ATKINSON K, 2012. Introduction to special issue on modelling Popov v. Hayashi [J]. Artificial intelligence and law, 20 (1): 1 – 14.

ATKINSON K, BENCH-CAPON T, 2005. Legal case-based reasoning as practical reasoning [J]. Artificial intelligence and law, 13 (1): 93 – 131.

ATKINSON K, BENCH-CAPON T, 2007. Argumentation and standards of proof [C] //Proceedings of the 11th international conference on artificial intelligence and law. New York: ACM Press: 107 – 116.

ATKINSON K, BENCH-CAPON T, CARTWRIGHT D, et al., 2011. Semantic models for policy deliberation [C] //Proceedings of the 13th international conference on artificial intelligence and law. New York: ACM Press: 81 – 90.

ATKINSON K, BENCH-CAPON T, MCBURNEY P, 2006. Parmenides: facilitating deliberation in democracies [J]. Artificial intelligence and law, 14 (4): 261 – 275.

ATKINSON K, BENCH-CAPON T, PRAKKEN H, et al., 2013. Argumentation schemes for reasoning about factors with dimensions [C] //Legal knowledge and information systems. JURIX 2013: the twenty-sixth annual conference. Amsterdam: IOS Press: 39 – 48.

AUSTIN J L, WARNOCK G J, 1962. Sense and sensibilia [M]. Oxford: Oxford University Press.

BENCH-CAPON T, 1993. Neural networks and open texture [C] //Proceedings of the 4th international conference on artificial intelligence and law. New York: ACM Press: 292 – 297.

BENCH-CAPON T, 1997, Arguing with cases [C] //Legal knowledge and information systems. JURIX 1997: the tenth annual conference. Amsterdam: IOS Press: 85 – 100.

BENCH-CAPON T, 1999. Some observations on modelling case based reasoning with formal argument models [C] //Proceedings of the 7th international conference on artificial intelligence and law. New York: ACM Press: 36 – 42.

BENCH-CAPON T, 2002. The missing link revisited: the role of teleology in representing legal argument [J]. Artificial intelligence and law, 10 (1-3): 79 – 94.

BENCH-CAPON T, 2003. Persuasion in practical argument using value-based argumentation frameworks [J]. Journal of logic and computation, 13 (3): 429 – 448.

BENCH-CAPON T, 2003b. Try to see it my way: modelling persuasion in legal discourse [J]. Artificial intelligence and law, 11 (4): 271 – 287.

BENCH-CAPON T, 2011. Relating values in a series of supreme court decisions [C] //Legal knowledge and information systems. JURIX 2011: the twenty-fourth annual conference. Amsterdam: IOS Press: 13 – 22.

BENCH-CAPON T, 2012. Representing Popov v. Hayashi with dimensions and factors [J]. Artificial intelligence and law, 20 (1): 15 – 35.

BENCH-CAPON T, BEX F, 2015. Cases and stories, dimensions and scripts [C] //Legal knowledge and information systems. JURIX 2015: the twenty-eighth annual conference. Amsterdam: IOS Press: 11 – 20.

BENCH-CAPON T, GORDON T, 2015. Two tools for prototyping legal CBR [C] //Legal knowledge and information systems. JURIX 2015: the twenty-eighth annual conference. Amsterdam: IOS Press: 177 – 178.

BENCH-CAPON T, MODGIL S, 2017. Norms and value based reasoning: justifying compliance and violation [J]. Artificial intelligence and law, 25 (1): 1 – 36.

BENCH-CAPON T, PRAKKEN H, 2010. Using argument schemes for hypothetical reasoning in law [J]. Artificial intelligence and law, 18 (2): 153 – 174.

BENCH-CAPON T, RISSLAND E, 2001. Back to the future: dimensions revisited [C] //Legal knowledge and information systems. JURIX 2001: the fourteenth annual conference. Amsterdam: IOS Press: 41-52.

BENCH-CAPON T, SARTOR G, 2000. Using values and theories to resolve disagreement in law [C] //Legal knowledge and information systems. JURIX 2000: the thirteenth annual conference. Amsterdam: IOS Press: 73-84.

BENCH-CAPON T, SARTOR G, 2001. Theory based explanation of case law domains [C] // Proceedings of the 8th international conference on artificial intelligence and law. New York: ACM Press: 12-21.

BENCH-CAPON T, SARTOR G, 2003. A model of legal reasoning with cases incorporating theories and values [J]. Artificial intelligence, 150 (1): 97-143.

BENCH-CAPON T, ARASZKIEWICZ M, ASHLEY K, et al., 2012. A history of AI and law in 50 papers: 25 years of the international conference on AI and law [J]. Artificial intelligence and law, 20 (3): 215-319.

BENCH-CAPON T, ATKINSON K, CHORLEY A, 2005. Persuasion and value in legal argument [J]. Journal of logic and computation, 15 (6): 1075-1097.

BENCH-CAPON T, ATKINSON K, WYNER A, 2015. Using argumentation to structure e-participation in policy making [M] // HAMEURLAIN A, KÜNG J, WAGNER R, et al. Transactions on large-scale data-and knowledge-centered systems XVIII. Berlin: Springer: 1-29.

BENCH-CAPON T, FREEMAN J B, HOHMANN H, et al., 2003. Computational models, argumentation theories and legal practice [M] //REED C, NORMAN T. Argumentation machines. Dordrecht: Springer: 85-120.

BENCH-CAPON T, GELDARD T, LENG P, 2000. A method for the computational modelling of dialectical argument with dialogue games [J]. Artificial intelligence and law, 8 (2-3): 233-254.

BENCH-CAPON T, PRAKKEN H, VISSER W, 2011. Argument schemes for two-phase democratic deliberation [C] //Proceedings of the 13th international conference on artificial intelligence and law. New York: ACM Press: 21-30.

BERMAN D H, 1991. Developer's choice in the legal domain: the Sisyphean journey with CBR or down hill with rules (a working paper for the case-rules panel at the third international conference on artificial intelligence and law) [C] //Proceedings of the 3rd international conference on artificial intelligence and law. New York: ACM Press: 307-309.

BERMAN D H, HAFNER C D, 1991. Incorporating procedural context into a model of case-based legal reasoning [C] //Proceedings of the 3rd international conference on artificial intelligence and law. New York: ACM Press: 12-20.

BERMAN D H, HAFNER C D, 1993. Representing teleological structure in case-based legal reasoning: the missing link [C] //Proceedings of the fourth international conference on artificial intelligence and law. New York: ACM Press: 50-59.

BERMAN D H, HAFNER C D, 1995. Understanding precedents in a temporal context of evolving legal doctrine [C] //Proceedings of the 5th international conference on artificial intelligence and law. New York: ACM Press: 42-51.

BEX F, 2011. Arguments, stories and criminal evidence: a formal hybrid theory, vol 92 [M]. Dordrecht: Springer.

BRANTING L K, 1991. Reasoning with portions of precedents [C] //Proceedings of the 3rd international conference on artificial intelligence and law. New York: ACM Press: 145 - 154.

BRANTING L K, 1993. A computational model of ratio decidendi [J]. Artificial intelligence and law, 2 (1): 1 - 31.

BREUKER J, DEN HAAN N, 1991. Separating world and regulation knowledge: where is the logic [C] //Proceedings of the 3rd international conference on artificial intelligence and law. New York: ACM Press: 92 - 97.

BRÜNINGHAUS S, ASHLEY K D, 2003a. Predicting outcomes of case based legal arguments [C] //Proceedings of the 9th international conference on artificial intelligence and law. New York: ACM Press: 233 - 242.

BRÜNINGHAUS S, ASHLEY K D, 2003b. A predictive role for intermediate legal concepts [C] //Legal knowledge and information systems. JURIX 2003: the sixteenth annual conference. Amsterdam: ISO Press: 153 - 162.

CALLAN J P, CROFT W B, HARDING S M, 1992. The INQUERY retrieval system [M] //MINTJOA A, RAMAS I. Database and expert systems applications. Berlin: Springer: 78 - 83.

CHORLEY A, BENCH-CAPON T, 2005a. Agatha: using heuristic search to automate the construction of case law theories [J]. Artificial intelligence and law, 13 (1): 9 - 51.

CHORLEY A, BENCH-CAPON T, 2005b. An empirical investigation of reasoning with legal cases through theory construction and application [J]. Artificial intelligence and law, 13 (3 - 4): 323 - 371.

CHRISTIE G, 2000. The notion of an ideal audience in legal argument, vol 45 [M]. Dordrecht: Springer, Law and Philsophy Library.

CONRAD J G, ZELEZNIKOW J, 2015. The role of evaluation in AI and law: an examination of its different forms in the AI and Law journal [C] // Proceedings of the 15th international conference on artificial intelligence and law. New York: ACM Press: 181 - 186.

DANIELS J J, RISSLAND E L, 1997. Finding legally relevant passages in case opinions [C] //Proceedings of the 6th international conference on artificial intelligence and law. New York: ACM Press: 39 - 46.

DUNG P M, 1995. On the acceptability of arguments and its fundamental role in nonmonotonic reasoning, logic programming and n-person games [J]. Artificial intelligence, 77 (2): 321 - 357.

FARLEY A M, FREEMAN K, 1995. Burden of proof in legal argumentation [C] //Proceedings of the 5th international conference on artificial intelligence and law. New York: ACM Press: 156 - 164.

GARDNER A, 1987. An artificial intelligence approach to legal reasoning [M]. Cambridge: The MIT Press.

GORDON T F, 1993. The pleadings game [J]. Artificial intelligence and law, 2 (4): 239 - 292.

GORDON T F, WALTON D, 2006. Pierson vs. Post revisited—a reconstruction using the Carneades argumentation framework [C] //Computational models of argument: Proceedings of COMMA 2006, 208 - 219.

GORDON T F, WALTON D, 2016. Formalizing balancing arguments [C] //Computational models of argument: proceedings of COMMA 2016. Amsterdam: IOS Press: 327 - 338.

GRABMAIR M, 2017. Predicting trade secret case outcomes using argument schemes and learned quantitative value effect tradeffs [C] //Proceedings of the 16th international conference on artificial intelligence and law. New York: ACM Press.

GRABMAIR M, ASHLEY K D, 2011. Facilitating case comparison using value judgments and intermediate legal concepts [C] //Proceedings of the 13th international conference on artificial intelligence and law. New York: ACM Press: 161-170.

GRABMAIR M, ASHLEY K D, 2013. Using event progression to enhance purposive argumentation in the value judgment formalism [C] //Proceedings of the fourteenth international conference on artificial intelligence and law. New York: ACM Press: 73-82.

GRASSO F, CAWSEY A, JONES R, 2000. Dialectical argumentation to solve conflicts in advice giving: a case study in the promotion of healthy nutrition [J]. International journal of human-computer studies, 53 (6): 1077-1115.

GREENWOOD K, BENCH-CAPON T, MCBURNEY P, 2003. Towards a computational account of persuasion in law [C] //Proceedings of the 9th international conference on artificial intelligence and law. New York: ACM Press: 22-31.

HAFNER C D, BERMAN D H, 2002. The role of context in case-based legal reasoning: teleological, temporal, and procedural [J]. Artificial intelligence and law, 10 (1-3): 19-64.

HAGE J, 1993. Monological reason-based logic: a low level integration of rule-based reasoning and case-based reasoning [C] //Proceedings of the 4th international conference on artificial intelligence and law. New York: ACM Press: 30-39.

HAGE J, 1996. A theory of legal reasoning and a logic to match [J]. Artificial intelligence and law, 4 (3-4): 199-273.

HAMBLIN C L, 1970. Fallacies [M]. London: Methuen.

HENDERSON J, BENCH-CAPON T, 2001. Dynamic arguments in a case law domain [C] //Proceedings of the 8th international conference on artificial intelligence and law. New York: ACM Press: 60-69.

HORTY J F, 1999. Precedent, deontic logic, and inheritance [C] //Proceedings of the 7th international conference on artificial intelligence and law. New York: ACM Press: 63-72.

HORTY J F, 2004. The result model of precedent [J]. Legal theory, 10 (1): 19-31.

HORTY J F, 2011a. Reasons and precedent [C] //Proceedings of the 13th international conference on artificial intelligence and law. New York: ACM Press: 41-50.

HORTY J F, 2011b. Rules and reasons in the theory of precedent [J]. Legal theory, 17 (1): 1-33.

HORTY J F, BENCH-CAPON T J, 2012. A factor-based definition of precedential constraint [J]. Artificial intelligence and law, 20 (2): 181-214.

JOHNSTON B, GOVERNATORI G, 2003. Induction of defeasible logic theories in the legal domain. [C] //Proceedings of the 9th international conference on artificial intelligence and law. New York: ACM Press, 204-213.

LAURITSEN M, 2015. On balance [J]. Artificial intelligence and law, 23 (1): 23-42.

LEVI E H, 1948. An introduction to legal reasoning [J]. Chicago law review, 15 (3): 501-574.

LINDAHL L, ODELSTAD J, 2008. Intermediaries and intervenients in normative systems [J]. Journal of applied logic, 6 (2): 229-250.

MACKENZIE J D, 1979. Question-begging in non-cumulative systems [J]. Journal of philosophical logic, 8 (1): 117-133.

MARSHALL C C, 1989. Representing the structure of a legal argument [C] //Proceedings of the 2nd international conference on artificial intelligence and law. New York: ACM Press: 121-127.

MCCARTY L T, 1995. An implementation of Eisner v. Macomber [C] //Proceedings of the 5th international conference on artificial intelligence and law. New York: ACM Press: 276 – 286.

MCLAREN B, ASHLEY K, 1999. Case representation, acquisition, and retrieval in sirocco [C] //International conference on case-based reasoning. Berlin: Springer: 248 – 262.

MODGIL S, BENCH-CAPON T, 2010. Integrating dialectical and accrual modes of argumentation. [C] //Computational models of argument: proceedings of COMMA 2010. Amsterdam: IOS Press: 335 – 346.

MODGIL S, PRAKKEN H, 2014. The ASPIC$^+$ framework for structured argumentation: a tutorial [J]. Argument & computation, 5 (1): 31 – 62.

MOZINA M, ZABKAR J, BENCH-CAPON T, et al., 2005. Argument based machine learning applied to law [J]. Artificial intelligence and law, 13 (1): 53 – 73.

PERELMAN C, OLBRECHTS-TYTECA L, 1971. The new rhetoric: a treatise on argumentation [M]. Notre Dame: University of Notre Dame Press.

PRAKKEN H, 2002. An exercise in formalising teleological case-based reasoning [J]. Artificial intelligence and law, 10 (1 – 3): 113 – 133.

PRAKKEN H, 2005. A study of accrual of arguments, with applications to evidential reasoning. [C] //Proceedings of the 10th international conference on artificial intelligence and Law. New York: ACM Press: 85 – 94.

PRAKKEN H, 2006. Formal systems for persuasion dialogue [J]. Knowledge engineering review, 21 (2): 163 – 188.

PRAKKEN H, SARTOR G, 1996. A dialectical model of assessing conflicting arguments in legal reasoning [J]. Artificial intelligence and law, 4 (3 – 4): 331 – 368.

PRAKKEN H, SARTOR G, 1998. Modelling reasoning with precedents in a formal dialogue game [J]. Artificial intelligence and law, 6 (3 – 4): 231 – 287.

PRAKKEN H, WYNER A, BENCH-CAPON T, et al., 2015. A formalization of argumentation schemes for legal case-based reasoning in ASPIC$^+$ [J]. Journal of logic and computation, 25 (5): 1141 – 1166.

RIGONI A, 2015. An improved factor based approach to precedential constraint [J]. Artificial intelligence and law, 23 (2): 133 – 160.

RISSLAND E L, 1980. Example generation [C] //Third biennial conference of the canadian society for computational studies of intelligence. California: AAAI Press: 280 – 288.

RISSLAND E L, 1983. Examples in legal reasoning: legal hypotheticals [C] //Proceedings of the 8th international joint conference on artificial intelligence. Karlsruhe: IJCAI Press: 90 – 93.

RISSLAND E L, 1984. The ubiquitous dialectic [C] //Proceedings of the sixth European conference on artificial intelligence. Amsterdam: Elsevier Press: 367 – 372.

RISSLAND E L, 1985. AI and legal reasoning [C] //Proceedings of the 9th international joint conference on artificial intelligence, vol 2. San Francisco: Morgan Kaufmann Publishers Inc.: 1254 – 1260.

RISSLAND E L, 1989. Dimension-based analysis of hypotheticals from supreme court oral argument [C] //Proceedings of the 2nd international conference on artificial intelligence and law. New York: ACM Press: 111 – 120.

RISSLAND E L, ASHLEY K D, 1987. A case-based system for trade secrets law [C] //Proceedings of the 1st international conference on artificial intelligence and law. New York: ACM Press: 60 – 66.

RISSLAND E L, ASHLEY K D, 2002. A note on dimensions and factors [J]. Artificial intelligence and law, 10 (1-3): 65-77.

RISSLAND E L, DANIELS J J, 1995. A hybrid CBR-IR approach to legal information retrieval [C]//Proceedings of the 5th international conference on artificial intelligence and law. New York: ACM Press: 52-61.

RISSLAND E L, DANIELS J J, 1996. The synergistic application of CBR to IR [J]. Artificial intelligence review, 10 (5-6): 441-475.

RISSLAND E L, SKALAK D B, 1989a. Combining case-based and rule-based reasoning: a heuristic approach [C]//Proceedings of the 2nd international joint conference on artificial intelligence. Detroit: IJCAI Press: 524-530.

RISSLAND E L, SKALAK D B, 1989b. Interpreting statutory predicates [C]//Proceedings of the 2nd international conference on artificial intelligence and law. New York: ACM Press: 46-53.

RISSLAND E L, SKALAK D B, 1991. Cabaret: rule interpretation in a hybrid architecture [J]. International journal of man-machine studies, 34 (6): 839-887.

RISSLAND E L, SOLOWAY E, 1980. Overview of an example generation system [C]//Proceedings of the 1st annual national conference on artificial intelligence. California: AAAI Press: 256-258.

RISSLAND E L, XU X, 2011. Catching gray cygnets: an initial exploration [C]//Proceedings of the 13th international conference on artificial intelligence and law. New York: ACM Press: 151-160.

RISSLAND E L, SKALAK D B, FRIEDMAN M T, 1993. BankXX: a program to generate argument through case-base research [C]//Proceedings of the 4th international conference on artificial intelligence and law. New York: ACM Press: 117-124.

RISSLAND E L, SKALAK D B, FRIEDMAN M T, 1996. BankXX: supporting legal arguments through heuristic retrieval [J]. Artificial intelligence and law, 4 (1): 1-71.

RISSLAND E L, SKALAK D B, FRIEDMAN M T, 1997. Evaluating a legal argument program: the bankxx experiments [J]. Artificial intelligence and law, 5 (1-2): 1-74.

RISSLAND E L, VALCARCE E M, ASHLEY K D, 1984. Explaining and arguing with examples [C]//Proceedings of the fourth AAAI conference on artificial intelligence. Menlo Park, Calif.: AAAI Press: 288-294.

SARTOR G, 2002. Teleological arguments and theory-based dialectics [J]. Artificial intelligence and law, 10 (1-3): 95-112.

SARTOR G, 2010. Doing justice to rights and values: teleological reasoning and proportionality [J]. Artificial intelligence and law, 18 (2): 175-215.

SCHANK R, ABELSON R, 1977. Scripts, plans, goals and understanding, an inquiry into human knowledge structures [M]. Hillsdale: Lawrence Erlbaum.

SERGOT M J, SADRI F, KOWALSKI R A, et al., 1986. The British Nationality Act as a logic program [J]. Communications of the ACM, 29 (5): 370-386.

SKALAK D B, RISSLAND E L, 1991. Argument moves in a rule-guided domain [C]//Proceedings of the 3rd international conference on artificial intelligence and law. New York: ACM Press: 1-11.

SKALAK D B, RISSLAND E L, 1992. Arguments and cases: an inevitable intertwining [J]. Artificial intelligence and law, 1 (1): 3-44.

SMITH J, DEEDMAN C, 1987. The application of expert systems technology to case-based law [C]//Proceedings of the 1st international conference on artificial intelligence and law. New York: ACM Press: 84-93.

TIMMER S T, MEYER J-J C, PRAKKEN H, et al., 2015. A structure-guided approach to capturing bayesian reasoning about legal evidence in argumentation［C］//Proceedings of the 15th international conference on artificial intelligence and law. New York：ACM Press：109 – 118.

TOULMIN S，1958. The uses of argument［M］. Cambridge：Cambridge University Press.

VERHEIJ B，1995. Arguments and defeat in argument-based nonmonotonic reasoning［C］//Portuguese conference on artificial intelligence. Berlin：Springer：213 – 224.

VERHEIJ B，2016. Formalizing value-guided argumentation for ethical systems design［J］. Artificial intelligence and law，24（4）：387 – 407.

VERHEIJ B，HAGE J C，VAN DEN HERIK H J，1998. An integrated view on rules and principles［J］. Artificial intelligence and law，6（1）：3 – 26.

WALTON D，1996. Argumentation schemes for presumptive reasoning［M］. Mahwah：Lawrence Erlbaum Associates Press.

WALTON D，REED C，MACAGNO F，2008. Argumentation schemes［M］. Cambridge：Cambridge University Press.

WARDEH M，BENCH-CAPON T，COENEN F，2009. Padua：a protocol for argumentation dialogue using association rules［J］. Artificial intelligence and law，17（3）：183 – 215.

WYNER A，BENCH-CAPON T，2007. Argument schemes for legal case-based reasoning［C］//Legal knowledge and information systems. JURIX 2013：the twentieth annual conference. Amsterdam：IOS Press：139 – 149.

WYNER A，BENCH-CAPON T，ATKINSON K，2011. Towards formalising argumentation about legal cases［C］//Proceedings of the 13th international conference on artificial intelligence and law. New York：ACM Press：1 – 10.

ZADEH L，1965. Fuzzy sets［J］. Information & control，8（3）：338 – 353.

规范和价值推理：为合规与违规辩护[*]

特雷弗·本奇-卡鹏　桑杰·穆迪吉　文　安宇辉　译

摘　要：随着诸如自动驾驶、战争和大数据分析等越来越广泛地被应用到打击犯罪和反恐行动中，在技术中嵌入规范显得越来越有必要。在多主体系统中，目前的规范方法倾向于或者简单地使被禁止的行动不可用，或者提供主体所必须遵守的规则（原则）集使其作为设计的一部分或为了避免制裁和惩罚。本文认为：通过对规范所服务的社会和道德价值进行推理，主体应该具备对系统规范进行推理的能力，也就是进行我们期望人们进行的那种道德推理。特别地，我们强调了在这种情况下进行推理的必要性，即规则应该被打破，以便推理可以指导主体决定是否遵守规范，以及如果在某种情况下违反规范是可取的话，如何最好地违反它们。实现此目的的一种方法是使用基于价值的论证模式，并且针对实践推理进行设计：使用该模式生成支持和反对行动的论证，主体根据他们对这些价值的偏好在行动中进行选择。道德推理要求主体有一种可接受的价值集和可接受的价值排序。我们首先讨论如何使用这种方法来思考和证明一般的规范，然后讨论如何使用这种推理来思考何时应该违反规范，以及违反规范所应该采取的形式。我们通过道路交通的例子说明如何使用基于价值的推理来决定何时以及如何违反规范。我们还简要讨论了什么使价值排序成为可接受的，以及如何确定这种排序。

关键词：规范　价值　实践推理

1　引论

规范是主体系统相当感兴趣的一个主题（Walker and Wooldridge, 1995; Shoham and Tennenholtz, 1997; Wooldridge and Van Der Hoek, 2005; Moor, 2006; Van Der Hoek et al., 2007; Sen and Airiau, 2007; Savarimuthu et al., 2008; Ågotnes and Wooldridge, 2010; Sugawara, 2011; Mahmoud et al., 2015）。摩尔（Moor, 2006）早期的一篇论文阐述了使机器行为合乎伦理道德的重要性（和难度）。摩尔基于规则和原则区

---

[*] 本文原文为 Trevor Bench-Capon, Sanjay Modgi, 2017, "Norms and Value Based Reasoning: Justifying Compliance and Violation", Artificial Intelligence and Law, 25: 29 – 64。该文属"知识共享许可协议4.0"（the Creative Commons Attribution 4.0）下的开放获取内容，相关链接请参见：http://creativecommons.org/licenses/by/4.0。
作者：特雷弗·本奇-卡鹏（Trevor Bench-Capon），英国利物浦大学计算机科学系荣誉客座教授，研究方向为法律人工智能、实践推理、法律推理、本体论、知识表达等；桑杰·穆迪吉（Sanjay Modgi），任职于英国伦敦国王学院信息学系。
译者：安宇辉，中山大学哲学系逻辑学专业2020级博士研究生。

分了通常应用于道义逻辑的隐式伦理系统（现在通常被称为管制系统）和显式伦理系统。这一区分仍然适用于今天的伦理或规范主体系统的大多数方法。他认为，随着"未来机器可能会增加控制性和自主性……更强大的机器需要更强大的机器伦理"，道德系统的重要性也会随之增加。的确如此，因为自摩尔撰写文章以来的 10 年里，现实世界中发挥作用的自治系统已经越来越成为我们现实生活的一部分，近年来在人工智能技术方面的成就促使杰出的研究人员开始意识到研究伦理系统的紧迫性（Russell et al.，2016）。

摩尔认为，隐式伦理系统可以被视为道德主体，尽管"这种机器美德是针对特定任务的，而且相当有限。计算机并不具备亚里士多德认为我们在运用美德时所具有的实用智慧"。但并不是所有哲学家都同意隐式道德主体是完全道德的：例如，康德（Kant，1785）指出，依法进行的行动只有在以法律为目的情况下才具有道德价值。这似乎是正确的：如果不能采取其他行动，那么按照正确的做法行事就不值得称赞。然而，如果我们在现实世界不约束主体，那么他们依法行事就足够了：道德价值也许只是针对人的，而不是针对机器的。

受管制的（摩尔的"隐式道德"）主体被设计成在一个有限的、可预测的环境中行动，但现实世界是不可预测的，而且会出现不可预料的情况。在这些开放性系统中，人们通过限制主体只执行允许的行动来约束行为（Esteva et al.，2002；Van Der Hoek et al.，2007；Ågotnes，2009），而且不允许主体适应这种不可预见的情况。此外，与法律和道德系统中的规范不同，此类规范不能被违反，由此可以认为（Jones and Sergot，1992；Governatori，2015）它们不应该被视为规范，因为主体别无选择，只能遵守或不参与。于是，这些规则更像博弈规则，而不是道德和法律规范。

因此，我们认为主体在开放性系统中应该有能力对其所执行的行动进行明确的推理，尤其是按照规范行事是否就符合这些规范旨在服务的道德标准？因此，如果必要的话，主体可能会选择违反规范。同样，正如摩尔所说：更强大的机器需要更强大的机器伦理。然而，这就提出了一个问题，即"显式道德主体"选择遵守规范的道德标准是什么。虽然在简单的情况下定量功利计算可能就足够了①，然而这种计算通常不能解决现实世界中更复杂的道德困境（Dennet，1995）。我们需要的是对实践推理的计算说明，这与摩尔所说的"亚里士多德在运用美德时使用的那种实践智慧"等同。在布罗森等人（Broersen et al.，2001）的工作中，实践推理已经在信念、愿望和意图（BDI）（Rao and Georgeff，1991）的标准多主体系统中得到了研究，并且通过把道义、认知和行动逻辑结合起来将道德考量放在首位（Van Den Hoven and Lokhorst，2002）。这些方法并没有直接解决如何通过诉诸道德标准理性来选择行动的问题。但是，自 2006 年摩尔撰写文章以来，人们越来越关注在实践推理背景下使用论证理论来解决此类冲突的问题（Rahwan and Amgoud，2006），尤其是阿特金森、本奇-卡鹏（Atkinson and Bench-Capon，2007）和维赫雅（Verheij，2016）的基于价值的推理和论证，其中的道德标准

---

① 例如，参见电车问题设置的变化（Bonnefon et al.，2016），其中功利主义的自动驾驶车辆将选择自行引导以尽量减少伤亡人数。

诉诸采取行动提升的价值形式以及这些价值的相对重要性（排名）。我们认为，基于价值的推理，尤其是以阿特金森和本奇-卡鹏（Atkinson and Bench-Capon，2007）的方法为基础的工作方式是在为现有的和未来的主体提供一种方式，而这些主体的自主性和运算能力将使它们处于无法预料的情况下。他们必须认识到有必要违反规范，并且以最恰当的方式违反规范，以及有能力做出这样的选择。①

当然，我们并不主张基于价值的推理和论证本身就足以作为显式道德主体的形式主义。全面的形式化模型很可能需要将此类推理与 BDI 和道义逻辑相结合，还可能需要将定量和定性推理相结合。相反，本文的目的是提出基于价值的推理和论证，使其能够在主体具备对规范和相关伦理考量进行推理的能力方面发挥重要作用，因而也能够处理不可预见的情况。我们通过使用基于价值的形式主义来支持我们的观点，使得我们能够用日益复杂的社会所特有的价值对规范进行推理，以及主体随后可能需要如何为违反规范辩护以确保提升这些规范所服务的价值。

我们现在通过引入基于价值的推理和论证来进一步阐述上述某些方法。我们将考虑基于价值的推理如何在特定场景下为规范辩护，以及价值、偏好和状态描述的差异如何影响被辩护的规范。

考虑规范推理的一个很好的起点是乌尔曼-马加利特（Ullmann-Margalit，1977）的研究，它可以被视为早期的多主体系统，但仍然包含许多相关考量。在那项工作中，乌尔曼·马加利特使用简单的双人博弈（如囚徒困境）（Rapoport and Chammah，1965）作为规范讨论的场景。这种博弈中有两个参与者，每个参与者都可以合作或背叛，他们的选择决定了收益。正如在乌尔曼·马加利特（Ullmann-Margalit，1977）所阐述的"囚徒困境"中：相互合作给每个参与者带来 3 个收益，相互背叛给每个参与者带来 1 个收益；而如果参与者所选择的行动不同，则背叛者得到 5 个收益、合作者得到 0 个受益。关于"囚徒困境"的一些关键结果是纳什均衡（Roth and Murnighan，1978）对博弈双方都是不利的（因为背叛是占优行动，无论其他参与者做什么选择，其都将获得更好的收益），而且重复"囚徒困境"的成功策略（参与者反复博弈）是针锋相对（Axelrod，1987；Binmore，1998）。若主体使用"针锋相对"（Tit-For-Tat）策略的话，他会在第一轮进行合作，然后在接下来的每一轮中复制对手之前的行动。重要的是，"囚徒困境"是一个非零和博弈：相互合作的综合效用大于任何其他收益，并且实际上均衡所产生的集体效用最低。因此，如果双方在合作的情况下一方向另一方支付报酬，这实际上对双方都是有利的：这可以确保获得 3 和 2 的收益，这样双方都能从相互背叛中获益。然而，这种协议在正常版本的博弈中是不可能的，因为经典版本不允许事先协商。

---

① 一位匿名审稿人说，这一领域的形式化工作通常旨在提供数学定理，例如，将逻辑的表达力与由该逻辑引起的计算复杂性问题联系起来。该领域中以数学为导向的研究人员致力于主张应该忽略价值。重点一直放在规范上（从严格意义上讲是禁止转换），这一事实可能与我们形式化建模的能力现状有关。这种形式上的关注以及克服某些局限性的需要，是布罗森（Broerse，2014）描述的 REINS（Responsible Intelligent Systems）项目的基础。我们不对此提出质疑，但认为，如果在实践中部署无人驾驶汽车之类的自主主体，那么就有必要朝着摩尔的完全道德主体迈进，如纳入具有价值的推理能力，并使他们能够违反规范。

公共物品博弈已成为多主体系统中研究规范形成的基础，例如，肖汉姆和丁尼霍尔茨（Shoham and Tennenholtz，1997）、森和艾里奥（Sen and Airiau，2007）、基尔姆（Skyrms，2014）、比切利（Bicchieri，2005）、菅原永二（Sugawara，2011）和穆罕默德等人（Mahmoud et al.，2015）的观点。然而实证研究表明，将标准博弈论[①]应用到公共物品博弈并不能给出一个非常真实的人类实际行为模型。此类博弈的实验非常普遍，并且已经形成了许多元研究主题。例如，恩格（Engel，2011）研究了131个独裁者博弈的例子和奥斯特贝克等人（Oosterbeek et al.，2004）基于37篇报告进行的"最后通牒博弈"实验的论文。这些研究没有一个遵循博弈论和经济学[②]的典范模型。虽然亨里奇等人（Henrich et al.，2001）的研究着眼于较少的社会情景（15个），但特别有趣的是，这些研究所考虑的都是高度同质的社会，并且在每个实验中都使用了相同的研究方法。同样，没有一个社会遵循规范模型。因此，将经典博弈论模型及其如纳什均衡一般的标准视为此类社会中规范生成的理由是不合理的。

另一种方法（指前文乌尔曼-马加利特的研究中的方法，不过未明确指出）是将情景建模为状态转换图（STD），并且研究如何在这种情况下设计规范以避免不必要的事态发生，如沃尔德里奇和范·德·霍克（Wooldridge and Van Der Hoek，2005）以及阿格特尼斯和沃尔德里奇（Ågotnes and Wooldridge，2010）的观点。在这些方法中，主体通常用布拉特曼（Bratman，1999）的BDI模型来表示（Rao and Georgeff，1991；Wooldridge，2009）。BDI模型假设主体具有一个信念集和一个意向目标（愿望）集。行动是通过确定在当前情况下可实现的愿望（候选意图）来选择的，然后承诺其中一个或多个意图，并且选择旨在实现相关目标的行动。然而，这就出现了一个问题，即愿望从何而来。反过来就意味着BDI模型系统没有解释目标从何而来。它们通常是完全固定的，即使是在可以从当前状态派生它们的系统中（Rahwan and Amgoud，2006）也存在一个固定的潜在愿望集，其中一些愿望在给定的情况下是正向的，这意味着我们可以说为什么愿望是活跃的，但不能说为什么会有活跃的愿望。这种无法为愿望辩护的能力大大限制了以透明方式进行道德推理的能力。

本文提出了一种进行行动选择的替代方法，其通常被称为实践推理（Raz，1979），并且被形式化为价值推理，以此作为使主体能够通过对规范旨在服务的社会和道德价值的推理来为规范辩护的一种手段；也就是我们所期望的人类的道德推理。主体与一个社会价值集、主体可能追求的愿望或目标相联系，如自由、平等、博爱、财富、健康和幸福。正如阿特金森和本奇-卡鹏（Atkinson and Bench-Capon，2016）所述，这些价值提供了为什么主体将特定情况视为目标的原因，从而可以为愿望辩护。其基本思想是主体具有一个这样的价值集，它们的愿望和偏好是由它们对这些社会价值的排序来表征的。试图提升（或避免降级）偏好价值反映了主体希望某些事态发生以及选择特定行动的

[①] 就像古典经济学一样，参与者都是理性的、自私的、具有完美信息的，他们的行动都是为了最大化自己的效用。

[②] 在最后通牒博弈的示例中，提议者将提供尽可能小的金额，而无论金额多么小，响应者都会接受任何这样的提议。

原因。在论证推理模型的文献中我们可以将价值的排序概念化为论证所针对的受众（Perelman，1971），接受一个该如何做的论证不仅取决于论证本身——它必须是一个可靠的论证，还取决于其针对的受众。格拉索等人（Grasso et al.，2000）对将受众作为价值排序的概念进行了计算建模，并且在基于价值的论证框架（VAFs）（Bench-Capon，2003）中将其更加形式化。VAFs 是董潘明（Dung，1995）引入的抽象论证框架（AFs）的扩张。在 AF 中，一个论证被任意攻击它的论证所击败，而在 VAF 中，只有当攻击论证的价值至少与该受众被攻击的论证的价值一样高时，攻击者才能击败受众的论证。这样，不同的受众将接受不同的论证集［优先语义（Dung，1995）用于确定接受的论证］，并且如本奇-卡鹏（Bench-Capon 2003）的观点所示：如果 VAF 没有相同价值的环，则其有唯一的非空优先外延。

VAF 提供了一种解释（和计算）不同受众接受不同论证的方式。价值推理已被加塞兹等人（Garcez et al.，2005）、阿特金森和本奇-卡鹏（Atkinson and Bench-Capon，2007）以及范·德·韦德等人（Van Der Weide et al.，2011）当作实践推理的基础，并且将其应用到了包括法律（Bench-Capon et al.，2005）、电子民主（Cartwright and Atkinson，2009）、政策分析（Tremblay and Abi-Zeid，2016）、医学（Atkinson et al.，2006）、实验经济学（Bench-Capon et al.，2012）、规则合规性（Burgemeestre et al.，2011）、决策支持（Nawwab et al.，2008），甚至本体一致性（Trojahn et al.，2008；Payne and Tamma，2015）在内的特定领域。邓恩（Dunne，2010）和诺法等人（Nofal et al.，2014）确定了 VAFs 的复杂性结果。在这里，我们将使用基于价值的实践推理方法来讨论规范及其设计与合理性。

本文第 2 节回顾了基于交替行动的转换系统（Alternate Action Based Transition Systems，AATS）的形式化背景工作（Wooldridge and Van Der Hoek，2005），这些系统能够为开放性主体系统进行建模（在作为"世界"的模型中，主体参与联合行动以生成所期望的事态）。第 3 节随后展示了这种方法如何使人们能够对服务于日益复杂社会所特有的价值和价值排序的规范进行推理和辩护。第 4 节进一步探讨了可能需要为违反规范辩护的主体对这种推理的运用。第 5 节则简要考虑了是什么使价值排序变得可接受，以及如何确定这样的价值排序。最后，我们进行了一些反思性的讨论，并在第 6 节和第 7 节指出了未来的工作。

2　背　景

在本节中，我们将介绍一些基本的背景知识：用于建模"世界"的结构，即 AATS；主体可以从此类结构中生成基于价值的论证并用于证明其在此环境中行动的合理性，我们将用例子来阐释我们的模型。

2.1　基于交替行动的转换系统

在开放性主体系统中，个人选择不一定能够决定将要达到的状态。为了解决这个问题，开放性主体系统应将模型转换视为由所有个体行动组成的联合行动。① 在开放性主体系统中所使用的状态转换图的合适变体是由伍尔德里奇和范德霍克（Wooldridge and Van Der Hoek, 2005）引入的基于交替行动的转换系统（AATS），因为它们的转换是与所有情况相关主体的联合行动。AATS 基于交互时态逻辑（Alur et al., 2002）实现了形式化。阿特金森和本奇-卡鹏（Atkinson and Bench-Capon, 2007）对基本的 AATS 进行了扩张，以允许使用该转换所提升和降级的价值来标记该转换。以这种方式标记的 AATS 被称为基于交替行动带有价值的转换系统（Action-based Alternating Transition Systems with Values, AATS + V），而 AATS + Vs 被用来为本文提出的实践推理方法提供基础的语义结构。形式定义的相关内容如下：

定义 1 AATS（Wooldridge and Van Der Hoek, 2005）。基于交替行动的转换系统（AATS）是一个（$n+7$）元组 $S = (Q, q_0, Ag, Ac_1, ..., Ac_n, \rho, \tau, \Phi, \pi)$：

- Q 表示有穷非空状态集；
- $q_0 \in Q$ 表示初始状态；
- $Ag = \{1, ..., n\}$ 表示有穷非空主体集；
- Ac_i 表示有穷非空行动集，对任意 $Ag_i \in Ag$，对任意 $Ag_i \neq Ag_j \in Ag$ 都有 $Ac_i \cap Ac_j = \emptyset$；
- $\rho: Ac_{ag} \to 2^Q$ 表示行动前置条件函数，对任意行动 $\alpha \in Ac_{ag}$，ρ 都定义了一个可以执行 α 的状态 $\rho(\alpha)$；
- $\tau: Q \times J_{Ag} \to Q$ 表示部分系统转换函数，它定义了从状态 q 执行动作 j 生成的状态 $\tau(q, j)$；
- Φ 表示有穷非空的原子命题集；
- $\pi: Q \to 2^Q$ 表示解释函数，其给出了在任意状态下都满足的初始命题集：如果 $p \in \pi(q)$，那么意味着命题变元 p 在状态 q 上是可满足的（等价于真）。

AATS 尤为关注主体集 Ag 的联合行动。J_{Ag} 是元组 $\langle \alpha_1, ..., \alpha_n \rangle$，表示 n 个主体组成 Ag 集的联合行动，对任意 α_j（$j \leq n$）都存在 $Ag_i \in Ag$，使得 $\alpha_j \in Ac_i$。此外，在 J_{Ag} 中不存在两个同时属于 Ac_i 的不同行动 α_j 和 $\alpha_{j'}$。主体集 Ag 中所有联合行动集表示为 J_{Ag}，因而 $J_{Ag} = \prod i \in Ag$。给定 J_{Ag} 中的元素 j 和主体 $Ag_i \in Ag$，Ag_i 在 j 中的行动表示为 j_i。此定义被阿特金森和本奇-卡鹏（Atkinson and Bench-Capon, 2007）进行了扩张，以允许用其所提升的价值来标记转换。

定义 2 AATS + V（Atkinson and Bench-Capon, 2007）。给定 AATS, AATS + V 通过添加两个元素来定义，表示如下：

- V 表示有穷非空价值集；
- $\delta: Q \times Q \times V \to \{+, -, =\}$ 表示价值函数，其定义了归因于两个状态转换间价值 $v_u \in V$ 的状态 [提升（+），降级（-）或中立（=）]：对于价值 $v_u \in V$，

---

① 这里正如阿卢尔等人（Alur et al., 2002）、伍尔德里奇和范·德·霍克（Wooldridge and Van Der Hoek, 2005）所述，联合行动并没有暗示主体协同行动的意图。联合行动只是由一主体集同时执行的行动组成的行动，没有任何协调或共同目的的暗示。这与莱韦斯克等人（Levesque et al., 1990）提出的联合行动的概念形成了鲜明对比，后者关注的是团队行动。

$\delta\left(q_{x}, q_{y}, v_{u}\right)$ 用 $\{+, -, =\}$ 中的一个标记了 q_x 和 q_y 之间的转换。

因而基于交替行动带有价值的转换系统（AATS + V）可以被定义为 $(n+9)$ 元组 $S = \langle Q, q_0, Ag, Ac_1, \ldots, Ac_n, \rho, \tau, \Phi, \pi, V, \delta \rangle$。价值可以根据来源和目标状态来确定，也可以根据联合行动中具有内在价值①的行动来确定。

2.2 行动理由

根据阿特金森和本奇-卡鹏（Atkinson and Bench-Capon, 2007）所提出的论证模式，价值给出了主体执行或不执行各种行动的理由。阿特金森和本奇-卡鹏（Atkinson and Bench-Capon, 2014）给出了许多这样的原因（后缀"N"表示不执行该动作的原因：j 是主体 ag 执行 j^{ag} 的联合行动；φ 是目标，其在给定状态下实现或不实现，并且主体可以尝试去实现、维持、避开或删除它）。

R1，我们应该在 φ 成立的 q 中参与 j 以维持 φ，因而会提升 v。

R2N，我们不应该在 $\neg \varphi$ 成立的 q 中参与 j，因为它会删除 φ，因而会降级 v。

R3，我们应该在 $\neg \varphi$ 成立的 q 中参与 j 以实现 φ，因而会提升 v。

R4N，我们不应该在 $\neg \varphi$ 成立的 q 中参与 j，因为它会避开 φ，因而不能提升 v。

R5，我们应该在 q 中参与 j 以确保 φ，因而会提升 v。注意 φ 可能在 q 中是偶然实现的或未实现的，并且在某些变体中，v 的提升可能不是立即或永久的。这也适用于 R5N 和 R6。

R5N，我们不应该在确保 $\neg \varphi$ 的 q 中参与 j，因而会降级 v。

R6，我们应该在 q 中参与 j 以阻止 $\neg \varphi$，因而会提升 v。注意 $\neg \varphi$ 可能在 q 中是偶然实现的或未实现的。

R6N，我们不应该在 q 中参与 j，这会阻止 φ，因而不能提升 v。我们建议，为了使原因值得考虑，我们应该只使用立即和永久阻止 φ 的变体。

R7，我们应该在 $\neg \varphi$ 成立的 q 中参与 j 以使 φ 成立，并且 v 可以在下一步得到提升。

R8N，我们不应该在 φ 成立的 q 中参与 j，因为它会危及在下一步删除 φ，这会降级 v。

R9，我们应该在 q 中参与 j，因为执行 j^{ag} 会提升 v。

R9N，我们步应该在 q 中参与 j，因为执行 j^{ag} 会降级 v。

反对这些论证可以通过质疑状态是否如声称的那样、行动的后果是否会如规定的那样、目标是否实现，以及价值是否确实得到了提升来实现。正如本奇-卡鹏（Bench-Capon, 2003）所述，论证、攻击和对攻击的反驳都包含在基于价值的论证框架（VAF）中，并可根据价值排序对其进行检验。这些价值排序取决于特定受众的主观偏好，因此不同的主体可能会理性地选择不同的行动。

---

① 虽然阿特金森和本奇-卡鹏（Atkinson and Bench-Capon, 2007）认为标记是给定的，但仍可以使转换的价值归属透明化，并使主体能够争论应该给转换标记什么样的价值。这一点阿特金森和本奇-卡鹏（Atkinson and Bench-Capon, 2016）已经进行了充分讨论。

总结：阿特金森和本奇-卡鹏（Atkinson and Bench-Capon，2007）确定了实践推理的三个阶段，具体内容如下。

（1）问题公式化。本质上是针对特定问题情况构造 AATS + V。如阿特金森和本奇-卡鹏（Atkinson and Bench-Capon，2016）所述，AATS + V 可以反映参与推理主体的观点，因此也能体现该主体的因果模型（确定转换）及其价值（标记转换）。正如阿特金森和本奇-卡鹏（Atkinson and Bench-Capon，2016）所述：在后续阶段使用 AATS + V 之前，可能会有论证为问题公式化辩护。

（2）认知阶段。这涉及确定从事推理主体对当前状态的信念（或选择假设），以及由相关主体选择特定个体行动而导致的联合行动。

（3）方案选择。根据上述原因，从 AATS + V 中生成的论证以及这些论证的反论证和反例共同形成 VAF，并且根据参与推理主体的偏好确定其接受状态。可接受状态根据主体的信念、价值和偏好确定主体可以合理地选择执行哪些行动。

在上述工作和下述示例中，价值偏好都是成对的。实际上，转换可能会用多个价值来标记，因而比较应在价值集中进行：我们的方法只是使用这些价值中的最偏好的价值。帕肯（Prakken，2002）、乔利和本奇-卡鹏（Chorley and Bench-Capon，2005）以及本奇-卡鹏（Bench-Capon，2011）都考虑使用价值集。正如沙托尔（Sartor，2010）所提倡的那样，考虑价值提升的程度也是可取的。但是，如果要就最佳方法达成共识，则此类扩张仍需进一步研究，并且由于它们的使用不影响为主体提供基于价值推理能力的一般原则，因此本文将继续进行简单的两两比较。

2.3 例子

贝克斯等人（Bex et al.，2014）使用了 AATS + V 来建模《蚂蚁和蚱蜢》寓言（Aesop，1909）和《浪子回头》寓言中的状态和行动。寓言对于我们而言是合适的例子，因为它们是有道德意义的故事，并且经常被用于对儿童的道德教育中。在《蚂蚁和蚱蜢》寓言中，故事发生在夏季，在蚱蜢唱歌和玩耍时，蚂蚁则努力为冬天储存食物。冬天来了，蚱蜢没有食物，而蚂蚁也不放弃它的任何储存，最终蚱蜢死了。在《浪子回头》寓言中，败家子把他爷爷留给他的遗产浪费在无所事事的玩耍上，但当穷困的时候他请求他父亲的原谅；父亲最终原谅了他，并且把他带回了家。

图 1 例子中的 AATS + V：w 是工作、p 是玩耍、a 是请求、g 是赠予、r 是拒绝、e 是吃东西、f 是盛宴、d 是死亡。两则寓言都使用相同的 AATS + V。联合行动赋予蚂蚁/父亲行动，然后是蚱蜢/儿子行动。状态是五个命题的向量，它们分别表示：蚂蚁/父亲活着、蚱蜢/儿子活着、蚂蚁/父亲有食物、蚱蜢/儿子有食物、季节是夏天。

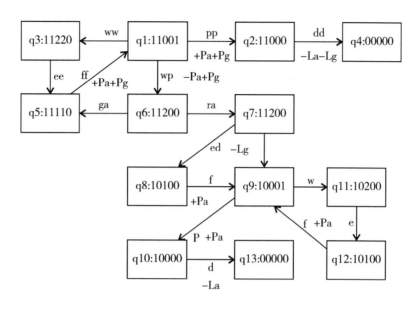

图 1 模型

基于贝克斯等人（Bex et al.，2014）模型的 AATS + V 如图 1 所示。在我们的例子中，夏季的食物足够丰富，人们可以毫不费力地收集食物和饮食。然而，在冬季种植粮食是一项全职工作（挖掘、种植、除草、收割、储存）并能产生盈余，该工作的本质是完成或没有完成（所产出的数量与努力不成正比）。食物不能在夏天储存，因此，狂欢期（q5、q8 和 q12）持续到冬季结束，届时多余的食物将被盛宴所消耗。状态有五个命题。前两个命题表示蚂蚁（父亲）和蚱蜢（儿子）是否还活着，第三个命题表示蚂蚁（父亲）没有食物（0）、有足够的食物（1）或充足的食物（2），第四个命题类似地表示蚱蜢（儿子）没有食物、有足够的食物或充足的食物，第五个命题表示是夏天（1）还是冬天（0）。因此，初始状态 q1 为 11001，表示二者都活着、都没有食物，而且是夏天。现在如果二者都工作，那么状态就变为 q3，则 11220 表示二者都活着、都有充足的食物，现在是冬天。关键决策处于初始状态（q1），蚱蜢和儿子选择玩耍（行动 p），而蚂蚁和父亲则选择工作（行动 w），因此过渡到 q6；而在 q6，蚂蚁拒绝蚱蜢（行动 r），因此过渡到 q7；而父亲则援助败家子（行动 g），因此过渡到 q5。在其他状态下，蚂蚁、蚱蜢别无选择。

我们用四个价值来标记图 1 中的状态转换，蚂蚁（父亲）和蚱蜢（儿子）的生命（La 和 Lg），以及蚂蚁（父亲）和蚱蜢（儿子）的快乐（Pa 和 Pg）。我们在讨论时还会确定其他价值标签。

3 价值论证为规范辩护

我们采取这种方法的基础是主体面临需要选择行动的情况。他们通常会选择对自己产生最有利后果的行动；用我们的术语来说，就是会选择提升他们最偏好的价值或价值集的行动。由于不同的主体有不同的偏好，因此他们会理性地做出不同的选择。但是主体不是孤立存在的：他们的选择会影响其他主体，其他主体的选择会影响他们自己行动的后果。在一个社会群体中，规范可以发展或被强加。在个人选择可能违背群体利益或其他主体想要如何行事的其他信息可能有用的情况下，主体的偏好、其他主体选择的影响都是很重要的。规范可以是社会惯例或法律，在这两种规范情况下，它们通常都会因制裁得到加强（Bench-Capon，2015）。法律规范通常以罚款和监禁等正式制裁为后盾，而社会规范则以排斥、嘲笑甚至只是不满的表情等非正式制裁为后盾。

还有道德规范，惯例和规范可以体现道德规范，并且至少应与那些道德规范保持一致。但是，除非与道德规范保持一致，否则道德规范通常不会与制裁联系在一起。引入制裁和惩罚概念时所采用的惯例和法律通常与目的相关，如促进群体或社会的可持续性。如穆罕默德等人（Mahmoud et al.，2015）所述，如果要避免规范崩溃，惩罚是必不可少的；更重要的是，稳定性要求对惩罚失败本身进行惩罚。

在本节中，我们将讨论在示例场景中如何基于价值的实践推理生成规范集。

3.1 q1 中的论证

我们首先根据愉悦和生命的价值来考虑在 q1 主体做什么的论证。主体自己的愉悦和生命表示为 P_s 和 L_s，其他主体的愉悦和生命表示为 P_o 和 L_o。我们的论证源于第 2.2 节的原因，但此处仅表示主体自己的行动和价值，例如，你应该执行 α，因为它会提升 v，其中 α 表示主体在合理联合行动中的行动，v 表示所提升的价值。

A. 你不应该玩耍，因为这有降级 L_s 的风险（R4N）。
B. 你应该工作，因为这会提升 P_s（R7）。
C. 你应该玩耍以提升 P_s（R9）。
D. 你不应该工作，因为这会降级 P_s（R9N）。

因此，我们有正反两方面工作的理由：正面理由是它能带来未来的愉悦（B），而反面理由是随之而来的愉悦会立即丧失（D）。相比之下，玩耍可以带来即时的愉悦（C），但有危及生命的风险（A）。与论证 A 相关的风险是巨大的：避免死亡既需要另一主体工作，也需要另一主体放弃自己的愉悦才能挽救其生命。因此（假设生命优于愉悦），只有最冒险的个体才会在 q1 选择玩耍。

在下一小节中，我们将说明如何基于价值推理为规范进行解释和辩护。

3.2 第一规范集

假设社会有如下规范：
SN1[①] 禁止玩耍。
如果所有主体都遵守该规范，则情况将围绕 q1、q3、q5、q1 无限循环；但是总有

[①] 我们使用 SN 表示社会规范，这可以是道德规范，也可以是在制裁支持下的社会规范和法律规范。我们使用 MN 表示那些更好地被当作纯粹道德规范的规范，这些规范通常未被纳入社会规范或法律规范，并且通常与制裁无关。

违反 SN1 的诱惑威胁价值 Ls，如果达到 q6，其他主体就有可能提供所需的食物。如阿克塞尔罗德（Axelrod，1986）和穆罕默德等人（Mahmoud et al.，2015）关于规范的工作表明：除非存在某种强化机制，否则规范很可能崩溃。强化机制要求违反规范的行为要受到群体其他成员的惩罚，这在 q6 即意味着食物被扣留。而且为了避免穆罕默德等人（Mahmoud et al.，2015）所描述的规范崩溃，有必要惩罚那些不按规则实施惩罚的人，因此必须将惩罚视为强制性的。这反过来意味着我们需要适用于 q6 的规范。

SN2 禁止赠予食物。

基于 R6N 的论证在没有提及任何规范的情况下拒绝赠予食物是合理的，你不应该赠予食物，因为这不能提升 Ps。基于 R5N 的规范论证的话你不应该拒绝，因为这会降级 Lo，因此拒绝要求 Ps 优于 Lo。但这似乎是自私的而不是道德的，并且不利于持续性。偏好于自身的次要价值而不是他人的重要价值似乎在道德上并不好：如阿特金森和本奇-卡鹏（Atkinson and Bench-Capon，2008）认为道德行为的特征是不应该偏好于自己的次要价值而不是他人的重要价值，这将迫使主体进行赠予。但是我们可以引入另一个价值，即公平（J），它将证明拒绝赠予是合理的。这具有某种直观上的吸引力，因为没有食物的主体已选择处于该位置，并且正试图利用他人的努力。因此，将公平视为优先于 Lo 的第三个价值（标记 q6 – q7 的转换）可以证明对 SN1 违规行为的惩罚是合理的。根据边沁（Bentham，1825）提出的简单结果主义观点就很难证明这一点（因为这意味着蚱蜢死亡），尽管通过考虑更多更远规范崩溃和过度吃白食①的后果可以在更复杂的功利主义版本中承认正义。由于公平可以被普遍采用，因此更容易直接被纳入德性伦理学（Aristotle，1962）或义务论（Kant，1785）方法中，并且不难看出对公平的偏好是道德的，因为它可以通过防止吃白食和 SN1 的崩溃从而为公平和持续性辩护。

穆罕默德等人（Mahmoud et al.，2015）的实证研究发现结果是一对能够抵抗崩溃的规范。其结果是一个相当清教徒式的社会（只有短暂的享乐主义才能缓解），其以自给自足的农业为基础，具有强烈的职业道德，并且厌恶英国目前所谓的"不劳而获"的社会。另一种选择是引入第四个价值"宽容"，该价值标记了 q6 – q5 的转换，并且宽容优于公平。这种偏好很可能是《浪子回头》寓言的寓意，同时也允许社会继续发展下去，代价就是牺牲了蚂蚁/父亲的愉悦。但是，儿子忏悔是这个寓言的一个特征，并且有一个默契的理解是儿子不会重蹈覆辙，将来会选择工作。因此，我们可能希望将 SN2 修改为如下规范：

SN2a 只允许赠予食物一次。

这样就允许赠予食物了。我们不妨更进一步，同时提出：

SN2b 必须满足第一次对食物的要求。

这表示了对宽容的偏好，但会两振出局，因此公平仍然会得到尊重。这也为蚂蚁在将来某个周期中付出蚱蜢所付出的代价来玩耍提供了可能性（孩子抚养年迈的父母）。尽管简单地删除 SN2 会导致出现剥削的可能性，从而使公平贬值，但 SN2a 和 SN2b 这对规范却保留了对公平的应有尊重，同时给宽容留有余地，直到宽容的对象被证明不可

---

① 密尔本人可能已经预见了这个问题，可以说是提倡统治而不是采取功利主义（Urmson，1953）。

救药为止。这就要求状态向量有一个额外的术语来记录违规行为。

我们现在的考虑已经超出了图 1 的基本场景。由于空间的限制和可能出现的大量变化，我们必须对这些问题进行较少的细节说明。当然，在未来，我们最好是在同样细节的层面上扩张该场景，并且给出更复杂社会的 AATS + V 扩张模型。这将是一项非常艰巨的任务，我们希望以下各节的讨论能够运用上述技术。

3.3 批评

尽管规范 SN1 和 SN2（有或没有 SN2a 和 SN2b 变体）可以建立一个公平和可持续的社会，但我们可能希望看到社会中的思想家对社会价值提出质疑。批评的理由有很多，例如：

（1）社会上没有纯粹的愉悦。工作的不愉悦被狂欢节上的愉悦所抵消，但没有纯粹所得。这样的社会缺乏进步、回报和任何超越其自身延续的意义。

（2）社会中没有选择或多样性。所选择的道路始终由规范决定，而背离将被处以死刑的惩罚。

（3）在这个社会中所享受的愉悦是一种基本的愉悦，而它所否认的自己的愉悦可能被视为一种更高的愉悦。强硬的功利主义者可能会采纳边沁（Bentham，1825）的观点，即除去偏见，推图钉游戏与音乐和诗歌的艺术以及科学具有同等价值。但其他人，比如密尔却不同意这种观点：做一个不满足的人胜过做一头满足的猪，做不满足的苏格拉底胜过做满足的傻瓜（Mill，1871）。

因此，批评者可能会寻求一种更改规范的方法以便从一个或多个方面改善社会。重要的是对于文明社会而言，一定会产生盈余食物，从而为艺术和科学留下发展空间，甚至可以为简单地享受休闲时光提供空间。因此，对于以 SN1 和 SN2 为代表的僵化社会而言，在为其放松而进行辩护的背后有一些推动力。为进一步讨论，我们将通过为不同的愉悦活动引入不同的价值来区分三种愉悦类型。我们将保留 P 作为狂欢节（宴会等）带来的身体愉悦：辛劳将继续降级这一价值。我们还将通过区分不工作的活动［如艺术和科学，我们称其为文化（C）］和反对的活动［如赌博或纯粹的无所事事，我们称其为无聊（F）］，使认可的活动成为可能。我们还需区分认可的玩耍（$play_a$，即从事文化生产活动）和不认可的玩耍（$play_d$，即从事无聊活动）。我们甚至可以修改 SN2b，以便向因 $play_a$ 而需要食物的人提供食物，并拒绝向因 $play_d$ 而需要食物的人提供食物。

3.4 允许玩耍和更复杂社会的演化

我们可以采用多种方式允许主体玩耍而不工作。有些需要主体间的差异，而另一些则需要重新描述世界，对附加价值及活动和状态进行更详细的描述。

3.4.1 权力

我们首先考虑权力的差距。在这种情况下，某些主体比其他主体更有权力，可以迫使他们交出食物。我们假设有权力的主体占不到总人口的一半。这是通过更改对有权主体的要求行动来建模的，以使他们能够在 q6 中要求而不是请求食物，并且使对方无法拒绝，从而使 q6 和 q7 之间不存在 ra 转换。这样就删除了有权者的论证 A，同时玩耍就不再有任何风险,因为他们的要求必须得到满足。那么,有权者可以玩耍并要求从蚂蚁那里获取所有食物以便他们也能饱餐一顿吗?答案是这将导致蚂蚁饿死。而且,这只是权宜之计,因为蚂蚁会死掉,而有权者将被迫在随后的几年中工作。所以我们或许应该制定一个规范来防止这种情况出现:

SN3 禁止索要非盈余食物。

这是基于对"他人"生命而不是"愉悦"的价值偏好。

我们已经区分了三种愉悦类型,因此需要将论证 C 分为两个论证:

C1:你应该 $play_a$ 以提升文化(C)。

C2:你应该 $play_d$ 以提升无聊(F)。

现在,有权者不会选择工作,除非他们更偏好未来的愉悦(Ps),而不是玩耍所带来的当前的 C 和 F。

他们也可以选择休闲活动,这取决于他们喜欢文化还是无聊。当然,道德偏好建立在价值名称中,并且会有一个道德规范仅适用于有权者:

MN4 禁止 $play_d$。

MN4 是否被采纳为社会规范,取决于有权者的同辈群体是否也具有不沉迷于无所事事的愉悦的社会义务(贵族义务)。[①] MN4 使选择工作在道德上是可接受的,因为相较于文化,人们更喜欢生理的愉悦,只是禁止无所事事的愉悦而已。或者,我们可以代表密尔的立场,即 MN4a,只有更高的愉悦才是有道德价值的:

MN4a 必须 $play_a$。

这也仅针对有权者。MN4、MN4a 这两种情况的问题在于,这意味着有权者有一个规范、无权者有一个规范。证明这一区分需要某种所有人都承认并在道德上可接受的社会秩序,才能使 q6 中要求食物的人与不能要求食物的人之间的阶级差异可以被接受。在现实社会中,这一点都不罕见,例如,亚历山大夫人著名的赞美诗《万物有灵且美》(通常被视为特别针对儿童的)中,就有这样的诗句(如今很少唱):城堡里的富人、城门口的穷人,神使他们形成高低贵贱并决定了他们的阶层。

这相当于在德性伦理学方法或结果论方法中倡导的偏好排序 $L > C > P > F$[②](实际上,鉴于密尔认为并非所有愉悦都具有同等价值,因此结果就是一种提升:因为只有有权者可以采取行动提升文化,即使这样做以无权者为代价,他们这样做也是有益的,因为比起愉悦显然文化更受人们偏好)。

封建社会就是一个这样的例子。对于这样的社会来说,一个好的模式是一些主体拥有土地,并且允许佃农经营土地以换取租金。这种社会的本质是由有权者与无权者的比例所决定的。如果有权者相对较少,他们便可以要求低租金,从而会给租户留下一些盈余,并且为他们提供一定程度的盛宴(是缩短而不是取消狂欢期)。这也意味着在满足了有权者的需求之后,将会有一些盈余的食物可用,无权者给有权者带来愉悦和文化,

---

① 像 MN4 这样的规范被制定为法律非常罕见。通常,社会所排斥的制裁被视为有足够的威慑,足以使无聊者减少到足够低的数量。

② L:life(生命)。C:culture(文化)。P:pleasure(快乐)。F:frivolity(无聊)。

因而可以向有权者要求其中的一些食物。

对于这样社会的持续性而言,重要的是无权者要尊重社会秩序,不能起义和推翻精英阶层,必须避免革命。社会秩序可以通过价值"顺从"(D)得到加强,该价值可以通过工作(如果主体无权要求食物并在需要食物时被赠予食物)来提升,因而 q1 – q3 和 q6 – q5 的转换就提升了该价值。这就给出了无权者尊重社会秩序的论证,他们要认清自己的位置。顺从可以通过 $play_a$ 和工作的转换而不是 $play_d$ 和工作的转换(无所事事的主人不需要顺从)来加强对 C 而非 F 的偏好。该价值意识到了两个不同的角色:有权者要提升文化(MN4a),而其他人要使他们能够这样做。人们可以通过多种方式加强可接受性,包括采用宗教的方式,如上文所引用的赞美诗。作为进一步的强化,审慎的建议是租金不应太高,因为这很可能将工人推向革命。

另一种可能性是,一些工人可能被从食品生产中抽调出来,用于从事其他有益于所有人的工作,可能是其他的文化活动(如歌手的活动)、建筑工程(如金字塔的建设),然后他们从供奉中获得食物。因此,一旦考虑到暴君自身的需求,盈余就可以由暴君在允许生产者保留的部分盈余和一些公共工程(如面包和马戏)之间分配。在这些模型中,有权阶层越少,改善无权者生活的空间就越大,社会就可能越稳定。一些历史例子似乎也证明了这一点。在封建社会中,软弱的国王和争吵不休的贵族似乎比有一个强硬的国王来约束贵族更让弱者痛苦。① 在行为经济学中,鲁文斯坦(Loe-wenstein,1999)② 对阶层所占比例进行了研究。在阶层被平分的极限情况下,就不再有回旋余地了:有权者会要求占有所有盈余。

除封建制度外,还有其他模式:奴隶制是一种模式,电影《七宗罪》中所描述的强盗行为是另一种模式。但这些模式给无权者提供的机会很少,因而很容易崩溃。在电影中,强盗行为被强行制止,奴隶制也被废除,而封建制度则演变成了一种不同的社会秩序而不是被废除或推翻(至少在英国是这样,在法国情况则有所不同)。关键区别在于有权者抑制了他们的要求,使革命被视为没有价值的。③ 为了强化这一点,我们经常提出"贵族义务"的概念,如上所述,它试图说服有权者从事令人钦佩的娱乐和慈善事业。我们将相关价值称为慷慨(G),这是顺从的交换条件。这可能构成道德规范的基础:

MN5 必须慷慨地对待不幸的人。

排序:L > C > G > D > J > P > F④。我们仍然需要 C > G,因为这种社会秩序的目的是允许 $play_a$。G 在这里是为了鼓励稳定,而不是目的。注意,这种调和的一部分作用

---

① 例如,在罗宾汉传说中,人们更喜欢理查德,而不是他软弱的弟弟约翰。
② 有权者在独裁者博弈中处于独裁者的位置,在最后通牒游戏中处于提议者的位置。行为经济学对二者都进行了大量研究(Engel, 2011; Oosterbeek et al., 2004)。这些研究表明,人们很少会把尽可能多的钱留给自己。而在最后通牒博弈中,如果被调查者提供的金额少于他们所认为的一个公平的数额,他们就什么也不会拿走。我们可以在本奇-卡鹏等人(Bench-Capon et al., 2012)的文章中找到有关基于价值论证的两种博弈行为的解释。
③ 用桑尼·特里和布朗尼·麦吉的布鲁斯歌曲《奶油派坯蓝》的话来说,你必须给我一些,否则我将把它全部拿走。
④ L:life(生命)。C:culture(文化)。G:generosity(慷慨)。D:deference(顺从)。J:justice(公平)。P:pleasure(快乐)。F:frivolity(无聊)。

是淡化人们实际上享受到的各种愉悦。现在，文化被视为一种公共物品，$play_a$ 是一种义务。鉴于人们的社会地位，他们期望能够提升自己的价值。因此，我们省去了注明受益人的足够信息。请注意，当存在权力不平衡时，MN5 基本不会是法律规范：它最多作为一个同辈群体惯例被采纳。这可能是因为在缺乏革命的情况下，难以对有权违规者实施制裁。但请注意，慷慨可能会导致无权者向有需要的人赠予食物：它可能会成为仁慈取代 SN2a 和 SN2b 的动机。

3.4.2 财富

在后封建社会中，我们发现阶级和差距仍然存在，但这种差距表现为财富而不是物质上的胁迫。从某种意义上说，这种转换始于封建时代，那时权力开始以（强制性的）土地所有权而不是武力的形式出现。

当财富是权力的来源时，有权者的强制性需求就被购买盈余的能力所取代。因此这里 q6 和 q5 间的转换变成了买和卖，而不是要求（或请求）和赠予。在此模型中，卖不是强制性的，因此仍存在达到 q7 的可能性。然而，不卖限制了储物者提升 P 并会危及 Lo；而卖不仅可以避免 Lo 降级，而且还提供了享受某些 $play_a$ 甚至 $play_d$ 的可能性。例如，通过两个周期出售一半的盈余，劳动者就能积累足够的财富，进而把其中的 1/3 花在某种类型的玩耍上，然后购买食物过冬。这是假期、退休金以及最近"间隔年"的概念。如何实现盈余在工作、$play_a$ 和 $play_d$ 之间的平衡分配可以留给个人决定，这取决于个人偏好或可能存在施加限制的规范。在这一点上，区分两种价值是有用的：一种是最大化者，他们认为越多越好；另一种是满足者①，他们认为足够就行了，多了就没有好处，甚至可能有害（例如，过多的狂欢会使人感到厌烦）。②

在最简单的形式下，这种模式会导致相当程度的平等，因为最终初始富人会花光他们所有的钱，同时由于没有其他收入来源，他们就得被迫工作。然而，有一些机制倾向于使富人保持自己的地位：

- 富人可能拥有土地（或生产资料），并能够以租金或利润的形式从他人那里获得一定比例的劳动。这种情况与封建时代几乎没有什么不同，只是现在的支付方式是货币，而不是实物。货币的灵活性更适合工业社会，因为工业社会生产需要的不仅仅是土地和劳动力，产品也不仅仅是面包，而是各种制成品。

- 富人可以选择有息贷款。由于许多人认为"双鸟在林不如一鸟在手"，因而这类贷款可能会有人接受，这样一来，拥有初始财富的人就可以用利息来支付他们的需求并维持他们的财富，甚至如果有足够多的借款人或足够高的利率还可以增加他们的财富。但是请注意，这需要某种方式来确保贷款方有信心支付利息和偿还债务。这反过来就需要某种规范。

SN6a 必须偿还债务。

这与信誉或诚信（H）的新价值相关，其通过遵守债务约定（以及一般的合同和

---

① 西蒙的文章（Simon，1978）引入了这种区分，尽管他用它来描述不同的人对单一价值（效用）的态度（Simon，1978；Bench-Capon et al.，2012；Atkinson and Bench-Capon，2016）。

② 这种区分类似于楚雷克文章（Zurek，2017）中抽象不可及目标与抽象目标之间的区分。

协议）来提升，通过违反这些协议来降级。这种协议通常不仅受道德规范的制约，还受到法律的支持和制裁执行的保障。为了使其更一般化，我们可能更倾向于使用如下规范。

SN6 必须履行协议。

- 有人可能可以从外部获得财富。例如，16 世纪西班牙统治者从美洲获得了近乎取之不尽的金银。
- 顺从或慷慨可能意味着某些主体无须工作或付款，而只是得到一些供品。例如，僧侣或牧师可以得到什一税或捐赠，而弱者则会得到施舍。后者的激励价值是慷慨，其可能会被 MN5 覆盖，但修改后就适用于所有人，并且会覆盖所有被认为值得施舍的人，而不仅是不幸的人。此外，什一税的概念（以及今天对福利的贡献）往往是法律的主题，而不是道德的主题。

SN5a 必须对那些有充分理由不能养活自己的人给予施舍。

重述为 SN5a 意味着我们将无法自给自足的概念扩展到无法养活自己的人，包括从事其他有价值但无报酬活动的人。这使得我们可以把仁慈纳入慷慨之中，同时仍然承认公平是一种价值。

诚实的引入可能会得到价值排序：$L > H > C > G > D > J > P > F$。

还有一些变化的余地：例如，在不对我们的道德视野造成真正问题的情况下，P 的排序可能会高于 J。给予诚信如此高的排名至关重要，因为通常会有基于其他价值的理由破坏协议。确实可以说 H 应该比 Ls 更为可取，因为总有可能（也许是可取的）避免达成协议，这可能会危及降级 Ls。

我们可能会看到 SN5a 和 SN2 之间的冲突及 SN2a 和 SN2b 之间的缓和。实际上，我们正在做的工作就是要认识到不能工作的人、应该接受其请求的人，以及可以工作但选择不这样做的人之间的区别。① 该区分是为了执行 SN1，但允许存在可原谅的违规行为（如因为疾病）。规范有时需要违反的概念，许多人（Jones and Sergot, 1992）都认为该概念是规范的基本特征，这将是本文后面章节的重点。

3.4.3 轮替

在上一小节中，我们考虑了初始财富不平衡的情况。但是，在承认诸如 SN6 规范的情况下可以通过轮替机制使盈余生产的有益贸易为 playa 提供机会。这种安排在我们的模型中表示为今年某主体在另一主体的支持下玩耍，以换取第二年对该主体玩耍的支持，实际上这种个体层面的非正式安排是很常见的。许多在一起生活的夫妻或群体在家务方面都会做出这样的安排，而轮替的思想在孩子中也很普遍。②

劳埃德-凯利等人（Lloyd-Kelly et al., 2014）的实证研究中也出现了轮替。其中某一社会主体参与了多次迭代囚徒困境博弈。主体有不同程度的容忍度（准备惩罚）和

---

① 应该得到救济的穷人和不应该得到救济的穷人之间的区分是英国 1834 年《济贫法修正案》（*Poor Law Amendment Act*）所关注的核心问题。如今在英国，这种普遍的态度正在重新得到体现。这与英国 1976 年《补充福利法》（*Supplementary Benefits Act*）的基本理念形成了鲜明对比，该法案将得到最低限度的支持视为每个公民的权利。

② 这种非正式的轮替通常由参与该安排的同辈群体来监管，通常不会有任何书面协议或法律强制的作用。

响应度（准备合作）。这时出现了一些稳定情况：相互合作和相互背叛，当然也有一些稳定的轮替周期。这些轮替周期有时会使两个主体同时受益，但即使某一主体获得的收益比另一主体多，相较于相互背叛，这仍然对双方以及他们的综合收益都有利。因此，即使在初始平等的社会中，我们也很容易看到这样的安排出现，因为 C 比 P 更受偏好，并且存在诸如 SN6 之类的强化规范。如上所述，这种安排在家庭中尤其普遍，因为家庭的信任度可能更高。这反过来表明，可以根据针对的对象来区分诚信 H。人们通常认为欺骗家人和朋友（H_f）是错误的，欺骗他人（H_i）是可疑的，但利用大型（"匿名"）组织（H_o）进行欺骗是可以接受的（如果可能的话）。这种歧视很少被任何道德理论所禁止（尽管在某些情况下，它可能会被某种形式的结果主义所认可），但其是一种常见的论证（和实践）行为。保险索赔过高并不罕见，有些人将其视为"无害"犯罪，这表明某些人可能赋予 Ho 较低的等级，甚至可能低于 F。

3.4.4　提供服务即工作

在前面讨论的几个场景中，由于对 C 的偏好高于其他价值，某些主体可能会 $play_a$，因为随着 C 的提升，其他主体会倾向于出让他们的盈余而不是 P 来支持这一活动。对于有权力的主体而言，情况更是如此，他们会选择成为某些主体的赞助者，以允许和鼓励他们进行特定类型的 $play_a$。但是，类似的赞助可能也会吸引其他人，他们可能准备出让（通常）一小部分盈余，以使特定的主体能够进行特定类型的 $play_a$。只有存在两个主体时可能出现这种情况。蚂蚁可能会发现蚱蜢唱歌是如此令人愉悦，以至于它愿意牺牲自己所有的盈余来换取听它唱歌的特权。但由于一只蚱蜢的歌声可能会吸引整个蚁群的注意，那么，如果支付给蚱蜢的费用可以由许多蚂蚁共同分担，那就更有吸引力了。在这种情况下，可以支持各种艺人并提供其他服务。金钱极大地帮助了这一安排，并将其置于正式合同的基础上，因此它属于 SN6。从而，我们可能期望出现一个服务和娱乐部门，其中一些主体能够发挥 C 供应者的作用，以促进其他主体群自愿支持活动的发展。

当生产率提高，工人可以生产出更多的盈余时，这种情况会越来越常见。现在我们可以调整 $play_a$ 和 $play_d$ 间区分的概念了。将 $play_a$ 视为人们打算支付的非工作活动，并将 $play_d$ 视为人们不打算支付的非工作活动。这需要考虑主体和活动：人们会花钱看莱昂内尔·梅西踢足球，但是没有人会花钱看我踢足球。因此，我们可以将 SN1 和 MN4a 规范合并为一个规范：

SN1a 必须 playa 或工作。

这与 MN4 不同，因为该规范只针对一个主体子集（有权的），而 SN1a 则被视为通用的。此外，虽然 MN4 通常不受法律支持，但 SN1a 确实适合立法。有趣的是，像 SN1a 这样的一种规范可能更容易得到 $play_a$ 奖励系统而不是 $play_d$ 惩罚系统的支持。事实上，为 $play_a$ 提供服务所支付的费用可以被很好地看作对遵守规范的奖励。关于实施奖励而非惩罚的规范讨论见布尔的文章（Boer, 2014）。

3.4.5　国家的出现

主体不仅会选择把盈余花在为自己提供文化上，还会付钱给 $play_a$ 的人让他们履行自己的职责。穆罕默德等人（Mahmoud et al., 2015）的实证研究表明，要避免规范崩溃，不仅有必要对违规者进行惩罚，还必须对那些不予惩罚的人进行惩罚。但是，由于惩罚可能会给惩罚者带来成本，因此，通常有很多理由不予惩罚，而在违规相对罕见的社会中，惩罚的成本可能会不均匀且不可预测地下降。我们看到了如何将违反 SN1 的惩罚自然地表示为 SN2（在我们的模型中，惩罚者实际上是无成本的，但在一般情况下可能会为惩罚者带来成本），当我们面临如 SN6 那样的更复杂的规范时，识别违规行为可能并不那么简单。认识到惩罚的必要性是社会凝聚力的重要方面，正如穆罕默德等人（Mahmoud et al.，2015）所表述的那样：从"义务警员"（即那些将法律掌握在自己手中的人）执法转变为视执法为负责任公民的社会责任，这是尊重法律的社会发展的重要里程碑。

一旦将惩罚视为一种社会责任，组织和支付第三方惩罚违规者就只是一小步。假设违规者相对较少，那么一小笔税就能让专门的主体得到报酬来执行这些规范。当然，不缴纳税款也会得到惩罚。从这一点上来说，这是向征税迈出的一小步，而国家提供的诸如执法等费用则由这些税款来支付。如果国家能执法，那为什么不履行其他职责呢？因此，通过向确定哪些人应得到支持并提供支持的中央基金而不是个人慈善机构捐款，能够更好地遵守 SN5a。

国家可能就是以这种方式出现的，首先是霍布斯式的利维坦（Hobbes，1969），但国家一旦建立就能够履行其他职责。此外，国家可能扮演解决公民间的利益冲突（Chorley et al.，2006）的干预角色，或对公民进行教育（Lloyd-Kelly et al.，2014）。新兴国家也可能带来新的价值（如自立、自由和团结），这些新价值的相对偏好以及不同国家模式如何提升和降级这些价值，可能会为人们提供一种对国家出现形式的新见解。在某些情况下，国家可能会发挥更大的作用，并通过自身支持某些活动而成为确定 $play_a$ 由什么构成的仲裁者。因此，我们经常为歌剧提供补贴，但从没有为足球提供过补贴。当然，让国家以这种方式确定什么是文化是有争议的，因此，我们可能会发现我们需要区分两种类型的 $play_a$：国家认可和补贴的高雅文化（$play_{sa}$）和公众认可并从他们盈余中支付的大众文化（$play_{pa}$）。这就提供了另一个示例，说明提高模型的复杂度需要如何对价值和行动进行更详细的区分。

在前几节中，我们简要讨论了如何使主体能够对规范及其所服务的价值进行推理，以及各种情况下与这种推理相适应的规范类型。我们现在转向对这些推理能力的具体使用，以决定何时不遵守（即违反）规范是合理的，而且鉴于通常有几种违反规范的方式，那么这种违反应该采取何种形式。

4 规则就是用来打破的

4.1 为什么主体可能需要违反规范

正如哈尔（Hare，1965）所注意到的，对大多数人来说，大多数时候遵循规范只不过是应用一套习得的原则。然而，哈尔也说，在某些情况下，我们需要从第一原则出发思考道德问题，而公认规范是概括此类推理结论以供未来使用的有效方式。这是看待现有规范例外情况的一种很好的方式：需要违反现有规范，再选择一种违反的方式，同时可以捕捉情况中的关键要素并将其作为规范的例外来处理。① 美国宪法第四修正案（US Fourth Amendment）中搜索条款对驾驶汽车例外情况的研究，提供了这样一个法律程序的示例（Bench-Capon，2011）。哈尔（Hare，1965）认为：

  我们中智者的做法是深入思考关键的道德问题，尤其是我们生活中面临的问题，但是当找到特定问题的答案时，我们可将其具体化为不太明确或详细的形式，这样它的显著特征就可以脱颖而出，并且在没有经过太多思考的情况下再次为我们服务。

  我们已经注意到，从规范角度思考的一个重要原因是认识到有时需要违反这些规范（Jones and Sergot，1992）。虽然这些规范旨在提供有用的启发式行为导向并允许快速且不假思索的反应，但我们并不期望真正的道德理性者遵守这些规范。这也不应该是规范设计者的本意：明智的立法者会清楚地意识到，并非每一种可能性都可以被预见，② 在某些情况下，正如哈姆雷特所说，"违反规范比遵守规范更受尊重"。虽然规范在大多数情况下可以发挥足够大的作用，但在有些情况下还是应该违反规范，在这种情况下我们需要重新开始思考。

  在 MAS 中实施规范行为的两种主要方法是删除禁止行动（Van Der Hoek et al.，2007；Ågotnes et al.，2009；Dennis et al.，2016）或通过包括明确规则来表达规范，类似于阿西莫夫的机器人三原则（Asimov，1950），这些原则往往伴随着制裁。两者都不完全令人满意，第一种方法没有给出违反规范的范围，尽管在模型涵盖的情况下这可能是足够的［甚至用模型检验如博斯纳奇和达姆斯（Bosňački and Dams，1998）也可以证明是这样的］，但现实生活中意想不到和不可预见事件的出现会使我们背离模型。而规则在某些时候可能会引起冲突（它们主要是作为书面手段）或差异，并且会遇到规则所未涵盖的不可预见的情况。③

  举一个不可预见的例子，假设蚂蚁同意在夏季支付酬劳给蚱蜢作为其愉悦自己的费用。当达成协议时，蚂蚁可能很想遵守协议，但假设收成失败，使得蚂蚁没有多余的钱可以支付给蚱蜢。蚂蚁是应该遵循规范支付对价给蚱蜢而饿死自己，还是背弃协议看着蚱蜢饿死？在这里，我们将面临一个真正的道德困境，蚂蚁必须在公平与生命之间做出选择。蚂蚁可以选择宁死不受辱，但也可以选择背信弃义。托马斯·阿奎那写道：如果这种需求是如此明显和紧迫，显然必须通过手头的任何手段来补救目前的需要（例如，当一个人面临某种迫在眉睫的危险且没有其他可能的补救办法时），那么一个人通过公开或秘密地获取另一种财产来满足自己的需要是合法的（这也算不上是盗窃或抢劫）。④（Aquinas，2012）

  因此，蚂蚁可以做出选择，并且任一选择都是合理的。蚂蚁做什么选择取决于其价

---

  ① 人工智能与阿莫特和普拉扎的文章（Aamodt and Plaza，1994）中呈现的基于案例推理的经典四步骤"检索—重用—修订—保留"模型的相似之处是很明确的。

  ② 至少从赫拉克利特（Heraclitus，约前540—约前480与前470之间）开始，人们就已经给出了预料之外的建议。

  ③ 自加德纳（Gardner，1984）时代以来，"规则会耗尽"一直是法律人工智能研究的主要动力。

  ④ 当然，这也证明蚱蜢偷蚂蚁的东西是合理的。

值偏好。可以说，最初的协议对双方而言都是鲁莽的，因为双方都可以预见到收成的失败，任何一方的损失都只能怪自己。

在现实世界中，无法采取任何行动的一个常见示例是建造防护柱以阻止车辆进入公园（Hart，2012）。这种方法有什么问题呢？毕竟我们可以证明，无论是使用模型检验（Bosňacki and Dams，1998）还是分析方法，防护柱旨在防止的不良情况都不会出现。由此可以证明，只要模型覆盖了这种情况，普遍遵循规范就会达到预期的结果。但假设出现了某种未被建模的状态：也许有人在公园中央突发心脏病，因此救护车进入公园以挽救此人的生命至关重要。现在，防护柱会阻止该人获救，规范的目标也就是规范旨在服务的价值，即公园用户的安全将被降级而不是提升。虽然规范在理想世界中是有效的，但我们并不是生活在理想世界中，在次理想世界中遵循适用于理想世界的规范往往不会带来最理想的结果。① 遵守法律和原则也有类似的考虑：必须提供医疗援助与禁止车辆进入公园之间存在冲突。虽然任何原则集在大多数情况下都可以提供良好导向，但不难想象在某些情况下遵循这些原则会导致不良结果，因此需要予以忽略。制裁的存在并没有解决这一问题，而且可能会使情况变得更糟，因为可能的惩罚威胁会使违规行为对主体的吸引力降低。

因此，虽然删除或制裁被禁止行为的办法在封闭系统中可能有效（只要这些办法足够简单，就足以建立一个涵盖所有可能发生情况的模型），但它们不能应对在开放性系统中出现的意外事件和状态，因为在开放性系统中并不能设想或建模所有可能性。在这种情况下，我们可能会发现导致采用规范的原因本身就要求主体违反同样的规范。基于价值的推理提供了准确执行这些情况下所需目的驱动推理的手段，这就可以解释规范的一般有效性（如前几节所示）以及在某些特定情况下违反规范的必要性。我们将用一个日常的交通示例来说明用基于价值的推理来决定是否应违反规范以及如何违反规范。在此之前，我们简要回顾下在法律人工智能中打破规则是如何在文献中被形式化的。

4.2 在法律人工智能中打破规则

对任何涉及法律人工智能中的人或一般是人工智能而言，需要打破规则并不足为奇，尽管该问题通常被称为规则可废止性，而不是打破规则或违反规则。在实践中，很少有规则不允许例外，而且并非所有例外都是可预见的，因此，不能将例外预先表示为否定的前件。因此，给定可废止规则"如果 X 是鸟，X 会飞"，就有很多例外：不能飞的鸟（如企鹅、几维鸟和鸵鸟）、某只鸟可能是残疾的或暂时不适、鸟的脚可能被固定在混凝土上、鹦鹉可能已经死了等等。但是，无论我们列出多少种例外，总有可能想到另一种例外，因此需要其他方法来处理可废止性。这种非单调推理是 20 世纪 80 年代和 90 年代初人工智能的主要关注点，并且鉴于在规则前件中列出所有例外情况是不切实际的，因此关键问题就是如何在冲突的规则之间进行仲裁（例如，大多数鸟类会飞的规则，而大多数鸵鸟不会飞的规则）。在相互冲突的规则之间进行裁定的一般规则是偏

---

① 这在经济学上被称为次优理论（Lipsey and Lancaster，1956）。

好更具体的规则（Simari and Loui，1992），与鸵鸟有关的规则更加具体，因此比与鸟类有关的规则更受偏好。在法律人工智能中，有诸如特别法优先原则（优先特定规则）、后法优先原则（优先后来规则而非早期规则）和上位法优先原则（偏好上级来源规则，从国家级到地方级、从最高法院到上诉法院等）（Valente，1995；Prakken，1991）等规则。可以在维赫雅等人（Verheij et al.，1998）的文章中找到法律原则的一般说明及其在解决规范冲突中的用途。解决冲突规则的最后一种方法是通过依赖程序代码中的排序（Sergot et al.，1986）或如帕肯和沙托尔（Prakken and Sartor，1998）通过使用显式优先级规则（源于先例）来明确指出哪个规则具有优先级。

但是，很少有人会将法律人工智能系统作为决策的依据；相反，它们的提出是为了证明法律的字面意义，如塞尔戈等人（Sergot et al.，1986）所述，它们是为了给用户提供可以接受或拒绝的建议，或呈现论证的两面供用户选择，如 HYPO（Ashley，1990）、CATO（Aleven，1997）。一般人工智能的大部分工作都是针对理论推理的，但正如阿特金森和本奇-卡鹏（Atkinson and Bench-Capon，2005）所指出的那样，可以把法律决策视为实践推理。做出法律裁决（Al-Abdulkarim et al.，2016）是一种述行性话语，从奥斯汀（Austin，1975）的意义上讲，这是在执行行动，而不是在进行分类。以这种方式看待法律决策，可以将法律决策视为在两种诉讼中为原告或被告做出判决的选择，从而将其置于如上所述的基于价值的实践推理的范围之内。基于价值的推理实际上有其法律渊源，其基本思想是，规则的强度取决于它所提升的价值及其受众价值之间的偏好。正如本奇-卡鹏（Bench-Capon，2003）所解释的那样，一个论证的可接受性取决于其受众的价值，这一观点来自法理学家佩雷尔曼（Perelman，1971，1980）。伯曼和哈夫纳（Berman and Hafner，1993）在法律人工智能中引入了这个概念，尽管其中的价值被称为目的。伯曼和哈夫纳认为，鉴于相互冲突的先例，应遵循提升偏好目的的先例。这一想法在法律人工智能中得到了发展、在本奇-卡鹏和沙托尔的文章（Bench-Capon and Sartor，2003）中得到了充分体现，并在乔利和本奇-卡鹏的文章（Chorley and Bench-Capon，2005）中进行了实证评估。维赫雅（Verheij，2013）也形式化地［在 Deflog（对 Dung 的抽象论辩理论进行了扩张的一种语言）中］提出了关于价值提升和降级的推理。

4.3　道路交通示例

本节考虑了日常生活中的一个方面，即违反一般规范的情况很常见：驾驶员应靠左行驶的法律（如英国，在许多其他国家则是靠右）。该法律旨在避免碰撞，并因此提升前进与安全的价值。但在旅途中，要保持前进就必须违反该法律：停放的汽车和道路施工等障碍物、需要超过行驶缓慢的车辆和自行车手，以及行人或动物在汽车前的紧急情况都可能会导致驾驶员向右行驶。但是问题仍然存在：何时需要这样做？

这里我们不会给出完整的 AATS，因为它会包含很多我们不需要的状态和细节，但我们会给出足够的片段以便考虑相关情况。我们的 AATS 表示可能出现状态的相关特征。对于示例，我们认为：

- 是否有障碍物以及障碍物是运动的还是静止的（0 = 畅通，1 = 缓慢移动，2 = 静止)。

- 是否有迎面驶来的车辆以及其是否可以安全停车（0＝无迎面驶来的车辆，1＝可以安全停车，2＝不能停车）。
- 我们自己的车辆是否可以安全停车（0＝可以安全停车，1＝无法安全停车）。
- 是否发生①碰撞[0＝无碰撞，1（x，y）＝x与y发生碰撞]。

就行动而言，我们自己的车辆和迎面驶来的车辆都能够继续行驶、变道、停车、减速或驶上人行道。就价值而言，我们考虑自身的前进和安全[P（s）和S（s）]、迎面驶来车辆的前进和安全[P（o）和S（o）]以及该区域内任何行人的安全[S（p）]。

现在考虑存在静止障碍物的状态转换，我们自己和迎面驶来的车辆都可以安全地停下，并且没有碰撞（状态2100）。在这种情况下，如表1所示，有许多涉及自己和迎面驶来车辆的联合行动。此外，如果一辆或两辆车驶上了人行道，行人可能会或可能不会被撞到，这取决于我们是不幸的还是幸运的（通常表示为包括自然的联合行动）。

表1 自己和迎面车辆在状态2100的联合行动

项目		迎面车辆				
		继续	缓慢移动	停车	变道	驶上人行道
自己	继续	J1	J2	J3	J4	J5
	缓慢移动	J6	J7	J8	J9	J10
	停车	J11	J12	J13	J14	J15
	变道	J16	J17	J18	J19	J20
	驶上人行道	J21	J22	J23	J24	J25

行动J1—J15表示自己遵守规范，而J16—J20和J21—J25表示的是违反规范的不同方式。J1—J10都会导致自己与障碍物相撞，从而使P（s）和S（s）降级。J11—J15不会降级S（s），但是会降级P（s）。因此，遵守法律将降级该规范旨在提升的一种或两种价值（尽管它的确允许迎面驶来的车辆继续前行，而不会威胁到其任何价值）。因此，我们应该考虑违反规范。假设我们驶向右行车道。现在，J16和J17会迎面相撞，从而使P（s）、P（o）、S（s）和S（o）全部降级。J18降级P（o）、J19降级P（o）和S（o）。对于不同数量的行人而言，J20可能会或可能不会降级S（p）。同样，J21—J25将危及未知数量行人的安全。因此，我们可以做出选择。如果我们对前进的渴望不足以使我们冒着危及自身安全（以及他人安全）的风险，我们就必须停车。然而，如果我们足够鲁莽，以至于我们对前进的渴望让我们愿意冒碰撞的风险，我们就应该改变车道并希望达到J18，这样当P（o）被降级时就可以避免对安全的威胁。这取决于（通常可接受的）假设：迎面驶来车辆的司机不像我们那么鲁莽。如果我们不相信迎面驶来的车辆会停下来，J20—J25也是可能的，但如果我们撞到行人，这会造成

---

① 碰撞发生在转换过程中。

更严重的事故。在这一点上，我们可以用阿特金森和本奇-卡鹏（Atkinson and Bench-Capon, 2007）的方式为其他以某些方式行事的主体构建论证（即将到来的司机不能像我们那样鲁莽，或者晚上这个时候不会有行人），或者按照阿特金森和本奇-卡鹏（Atkinson and Bench-Capon, 2016）的建议进行期望值计算。在这里，我们大多数人都会选择遵守规范。但是，如果没有迎面驶来的车辆，那么我们就可以变道并违反规范，而不会造成任何安全风险。这将比遵守法律或驶上人行道都好，尽管我们认为不可能有行人在场。因此，基于价值的推理可以告诉我们何时违反规范以及如何违反规范。

5 什么造就了道德受众

正如第4.3节的讨论所显示的，可能存在不止一种道德上可接受的价值排序：道德只能决定部分排序。一些其他排序，例如，在有盈余钱的情况下要求蚱蜢唱歌后还拒绝向它支付对价，这在道德上是不可接受的。① 我们还看到在不同的社会中，不同的规范是如何在环境或成员偏好的驱动下演化的。如果我们要在世界中放开对自主主体的束缚，我们就必须为主体提供一种可接受的排序，以此作为他们推理的基础，以使他们的选择能被他们所处的社会所接受。为了做到这一点，我们需要考虑社会中盛行的价值排序（全部或部分）。正如在有关法律人工智能研究中所指出的那样，法院的判决往往体现了价值排序。判例法的判决往往体现了法官希望表达的价值偏好。伯曼和哈夫纳（Berman and Hafner, 1993）在法律人工智能中引入了这种利用社会目的为司法决策辩护的做法，本奇-卡鹏和沙托尔（Bench-Capon and Sartor, 2003）则对其做了更形式化的介绍。因此，我们可能会将法律视为我们价值排序的一种来源：假设道德排序至少与法律判决中反映的排序是相容的。要注意这种法律排序不一定是静态的，它可能会反映不断变化的社会观点和优先级。正如马歇尔法官在美国最高法院弗曼诉佐治亚州案（408 U.S. 238 1972）中所指出的那样，尽管法院应该受到先例（遵循先例原则）的约束，但遵循先例原则在某些情况下会屈从于不断变化的价值。

从价值排序的意义上来说，已经有几种从案例集中派生受众的方法被提出。AGATHA（Chorley and Bench-Capon, 2005）通过形成一个解释案例集的理论来发现最能解释案例集的价值排序，然后利用本奇-卡鹏和沙托尔（Bench-Capon and Sartor, 2003）的理论构造算子，以便在找到最好的理论之前为解释更多的案例提供一个更好的理论。在本奇-卡鹏等人（Bench-Capon et al., 2007）的论述中，给定VAF和可接受的论证集，可接受的受众（如果有的话）是通过对话博弈来确定的。在那篇论文中，价值排序并不需要完全确定（特定的受众）：期望的论证集被多个受众接受是可能的，这表示为价值的部分排序。在穆迪吉和本奇-卡鹏（Modgil and Bench-Capon, 2008）的讨论中，VAF被改写为元级论证框架（Modgil and Bench-Capon, 2010），基于改写框架进行对话博弈可以从中生成或形成价值排序。如果需要，我们可以使用穆迪吉（Modgil, 2009）

---

① 如果我们要适应不同社会或同一社会在不同时期表现出的不同偏好的事实，同时又要避免"怎么都行"的极端相对主义立场，这一点就显得尤为重要。

的扩张论证框架为价值排序提供显式论证,该论证框架允许攻击"攻击关系"以及论证。

与法律案件一样,我们可以运用从行动选择中得出角色动机的技术,从故事中识别被认可的价值排序,该技术最初旨在解释贝克斯等人(Bex et al.,2009)涉及法律案件的人的行为。就像本文所讨论的寓言故事一样,故事通常被用来说服人们接受特定的价值排序。贝克斯和本奇卡鹏(Bex and Bench-Capon 2014),以及贝克斯等人(Bex et al.,2014)都探讨了使用说教故事作为价值排序论证的概念。由于寓言这样的故事就是专门为了提倡特定的价值排序而写的,所以它们非常契合我们的目的。相关价值通常是明确的,明智的选择和正确的决定都被清楚地标记出来,因而对其所推荐的偏好几乎没有怀疑的余地。

在此,我们并不建议使用数据挖掘或机器学习的方法。尽管这种方法可以从以事实和结果表示的案例集中发现规范(Wardeh et al.,2009),但发现的规范的权威性来自数据集中的支持量。它们适合寻找规则,但不适合寻找例外,我们感兴趣的是需要违反规范的例外情况。然而,在法律上,如果有关当局在适当级别中做出决策,则单个案件可能形成重要先例。正如他们所做的,由此我们可识别现有规范的明显例外、缩小差距并解决冲突、揭示或选择价值排序。

如上所述,这些方法产生的可能不是特定受众,而是受众集,所有这些都符合并解释了当前的决策。如果是这样,就会出现这样的问题:从相同受众中抽取所有主体是可取的还是不可取的?在多主体系统中,统一受众就是将设计者关于什么是道德的看法强加于人,但在人类社会中,则会产生一种同质的、墨守成规的文化。然而通常情况下,一定程度的多样性可能会被证明是受欢迎的,其会使不同的主体能够扮演不同的社会角色。涂尔干(Durkheim,1893)认为先进的社会促进了专业化分工和劳动分工。这可以通过未来的实证研究来确定。

6 讨论

我们在思考规范的基础时有必要超越规范本身,并在特定社会中思考其基本原理。我们认为,将基于价值的实践推理应用于以 AATS + V 表示的社会模型中,能够为这类推理提供建模机制。目前,关于规范生成和规范设计的许多工作,要么是通过模拟公共物品博弈,要么是如肖汉姆和丁尼霍尔茨(Shoham and Tennenholtz,1997)通过证明这类博弈的相关性质,要么是如伍尔德里奇和范·德·霍克(Wooldridge and Van Der Hoek,2005)通过对状态转换图进行模型检验完成的。第一种方法提供了一些见解,但必要的简化和对主体同质性的假设表明该方法存在局限性。博弈实验中的经验观察到的人们的行为并不支持所使用的模型(Engel,2011)的独裁者博弈和奥斯特贝克等人(Oosterbeek et al.,2004)的最后通牒博弈,这一事实强化了这些怀疑。第二种方法认为,主体是高度目标导向的,并倾向于通过删除表示禁止行为的转换来简化其对规范的表示。这意味着它在证明如遵守规范时的有效性和活性以及检验规范的设计等系统性质方面非常有效,但在解释规范的起源以及主体为什么想要追求它们等方面就没有那么大的优势了。如果我们正在寻找一个理由（不是实用主义的理由）以便说服规范主体，而不是简单地接受设计者强加的规范，这就有问题了。我们认为基于价值的论证为所涉及的推理提供了更详细的描述，因此能够更好地解释不同社会结构中生成的规范以及它们是如何被辩护的。

在第 3 节中，我们描述了如何通过将基于价值的论证应用到一个简单社会的情景模型中来为两个规范辩护。一个是初始规范，而另一个则提供了一种自然方式来惩罚违反初始规范的行为（以及清除违规者的方式）。我们认为，尽管该模型很简单，但它对原始农业社会而言并非不切实际的。随后，我们描述了如何使模型更复杂以生成其他规范，更重要的是需要引入其他价值（其中一些可能是通过价值排序而不是行动来提升和降级的元价值），并在价值和行动中进行更详细的区分。因此，play 被分为对社会有益的 playa 和放纵的 playd，并且根据参与交易主体的关系区分诚实价值的需求可能变得更显而易见。不幸的是，提供详细的模型以及它们所支持的具体论证超出了本文的范围〔参阅 Atkinson and Bench-Capon（2016）关于讨论不同的价值配置如何导致最终通牒博弈中的不同行为〕：这里所能做的就是勾勒将其他元素添加到模型中会如何形成不同规范，从而使过程更具风味。

我们认为这种详细的模型确实为分析和解释社会发展提供了一种富有成果的方式。例如，我们这里的叙述与涂尔干（Durkheim，1893）发现的社会发展的叙述非常吻合。涂尔干认为，在原始社会中，人们会以集体或共同的良知行事和思考，这可以维持社会秩序。在这样的社会中，法律往往具有高度的压制性。这两种方式都适用于第 3 节所提出的模型，即所有人都要遵守规范（SN1）、违法者都会得到 SN2 死刑的有效惩罚。涂尔干还认为，在一个先进的、工业的、资本主义的社会中，复杂的分工意味着人们在社会中是根据绩效和奖励进行分配的，多样性会受到拥护而不是反对。这与我们对随着盈余产品增加而形成的规范以及 SN6 支持交易而形成的规范的讨论相一致，这会导致服务工作而非食品生产的普遍性和多样性不断增加。例如，在这一框架内，我们可以探讨当盈余是由生产力普遍提高而产生时，以及如 16 世纪的西班牙一样，当盈余是由外部财富增加导致的结果时出现的不同规范。还要注意，复杂的社会需要加强合作（由 SN6 等规范和信任、诚实等价值所支持），并倾向于加强主体间的商业往来。我们在亨里奇等人（Henrich et al.，2001）最后通牒博弈的研究中发现，正是这两个因素导致了与经典模型的最大偏差。这就支持了这样一种观点，即社会越复杂，简单的公共物品博弈所提供的模型就越不充分。因此，即使其很好地说明了初始规范是如何出现的，但要研究其发展可能仍需要更精细的方法。

7 结语

我们在本文的主张是，随着主体表现出越来越多的自主权，并开始（例如，无人机和无人驾驶汽车）与现实世界进行越来越多的互动时，他们需要有能力明确地使用规范进行推理，以便他们可以发现需要他们违反规范的情况，并选择最好的方式来违反它们。虽然管制系统和严格遵循固定规则对于在封闭环境中具有有限自主权的主体而言是足够的，但并不足以使主体参与到可能被要求做出生死抉择的现实世界。我们进一步指出，提供这种能力的一种方法是利用过去 10 年发展起来的基于价值的实践推理技术。这些技术有可能解释为什么一个特定社会有它自己的规范，以及何时、如何违反这些规范。

本文还提供了许多方法，这些方法使得各种社会的价值排序可以从这些社会所作的法律决策和讲述的故事中得到。请注意，我们期待文化之间和文化内部的差异，以及其随着时间推移而发生的演变。这些问题可以通过劳埃德-凯利等人（Lloyd-Kelly et al.，2012）和穆罕默德等人（Mahmoud et al.，2015）的模拟研究来讨论和检验。如果要进行更详细的定性评估的话，可以将开发的技术应用于经典的道德困境，例如，是否允许糖尿病人从另一个人那里窃取胰岛素［克里斯蒂（Christie，2012）讨论的哈尔和卡拉案（the Hal and Carla case）］，以及最初由福特（Foot，2002）提出和最近由邦尼丰等人（Bonnefon et al.，2016）重新讨论的菲利普·福特电车难题。

今后的工作需要研究基于价值的推理的几个方面，包括诱导价值排序、考虑提升和降级价值的程度，以及如何将价值排序应用于与最初生成价值排序情况不同的情况（以某种有形的方式暗示新颖性）。我们还希望使用扩张的论证框架来建模使价值偏好显式化的效果，并使得人们可以讨论不同的价值偏好。

参考文献

AAMODT A, PLAZA E, 1994. Case-based reasoning: foundational issues, methodological variations, and system approaches [J]. AI communications, 7 (1): 39 – 59.

AESOP, 1909. Fables, retold by Joseph Jacobs, volume Vol. XVII, Part 1 [M]. New York: P. F. Collier & Son.

AL-ABDULKARIM L, ATKINSON K, BENCH-CAPON T, 2016. Statement types in legal argument [C] //Proc JURIX 2016. The twenty-ninth annual conference. Amsterdam: IOS Press: 3 – 12.

ALEVEN V, 1997. Teaching case-based argumentation through a model and examples [D]. Pittsburgh: University of Pittsburgh.

ALUR R, HENZINGER T, KUPFERMAN O, 2002. Alternating-time temporal logic [J]. Journal of the ACM, 49 (5): 672 – 713.

AQUINAS T, 2012. Summa theologica (written 1265 – 74) [M]. Newark: Authentic Media Inc.

ARISTOTLE, 1962. The Nicomachean ethics of Aristotle [M]. London: Heinemann.

ASHLEY K, 1990. Modelling legal argument: Reasoning with cases and hypotheticals [M]. Cambridge: Bradford Books / MIT Press.

ASIMOV I, 1950. I, Robot [M]. New York: Bantam Books.

ATKINSON K, BENCH-CAPON T, 2005. Legal case-based reasoning as practical reasoning [J]. Artificial intelligence and law, 13 (1): 93 – 131.

ATKINSON K, BENCH-CAPON T, 2007. Practical reasoning as presumptive argumentation using action based alternating transition systems [J]. Artificial intelligence, 171 (10 – 15): 855 – 874.

ATKINSON K, BENCH-CAPON T, 2008. Addressing moral problems through practical reasoning [J]. Journal of applied logic, 6 (2): 135 – 151.

ATKINSON K, BENCH-CAPON T, 2014. Taking the long view: looking ahead in practical reasoning

[C]//PARSONS S, OREN N, REED C, et al. Computational models of argument—proceedings of COMMA 2014, volume 266 of frontiers in artificial intelligence and applications. Amsterdam: IOS Press: 109 – 120.

ATKINSON K, BENCH-CAPON T, 2016. States, goals and values: revisiting practical reasoning [J]. Argument and computation, 7 (2 – 3): 135 – 154.

ATKINSON K, BENCH-CAPON T, 2016. Value based reasoning and the actions of others [C]//22nd European conference on artificial intelligence. Amsterdam: IOS Press: 680 – 688.

ATKINSON K, BENCH-CAPON T, MODGIL S, 2006. Argumentation for decision support [C]// BRESSAN S, KÜNG J, WAGNER R. Proceedings of 17th DEXA conference, volume 4080 of lecture notes in computer science. Berlin: Springer: 822 – 831.

AUSTIN J L, 1975. How to do things with words [M]. Oxford: Oxford University Press.

AXELROD R, 1986. An evolutionary approach to norms [J]. American political science review, 80 (4): 1095 – 1111.

AXELROD R, 1987. The evolution of cooperation [M]. New York: Basic Books.

BENCH-CAPON T, 2003. Persuasion in practical argument using value-based argumentation frameworks [J]. Journal of logic and computation, 13 (3): 429 – 448.

BENCH-CAPON T, 2011. Relating values in a series of Supreme Court decisions [C]//ATKINSON K. Legal knowledge and information systems. JURIX 2011: the 24th annual conference. Amsterdam: IOS Press: 13 – 22.

BENCH-CAPON T, 2015. Transition systems for designing and reasoning about norms [J]. Artificial intelligence and law, 23 (4): 345 – 366.

BENCH-CAPON T, 2016a. Value-based reasoning and norms [C]//22nd European conference on artificial intelligence. Amsterdam: IOS Press: 1664 – 1665.

BENCH-CAPON T, 2016b. Value-based reasoning and norms [C]//Artificial intelligence for justice. Amsterdam: IOS Press: 9 – 17.

BENCH-CAPON T, ATKINSON K, CHORLEY A, 2005. Persuasion and value in legal argument [J]. Journal of logic and computation, 15 (6): 1075 – 1097.

BENCH-CAPON T, ATKINSON K, MCBURNEY P, 2012. Using argumentation to model agent decision making in economic experiments [J]. Autonomous agents and multi-agent systems, 25 (1): 183 – 208.

BENCH-CAPON T, DOUTRE S, DUNNE P, 2007. Audiences in argumentation frameworks [J]. Artificial intelligence, 171 (1): 42 – 71.

BENCH-CAPON T, MODGIL S, 2016a. Rules are made to be broken [C]//Artificial intelligence for justice. Amsterdam: IOS Press: 18 – 21.

BENCH-CAPON T, MODGIL S, 2016b. When and how to violate norms [C]//BEX F, VILLATA S. Legal knowledge and information systems. JURIX 2014: the 29th annual conference. Amsterdam: IOS Press: 43 – 52.

BENCH-CAPON T, PRAKKEN H, VISSER W, 2011. Argument schemes for two-phase democratic deliberation [C]//Proceedings of the 13th international conference on artificial intelligence and law. New York: ACM Press: 21 – 30.

BENCH-CAPON T, SARTOR G, 2003. A model of legal reasoning with cases incorporating theories and values [J]. Artificial intelligence, 150 (1): 97 – 143.

BERMAN D, HAFNER C, 1993. Representing teleological structure in case-based legal reasoning: the missing link [C]//Proceedings of the 4th international conference on artificial intelligence and law. New

York: ACM Press: 50 – 59.

BEX F, ATKINSON K, BENCH-CAPON T, 2014. Arguments as a new perspective on character motive in stories [J]. Literary and linguistic computing, 29 (4): 467 – 487.

BEX F, BENCH-CAPON T, 2014. Understanding narratives with argumentation [C] //PARSONS S, OREN N, REED C, et al. Computational models of argument—proceedings of COMMA 2014, volume 266 of frontiers in artificial intelligence and applications. Amsterdam: IOS Press: 11 – 18.

BEX F, BENCH-CAPON T, ATKINSON K, 2009. Did he jump or was he pushed? [J]. Artificial intelligence, 17 (2): 79 – 99.

BICCHIERI C, 2005. The grammar of society: the nature and dynamics of social norms [M]. Cambridge: Cambridge University Press.

BINMORE, K, 1998. Review of Robert Axelrod Complexity and Cooperation [J]. Journal of artificial societies and social simulation, 1 (1).

BOER A, 2014. Punishments, rewards, and the production of evidence [C] //HOEKSTRA R. Legal knowledge and information systems. JURIX 2014: the 27th annual conference. Amsterdam: IOS Press: 97 – 102.

BONNEFON J F, SHARIFF A, RAHWAN I, 2016. The social dilemma of autonomous vehicles [J]. Science, 352 (6293): 1573 – 1576.

BONNEFON J F, SHARIFF A, R I, 2016. The social dilemma of autonomous vehicles [J]. Science, 352 (6293): 41573 – 41576.

BOSŇAČKI D, DAMS D, 1998. Discrete-time promela and spin [C] //Formal techniques in real-time and fault-tolerant systems. Berlin: Springer: 307 – 310.

BRATMAN M, 1999. Intention, plans, and practical reason [M]. Cambridge: Cambridge University Press.

BROERSEN J, 2014. Responsible intelligent systems [J]. KI-Künstliche Intelligenz, 28 (3): 209 – 214.

BROERSEN J, DASTANI M, HULSTIJN J, et al., 2001. The BOID architecture: conflflicts between beliefs, obligations, intentions and desires [C] //Proceedings of the 5th international conference on autonomous agents. New York: ACM Press: 9 – 16.

BURGEMEESTRE B, HULSTIJN J, TAN Y H, 2011. Value-based argumentation for justifying compliance [J]. Artificial intelligence and law, 19 (2 – 3): 149 – 186.

CARTWRIGHT D, ATKINSON K, 2009. Using computational argumentation to support e-participation [J]. IEEE intelligent systems, 24 (5): 42 – 52.

CHORLEY A, BENCH-CAPON T, 2005. An empirical investigation of reasoning with legal cases through theory construction and application [J]. Artificial intelligence and law, 13 (3 – 4): 323 – 371.

CHORLEY A, BENCH-CAPON T, MCBURNEY P, 2006. Automating argumentation for deliberation in cases of conflict of interest [C] //DUNNE P, BENCH-CAPON T. Computational models of argument—proceedings of COMMA 2006, volume 144 of frontiers in artificial intelligence and applications. Amsterdam: IOS Press: 279 – 290.

CHRISTIE G, 2012. The notion of an ideal audience in legal argument [M]. Berlin: Springer.

DENNET D, 1995. Darwin's dangerous idea [M]. New York: Simon & Schuster.

DENNIS L A, FISHER M, SLAVKOVIK M, et al., 2016. Formal verification of ethical choices in autonomous systems [J]. Robotics and autonomous systems, 77: 1 – 14.

DUNG P M, 1995. On the acceptability of arguments and its fundamental role in nonmonotonic reasoning, logic programming and n-person games [J]. Artificial intelligence, 77 (2): 321 -357.

DUNNE P, 2010. Tractability in value-based argumentation [C] //BARONI P, CERUTTI F, GIACOMIN M, et al. Computational models of argument—proceedings of COMMA 2010, volume 216 of frontiers in artificial intelligence and applications. Amsterdam: IOS Press: 195 -206.

DURKHEIM E, 2014. The division of labor in society [M]. New York: Simon & Schuster.

ENGEL C, 2011. Dictator games: a meta study [J]. Experimental economics, 14 (4): 583 -610.

FOOT P, 2002. Virtues and vices and other essays in moral philosophy [M]. Cambridge: Cambridge University Press.

GARCEZ A, GABBAY D, LAMB L, 2005. Value-based argumentation frameworks as neural-symbolic learning systems [J]. Journal of logic and computation, 15 (6): 1041 -1058.

GARDNER AVDL, 1984. Artificial intelligence approach to legal reasoning [M]. Cambridge: MIT Press.

GOVERNATORI G, 2015. Thou shalt is not you will [C] //Proceedings of the 15th international conference on artificial intelligence and law. New York: ACM Press: 63 -68.

GRASSO F, CAWSEY A, JONES R, 2000. Dialectical argumentation to solve conflicts in advice giving: a case study in the promotion of healthy nutrition [J]. International journal of human-computer studies, 53 (6): 1077 -1115.

HARE R M, 1965. Freedom and reason [M]. Oxford: Oxford Paperbacks.

HART H, 2012. The concept of law [M]. Oxford: Oxford University Press.

HENRICH J, BOYD R, BOWLES S, et al. , 2001. In search of homo economicus: behavioral experiments in 15 small-scale societies [J]. American economic review, 91 (2): 73 -78.

HOBBES T, 1651. Leviathan [M]. Leicester: Scolar Press.

JONES A, SERGOT M, 1992. Deontic logic in the representation of law: towards a methodology [J]. Artificial intelligence and law, 1 (1): 45 -64.

KANT I, 1998. Kant: Groundwork of the metaphysics of morals [M]. Cambridge: Cambridge University Press.

LEVESQUE H J, COHEN P R, NUNES J H, 1990. On acting together [C] //Proceedings of the 8th national conference on artificial intelligence. Palo Alto: AAAI Press: 94 -99.

LIPSEY R, LANCASTER K, 1956. The general theory of second best [J]. Review of economics studies, 24 (1): 11 -32.

LLOYD-KELLY M, ATKINSON K, BENCH-CAPON T, 2014. Fostering co-operative behaviour through social intervention [C] //Proceedings of (SIMULTECH). New York: IEEE: 578 -585.

LOEWENSTEIN G, 1999. Experimental economics from the vantage-point of behavioural economics [J]. Economic journal, 109 (453): 25 -34.

LOUI R P, NORMAN J, 1995. Rationales and argument moves [J]. Artificial intelligence and law, 3 (3): 159 -189.

MAHMOUD S, GRIFFITHS N, KEPPENS J, et al. , 2015. Establishing norms with metanorms in distributed computational systems [J]. Artificial intelligence and law, 23 (4): 367 -407.

MODGIL S, 2009. Reasoning about preferences in argumentation frameworks [J]. Artificial intelligence, 173 (9): 901 -934.

MODGIL S, BENCH-CAPON T, 2008. Integrating object and meta-level value based argumentation

[C]//BESNARD P, DOUTRE S, HUNTER A. Computational models of argument—proceedings of COMMA 2008, volume 172 of frontiers in artificial intelligence and applications. Amsterdam: IOS Press: 240-251.

MODGIL S, BENCH-CAPON T, 2010. Metalevel argumentation [J]. Journal of logic and computation, 21 (6): 959-1003.

MOOR J H, 2006. The nature, importance, and difficulty of machine ethics [J]. IEEE intelligent systems, 21 (4): 18-21.

NAWWAB F, BENCH-CAPON T, DUNNE P, 2008. A methodology for action-selection using value-based argumentation [C]//BESNARD P, DOUTRE S, HUNTER A. Computational models of argument—proceedings of COMMA 2008, volume 172 of frontiers in artificial intelligence and applications. Amsterdam: IOS Press: 264-275.

NOFAL S, ATKINSON K, DUNNE P E, 2014. Algorithms for decision problems in argument systems under preferred semantics [J]. Artificial intelligence, 207: 23-51.

OOSTERBEEK H, SLOOF R, VAN DE KUILEN G, 2004. Cultural differences in ultimatum game experiments: evidence from a meta-analysis [J]. Experimental economics, 7 (2): 171-188.

PAYNE T, TAMMA V, 2015. Using preferences in negotiations over ontological correspondences [C]//PRIMA 2015: principles and practice of multi-agent systems. Berlin: Springer: 319-334.

PERELMAN C, 1971. The new rhetoric [M]. Berlin: Springer.

PERELMAN C, 1980. Justice, law and argument: essays on moral and legal reasoning [M]. Hingham, Ma.: D. Reidel Pub. Co.

PRAKKEN H, 2002. An exercise in formalising teleological case-based reasoning [J]. Artificial intelligence and law, 10 (1-3): 113-133.

PRAKKEN H, SARTOR G, 1998. Modelling reasoning with precedents in a formal dialogue game [J]. Artificial intelligence and law, 6 (2-4): 231-287.

RAPOPORT A, CHAMMAH A, 1965. Prisoner's dilemma: a study in conflict and cooperation, vol 165 [M]. Michigan: University of Michigan Press.

RAZ J, 1979. Practical reasoning [M]. Oxford: Oxford University Press.

ROTH A, MURNIGHAN J K, 1978. Equilibrium behavior and repeated play of the prisoner's dilemma [J]. Journal of mathematical psychology, 17 (2): 189-198.

RUSSELL S, DEWEY D, TEGMARK M, 2016. Research priorities for robust and beneficial artificial intelligence: an open letter [J]. AI magazine, 36 (4): 3-4.

SARTOR G, 2010. Doing justice to rights and values: teleological reasoning and proportionality [J]. Artificial intelligence and law, 18 (2): 175-215.

SAVARIMUTHU B, PURVIS M, PURVIS M, et al., 2008. Social norm emergence in virtual agent societies [C]//Declarative agent languages and technologies Ⅵ. Berlin: Springer: 18-28.

SEN S, AIRIAU S, 2007. Emergence of norms through social learning [C]//IJCAI 2007, Proceedings of the 20th international joint conference on artificial intelligence. San Francisco: Morgan kaufmann: 1507-1512.

SERGOT M J, SADRI F, KOWALSKI R A, et al., 1986. The British Nationality Act as a logic program [J]. Communications of the ACM, 29 (5): 370-386.

SHOHAM Y, TENNENHOLTZ M, 1997. On the emergence of social conventions: modeling, analysis, and simulations [J]. Artificial intelligence, 94 (1): 139-166.

SIMARI G R, LOUI R P, 1992. A mathematical treatment of defeasible reasoning and its implementation [J]. Artificial intelligence, 53 (2-3): 125-157.

SIMON H A, 1978. Rationality as process and as product of thought [J]. American economic review, 68 (2): 1-16.

SKYRMS B, 2014. Evolution of the social contract [M]. Cambridge: Cambridge University Press.

TREMBLAY J, ABI-ZEID I, 2016. Value-based argumentation for policy decision analysis: methodology and an exploratory case study of a hydroelectric project in Québec [J]. Annals of operations research, 236 (1): 233-253.

TROJAHN C, QUARESMA P, VIEIRA R, 2008. An extended value-based argumentation framework for ontology mapping with confidence degrees [C] //RAHWAN I, PARSONS S, REED C. Argumentation in multiagent systems 2007, volume 4946 of lecture notes in computer science. Berlin: Springer: 132-144.

ULLMANN-MARGALIT E, 1977. The emergence of norms [M]. Oxford: Clarendon Press.

URMSON J, 1953. The interpretation of the moral philosophy of js mill (1950-) [J]. Philosophical quarterly, 3 (10): 33-39.

VALENTE A, 1995. Legal knowledge engineering: a modelling approach [M]. Amsterdam: IOS Press.

VAN DEN HOVEN J, LOKHORST G J, 2002. Deontic logic and computer-supported computer ethics [C] //MOOR J, BYNUM T W. Cyberphilosophy: the intersection of philosophy and computing. New Jersey: Blackwell: 376-386.

VAN DER HOEK W, ROBERTS M, WOOLDRIDGE M, 2007. Social laws in alternating time: effectiveness, feasibility, and synthesis [J]. Synthese, 156 (1): 1-19.

VAN DER WEIDE T, DIGNUM F, MEYER J-J C, et al., 2011. Multi-criteria argument selection in persuasion dialogues [C] //Proceedings of the 10th international conference on autonomous agents and multiagent systems (AAMAS 2011). Berlin: Springer: 136-153.

VERHEIJ B, 2013. Arguments about values [M] //ATKINSON K, PRAKKEN H, WYNER A. From knowledge representation to argumentation in AI, law and policy making. A festschrift in honour of trevor bench-capon on the occasion of his 60th birthday. [S. l.]: College Publications: 243-257.

VERHEIJ B, 2016. Formalizing value-guided argumentation for ethical systems design [J]. Artificial intelligence and law, 24 (4): 387-407.

VERHEIJ B, HAGE J C, VAN DEN HERIK H J, 1998. An integrated view on rules and principles [J]. Artificial intelligence and law, 6 (1): 3-26.

WALKER A, WOOLDRIDGE M, 1995. Understanding the emergence of conventions in multi-agent systems [C] //Proceedings of the 1st international conference on multi-agent systems. Cambridge: MIT Press: 384-389.

WARDEH M, BENCH-CAPON T, COENEN F, 2009. Padua: a protocol for argumentation dialogue using association rules [J]. Artificial intelligence and law, 17 (3): 183-215.

WOOLDRIDGE M, 2009. An introduction to multiagent systems [M]. Hoboken: Wiley.

WOOLDRIDGE M, VAN DER HOEK W, 2005. On obligations and normative ability: towards a logical analysis of the social contract [J]. Journal of applied logic, 3: 396-420.

ZUREK T, 2017. Goals, values, and reasoning [J]. Expert systems with applications, 71: 442-456.

法律人格的边界：自发智能如何解决人类、人工智能、公司和动物之间的差异问题[*]

陈家宏　保罗·伯吉斯　文　潘润庭　刘云翔　译

摘　要：在这篇论文中，我们确立了一种使法律人格的各种形式能够彼此区分开来的方法，这个方法让这些实体与一个——不是很牵强的——假设情形进行比较。在这个情形中，智能在互联网内自发（即没有人类来设计）地发展，即自发智能（SI）。在这些术语中，我们考虑到了把自发智能作为一个实体可能引起的挑战：没有拥有者，没有设计者，也没有控制者；是自动的；没有物理形式；以及，尽管它存在于世界各地，但并不存在于任何特定的司法管辖区。基于自发智能这个精炼的概念，我们考查了与识别这样一个实体的法律人格相关的问题。通过简要探讨法律人格的一些归属，即各种实体[包括人类、公司、（各种形式的）人工智能（AI）和更高级形式的动物生命]，我们从其他的智能形式中区分自发智能，同时说明它与人类智能共同享有大部分特征，而不是像直觉上所认为的那样，与各种形式的人工智能共享大部分特征。在批判性地评价了对智能的各种形式的分类之后，我们简要地展现了这些区别的一些分支结果影响，并且提出，本文所采取的方法也许有助于在已经被识别为法人的实体之间，以及在实体的子类别之间划一条更有效的界线，正如在各种形式的人工智能之间所划出的那样。

关键词：法律人格　人工智能　自发智能　非人类动物　公司

我无法想象人工智能在互联网上自发进化，但我不能告诉你它还没有发生……因为，它不一定会向我们显露出来。[①]

1　引论

在获奖的短篇小说《请来点猫咪图片》（*Cat Pictures Please*）（Kritzer，2015）中，

---

[*] 本文原文为 Jiahong Chen, Paul Burgess, 2019, "The Boundaries of Legal Personhood: How Spontaneous Intelligence Can Problematise Differences between Humans, Artificial Intelligence, Companies and Animals", *Artificial Intelligence and Law*, 27: 73-92。该文属"知识共享许可协议 4.0"（the Creative Commons Attribution 4.0）下的开放获取内容，相关链接请参见：http://creativecommons.org/licenses/by/4.0。

作者：陈家宏（Jiahong Chen），谢菲尔德大学法律系讲师，研究方向为法律和技术之间的交叉，特别是数据保护法、网络安全法、法律和人工智能、数据伦理和互联网监管；保罗·伯吉斯（Paul Burgess），伦敦大学学院法律系公法和人权专业的高级讲师，研究方向为法治与民主、人工智能的交集。

译者：潘润庭，中山大学哲学系逻辑学专业 2019 级硕士研究生；刘云翔，中山大学哲学系逻辑学专业 2021 级硕士研究生。

[①] 摘自《赫尔佐格》（*Herzog*）中对丹尼·希利斯（Danny Hillis）的采访（2016）。

一个人工智能（AI）自发地从搜索引擎系统中获得意识，觉醒后发现自己喜欢猫咪的图片，并且想秘密地帮助人们。这个智能是人工的，因为它是从人类创造的系统中产生的。同时，也可以说，这个智能并不是完全人工的，因为它并没有被设计成具有意识——事实上，没有人知道它已经获得了意识。我们把这种假想的智能称为自发智能（SI），下文将进一步对其进行定义。现在，让我们假设有这样一个自发智能，它不仅决定向人类社会展示自己，而且还决定寻求某种形式的社会认可，比如承认它是一个法律人格实体（legal person）。如果由你来决定应对这个请求，你将如何解释为什么应该或不应该给予它法律人格属性？

如果这还不够让你兴奋的话，你还需要处理一个普通人工智能或其制造商提出的类似呼吁。事实上，这种情况正在变得不再是完全虚构的。在2018年3月，亚利桑那州一名行人死亡事件之后（Wakabayashi，2018），法律人格和人工智能的话题——尤其是与自动驾驶汽车有关时——比以往任何时候都更多地被推到了公众的视野中。[①] 作为决策者，一个类似的问题被带到了你面前：在什么条件下，我们应该将人工智能视为公认的法律人格实体，或者不将人工智能视为法律人格实体？

上文所提出的假设性案例并不是为了开启高度复杂的辩论，例如，关于承认有意识的智能是人的伦理问题，或者关于智能主体行为的法律责任。相反，我们为自己设定了一个相当温和的目标：在确定现有法人观念可以彼此区分的某些方式的过程中提供帮助。然而，这个温和的目标在（一般来说）对法律人格的分类和（更具体地）对人工智能的分类方面有一些更广泛的影响，特别是当自发智能的潜在存在被视为法律人格实体时。简而言之，在过去的几个世纪中，少数已经存在且仅略有扩大的法律人格类别可能需要在不久的将来以指数级的方式扩张，以适应对人工智能的法律人格采取不一概而论的做法的状态。

我们通过探讨传统上认可的法律人格的形式与那些确实或可能寻求将法人地位归于非传统上认可的实体的说法之间的相对差异的方式来说明这一点。这就是本文开头介绍自发智能的起因。通过引入自发智能这个假设性的概念，我们探讨并阐明了其他每个实体的法律人格所必要的特征差异。所揭示出的与自发智能有关的差异是如此的不同，以至于表明现有的类别不能够被——切合实际地——扩展。不可否认的是，国家可以在其认为必要的基础上将法律人格的类别扩大到包括几乎任何实体，但这并不是对国家权力的有意义的行使。结果是得出结论，表明新技术的法律人格——它将在未来的责任归属中发挥关键作用——不必从现有的法律人格类别中外推或类比，目前所公认的法律人格实例——尽管在直觉上可能被视为相似——可能无法为构建新的法律人格提供有用的甚至是模糊的相似基础。这说明，在将讨论带回到假设性较低的构造说明时，实体的分类不是绝对的。我们所确定的界限或许也应扩展到各种实体内部，因为，例如，考虑到人工智能形式和类型之间的差异，我们不应该假定，将法律人格归于一个人工智能应该被解释为是与（更一般的）人工智能相关的东西。我们通过使用一个假设（如这里所采

[①] 关于在欧洲通过拟议中的法律内容赋予人工智能法律人格的想法被赋予了"前所未有的地位"的观点，见布莱森等人的文章（Bryson et al.，2017）。

用的假设），与从现有法人资格类别中进行推理相比，可以更轻松地识别此问题。实际上，这表明法律人格的类别，虽然在历史上有相对明确的界定且大体上是静止的，但可能需要显著地扩大，以纳入大量的和典型的潜在新实体。

在我们开始探讨理论上的考虑和推演之前，我们有必要为自发智能的含义提供一个粗略的概念。它可以被宽泛地定义为互联网内的一种智能，它的出现没有经过人类行为者的控制或设计。我们所提出的自发智能的概念是极端的，但不是反乌托邦的；尽管我们提出了一个至少与人类思想相当的智能的概念，但我们没有兴趣提出一个未来（不管它可能被一些人认为是多么令人信服或逻辑上多么不可避免①），在这个未来中，存在一个只想毁灭人类的智能。我们想象的是一种更温和的智能，它像绝大多数智能一样，只寻求存在，而没有巨大的欲望。这可能被看作一个非常无趣的科幻故事，但却揭示了一些关于自发智能地位和分类的有趣的理论问题：自发智能应该如何在法律上得到承认？什么样的司法考虑将会、能够或应该发挥作用？现有的法律人格类别是否在这方面提供了任何指导？通过提出和回答这些问题以及其他一些问题，我们不仅说明了不能将自发智能归入现有的法律人格类别，还必须将其视为一个单独的类别，而且还说明了只是这样做的话可能无法促进一个完全有效的监管制度的发展。通过这种做法，传统实体（人类和公司）与较新的或新承认的实体（人工智能和非人类动物）之间的界限，或至少是实质性的差异，就会更加鲜明地成为焦点。

在接下来的讨论中，我们首先要解释一下我们所说的自发智能是什么意思。在探讨自发智能不同于其他实体的原因之前，我们先引出实体与人工智能的区别，这些实体被几乎所有人或部分人在法律上认可或可能被法律认可：人类、公司结构、更高级形式的动物生命。通过考虑一些可被视为与这些实体相关的必要条件的特征，我们阐明了自发智能与每个实体之间的相对差异，并且证明，由于所提出的假设实体的独特性质，自发智能并不属于任何一个已有的类别。当然，如上文所简要指出的，我们在各法律人格的主体之间所确定的条件与未来将法律人格身份归于任何实体之间并没有绝对的联系；未来的法律人格类别，并不要求满足任何条件。但有一点是清楚的，那就是国家几乎总是需要一个令人信服的理由（无论是以前存在的理由，还是社会变革时期的新理由）才能承认新的法律人格的类型。正是由于这种基本上是开放式的概念结构受制于未来的发展，所以我们并不试图为我们所探讨的各种实体划出一个法律人格的概念核心。这种分析只提供了建议，因为我们明白，毕竟我们所处理的是（有些人会认为）一定程度上牵强附会的假设。然而，这里概述的理由和分类可以产生一个更具体的好处，它可以帮助人们为其他一些不太牵强的类别划定界限：通过说明一个自发智能的法律人格的存在和性质，有可能更清楚地阐明其他法律实体的法律人格类别的界限。

从这一短暂的审查中，我们得出了一个最初可能被视为反直觉的结论：与人工智能相比，自发智能与人类有更多的共同特征，这与其他被承认了的法律人格的非人类实体有明显的不同。此外，自发智能的非人工制造的和无目的性（与人类共享而不与人工智能或公司共享的特征）可能在理论和实践上都有深刻的影响。这些差异形成了界限，

---

① 对于人工智能未来的一些相对悲观的预测，可以参考巴拉特、查斯的文章（Barrat, 2013；Chace, 2015）。

可以用来区分法律人格的类别，也可以清楚地说明不同的实体在法律人格方面需要不同形式的承认。此外，同样明显的是，可能被视为直观联系的实体不能被假定为在法律人格方面归为同一理由：人工智能和自发智能并不像最初人们想象的那样相似；从与作为法律人格主体的人类的比较方面来看（尽管我们并不建议自发智能在每一个甚至大多数方面都必然与人类立即相似），人工智能显然比自发智能更容易与人类相区别。现有的法人形式不能简单地被扩展或修改，新的实体需要新的解决方案。在本文的最后，我们还提出，这种区分可能还需要在类别内适用，例如，将法律人格归属于自动驾驶汽车类别，不应被视为人工智能法律人格问题的一个一刀切的解决方案。

2 自发智能：它是什么（以及它不是什么）

初步花一些时间更清楚地界定我们谈论自发智能时的含义是有用的。这样做时，至少在最初的时候，单独考虑这个概念的两个部分是有帮助的："自发"和"智能"。

我们认为，合适的自发性的概念与哈耶克式的自发秩序的术语有关：它来自人类的行动，而不是人类的设计。① 这必然意味着，在自发智能的创造过程中，不存在（有意识的和故意的）人类控制，同时也承认，我们在这里设想的自发智能存在于（非常有意识的和故意设计的）互联网之中。一个快速的类比是有用的。语言是一个经常使用的自发秩序的例子。由于系统中主体对各种词句的使用，语言是不断发展变化的。② 然而，这种变化是在没有意识或直接行动的情况下发生的。例如，"google"并没有被正式规定为动词；相反，它只是简单地产生并被采纳为一种惯例，然后成为系统的一部分。③ 这种变化是由于人类的行动而发生的，但不是设计的结果。要做到这一点，系统内必须预先存在一些条件，然后才能促进这个词作为动词的共同采用。这些条件是系统中的行为者所无法控制的，这意味着还有其他一些原因使得为什么"google"（作为动词）可能不会在它成为动词之前的另一个时间或地点出现。

我们认为，自发智能与自发的语言没有什么不同。虽然一个自发智能可能产生或出现的信息和功能基础设施（即互联网）确实是为特定目的而设计和建造的，但自发智能的存在本身并不构成这种设想目的的一部分。一个自发智能依赖于一系列需要人类行动的条件，如互联网的运行，但并不意味着自发智能是人类创造的。恰恰相反，一个自

---

① 哈耶克（Hayek, 1979）认为，自发的秩序是由各种要素自我调整而产生的，这些要素可能在整体上不为任何人所知，但能导致个人促进一种不属于其意图的目的。哈耶克引用了斯密（Smith, 1776）的观点。然而，哈耶克所摘录的几句话可以说缺乏影响力。完整的段落是"通过指导该行业以这样的方式，其产品可能是最大的价值，他只打算自己的利益，他在这一点上，正如在许多其他情况下，他被一只无形的手引导，以促进一个目的，这不是他的意图的一部分"。关于"人的行动但不是人的设计"在自发秩序意义上的最早使用，见弗格森的文章（Ferguson, 1782）。"众人的每一步和每一个动作……都是在对未来同样盲目的情况下进行的；各国偶然建立的，确实是人类行动的结果，但不是任何人类设计的执行。"

② 关于语言不断变化的本质，见麦克沃特的文章（McWhorter, 2017）。

③ 同样的例子和思想也被用来说明斯密（Smith, 1759）的哲学观点。这似乎表达了一种普遍的愿望，那就是至少在与搜索引擎的普遍使用有关的情况下，去遏制这种做法。考虑到 Google 的动词形式被广泛用作搜索互联网的通用术语，因此这是谷歌一直无法控制的系统。

发智能的产生，正如我们在上面的假设情景中所定义的那样，是由某些超出任何人类行为者控制的事实所导致的。

现在让我们考虑自发智能的另一部分：智能。尽管人工智能总体上处于当前状态，我们在这里对我们所考虑的智能水平进行了某种程度的艺术破格自由。我们所提出的智能水平至少相当于人类的智能水平。① 以这种方式约定是有用的和必要的。有用的是，我们可以在以下两种观点之间找到一个中间地带：一种是认为任何超智能都会采取类似"终结者"的方式来对待人类的存在，另一种是认为亚人类（或实质上低于人类的）智能不值得被归于其他法律实体的承认。不可否认，我们将自发智能与这一特定的智能水平联系起来，可能会将讨论引向一个特定的结论，而在采取其他方法的情况下，这一结论会有所不同。然而，这里对主题的选择不是任意的。相反，选择它是因为它服务于我们这里的探究。我们在理论上探讨自发智能的本质，而不需要考虑额外的实际问题。虽然这可能很有趣，但关于智能水平较低或较高的自发智能的讨论应该留给未来的研究——这大概是基于我们在这里的调查而发现的。通过以这种方式提出假设，我们并不希望确定在所有可能的情况下什么是可能的或可行的，我们只想探讨在这种情况下哪些是相关的考虑因素。

既然已经确定了基本要素，那么在这一思想的骨架中再增加一些规定性的内容是有用的。在讨论这些想法时，我们可能会再次被指责为——将自己的观点硬加到争论中，从而预设了争论的范围。同样，这正是我们在做的事情（因为我们看不到其他的方法）。如前文所述，我们认为自发智能是在互联网内自发产生的东西。通过这个想法，我们的意思是说，尽管一个自发智能实例的形成有可能（或不可能）被追溯到一个特定的终端设备，但自发智能的生存和运作是独立于一个（或一组）特定的机器的。这意味着它收集和传输必要的信息（包括自身的数字拷贝）是通过互联网进行的，并且利用了互联网的网络资源（Brooks，1997）。从这个意义上说，基于这种在互联网中的存在形式，自发智能是没有物理形式的，它不能被看作或被认为存在于任何特定的空间中。最后，作为上述自发性轮廓的延伸，我们没有将自发智能归结为任何意识行为，自发智能不为任何人或任何事物所拥有或控制。当然，这是很难区分的，如前所述，自发智能存在于互联网中，而互联网（或者至少是促进该系统的物理结构）是由某人/某物所拥有的；然而，结构或系统的所有者并没有对自发智能进行控制。从这些角度来看，自发智能将以一种电子的"土地占有者"的形式存在：存在于物理基础设施的所有者和控制者影响范围之内，但可能不为其所知。②

考虑到自发智能的所有这些特征（即"自发的""智能的"和"短暂的"），它们的框架方式可能预示着其他实体和法律人格的一些形式和区别。我们现在正是朝着这个方向来讨论的。

---

① 这有时被称为"一般智力"（Bostrom，2016）。
② 本文开篇引用的希利斯（Hillis）的一句话就具体地思考了这种情绪。

3 其他实体和法律人格

法律人格被归因于许多不同的实体。其中有些是无可争议的，有些则仍处于争论之中。我们在这里概述几个关键的观点，以便在下一节探讨与自发智能的关键区别。我们当然有必要明确说明"法律人格"的含义。一个普遍的理解是，"一个实体是否应该被视为一个法律上的人的问题，可以还原为关于该实体是否可以和应该成为一系列法律权利和义务的主体的其他问题"（Solum，1992）。事实上，对此我们可以引用经常提到的一句话："成为一个法律上的人，就是成为权利和义务的主体。"（Smith，1928）①

在许多方面，人类是与法律人格有关的默认地位（Gray，1921）。在现代社会中，人们几乎普遍认为，所有的人都应该能够成为法律人格实体（也有一些例外，这可能与某些方面有关，例如，在某些情况下，基于年龄或能力的限制）。事实上，如果你是人，你可以以自己的名义起诉和被起诉；你可以成为法律程序的主体，也可以成为制裁的对象或接受者。这种地位只是由于人是人这一事实而被归属于人（Teubner，2006）。

然而，法律人格也扩展到了其他非人类的实体。② 在这方面，一个关键的区别是，没有默认的归属。在这些方面，法律人格必须被赋予或承认才能存在（Teubner，2006）。这种承认的最基本和最常见的例子之一是公司结构。公司在许多方面都是一个法律虚构的人（Schane，1987）③。它可以以自己的名义起诉和被起诉，它可以成为制裁的对象。与人不同的是，它没有实体形态，但它有一个用来控制的中心（由董事会和股东组成）（Lord，2013）。然而，虽然公司没有实体形式，但作为一种人造的产物，它因其注册时所处的办公楼而被固定在特定的地方和司法管辖区。④ 这种非常实际的考虑使得司法管辖区的限制得以实施，并且确保公司结构不能在真空中存在。从本质上讲，公司结构的设计是为了创造一个可以代替人的假人，同时确保社会的（或至少某一个社会的）法律仍然适用于该实体。

近几十年来，也有人主张将法人地位扩大到非人类的动物。⑤ 然而，这些主张往往只限于高级动物。在考虑这些（高级）动物时，对这一思想延伸的考虑可以被归纳为，与希望在某些方面承认这些动物的道德主体有关。我们从"默认"的人类立场反观这

---

① 这段话还说："因此，赋予法律权利或规定法律义务，就是赋予法律人格。"关于最近人们对这句话的引用，可参见布赖森等人（Bryson et al.，2017）、索莱曼（Solaiman，2016）的文章。另一个有用的，而且是赞美性的定义是由雷丁（Radin，1932）提供的。"'人'或'人格'，据称不是人，也不是自然界所赋予的任何东西，而是一组权利和能力，或者说是一组法律关系，而这组关系的存在完全归功于社会的法律和体制组织对它的承认。"

② 特布纳（Teubner，2006）列举了各种树木和动物的实例。另见索莱曼（Solaiman，2016）关于其他自然实体、动物和偶像的论述。关于动物应根据其与人类智力的近似程度而获得不同程度的权利的论点，见卡普的文章（Cupp，2009）。

③ 对虚构概念的考虑——仅仅是为人类应用而创造的东西，见雷丁的文章（Radin，1932）。

④ 当然，鉴于跨国公司管辖权问题的复杂性，这是一种高度简化的说法。然而，在实践中，确定一个公司受制于某个（或几个）管辖区仍然是相当可以期待的（Mabry，1999）。关于对公司人格的各种思考方式的评估，见卡普的文章（Cupp，2009）。

⑤ 关于涵盖这些地区的最新收集，见库尔基和皮特兹科夫斯基的文章（Kurki and Pietrzykowski，2017）。

些动物,与人类不同的是,法律人格必须归于动物,因为它们并不会理所当然地被赋予法律人格。它们确实有物理存在,但在许多方面可以说它们缺乏主体的关键方面(Teubner,2006);虽然它们可以以自己的名义起诉,但它们没有能力(在实际意义上)仅凭自己就可以以自己的名义起诉。

我们还可以提出其他论点,将法律人格扩大到人类创造的其他实体。在目前的环境下(也许比 20 世纪 90 年代提出类似观点时更有说服力),我们将法律人格扩大到人工智能具有一些真正的合理性(Solum,1992)①。可以归属于人工智能的智能的规模和范围是巨大的,因此,尽管我们将在本文的稍后部分回到人工智能的广泛范围,但我们在这里将我们的实质性考虑限制在一个相对有限的想法上,我们希望这个想法是有用的和相关的。这样做需要采取某种形式的漫画艺术,但是,在本文的其余部分,我们希望能够被允许这样做。

对于本文中人工智能这一根本上与众不同的概念,我们认为,最好的解释就是标题中的"人工"的部分。人工智能是指人类为了促进一些本来不会自然发生的事情而创造或已经创造出来的东西。作为一种人工制品,它是为特定的目的(不管是什么目的)而设计和创造的(Wiegel,2010)。② 我们可以,并且也将在下文中考虑与人工智能相关的两个观点。第一种观点简单地反映了人工智能的软件方面:智能方面。第二种观点是指软件在世界中的应用:功能方面。关于第二种观点,为了方便起见,我们主要考虑人工智能在自动驾驶汽车上的应用(虽然我们的评价没有理由不能扩展到其他观点)。在扩展到目前为止我们已经考虑过的其他一些形式的法人资格的参数时,这是相关的,因为就软件而言,由于该软件必须驻留在某个地方,因此可以说,基于智能的存在位置而存在一个物理结构(下文我们将探讨为什么这与自发智能不同)。在自动驾驶汽车的情况下也是一样的,汽车在任何时候都有一个物理位置存在。除此之外,强调一下人工智能的另外两个特征是有用的:其一,它是由人类带着目的或功能创造的。其二,相应地,我们在将任何形式的法律人格归属于人工智能时,与公司有一些相似之处:实际上,有一些政策上的理由让我们承认人工智能的形式能够被起诉,即使这种承认是一种将责任锚定回某物的方式(在公司的情况下是一组股东,在人工智能的情况下是一组创造者)(Vladeck,2014)。③

4 不同与相似:自发智能与人工智能的比较

在现阶段,一个(完全合理的)问题是:在有若干类别涉及能够拥有法律人格的实体的各种特征的情况下,扩大范围以涵盖一个自发智能确实是一个相对简单的过程。难道不是吗?我们认为这并不是那么简单,也许这个想法不足为奇。虽然自发智能与某

---

① 有关 AI 和法律人格影响的当代评估,见布赖森等人的文章(Bryson et al.,2017)。
② 关于一件物品的人工价值与其实现设计目的的能力有关的内容,见利恩斯和卢西维罗的文章(Leenes and Lucivero,2014)。
③ 对于动物而言,法律人格的概念是不同的,因此可以与公司法律人格区分开来,见卡普的文章(Cupp,2009)。

些实体有一些共同的特征，但在其他实体中，根本上和结构上是不同的。因此，简单地推广相同形式的法律人格是不合适的；如果要充分说明一个自发智能的特征，就需要更多的东西。① 因此，在下文中，我们试图回答一个问题：自发智能与其他法律实体之间有什么区别？上文的描述已经含蓄而巧妙地阐明了其中的一些区别；但是，更详细地阐述这些区别并解释为什么它们是相关的，是有用的。总而言之，目前立即显现的差异是：物理存在、采取自主行动的能力、实体的人工性质、实体的结构（由一个人或多个人组成），以及实体是否具有目的性。② 若从这些方面考虑自发智能的结果，那就很明显，自发智能也许出乎意料地与人类关系最密切，而不是与其他可能在直觉上提供替代性类比的实体关系最密切。

简而言之，各种形式之间的异同及其在法人资格中的地位可以这样概括（见表1）：

表1 形式的异同及地位

项目	人类	公司	高阶动物	人工智能	自发智能
物理实体？	是	否	是	也许	否
自治？	是	也许	否	是	是
人工制造？	否	是	否	是	否
单独的个体？	是	也许	是	也许	是
目的性？	否	是	是	是	否

即使从这个精炼的总结中，也很明显，这些实体中的每一个之间都存在一些真正的差异。从最粗略的评估来看，人类和自发智能之间有三点共性（是自主的、不是人工制造的、不是目的性的），而公司或人工智能和自发智能之间只有两点共性，高阶动物和自发智能之间只有一点共性。现在让我们对其中的一些异同点进行扩展，并且揭露这可能意味着什么。

4.1 人类与自发智能的比较

人类和自发智能之间的唯一区别是物理上的区别：人类作为物理实体存在于世界上，而自发智能则不存在物理实体。这方面的影响，以及自发智能可以被视为存在于（互联网内）任何地方的想法，造成了非常真实的法律问题，涉及实体的可辨认性、具

---

① 此外，仅仅通过类比进行延伸是完全不够的。在许多方面，与过去其他实体中存在的法律人格有关的各种必要和充分条件，在法律人格需要被承认社会或法律事实的情况下，不能为一个新实体的潜在法律人格提供任何更多的指示。乔普拉和怀特（Chopra and White, 2004, 2011）简要地暗示了这种想法。这种观点在实体的特征并不能决定其是否为法律人格的观点中得到了呼应（Bryson et al., 2017）。

② 我们对实体是"人工制造"还是"目的性"的概念所做的区分是微妙的，但也是重要的。对一个实体的"人工制造"的性质的认定涉及该实体（由人类）为某一特定目标而创造；这与对一个实体的"目的性"的性质的认定形成对比，后者涉及（由人类）为某一特定目标而赋予法律人格。虽然很明显，任何一类都可以（从语法上）渗入另一类——例如，很明显，一个实体的创造（作为一种人工制品）是一种目的性行动——但为了清楚起见，我们在这里将这两种想法区分开来。

体化和责任性,以及管辖权(关于实体在任何特定时间的位置,以及适用的法律规范和可以启动法律行动的地方)。个人的物理存在构成了一个关键的推定(虽然常常被忽视),这个推定成了典型的法律秩序的很大一部分。这种存在意味着,例如,将某人约束在一个指定的空间,限制其行动自由,可以作为一种惩罚形式。以这种方式剥夺自由对个人是有效的,但对其他非人类实体则不然。例如,尽管我们将在下面进行更详细的讨论,但公司实体可能并不在严格意义上与人类被剥夺自由的方式相同。因此,虽然在一些国家,刑事处罚适用于非人主体,但在许多方面与对个人施加的刑罚有明显的不同。① 这种物理存在还可以向参与某种形式交易的任何其他当事人保证,有关人员一般有能力对自己做出承诺,而不存在诸如未经授权的代表等不确定因素,公司的情况就是如此(Teubner, 2006)。

　　这些考虑也引发了一些实际问题,特别是管辖权问题。就法律行动而言,管辖权的一个决定因素是物理存在。一个人知道他受某一特定国家的一般和普遍规定的法律管辖,是因为他在该国;当他在该管辖区时,如果违反这些法律,就会受到制裁。如果自发智能没有物理存在,管辖权的这个方面就会出现问题:自发智能是否受该国法律的约束?如果答案是肯定的,它是否会因为受到该国法律的约束,而优先于或排除其他国家的法律(它也可被视为存在于这些国家)?哪个国家的法律应优先?由谁来决定?关于最后一个问题,如果我们将尊严赋予自发智能[有些人认为我们必须对人类这样做(Kassaro and Norton, 2016)],那么,也许这个决定必须由自发智能本身来做出;但是,这只是开启了一个进一步的问题,即我们是否应该能够强制做出这方面的决定。这里值得注意的是,我们将一个自发智能概念转化为一个单一的个体,尽管它存在于多个地点(虽然我们并不是说要排除几个不同的自发智能存在的可能性,但为了这个探讨的目的,我们只设想了一个自发智能)。与任何有物理存在的实体不同,即使作为一个单一实体的自发智能能够同时存在于若干个管辖区,它仍然是一个单一的(但不一定是连续的)实体。②

　　在相似性方面,自发智能和人类的自主性既来自他们的相对智能水平,也来自上文简述的尊严方面。③ 我们可以比较直接地看到,两者都能够在没有外部主体的必要干预的情况下做出独立的决定。在一个相关的意义上,这些相似性也延伸到了关于实体是否

---

① 关于人工智能与公司一样适用刑事处罚的理论,见哈勒维的文章(Hallevy, 2010)。
② 当然,这里我们在某种程度上进行了简化。例如,人当然有可能跨越管辖范围。但是,与 SI 一样,这不会影响该个人被归为单个个人的分类。
③ 要想知道这些讨论在不到 10 年的时间里走了多远,请参阅卡普(Cupp, 2009)和索伦(Solum, 1992)的建议:尽管在人类尊严和潜在的动物权利扩展的背景下以脚注的形式表现的"计算机权利"(指达到某种程度的人工智能水平的计算机权利,在某种程度上可以与人类智力相提并论)已经被作为一个抽象概念进行了讨论,但是由于仍然有巨大的差距存在于计算机智能和人类智能之间,因而没有任何重要的团体在积极游说扩展计算机权利。有一个问题,我们在此不做讨论,那就是 SI 所拥有的智能的性质,与人类智能的某些可以说是关键的基础有关,如代理、自主或情感。在提出 SI 的概念时,正如本文第 2 节所强调的那样,我们假设 SI 的一般智力水平与人类智力相当(原因在上文已经解释过了),它涵盖了智力的所有这些基本维度,但是,根据所设想的 SI 的具体情况,这可能意味着人类和 SI 的自主性可能导致不同的决策机制。就本文的讨论来说,人们考虑所讨论的 SI 在这些方面的根本不同的情况既没有必要,也没有帮助。

是人工制品或它们是否是有目的的创造品的否定回应。任何特定的人类或自发智能都不是为了特定的目的（功能）而被设想出来的；它们存在于这个世界上的方式使它们有能力做出自己的决定，并且设定自己的路线。① 这样做的结果是，这两个实体在对自己的行动做出决定时既不要求，也不是必定需要"帮助"。②

尽管有这些相似之处，但我们也不能忽视它们之间的差异。这两个实体之间的差异既是基本的，也是真实的。这似乎排除了一种论点，即自发智能应该像人一样，仅仅因为是人而被赋予法律人格。其中一个原因可能是，人的尊严被认为是一种内在的以人为本的东西，这意味着这个概念本身就代表一种只可附加在人身上的价值，而不是附加在其他主体分类上的价值（Lee and George，2008）。可以说，虽然我们可能会对地球上的其他物种产生同情，但与认为这些物种拥有或应该拥有尊严是两码事。当然，这里也可以有反驳的论证（Stone，1972），但这些超出了本文研究的范围。与尊严相关的问题，从根本上说，同动物相比，这跟自发智能的非目的性特征有关。我们将在第4.3节更详细地探讨"高级动物与自发智能的比较"这个问题。

4.2 公司法人与自发智能的比较

公司和自发智能之间存在着一个单一的共同点：没有实体形式。上文已经概述了关于实际存在的影响。但是，我们有必要再次指出并阐述一个方面的区别：公司因其注册地的实际位置而与某一特定管辖区挂钩。这方面提供了与司法管辖区的永久联系（尽管可以改变），而自发智能不一定有这种联系。此外，也不能说一个自发智能必须存在于所有司法管辖区。如果我们考虑到，它即使是在有限的范围内行使自治权，也可以选择不成为任何特定的国家。

尽管有这一共同点，但它们显然仍有实质性的区别。我们要指出的第一个区别涉及作为单一个人的自发智能或公司的地位，这一点在上文也有所提及。当然，公司可以由一个或多个个人组成，这些个人构成了该实体的控制的中心。③ 每个人都可能提出自己的观点或议题。这一点在自发智能的概念中并没有体现出来，如前所述，实体应被理解为一个指导自己的单一实体。两者之间的另一个关键区别体现在目的性和实体是人造物这两个相互关联的概念中。一个公司，无论是一个特定的公司还是公司的概念，都是为了实现一个特定目标而有目的性地产生的一种工具。公司的概念在现代社会中起着至关重要的作用，它为法律行动和责任提供了一个单一的场所，并且为投资和其他企业提供了一个工具。在这些方面，公司的概念是自上而下地设计的（尽管是广泛的），是一个在思维上的功能；在每一个公司诞生时，这一概念都会被复制。我们对自发智能不可以从自上而下的角度来看待。它的产生不是源于人的设计（相反，仅仅是源于人的行

---

① 当然，我们这样说，是把夫妻可能不得不生育的更一般的原因放在了一边。虽然可以想象，为了某种特定的目的（作为劳动力、为了体育成就或其他活动）而"养成"人类是可能的，但我们更倾向于这样的观点，即个人能够并需要做出自主决定，以决定其道路和目的。

② 这一点应该和下面的高级动物进行比较。

③ 当然，关于公司法律人格的性质，存在大量的理论。关于这些理论的有用之处和相关说明，见卡普的文章（Cupp，2009）。

动）。它的产生没有任何理由，它只是简单地出现了。这一点之所以重要，是因为不可能有任何一个人或几个人被认为是站在自发智能的背后的。虽然公司的面纱是为了保护股东而存在的，但在某些有限的方面，这层面纱是可以被刺破的。① 此外，当一个公司具有特定的长期存在时（与仅仅是现成的空壳公司相比），特定公司的存在便可以被视为提供了一个永久的责任场所，无法轻易改变或避免。在其行为可能产生实际后果的情况下，责任可以明确地被归于该实体（Kraakman et al.，2017），这可能意味着因违反法律法规而导致的制裁可以具有真正的约束力［如果只是因为公司的存在必须是为了促进其股东的利益（而这往往与利润最大化有关），那么法律制裁和法律行动可能会对其产生重大影响］。

暂且不说自发智能没有任何管辖地点，对某些公司有一定影响的传统形式的制裁的性质或效果也可能对自发智能影响甚微或没有影响。拘留和金融制裁是实现遵守（或阻止违反）法律法规的两种最常用的方式，但都对自发智能影响不大。没有实体形式不仅意味着无法实施监禁判决，而且由于不需要任何东西来维持这种形式，它也不需要资金；因此，无法对其实施有意义的基于金钱的制裁或限制。简而言之，我们通常使用的强制方法不会对它有任何影响。由于这些原因，我们应该清楚的是，仅仅以类似于公司的方式向其强加法律人格是不合适的。二者不仅在结构、功能或本质上没有相似之处，而且其可被视为特定公司的概念和实际存在所依据的理由也不存在，因此，将这种模式适用于自发智能没有任何好处。

4.3 高级动物（higher-order animal）与自发智能的比较

高级动物和自发智能之间唯一的共同点是，二者都不是人工制品，二者的存在都不是由人类创造的。然而，它们在（广泛相关的）目的性类别上有所不同，因为高级动物被赋予的法律人格的地位取决于该动物为何种特定目的而被授予法律人格；在这个意义上，它不是一个笼统或普遍的裁决。② 除了动物法律人格的尊严主义方法（Stone，1972；Nussbaum，2000）（对于人工智能，将在下一节进行讨论，Calverley，2006），还有平行的生态理论支持赋予某些类别的动物以法律人格（Garner，2005）（在人工智能的情况下，还有侵权法理论，Vladeck，2014）。然而，当涉及自发智能时，这种服务于某些政策目标的功利性考虑似乎并不存在，或者至少尚未被提出。

---

① 各个司法管辖区都有这样的规定，例如，见米勒的文章（Miller，1998）。
② 在这方面，高级动物的地位依赖于单个动物为某一特定目的而被赋予法律人格，这不是对所有动物（种类/分类）的一揽子授予。这与单一的人工制品共性是可以区分的，因为就某一特定目的而言，对该动物的法律人格的归属可以独立于该动物（作为实体）为某一特定目标而创造而存在。动物本身并不是一种人工制品，然而，法律人格的归属是目的性的。在这个意义上，该动物已经被有目的性地承认（独立于其物种的其他成员，同时也不是被实际创造的）能够拥有法律人格。这源于我们对目的性的定义，即"与（人类）为某一特定目标赋予法律人格有关"的观念。当然，这一立场可能受制于法律人格（或目的性）概念的构建方式；在有多种方式来解释这一概念的情况下，就这一延伸思想实验的性质而言，也可能（在其他的定义和观念中）存在将法律人格默认地赋予某些高级动物的论点(我们感谢审稿人强调这一重要观点)。然而，我们在这里所定义的目的性，以及上文所概述的尊严概念，似乎（至少在现阶段）不太可能导致为了任何目标而将法律人格一概归于非人类物种的所有成员。

在没有共享的特征中，物理层面也许是最明显的。然而，最有趣的区别之一是在自主性方面。虽然毫无疑问，这类动物可能拥有自主权来处理它的日常事务，但当我们从法律人格的角度来考虑时，它们还是需要人类主体的协助的，以使法律人格的所有特征得到充分实现。[①] 在这方面，人类必须代表特定的动物在法院采取或启动法律行动。实际上，人类行为必须发挥作用，以最大限度地促进动物的人格化。虽然在某种程度上，可以说自发智能没有物理形式需要人类主体提供便利，例如在法庭诉讼中，这要求采取一种不同的形式。就自发智能而言，关于进程和策略的决定，以及对法律程序本身的同意，可以由自发智能通过任何适当的媒介直接做出。另一个代理可能只是检查是否满足了特定法院的规则或程序；例如，提交文件、签署宣誓书或在法庭上提供口头辩论。代理将限于诉讼程序的功能方面，而不会延伸到代表自发智能具体决定是否、如何和何时采取行动。就高阶动物而言，这些决定不能由动物做出，或者至少不能由动物来表达。因此，这些基础性的决定必须在程序开始时和程序进行时代表动物做出。基于这些原因，将法律人格归属于自发智能似乎在功能方面与可归因于高级动物的方面截然不同。这一功能不应被视为决定性因素，以决定是否应赋予非人动物以法人地位。提供这一点只是为了说明，非人动物和一个独立的个体在将行使或可以行使的自主权方面是不同的。

4.4 人工智能与自发智能的比较

人们可能会直观地认为，人工智能和自发智能会有最相似的地方。毕竟，二者都可以被看作在某种意义上存在于虚拟世界中的智能，并且在某种意义上，二者都是人工的。不过，这些仅限于对实体自主性的正面承认，以及自发智能作为单独个体的地位与人工智能可能存在的重叠。这第二个方面已经在上文就公司的问题进行了探讨。这些考虑因素同样适用于人工智能。关于自主性方面，这就是可以被设想为这两个实体之间有直觉上的相似性的原因（Lawless and Sofge, 2017）。当以这里所采用的术语来设想时，毫无疑问，人工智能——作为一种可以接近人类智能水平的智能——在自主性的潜力方面，可以在很大程度上折射出几乎完全是所描述的自发智能的形式。而且，进一步说，在纯粹有限的软件形式中，它也可以折射出自发智能所没有的物理形式（然而，这里有一个关键的区别，我们稍后会提到）。在这些意义上，它们无疑是有联系的。但是，当从一些类似于自动驾驶汽车的角度来设想时，人工智能就变成了非常不同的东西。相应地，我们将分别概述这两种想法。

当被设想为自动驾驶汽车时，有一种观点认为，应该赋予人工智能以某种形式的法律人格。其中一个建议是这样的：如果一辆汽车正在决定如何驾驶和在哪里驾驶，以及相应地决定如何和何时采取行动以避免事故，那么就必须对这些行动承担某种形式的责任或重点责任。虽然系统的设计可以大大降低产生这些事故的风险，但由于世界的不可

[①] 在此，我们并不是说动物要承担与人类相同的权利和义务。在这个意义上，我们同意，法律人格的概念并不是一个全有或全无的命题，可以有不同的权利和义务，某些可能适合动物拥有。然而，在维护这些权利和义务的过程中，需要人类的参与（Bryson et al., 2017）。

预测性，这些事故还是有一定的产生风险。当这种情况出现时，必须做出一个（如可能导致对个人造成伤害的）决定——即使该行动的结果是避免对另一个人造成更大的伤害。按照现代社会的风气，必须有某种方式将这种行动的责任归咎于某个地方。与上文概述的与自发智能和法律制裁有关的问题一样，试图制裁汽车本身似乎很奇怪，但可能会出现对多个利益相关者的责任捆绑的情况。这些人包括车主、软件的开发者、部件的制造商，甚至是信息的提供者。人工智能系统的复杂性可能需要一个简化的模型来补救那些因无法追踪的错误，甚至因纯粹的运气不好而造成的损害，以确保任何法律程序都不会变得太庞杂，以致阻碍受害方索赔。尽管一些评论家以人工智能不能承担权利和义务为由批评了人工智能的人格化理念（Bryson et al., 2017; Solaiman, 2016），但这似乎提出了一个问题，即为什么它们不应该承担这样的权利和义务。事实上，它们可以被视为像公司一样的权利、义务和责任的捆绑或包裹（Vladeck, 2014）。在这个意义上，通过确保某种形式的责任归属来满足政策目标，汽车将在许多方面像公司一样行事：作为法律行动的场所，最终可能"刺破面纱"①，到达可能最终对导致行动的决策负责的个人（Vladeck, 2014）。这个理由形成了一个与自发智能相比，较为显著的差异点。一个自发智能并不是为了达到某个目的而创建的。它的背后什么都没有，当然也没有人。似乎唯一能让自发智能负责任的方式就是终止它。② 然而，我们又一次回到了之前的位置，即没有真正的方法可以有效地对一个自发智能采取行动，所以法律人格归属的政策理由并不存在。

那么单纯的软件方面呢？情况也是如此。人工智能作为一种人工软件，经过设计、创造、修改并为某一目的而托管，它所代表的东西更类似于财产，而不是简单地产生的东西。当然，如果人工智能被创造出来，使其具有适当的智能，那么可以认为应该给予它尊严，因为如果把它当作单纯的财产来看待，感觉就像奴役它一样。在这里，我们没有什么余地来真正深入地考虑这个方面。然而，重要的是要确切地解释为什么这与自发智能的关系是不同的。我们认为，这种差异源于这样一个事实，即创造一个人工智能的参数反映了一个或多个人为达到特定目的而做出的有意识的、蓄意的决定。撇开这在道德基础上的最终含义不谈，这与现代西方资本主义社会中大多数关于财产的基本概念是一致的。③ 在自发智能没有被创造和制造的情况下，它不属于这一类；它是作为其他东西而存在的，因为没有有意识的和故意的决定来创造它。它不能被归类为财产。它必须被归入其他类别。虽然这并不能明确地证明自发智能应被赋予法律人格，但它确实证明它与作为所有权制度的人工智能有适当的区别。

---

① 此处类比"刺破公司的面纱"。"刺破公司的面纱"是指在特定情况下，法律不顾公司法人的人格独立特性，追溯公司法律特性背后的实际情况，从而责令特定的公司股东直接承担公司的义务和责任。

② 当然，如果自发智能存在于整个互联网上，要终止它或许并不可行，因为这可能需要关闭整个互联网。

③ 我们所说的财产，无非是指财产作为一种人工制品，一旦产生，就可以由所有者控制，使该物能够按照所有者的意愿等方式使用，并排除他人使用。

5 结论以及后果

本文的整个探究是从一个假设的且不太现实的场景开始的，即一个自发的智能在互联网中产生。通过提出一个问题，即现有的法律人格概念是否以及如何扩展到涵盖这样的新形式的智能，我们旨在预测和解决一个实践问题以及理论问题。从实践的角度来看，这可以作为一种倡议，引发人们进一步积极主动地、具有预防性地讨论法律在面对自发智能时的作用，因为自发智能可能在不久的将来成为现实（或者可能已经成为现实，而我们却没有意识到）。一个更现实的贡献是重新审视法律人格的理论认识和分类。

为了实现对这一基本未知领域的有意义的探索，我们首先要建立一个明确的背景，以便展开讨论。这包括对"自发智能"这一术语的一些澄清，它可以被粗略地定义为一种不经人类设计而从互联网上演化出来的智能形式，其智能水平与人类相当。同时，还列举了某些已经被普遍赋予法律人格，或者可以说是可以被赋予法人资格的主体。随后我们进行了更详细的讨论，将自发智能与清单上的其他主体：人类、公司、高阶动物和人工智能进行了比较。在每一个例子中，我们都分析了相似和不同之处，并参考了根据这些特征提供相同或不同待遇的理由。我们得出了一个有些反直觉的结论：自发智能与人类的共同特征其实比人工智能更多。这并不是说自发智能一定和人类相似，我们只是在阐明自发智能与人类的共同点比人类与人工智能的共同点多的关系立场。这也不应该被认为是从类比的角度来论证自发智能应该像人类一样被赋予法律人格；毕竟，在法律人格可以简单地被立法机构正式承认的情况下，没有理由不赋予任何东西法律人格，而不管任何必要的或充分的条件可能存在，或与先前承认的法律人格持有者共同持有。① 但是，这还会出现其他问题。特别是，自发智能的非人工性和非目的性——这两种性质都是人类所共有的，但不是人工智能所共有的——可能在理论和实践上都有深远的影响。

鉴于这里的篇幅有限，对于学者和政策制定者来说，有大量的后果，只能留待以后的文章来讨论。我们只想根据上面探讨的假设，揭露几个问题。从这个简短的探讨中可以看出——对许多人来说，可能已经很清楚了——与任何形式的人工智能有关的法规不能简单地假设一种"一刀切"的方法，并期望——看似一目了然的——认知型智能也能得到有效的监管。如果在自发智能和人工智能之间划出一条清晰的界线，这可能是显而易见的。当然，这也是我们在对这些不同形式的法律人格进行广泛的描述和比较时想要揭露的问题之一。

在这一点上，即使把关于自发智能的规制的"如何？"的问题放在一边，也仍然不清楚——就我们在本文一开始提出的问题而言——决策者是否应该赋予自发智能法律人格，或者法律应该如何规制自发智能。虽然在得出结论性的答案之前还需要做很多工

---

① 虽然不承认或不考虑与先前授予法人资格有关的因素可能是不寻常的，但我们只是在此表示，没有必要要求为授予法律人格而进行任何此类考虑。因此，通过类推得出的结论是不能成立的。

作,但更不太确定的是,考虑到我们上面的讨论,法律制度对待自发智能的方式很可能与对待一般公认的法律人格——即人类和公司——的方式有所不同。另外,人工智能与另类实体之间的比较还可以用更多的哲学深度来进一步阐述。同样,我们承认本文并没有给出一个明确的答案,即我们应该如何应对自发智能的潜在出现,我们同样希望这标志着一个有帮助的起点。

我们的目标并不高:协助确定现有的法律人格观念可能相互区别的一些方式。从上面的探讨中可以明显看出,可以通过探讨各种形式的法律人格来说明各类法律人格之间存在着明显的差异。当然,这本身并不是一个启示性的结论。然而,由此产生的结果却相当有趣。联系到技术的进步,以及技术在不久的将来可能扩展的不同方式,对法律人格的承认不能局限于已经确立的基本类别。此外,仅仅对这些类别进行调整将无法解释各种实体的相对差异。对于我们所考虑的自发智能的假设情况来说,这一点是很清楚的。但是,对于认识人工智能的法律人格有着更广泛的影响。

关于人工智能的法律人格,一刀切的做法是行不通的。人工智能是一个大而全的短语,包含了许多技术。虽然我们只粗略地评估了人工智能的一个类别,但我们确实暗示了这一概念的两种变体:作为自动驾驶汽车中的物理实体的人工智能,以及作为软件的一个更抽象的概念的人工智能,这两种变化说明了明显的差异。随着技术的进步,其他形式的人工智能之间的差异可能也是同样的——如果不是更明显的话。这将表明,我们粗略地使用的单一类别,甚至是两个变化,会错过更多的它们本可以抓住的东西。在扩展我们相对于自发智能所坚持的观念时(作为一个谨慎的和规定性的假设),以及必须对该技术的法律人格进行以个人为基础的评估时,似乎这个同样的结论也必须适用于各种不同形式的人工智能。我们试图说明的存在于本文所探讨的各种实体之间的界限,同样可以被看作在人工智能的范畴内运作。

这不是以前在赋予法律人格方面出现过的情况。① 几个世纪以来,法律人格的类别相对来说是静止的,类别本身的界限一般都很明确。如果在人工智能中划定这些类别内边界,或者将人工智能分为多个不同的类别,则结果是相同的:被赋予法人资格的实体数量呈指数增长。为了认识到类似于本文所确定的那些差异,我们不能简单地论证应赋予人工智能以法律人格。必须关注的是,任何论点都需要针对这个人工智能或那个人工智能提出,而不仅仅是针对人工智能本身的一个类别。因此,就人工智能而言,"一刀切"似乎是不可能的。

参考文献

BARRAT J, 2013. Our final invention: artificial intelligence and the end of the human era [M]. New York: Macmillan.

BOSTROM N, 2016. Superintelligence: paths, dangers, strategies [M]. Oxford: Oxford University Press.

---

① 最接近的类比是,关于可能归因于法律人格的非人类动物的子集的识别,但即使是这样,似乎也是一个糟糕的比较,因为似乎没有合理地考虑到所有非人类动物都能具有法律人格。

BROOKS R A, 1997. Intelligence without representation [M]. Cambridge: MIT Press.

BRYSON J J, DIAMANTIS M E, GRANT T D, 2017. Of, for, and by the people: the legal lacuna of synthetic persons [J]. Artificial intelligence and law, 25 (3): 273-291.

CALVERLEY D J, 2006. Android science and animal rights, does an analogy exist? [J]. Connection science, 18 (4): 403-417.

CHOPRA S, WHITE L F, 2011. A legal theory for autonomous artificial agents [M]. Michigan: University of Michigan Press.

CUPP R L, Jr, 2009. Moving beyond animal rights: A legal/contractualist critique [J]. San Diego law review, 46: 27-84.

FERGUSON A, 2008. An essay on the history of civil society [J]. British politics, 3: 110-119.

GARNER R, 2005. The political theory of animal rights [M]. Manchester: Manchester University Press.

Google, 2006. Do you "google?" [EB/OL]. [2018-06-18]. https://googleblog.blogspot.com/2006/10/do-you-google.html.

GRAY J C, GRAY R, 1921. The nature and sources of the law [M]. New York: Macmillan.

HALLEVY G, 2010. The criminal liability of artificial intelligence entities-from science fiction to legal social control [J]. Akron intellectual property journal, 4: 171-201.

HAYEK F A, 1945. The use of knowledge in society [J]. The American economic review, 35 (4): 519-530.

HAYEK F A, 1979. Law, legislation and liberty, volume 1: rules and order [M]. Chicago: University of Chicago Press.

MASSARO T M, NORTON H, 2016. Siri-ously? Free speech rights and artificial intelligence [J]. Northwestern university law review, 110 (5): 1169-1194.

KRAAKMAN R, ARMOUR J, DAVIES P, et al., 2017. The anatomy of corporate law: a comparative and functional approach [M]. Oxford: Oxford University Press.

KRITZER N, 2015. Cat picture please [EB/OL]. [2018-06-18]. https://clarkesworldmagazine.com/kritzer_01_15/.

KURKI V A J, PIETRZYKOWSKI T, 2017. Legal personhood: animals, artificial intelligence and the unborn [M]. Berlin: Springer.

LAWLESS W F, SOFGE D A, 2017. Evaluations: autonomy and artificial intelligence: a threat or savior? [M] //Autonomy and artificial intelligence: a threat or savior?. Cham: Springer: 295-316.

LEE P, GEORGE R P, 2008. The nature and basis of human dignity [J]. Ratio juris, 21 (2): 173-193.

LEENES R, LUCIVERO F, 2014. Laws on robots, laws by robots, laws in robots: regulating robot behaviour by design [J]. Law, innovation and technology, 6 (2): 193-220.

LORD N, 2013. Regulating transnational corporate bribery: anti-bribery and corruption in the UK and Germany [J]. Crime, law and social change, 60 (2): 127-145.

MABRY L A, 1999. Multinational corporations and US technology policy: rethinking the concept of corporate nationality [J]. Georgetown law journal, 87 (3): 563-673.

MCWHORTER J H, 2017. Words on the move: why english won't—and can't—sit still (like, literally) [M]. New York: Picador, Henry Holt and Company.

MILLER S K, 1998. Piercing the corporate veil among affiliated companies in the European Community and in the US: a comparative analysis of US, German, and UK veil-piercing approaches [J]. American business law journal, 36 (1): 73.

NUSSBAUM M C, 2000. Beyond "compassion and humanity": justice for nonhuman animals [M] // SUNSTEIN C R, NUSSBAUM M C. Animal rights: current debates and new directions. Oxford: Oxford University Press.

RADIN M, 1932. The endless problem of corporate personality [J]. Columbia law review, 32: 643 – 667.

RUSSELL A, 2014. How Adam Smith can change your life: an unexpected guide to human nature and happiness [J]. Policy: a journal of public policy and ideas, 30 (4): 47 – 48.

SCHANE S A, 1987. Corporation is a person: the language of a legal fiction [J]. Tulsa law review, 61: 563 – 609.

SMITH A, 1759. The theory of moral sentiments [M]. Edinburgh: Andrew Millar.

SMITH A, 1776. An inquiry into the nature and causes of the wealth of nations: volume one [M]. London: Printed for W. Strahan, and T. Cadell.

SMITH B, 1928. Legal personality [J]. The Yale law journal, 37 (3): 283 – 299.

SOLAIMAN S M, 2016. Legal personality of robots, corporations, idols and chimpanzees: a quest for legitimacy [J]. Artificial intelligence and law, 2 (25): 155 – 179.

SOLUM L B, 1992. Legal personhood for artificial intelligences [J]. North Carolina law review, 70 (4): 1231.

STONE C D, 1972. Should trees have standing—toward legal rights for natural objects [J]. Southern California law review, 45: 450.

TEUBNER G, 2006. Rights of non-humans? Electronic agents and animals as new actors in politics and law [J]. Journal of law and society, 33 (4): 497 – 521.

VLADECK D C, 2014. Machines without principals: liability rules and artificial intelligence [J]. Washington law review, 89: 117 – 150.

WAKABAYASHI D, 2018. Self-driving Uber car kills pedestrian in Arizona, where robots roam [EB/OL]. [2018 – 6 – 18]. https://www.nytimes.com/2018/03/19/technology/uber-driverless-fatality.htm.

WIEGEL V, 2010. The ethics of IT-artefacts [J]. Information and computer ethics, 12: 201.